THOMAS LINDNER

Die Peripetie des Siebenjährigen Krieges

Quellen und Forschungen zur Brandenburgischen und Preußischen Geschichte

Herausgegeben im Auftrag der
Preußischen Historischen Kommission, Berlin
von Prof. Dr. Johannes Kunisch

Band 2

Die Peripetie des Siebenjährigen Krieges

Der Herbstfeldzug 1760 in Sachsen und der Winterfeldzug 1760/61 in Hessen

Von

Thomas Lindner

Duncker & Humblot · Berlin

Die Deutsche Bibliothek – CIP-Einheitsaufnahme

Lindner, Thomas:
Die Peripetie des Siebenjährigen Krieges : der Herbstfeldzug
1760 in Sachsen und der Winterfeldzug 1760/61 in Hessen / von
Thomas Lindner. — Berlin : Duncker und Humblot, 1993
    (Quellen und Forschungen zur brandenburgischen und preussischen
    Geschichte ; Bd. 2)
    Zugl.: Köln, Univ., Diss., 1992
    ISBN 3-428-07784-9
NE: GT

Fremddatenübernahme: Hermann Hagedorn GmbH & Co., Berlin
Druck: Berliner Buchdruckerei Union GmbH, Berlin
Printed in Germany
ISSN 0943-8629
ISBN 3-428-07784-9

Vorwort

Die vorliegende Arbeit wurde von der Philosophischen Fakultät der Universität zu Köln als Dissertation angenommen. Erster Referent war Prof. Dr. Johannes Kunisch, zweiter Referent Prof. Dr. Günter Wollstein. Der Tag des Rigorosums war der 15. Mai 1993. Die Arbeit wurde in der vorliegenden Form Ende 1992 abgeschlossen. Die in den „Militärgeschichtlichen Mitteilungen" 51, 1992/2 von Helmut Otto angezeigten Bestände Kriegsgeschichtliche Forschungsanstalt des Heeres im Bundesarchiv, Militärisches Zwischenarchiv Potsdam, zu denen auch „Forschungsarbeiten über das Ende des Siebenjährigen Krieges" gehören, konnten nicht mehr berücksichtigt werden. Ihre Veröffentlichung durch das Militärgeschichtliche Forschungsamt ist jedoch vorgesehen.

Die Anregung zur wissenschaftlichen Beschäftigung mit einem wichtigen Abschnitt der Schlußphase des Siebenjährigen Krieges ging noch von Prof. Dr. Dr. h.c. Walther Hubatsch aus, der über mehrere Jahre mein verehrter akademischer Lehrer war. Nach seinem unerwarteten Tod hat Prof. Dr. Johannes Kunisch sich dankenswerterweise des Projektes angenommen. Für seine kritische Begleitung der Arbeit, seine hilfreiche Unterstützung bei vielfältigen wissenschaftlichen und administrativen Problemen und nicht zuletzt für ein durch Vertrauen und Herzlichkeit geprägtes Miteinander danke ich ihm sehr.

Dem Institut für Begabtenförderung der Konrad-Adenauer-Stiftung danke ich für die großzügige Gewährung eines Graduierten-Stipendiums, ohne das diese Dissertation nicht zustande gekommen wäre. Ebenso gilt mein Dank dem Verlag Duncker & Humblot für die Aufnahme meiner Arbeit in die von ihm publizierte Reihe der „Quellen und Forschungen zur Brandenburgischen und Preußischen Geschichte".

Weiterhin danke ich den Damen und Herren in den zahlreichen Archiven und Bibliotheken, deren Bestände ich benutzt habe. Mit vielen wichtigen Hinweisen und großem Engagement haben sie erheblich zum Gelingen meiner Arbeit beigetragen. Hier möchte ich besonders die Mitarbeiterinnen und Mitarbeiter der Universitätsbibliothek in Bonn nennen, die dabei ohne Zweifel den größten Anteil haben.

Helga und Immo Weller übernahmen die undankbare Aufgabe des Korrekturlesens. Sie haben im Manuskript manchen sprachlichen Stolperstein zu beseitigen geholfen und mit großer Akribie in den Korrekturfahnen die (hoffentlich) letzten Tipp- und Druckfehler aufgespürt. Dafür mein herzlicher Dank.

Schließlich danke ich meiner Frau Evelyn für ihre Unterstützung und Geduld sowie für den Rückhalt, den sie mir im Verlauf der mehrjährigen Arbeit stets gegeben hat.

Bonn, im Juli 1993

Thomas Lindner

Inhaltsverzeichnis

Verzeichnis der in den Anmerkungen
verwendeten Abkürzungen

Art	=	Artillerie
Btl	=	Bataillon
Brig	=	Brigade
Drag	=	Dragoner
Esk	=	Eskadron
Garn	=	Garnison
Gren	=	Grenadier
Hus	=	Husaren
Inf	=	Infanterie
Jg	=	Jäger
Kp	=	Kompanie
Kür	=	Kürassier
Rgt	=	Regiment
Bü	=	Bückeburg
Bra	=	Braunschweig
Engl	=	England
Han	=	Hannover
He	=	Hessen
Pr	=	Preußen
FBPG	=	Forschungen zur Brandenburgischen und Preußischen Geschichte
MWB	=	Militär-Wochenblatt

Numerische Angaben, etwa die Stärke von Verbänden oder Verlustangaben, wurden grundsätzlich als Ziffern geschrieben. Die Schreibweise von Orts- und Personennamen orientiert sich am Generalstabswerk. Ortsangaben innerhalb der heutigen deutschen Grenzen wurden der modernen Schreibweise angepaßt.

I. Einleitung

Der Siebenjährige Krieg war der erste weltumspannende Konflikt der europäischen Großmächte. Während England und Frankreich in Nordamerika, Teilen Europas und auf den Weltmeeren um die Vorherrschaft in der Neuen Welt stritten und Robert Clive in Indien siegte, kämpfte die neue Großmacht Preußen mit wenigen Verbündeten gegen die Übermacht Österreichs, Rußlands, Frankreichs, Schwedens und des Reiches um ihr Überleben.

Nach anfänglichen Erfolgen gab es mehr und mehr Rückschläge, und spätestens zu Beginn des Jahres 1760 schien es nur noch eine Frage der Zeit zu sein, bis Preußen der erdrückenden Überlegenheit seiner Gegner erliegen mußte. Doch wider alles Erwarten gelang es Friedrich dem Großen auf dem östlichen und Herzog Ferdinand von Braunschweig-Lüneburg auf dem zunehmend unter Eigengesetzlichkeiten stehenden westlichen Kriegsschauplatz, diese fortdauernde Krisenlage bis zum Winter 1762 zu meistern.

Diese Existenzsicherung des Staates Preußen, das „Mirakel des Hauses Brandenburg", hatte weltgeschichtliche Bedeutung. Weit mehr als es die Bestimmungen der Friedensverträge von Paris und Hubertusburg dokumentieren, hatte sich das europäische Staatensystem verändert: Preußen selbst war nun endgültig in den Kreis der Großmächte getreten und hatte zugleich Österreich aus seiner alleinigen Vormachtstellung im Reich verdrängt. Frankreich hatte nicht nur erhebliche Gebiete in Übersee verloren, sondern war auch im Innern entscheidend geschwächt. Es hat sich von der Überstrapazierung seiner Kräfte in dem langen, unpopulären und erfolglosen Krieg bis zur Revolution nicht mehr erholt.

England dagegen — als der große Gewinner des Siebenjährigen Krieges — war durch seine Erfolge in Nordamerika und Indien zu einer Weltmacht geworden. Fast unbemerkt hatte sich schließlich der Aufstieg Rußlands vollzogen. Seine politischen Ansprüche und seine militärische Stärke waren in den Vortagen und im Verlaufe des Krieges so bedrohlich in Erscheinung getreten, daß spätestens seit dieser Zeit auch das Zarenreich zu den europäischen Großmächten gezählt werden mußte.

Zumindest für den europäischen Bereich gründen diese politischen Ergebnisse weitestgehend auf dem Verlauf der militärischen Operationen des Siebenjährigen Krieges in Schlesien, Sachsen, Pommern, Hannover, Hessen und Westfalen, deren historische Bedeutung mithin kaum zu überschätzen ist. Dennoch ist eine ausführliche Darstellung und Analyse der Operationsführung des Königs und Herzog Ferdinands, wie sie etwa das maßgebliche Werk des preußischen Großen

Generalstabs über die Kriege Friedrichs des Großen bietet, für die Schlußphase des Siebenjährigen Krieges bis heute noch nicht unternommen worden. Das Generalstabswerk selbst wurde 1914 mit dem Stand Oktober 1760 abgebrochen und seitdem nicht mehr weitergeführt. Die vorliegende Arbeit über die militärischen Ereignisse des Herbst- und Winterhalbjahres 1760/61 in Deutschland will deshalb unter anderem einen Beitrag zur Vollendung dieses bedeutenden kriegsgeschichtlichen Werkes und damit zur Bewältigung der oben skizzierten Aufgabe leisten.

Die einzelnen Feldzüge des Siebenjährigen Krieges lassen sich nicht in wichtige und weniger wichtige, in bedeutende und unbedeutende aufteilen. Gleichwohl gab es aber in jedem Kriegsjahr einzelne Phasen, in denen sich das Geschehen zu dramatischen Höhepunkten verdichtete und in denen wichtige Entscheidungen für den weiteren Fortgang des Krieges fielen. Zu diesen Höhepunkten zählt ohne Zweifel der Zeitraum vom Oktober 1760 bis zum März 1761 mit der Schlacht bei Torgau auf dem östlichen und dem Winterfeldzug Herzog Ferdinands in Hessen auf dem westlichen Kriegsschauplatz.

Nach einem beispiellosen Bewegungsfeldzug, der trotz der Tage von Landeshut und Liegnitz und der zeitweiligen Besetzung Berlins durch russische und österreichische Truppen keiner Seite entscheidende Vorteile gebracht hatte, konzentrierte sich im Spätherbst 1760 das Geschehen im Osten auf Sachsen, wo sich die Hauptgegner — der König und Feldmarschall Daun — gegenüberstanden. Die Russen hatten sich beim Vormarsch des Königs über die Oder zurückgezogen, die Reichsarmee war rasch abgedrängt worden, und die Schweden fühlten sich in Pommern gebunden.

In Sachsen stand eine Entscheidung von höchster Bedeutung bevor. Wenn es dem König nicht gelang, Daun zu schlagen und ihn von dort zu vertreiben, dann war eine endgültige preußische Niederlage kaum noch zu vermeiden. In diesem Fall war damit zu rechnen, daß die Russen erneut vormarschierten und ihre Winterquartiere bis in die Mark Brandenburg vorschoben, womit sie den König von seiner Hauptstadt abgeschnitten hätten. Das isolierte Berlin wäre dann fast wehrlos russischen und schwedischen Übergriffen ausgesetzt gewesen. Denkbar waren auch erneute Aktivitäten der Reichsarmee und nicht zuletzt auch ein Eingreifen der Franzosen auf dem östlichen Kriegsschauplatz. Ohne ausreichende Winterquartiere und abgeschnitten von den sächsischen Hilfsquellen sowie von seiner eigenen Hauptstadt hätte der König dann in absehbarer Zeit die Waffen strecken müssen.

Anlage, Verlauf und Ergebnisse der Schlacht bei Torgau stehen daher im Mittelpunkt des ersten Teils der folgenden Untersuchung. Weitere Kapitel über die militärischen Operationen in Schlesien, Vor- und Hinterpommern, die sämtlich in einem unmittelbaren Zusammenhang mit der Torgauer Schlacht gesehen werden müssen, runden die Darstellung der Ereignisse auf dem östlichen Kriegsschauplatz im Herbst und Winter 1760/61 ab.

Auch auf dem westlichen Kriegsschauplatz war im Feldzug 1760 trotz der hitzigen Gefechte von Korbach und Warburg bis zum Herbst noch keine Entscheidung von strategischer Bedeutung gefallen. Herzog Ferdinand, der im September mit dem Gros der Alliierten Armee hinter der Diemel stand, befand sich dennoch in einer sehr ungünstigen Lage. Die Franzosen hatten nacheinander die festen Plätze Marburg, Dillenburg und Kassel erobert und kontrollierten damit den größten Teil von Hessen. Wenn sie sich in dieser Position halten konnten, bestand die dauernde Gefahr französischer Vorstöße gegen Hannover, Thüringen und Sachsen, wobei auch ein Zusammenwirken mit der Reichsarmee oder österreichischen Truppen denkbar war. Schließlich blieb die Besetzung Hessen-Kassels auch nicht ohne Einfluß auf die Bündnistreue des hessischen Landgrafen, dessen Kontingent bei der Alliierten Armee dringend gebraucht wurde.

Ähnlich wie der König wollte Herzog Ferdinand deshalb durch einen entscheidenden Schlag die Lage zu seinen Gunsten verändern. Nach dem Scheitern der gewagten Unternehmung gegen Wesel plante er, Hessen durch die Aufhebung des französischen Lagers bei Kassel zurückzugewinnen. Wegen ständiger Aktivitäten des Gegners und vor allem wegen der katastrophalen Wetter- und Wegeverhältnisse mußte das Vorhaben bis zum Februar 1761 wieder und wieder zurückgestellt werden.

Der dann mit den größten Hoffnungen begonnene Winterfeldzug des Herzogs Ferdinand in Hessen steht im Mittelpunkt des zweiten Teils der folgenden Arbeit. Seine Vorbereitung und die damit in Verbindung stehende Blockade von Göttingen werden in gesonderten Kapiteln behandelt. Besondere Aufmerksamkeit wird dem Gefecht bei Langensalza am 15. Februar 1761 gewidmet, bei dem es durch das Zusammenwirken von alliierten und preußischen Truppen gegen Franzosen und Sachsen zu einer der ganz seltenen unmittelbaren Berührungen des westlichen mit dem östlichen Kriegsschauplatz kam. Es folgte das Zurückdrängen der Franzosen an Main und Kinzig, bis mit dem Gefecht bei Grünberg am 21. März der Kulminationspunkt der alliierten Angriffsbewegung erreicht wurde. Schließlich findet die Schilderung der Belagerung von Kassel als entscheidender Einzeloperation der Winteroffensive ihren Raum.

Sowohl der Herbstfeldzug 1760 in Sachsen als auch der Winterfeldzug 1761 in Hessen weisen eine Reihe von Merkmalen typisch „friderizianischer" Kriegführung auf. In beiden Fällen geht es darum, in einer Krisensituation durch einen entscheidenden offensiven Schlag eine grundlegende Lageänderung zu erzwingen. Um dieses Ziel zu erreichen, verlassen der König und auch Herzog Ferdinand (der ja in seiner Schule gelernt hatte), im Großen wie im Detail immer wieder die starren Regeln und Gewohnheiten absolutistischer Kriegführung. Dazu gehört das Erzwingen einer Entscheidungsschlacht und das Wagnis einer Großoffensive mitten im Winter ebenso wie das konsequente Führen durch Aufträge sowie die Entschlossenheit und Schnelligkeit der Operationen, die oft genug ihre Erfolge durch Überraschung erzielen. Möglichkeiten, aber auch

Grenzen dieser friderizianischen Kriegführung werden an den dargestellten Ereignissen deutlich sichtbar.

Im Zusammenhang damit steht die Frage nach dem Verhältnis zwischen den beiden deutschen Kriegsschauplätzen. Bestand hier die direkte Abhängigkeit eines Haupt- und eines Nebenkriegsschauplatzes, nur eine lose Kooperation zwischen den jeweiligen Alliierten oder eine völlige Selbständigkeit und Unabhängigkeit des Geschehens? Hier muß auch die Frage gestellt werden, ob die erdrückende Dominanz des östlichen Kriegsschauplatzes, den die ältere Forschung unter dem Eindruck der überragenden Persönlichkeit Friedrichs des Großen nahezu durchgehend suggeriert, in dieser Weise gerechtfertigt ist.

Schließlich wird auch das Bild vom Krieg im Ancien Régime, das Bild von der „gezähmten Bellona", und vor allem die vielfach zum Klischee verflachte Vorstellung von der Qualität der Stehenden Heere an den dargestellten Ereignissen kritisch zu überprüfen sein.

II. Quellen- und Forschungslage

1. Bibliographien, Forschungsberichte und allgemeine Hilfsmittel

Wer sich heute, zweihundert Jahre nach dem Tode Friedrichs des Großen und des Herzogs Ferdinand, mit der Geschichte des Siebenjährigen Krieges befaßt, steht einer nahezu unübersehbaren Fülle von Literatur gegenüber. „Der beispiellose Vorgang, daß ein Staat von rund 5 Millionen Einwohnern einem feindlichen Bündnis von 90 Millionen standhielt und sich damit seinen Platz unter den Großmächten sicherte, mußte die Geister lebhaft beschäftigen; und die unabweisbare Tatsache, daß dieser Erfolg sich in der Hauptsache von der Führer- und Feldherrenpersönlichkeit des Königs herleitete, mußte die Bewunderung für ihn gewaltig steigern und das Interesse an den Mitteln seiner Kriegführung vermehren", so deutete Eberhard Kessel dieses Phänomen[1].

Das angesprochene kriegsgeschichtliche Interesse erlahmte jedoch nach dem Zweiten Weltkrieg nahezu vollständig. Erst in jüngster Zeit sind Ansätze einer Wiederaufnahme der Forschung über den Siebenjährigen Krieg zu verzeichnen. Die militärischen Operationen werden jedoch in diesen neueren Arbeiten weitgehend ausgeklammert. Unter fast ängstlicher Umgehung der Kriegsgeschichte bemüht man statt dessen sozial- und wirtschaftsgeschichtliche Fragestellungen, um den überraschenden Ausgang des Krieges zu erklären: „Denn die überraschende Fähigkeit der alten preußischen Monarchie, den Siebenjährigen Krieg durchzustehen, beruhte doch primär auf der Uneinheitlichkeit alliierter Kriegsziele, in Verbindung mit dem Verbleib des berühmten, kriegsentscheidenden letzten Talers in den Händen des Herrschers der Streusandbüchse des Deutschen Reiches", heißt es beispielhaft in der Arbeit von Martin Raschke über die Kriegsgeschichtsschreibung des preußischen Generalstabs[2].

Wer sich also heute die Aufgabe stellt, eine stilistisch und methodisch an den dreizehnten Band des Generalstabswerkes über den Siebenjährigen Krieg angelehnte kriegsgeschichtliche Darstellung des Herbstfeldzuges 1760 in Sachsen und des Winterfeldzuges 1761 in Hessen zu geben, wird sich nicht nur thematisch, sondern im wesentlichen auch forschungsgeschichtlich an dieses Werk direkt anschließen müssen.

---

[1] Kessel, Ausgewählte Aufsätze, Friedrich der Große im Wandel der kriegsgeschichtlichen Überlieferung, S. 58. — Genauere bibliographische Angaben im Literaturverzeichnis. Dies gilt grundsätzlich für alle noch folgenden Titel, bei denen diese Angaben nicht in einer Anmerkung gemacht werden.

[2] Raschke, S. 167.

Aus zwei Gründen ist es daher notwendig, der eigentlichen Darstellung einen ausführlichen Blick auf die Quellen- und Forschungslage voranzustellen. Zum einen fehlt ein solcher Überblick bis heute völlig, so daß sich grundsätzlich die Aufgabe stellt, die Fülle des vorhandenen Materials zu sichten und einer kritischen Beurteilung zu unterziehen. Zum andern müssen wegen der oben erwähnten großen Forschungslücke die wenigen bereits vorhandenen Forschungsberichte neu aufgearbeitet werden, da sie einerseits größtenteils überholt sind und andererseits häufig den Ansprüchen einer wissenschaftlichen Quellenkritik nicht genügen.

Die Quellen und Darstellungen zur deutschen Kriegs- und Militärgeschichte sind bis zum Stand 1912 in mehreren Bibliographien hervorragend erfaßt. An erster Stelle ist hier die vierbändige „Bibliotheca-historico-militaris" von Johann Pohler zu nennen, die zwischen 1887 und 1897 erschienen ist. In ihr finden sich, für den europäischen Bereich annähernd vollständig, die zwischen dem 16. Jahrhundert und 1880 erschienenen Werke zur Kriegsgeschichte und -wissenschaft, unter anderem damit die gedruckten Quellen. Die Titelaufnahme ist jedoch häufig nicht korrekt oder unvollständig. Auf einem neueren Stand ist die 1910 erschienene und 1913 durch ein Ergänzungsheft[3] erweiterte „Quellenkunde der Kriegswissenschaften für den Zeitraum von 1740-1910" von Louis v. Scharfenort.

Diese beiden Spezialbibliographien werden ergänzt durch die Bibliothekskataloge des preußischen und des bayerischen Generalstabs, in denen zusätzlich einige unveröffentlichte oder nur regional verbreitete Werke verzeichnet sind. Recht gut erfaßt sind die deutschen Regiments- und Bataillonsgeschichten in den Bibliographien von Paul Hirsch (1905) und Fritz Runge (1959)[4]. Eine brauchbare Übersicht über militärische Zeitschriften, Journale und Jahrbücher liefert die 1964 in Leipzig erschienene Dissertation von Helmut Schnitter über die militärische Zeitschriftenliteratur in Deutschland[5].

Quellenkunden und Forschungsberichte zur Kriegs- und Militärgeschichte der Zeit Friedrichs des Großen gibt es nur in sehr bescheidenem Maße. An erster Stelle ist hier der dritte Band von Max Jähns' „Geschichte der Kriegswissenschaften" zu nennen. Dieses 1891 erschienene und 1966 nachgedruckte Werk bespricht alle wichtigen Erscheinungen aus dem Bereich der Kriegswissenschaften zwischen 1740 und 1800. Es ist eine unverzichtbare Quellenkunde für jeden Militärhistoriker, der über diesen Zeitraum arbeitet[6].

---

[3] Ursprünglich vorgesehen als 1. Heft eines 2. Bandes, der jedoch nie erschienen ist, erfaßt dieses Ergänzungsheft die Erscheinungen der Jahre 1910-1912.

[4] Vgl. dazu auch: Murawski, Erich: Truppengeschichten alter und neuer Art. In: Wehrkunde 8. 1959. S. 157-164 und S. 212-218, sowie neuerdings: Mohr, Eike: Heeres- und Truppengeschichte des Deutschen Reiches und seiner Länder 1806 bis 1918. Osnabrück 1989.

[5] Schnitter, Helmut: Zur Geschichte der bürgerlichen militärischen Zeitschriftenliteratur in Deutschland. Diss. Leipzig 1964.

Eine Übersicht über die kriegsgeschichtliche Erforschung der friderizianischen Zeit gibt der Aufsatz von Eberhard Kessel über Friedrich den Großen im Wandel der kriegsgeschichtlichen Überlieferung. Quellenkunde und Forschungsbericht zugleich ist das außerordentlich umfangreiche Einleitungskapitel der Dissertation von Gerhard Krohn über den Feldzug von 1762, in dem auch ein Großteil der für den Feldzug von 1760/61 relevanten Quellen und Darstellungen besprochen wird. Über den Siebenjährigen Krieg in der deutschen Literatur hat Karl Schwarze 1936 gearbeitet. Obwohl manche Bewertungen heute nicht mehr stehenbleiben können, gibt die Arbeit doch einen guten Überblick über diese literarischen Zeugnisse[7].

Am Schluß dieses Abschnittes seien noch einige unverzichtbare Hilfsmittel genannt. Einen guten Einstieg in alle Probleme des Wehrwesens im Absolutismus geben die beiden Bände von Georg Ortenburg und Siegfried Fiedler zum Zeitalter der Kabinettskriege in der Reihe „Heerwesen der Neuzeit". Bei allen Fragen zur Militärwissenschaft gibt das Handwörterbuch von Poten eine erste Orientierung. Dieses umfangreiche Werk wird durch das neuere Handbuch von Franke nicht vollständig ersetzt, da dieses zeitbedingt andere Schwerpunkte setzt.

Eine Zusammenfassung der Kampfhandlungen der brandenburgisch-preußischen Armee von 1626 bis 1807 liefert das 1964 erschienene Quellenhandbuch von Günther Gieraths. Darin finden sich für jeden Verband die Namen der Chefs und Kommandeure, die Garnisonen, die Kampfhandlungen sowie Literaturhinweise. Einen detaillierten Gefechtskalender der Alliierten Armee im Siebenjährigen Krieg hat die heereskundliche Klio-Arbeitsgruppe erstellt. Ihre Ergebnisse halten einer Überprüfung an den Quellen allerdings nicht in jedem Falle stand. Kurzbiographien aller preußischen Generale liefert schließlich das zehnbändige Werk von Kurt v. Priesdorff „Militärisches Führertum"[8].

2. Quellen und zeitgenössische Darstellungen

a) Ungedruckte Quellen

Am Abend des 14. Aprils 1945 wurde bei einem Luftangriff auf Potsdam das dortige Heeresarchiv völlig zerstört. Fast die gesamte schriftliche Überlieferung der preußischen Armee fiel den Flammen zum Opfer. Dieser Verlust zwang

---

[6] Als ergänzende, übersichtliche Zusammenfassung brauchbar: Basler, Otto: Wehrwissenschaftliches Schrifttum im 18. Jahrhundert. Berlin 1933.

[7] Schwarze, Karl: Der Siebenjährige Krieg in der zeitgenössischen deutschen Literatur. Kriegserleben und Kriegserlebnis in Schrifttum und Dichtung des 18. Jahrhunderts. Berlin 1936.

[8] Ein früher Vorläufer dieses biographischen Nachschlagewerkes ist: Pauli, Carl Friedrich: Leben großer Helden des gegenwärtigen Krieges (Bd. 9: der preußischen Kriege). 9 Bde. Halle 1759-64.

dazu, für die vorliegende Arbeit — neben der intensiven Benutzung des reichlich vorhandenen gedruckten Quellenmaterials — auf die zerstreuten und zumeist kleineren Militariabestände zum Siebenjährigen Krieg verschiedener deutscher und österreichischer Archive zurückzugreifen[9]. Dabei ergab sich eine insgesamt außerordentlich umfassende und facettenreiche Überlieferung, die eine quellennahe und quellengemäße Darstellung der militärischen Operationen ohne weiteres zuläßt.

Der größte Teil der preußischen Akten aus der Zeit des Siebenjährigen Krieges lagert im Geheimen Staatsarchiv Preußischer Kulturbesitz, Abteilung Merseburg. Der dortige Bestand Geheimes Zivilkabinett enthält eine umfangreiche Sammlung von Korrespondenzen und Meldungen preußischer Offiziere an den König, dazu auch einige Befehle desselben sowie verschiedene Listen und Aufstellungen. Der gesamte Bestand ist allerdings durch die Zufälligkeit seiner Überlieferung gekennzeichnet. Der Umfang der einzelnen Akten (jeweils die Korrespondenz eines Offiziers) differiert zwischen weniger als zehn und mehr als tausend Blatt. Dabei weisen auch die vollständigeren Akten mitunter große zeitliche Lücken auf, so daß von einer geschlossenen Überlieferung keine Rede sein kann.

Ergänzt werden diese Bestände durch den umfangreichen Nachlaß des Prinzen Friedrich Eugen von Württemberg, der im Hauptstaatsarchiv Stuttgart — Württembergisches Hausarchiv verwahrt wird. Friedrich Eugen war preußischer Generalleutnant und seit Anfang Oktober 1760 faktisch Oberkommandierender auf dem nördlichen Kriegsschauplatz in Vor- und Hinterpommern. Sein militärischer Nachlaß ist daher für den Winter 1760/61 nahezu identisch mit der schriftlichen Überlieferung des dortigen Kriegsgeschehens. Er enthält alle Meldungen von Unterführern, Befehle, Stärkemeldungen, die Rapporte des Prinzen an den König sowie dessen Schreiben und Befehle. Ein Journal des Korps' Werner dokumentiert den Winterkrieg gegen die Russen in Hinterpommern Anfang 1761.

Der militärische Nachlaß des regierenden Herzogs Karl Eugen von Württemberg, der 1760 letztmalig gegen Preußen ins Feld zog, lagert ebenfalls im Stuttgarter Hausarchiv. Neben Korrespondenzen, Befehlen und Meldungen findet sich in den Akten über den Feldzug 1760 auch ein vollständiges Journal.

Nach dem weitgehenden Verlust der preußischen Akten ist das Wiener Kriegsarchiv die wichtigste Stätte der Überlieferung über den Siebenjährigen Krieg auf dem östlichen Schauplatz. Das dort befindliche, umfangreiche Material ist in den alten Feldakten aufgearbeitet, die einmal als Vorbereitung einer amtlichen österreichischen Geschichtsschreibung über den Siebenjährigen

---

[9] Die Benutzung von Archivalien beschränkte sich grundsätzlich auf die preußische und alliierte Überlieferung. Die Durchbrechung dieses Grundsatzes durch die Benutzung von Beständen des Wiener Kriegsarchivs dient daher auch in erster Linie dazu, die preußische Überlieferung durch die „Beurteilung der Lage aus Feindsicht" zu ergänzen oder zu ersetzen.

Krieg gedacht waren[10]. Die alten Feldakten enthalten verschiedene Journale der Hauptarmee und des Korps' Laudon. Wichtiger noch sind die Korrespondenzen der beteiligten Truppenführer, wobei in den Beständen Hofkriegsrat und Kabinettsakten auch die politische Leitung dokumentiert ist. Dazu kommen zahllose Stärkelisten, Marschdispositionen, Verlustlisten und andere Aufstellungen. Im Wiener Kriegsarchiv lagern auch die Überlieferung der Reichsarmee sowie kleinere Bestände über die schwedische und die französische Armee.

Die bedeutendsten Aktenüberlieferungen zum Siebenjährigen Krieg in Westdeutschland finden sich in den Niedersächsischen Staatsarchiven Hannover und Wolfenbüttel sowie im Hessischen Staatsarchiv Marburg. Sie umfassen die Akten des hannoverschen, des braunschweigischen und des hessischen Kontingents der Alliierten Armee, dazu — in Hannover — verschiedene Nachlässe, so etwa der Generale v. Spörcken und v. Reden, sowie die Reste des Nachlasses von Herzog Ferdinand[11].

In Wolfenbüttel sind zwei Bestände besonders erwähnenswert. Dies ist zum einen eine erst 1982 erworbene Sammlung von Briefen des Herzogs Ferdinand an seinen regierenden Bruder, Karl I., aus dem Jahre 1761. Zum anderen lagert in diesem Archiv eine umfangreiche Kartensammlung, die mehr als 500 Karten, Pläne und Skizzen zum Siebenjährigen Krieg umfaßt. Zu den für diese Arbeit wichtigsten Beständen des Marburger Archivs gehören die Journale und Korrespondenzen der Generale v. Wutginau und v. Gilsa mit dem Landgrafen von Hessen-Kassel sowie ein Journal der Belagerung von Kassel im Frühjahr 1761.

Die zahlreichen Journale, Parolebücher und persönlichen Tagebücher sowie die daraus hervorgegangenen Ausarbeitungen zählen zu den wesentlichen Quellen über das operative Geschehen des Siebenjährigen Krieges, verfolgen sie doch — mehr oder weniger engagiert — ein ähnliches Anliegen wie die vorliegende Arbeit[12]. Das bekannteste und wohl auch bedeutendste Werk dieser Art ist das Journal des preußischen Generals Friedrich Wilhelm v. Gaudi, das in lithographierter und gebundener Form im Hessischen Staatsarchiv Darmstadt vorliegt[13].

---

[10] Vgl. Regele, Oskar: Die Geschichtsschreibung im Wiener Kriegsarchiv von 1779 (Kaiser Joseph II.) bis zum Ende des Ersten Weltkrieges (1918). In: Festschrift zur Feier des zweihundertjährigen Bestandes des Haus-, Hof- und Staatsarchivs. Hrsg. von Leo Santifaller. Bd. 1. Wien 1949. (Mitteilungen des österreichischen Staatsarchivs. Ergänzungsband 2.)

[11] Bei den in Hannover lagernden Teilen des Nachlasses von Herzog Ferdinand fehlen weitestgehend die Akten, die seinen Dienst als preußischer Offizier, General und Feldmarschall betreffen. Diese verblieben im preußischen Heeresarchiv und gingen 1945 verloren. Große Teile dieser Akten sind jedoch von Westphalen und Knesebeck publiziert worden (s. u.), so daß diese wichtige Quelle nach wie vor verfügbar ist.

[12] Vgl. dazu neben Kessel, Ausgewählte Aufsätze, Friedrich der Große im Wandel der kriegsgeschichtlichen Überlieferung auch: Herrmann, Otto: Über Parolebücher und Notizkalender aus dem Siebenjährigen Kriege. In: FBPG 1. 1888. S. 271-279.

Der Quellenwert des Gaudi-Journals für die letzten Monate des Jahres 1760 ist Gegenstand zahlreicher Untersuchungen gewesen. Besonders die Behauptung Gaudis, Hülsen als dessen Adjutant zu dem letzten, entscheidenden Angriff bei Torgau veranlaßt zu haben, hat starke Zweifel an seiner Wahrheitstreue hervorgerufen. Den Anfang machte hier Otto Herrmann, der in einer 1889 erschienenen Studie Gaudis Darstellung seiner eigenen Rolle bei Torgau verwarf[14]. Reinhold Koser kam 1901 aufgrund desselben Quellenmaterials zu einem vermittelnden Urteil. Sein kurzer Aufsatz „Zur Geschichte der Schlacht bei Torgau" ist aber vor allem deshalb von Bedeutung, weil in ihm die Berichte Gaudis und des Grafen Henckel von Donnersmarck über die Schlacht an den Prinzen Heinrich abgedruckt sind.

Die wichtigste Arbeit über das Gaudi-Journal von 1760 stammt vom Großen Generalstab. Er hat in seiner nach umfangreichen Vorarbeiten[15] 1912 erschienenen Studie über das Gaudische Journal des Siebenjährigen Krieges (Feldzüge 1758-63) dessen Verfasser in allen Punkten überzeugend rehabilitiert und den großen Wert dieser Quelle erneut festgestellt[16]. Die Einwände, die Herrmann gegen die Ergebnisse dieser fundierten Untersuchung gemacht hat, können nicht überzeugen[17]. Einen kleinen Beitrag zur Charakterisierung des Gaudi-Journals hat schließlich noch Helmut Eckert anhand einiger neu aufgefundener Briefe geleistet. Seine 1936 erschienene Studie beschäftigt sich mit der angeblichen Kränkung Gaudis durch den König[18].

Eine wertvolle Ergänzung des Gaudi-Journals ist die Sammlung der Süßenbachschen Handschriften in der Hessischen Landes- und Hochschulbibliothek Darmstadt. Johann Christian Süßenbach war Angehöriger des Jägerkorps' der preußischen Armee und in herausgehobener Stellung als Adjutant und Sekretär für verschiedene Generale tätig, zuletzt für den Grafen Wied. Während des Siebenjährigen Krieges hat er eifrig Material für eine Darstellung der Ereignisse gesammelt, deren vollständige Ausarbeitung ihm aber nicht mehr gelungen ist[19].

---

[13] Die Darmstädter Abschrift, die allerdings nur die Jahre 1756-1761 umfaßt, ist wahrscheinlich das einzige öffentlich zugängliche Exemplar des ursprünglich recht weit verbreiteten Journals. Trotz intensiver Recherchen auch in den neuen Bundesländern ließen sich weder ein weiteres Exemplar des Journals noch die zum Text gehörenden Karten nachweisen oder gar auffinden.

[14] Herrmann, Otto: Gaudi über die Schlacht bei Torgau. In: FBPG 2. 1889. S. 259-264.

[15] Großer Generalstab (Hrsg.): Das Gaudische Journal des Siebenjährigen Krieges. Feldzüge 1756 und 1757. Berlin 1901. (Urkundliche Beiträge und Forschungen zur Geschichte des preußischen Heeres. Heft 3.) sowie Bethcke: Die Gaudi-Handschriften für das Jahr 1758 und 1759. In: Beihefte zum MWB 1905, S. 115-123 und 1907, S. 193-208.

[16] Vgl. auch die sehr positive Rezension von August v. Janson: Eine Kritik des Gaudischen Journals. In: MWB 1912. Nr. 62. Sp. 1420-1422.

[17] Herrmann, Otto: Der „Sieger" von Torgau. In: FBPG 25. 1912. S. 589-591.

[18] Eckert, Helmut: Neues zur Charakteristik Gaudis und seines Journals. In: FBPG 48. 1936. S. 374-388.

[19] Zu Süßenbachs Biographie und zu seinem Nachlaß vgl. Schäfer, Arnold: Die Süßenbachschen Handschriften zur Geschichte des Siebenjährigen Krieges. In: For-

b) Gedruckte Quellen und zeitgenössische Darstellungen

Für die Kriegsjahre 1760 und 1761 liegt eine beträchtliche Anzahl von gedruckten Quellen und zeitgenössischen Darstellungen mit Quellencharakter vor, insbesondere für den westdeutschen Kriegsschauplatz. Den höchsten Grad an Authentizität können die verschiedenen Brief- und Aktensammlungen beanspruchen. Hier ist an erster Stelle die „Politische Korrespondenz" Friedrichs des Großen zu nennen. In dieser hervorragenden und durch verschiedene Register gut benutzbaren Edition finden sich alle wichtigen politischen und militärischen Schreiben des Königs in chronologischer Abfolge. Etwas Vergleichbares für den östlichen Kriegsschauplatz, etwa von österreichischer Seite, liegt nicht vor[20].

Die Operationsführung der Alliierten Armee dokumentiert die sechsbändige „Geschichte der Feldzüge des Herzogs Ferdinand" von Westphalen. Dieses Werk besteht im wesentlichen aus abgedruckten Briefen und Aktenstücken aus dem heute weitestgehend vernichteten Nachlaß des Herzogs, insbesondere aus der Korrespondenz Ferdinands mit dem preußischen König und mit seinem Privatsekretär Westphalen[21], die nur durch kurze zusammenfassende Zwischentexte verbunden sind. Ergänzt wird diese erstrangige Quelle durch die Korrespondenzen des Herzogs Ferdinand, die Ernst v.d. Knesebeck aus preußischen und englischen Archiven herausgegeben hat. Von französischer Seite liegt die „Correspondance inédite" des Marschalls Broglie mit dem Prinzen Xaver von Sachsen vor, die den militärischen Briefwechsel zwischen diesen beiden Feldher-

---

schungen zur deutschen Geschichte 17. 1877. S. 579-610. (Nachdruck Osnabrück 1968) sowie Großer Generalstab (Hrsg.): Die Süßenbachschen Handschriften zur Geschichte des Siebenjährigen Krieges in der Großherzoglich Hessischen Hofbibliothek zu Darmstadt. Feldzug 1756 und Feldzug 1757. In: Beihefte zum MWB 1898. S. 323-393. (Enthält Süßenbachs Relation der Schlacht bei Torgau.)

[20] In den Papieren des englischen Botschafters beim preußischen König, Mitchell, finden sich keine Informationen über das Kriegsgeschehen im Herbst 1760. Mitchell hatte wegen totaler Erschöpfung die Armee, bei der er sich sonst aufhielt, verlassen. Lediglich in einem Brief vom 10. Nov. 1760 an Pitt erwähnt er die Schlacht bei Torgau (II, S. 205). — Mitchell, Sir Andrew: Memoirs and Papers of Sir Andrew Mitchell K.B., Envoy extraordinary and minister plenipotentiary from the court of Great Britain to the court of Prussia, from 1756 to 1771. By Andrew Bisset. 2 Vol. London 1850.
Wenig hilfreich ist auch die Korrespondenz des Grafen Brühl mit dem sächsischen Residenten bei der russischen Armee, Generalleutnant v. Riedesel, die kaum auf den Verlauf der militärischen Operationen eingeht. — Eelking, Max von (Hrsg.): Correspondenz des kurfürstlich sächsischen Premier-Ministers Grafen von Brühl mit dem sächsischen General-Lieutenant Freiherrn von Riedesel Residenten bei der russisch-kaiserlichen Armee. Als ein Beitrag zur Geschichte des 7jährigen Krieges 1760-1762. Leipzig 1854.

[21] Christian Heinrich Philipp v. Westphalen war nicht nur der Sekretär des Herzogs, sondern er kann mit einigem Recht auch als „Generalstabschef" der Alliierten Armee bezeichnet werden. Begabt mit einem natürlichen taktischen und strategischen Talent und mit enormem Detailwissen über die jeweilige Lage, war er während des Krieges der wichtigste Berater Ferdinands in operativen Fragen, obgleich er niemals einen militärischen Rang bekleidete.

ren und einzelne, damit im Zusammenhang stehende Korrespondenzen Broglies mit anderen Unterführern enthält.

Auch eine ganze Reihe von Journalen und persönlichen Tagebüchern liegt gedruckt vor. Die Qualität und der Quellenwert dieser Werke sind sehr unterschiedlich: Teils wird nur aus der Perspektive und mit dem Kenntnisstand der jeweiligen Verfasser berichtet, teils haben diese ihre eigenen Aufzeichnungen unter Zuhilfenahme weiterer Quellen zu anspruchsvollen Gesamtdarstellungen ausgearbeitet.

An erster Stelle steht hier die „Geschichte des Siebenjährigen Krieges" Friedrichs des Großen. Diese oft überschätzte Darstellung hat der König jeweils am Ende der Feldzüge vor allem anhand der von ihm autorisierten offiziellen Relationen ausgearbeitet. Sie verfolgt weder den Zweck, detailliertes Kriegstagebuch zu sein, noch kann sie als besonders fundiert gelten. Die „Geschichte des Siebenjährigen Krieges" ist auf weite Strecken nicht viel mehr als ein privates Tagebuch des Königs, das er ohne besondere Rücksicht auf die Tatsachen niedergeschrieben hat und das in erster Linie dem weitgehend makellosen Bild des Roi-Connétable verpflichtet ist[22].

Höheren Quellenwert besitzt das 1786 anonym in der „Militärischen Monatsschrift" erschienene Hauptjournal von 1760. Der Verfasser beschreibt sehr genau die Märsche der preußischen Armee im Oktober und November 1760. Die Schlacht bei Torgau hat er auf Zietens Armeeflügel mitgemacht. Über dieses Ereignis bringt er jedoch nur eine knappe Zusammenfassung des Ablaufs, wobei ihm die genaue Wiedergabe der Marschordnung wichtiger war als die Darstellung der Kämpfe[23].

Die populärste Darstellung des Siebenjährigen Krieges im Osten Deutschlands stammt von Johann Wilhelm v. Archenholtz. Er hat als Fahnenjunker im Regiment Forcade an der Schlacht bei Torgau teilgenommen und konnte das Geschehen als Augenzeuge beschreiben. Seine Schilderung ist sehr lebendig, muß aber notwendig oberflächlich bleiben, da Archenholtz in seiner Stellung weder den Gesamtzusammenhang übersehen konnte, noch Zugang zur höheren Führung hatte. Scharnhorst bezeichnete sein Werk treffend als „echtes deutsches Volksbuch"[24].

Ähnliches gilt auch für die Tagebuchblätter des Ernst Friedrich Rudolf v. Barsewisch. Ebenso wie Archenholtz erlebte er die Schlacht bei Torgau als

---

[22] Vgl. dazu: Vilmar, Theodor: Über die Quellen der Histoire de la guerre de sept ans Friedrichs des Großen. Diss. Straßburg. Kassel 1888. Ritter, Arthur: Über die Zuverlässigkeit der Orts-, Zahl- und Zeitangaben in den kriegsgeschichtlichen Werken Friedrichs des Großen. Diss. Berlin. Wernigerode 1911.

[23] Lediglich ein Auszug aus diesem Hauptjournal ist folgendes Werk: Tagebuch eines preußischen Officiers von der königlichen Armee im Jahre 1760, nach dessen Tode unter seinen Schriften gefunden, und zum Versuch herausgegeben. Köln und Breslau 1781.

[24] Zitiert bei Jähns S. 1878.

Subalterner mit, so daß auch seine Darstellung der Ereignisse in erster Linie den Charakter eines persönlichen Erlebnisberichtes hat. Sehr knapp sind auch die Notizen, die sich der Feldprediger des Kürassierregiments Seydlitz in seinem Tagebuch gemacht hat. Für jeden Tag findet sich zumeist nur ein Satz, und auch über die Schlacht bei Torgau gibt der Feldprediger nur einen sehr kurzen Bericht, der keine Details enthält. Als Augenzeugenbericht kann diese Quelle jedoch nicht außer acht gelassen werden.

Eine Zusammenstellung preußischer Regimentsjournale, Tagebücher und Relationen ist die „Sammlung ungedruckter Nachrichten", die vermutlich der Regimentsquartiermeister Gottlob Naumann herausgegeben hat. Von allen offiziösen Sammelwerken, auf die unten noch genauer eingegangen wird, besitzt dieses den größten Quellenwert, solange man nicht zuviel von ihm verlangt: In der Sammlung finden sich nur Journale und Berichte von preußischen Regimentern, die naturgemäß die Ereignisse nur aus ihrer Perspektive wiedergeben können. Dafür bieten die Journale jedoch einen hohen Grad an Authentizität, da sie sämtlich von Beteiligten verfaßt worden sind, und wenn auch die Schlachtberichte aus den oben skizzierten Gründen oft wenig brauchbar sind, so finden sich aber in dieser Sammlung hervorragende Nachrichten über die Märsche und Quartiere der Armee oder der einzelnen Regimenter.

Von österreichischer Seite liegen die „Geständnisse" des Jacob de Cogniazzo gedruckt vor. Cogniazzo hatte den Siebenjährigen Krieg auf österreichischer Seite mitgemacht, fühlte sich später aber von seinen Vorgesetzten ungerecht behandelt und nahm verbittert seinen Abschied. Das führte zusammen mit einer ehrlichen Bewunderung für den König dazu, daß seine Geständnisse äußerst preußenfreundlich ausgefallen sind. Er hat jedoch genug wertvolle Nachrichten zwischen seinen oft bissigen Kommentaren über die österreichische Kriegführung überliefert, um seine Geständnisse zu einer wichtigen Quelle zu machen[25].

Für den westlichen Kriegsschauplatz liegt das „Journal von dem Feldzuge Anno 1760/61" von Johann Christian Heyne vor. Heyne war Sachse und 1757 aus preußischen Diensten, in die man ihn gepreßt hatte, entwichen. In Ungarn hatte er sich dann an ein sächsisches Korps angeschlossen, das später unter Prinz Xaver im Westen Deutschlands am Krieg teilnahm. Sein Journal berichtet ausführlich und genau über die Märsche und Quartiere der als Reserve des rechten Flügels der französischen Armee eingesetzten Truppen. Auch die Gefechte und Schlachten sind ausführlich beschrieben. Heyne muß auch von

---

[25] Vgl. dazu: Seidl, Karl von: Friedrich der Große und seine Gegner. Gotha/Erfurt 1819. (Vor allem S. 107ff. und S. 137ff.) — Weniger ergiebig ist das Journal des Prinzen de Ligne, der die Schlacht bei Torgau beim Korps Lacy mitgemacht hat. Seine Schilderung des Kriegsgeschehens hat eher literarischen Charakter, enthält jedoch zahlreiche Details aus dem Dienstalltag eines österreichischen Infanterieoffiziers. Ligne, Charles Joseph Prince de: Mon journal de la guerre de sept ans. Campagne de 1760, 1761 et 1762. Dresden 1796. (Mélanges militaires, litteraires et sentimentaires. Bd. 16.)

anderen Korps Nachrichten gesammelt und verarbeitet haben, denn sein Werk ist als Gesamtdarstellung des Feldzuges angelegt. Der flüssige Stil läßt dabei auf eine sorgfältige Redaktion des Materials schließen.

Ebenfalls stark nachbearbeitet ist das „Journal de la Campagne de MDCCLX" eines M.L.R.D.B., der nach eigenem Zeugnis Aide de Camp Marschall Broglies war. Vor allem ein guter Kartenanhang macht dieses Werk interessant. Ähnlich angelegt sind die „Operations of the Allied Army" von Charles Hotham, Oberstleutnant und zeitweise Generaladjutant bei Herzog Ferdinand. Beide Werke gehen jedoch über eine knappe tagebuchartige Darstellung der Ereignisse nicht hinaus. Sie werden in einigen Punkten durch die Erinnerungen der französischen Generale de Bourcet und Rochambeau ergänzt, die bereits 1792 und 1809 erschienen.

Neben diesen gedruckt vorliegenden Journalen gibt es noch einige Berichte und Relationen über die Schlacht bei Torgau. Der wichtigste ist Friedrich Ludwig Asters „Ausführlicher Bericht...", der zur Erläuterung der von ihm selbst angefertigten Karte dienen sollte. Aster war sächsischer Ingenieuroffizier. Im Auftrag des Prinzen Albert von Wettin hat er 1768 das Schlachtfeld von Torgau topographisch aufgenommen und die Einwohner der Gegend nach den Ereignissen vom 3. November 1760 befragt. Aus deren Antworten, die er in einem unveröffentlichten Journal gesammelt hat, und den offiziellen Relationen wurde der „Ausführliche Bericht..." zusammengestellt[26]. Asters Bericht ist unparteiisch und berücksichtigt jedes Detail. Vor allem für die Vorgänge auf österreichischer Seite ist er eine außerordentlich wichtige Quelle[27].

Eine Relation über die Schlacht bei Torgau hat auch Georg Heinrich v. Berenhorst, damals Adjutant des Königs, verfaßt. Sie ist ebenso in seinem Nachlaß überliefert wie einige Notizen über die Verwundung des Königs und dessen Ritt nach Elsnig, die er in einem Reisetagebuch festgehalten hat. Auch in seinen „Betrachtungen über die Kriegskunst" geht Berenhorst an verschiedenen Stellen auf die Schlacht ein[28].

Eine eigene Quellengattung stellen die meist aus Zeitungsberichten sowie offiziellen Relationen und Verlautbarungen zusammengestellten großen Sammelwerke dar. Ihr Wert wird häufig überschätzt, weil der Inhalt auf den ersten

---

[26] Vgl. Kessel, Quellen und Untersuchungen S. 14f.

[27] Zu Aster vgl. auch: Albrecht, Oskar: Friedrich Ludwig Aster. Ein Pionier der Kartographie. Schöpfer der sächsischen Landesvermessung und Chef des Ingenieurkorps. In: Soldat und Technik 17. 1974. S. 331f.

[28] Vgl. zu Berenhorst auch die folgenden Arbeiten: Bahn, Rudolf: Georg Heinrich von Berenhorst, der Verfasser der „Betrachtungen über die Kriegskunst". Diss. Halle-Wittenberg, Bernburg 1911. Kessel, Eberhard: Georg Heinrich von Berenhorst. Ein anhaltinischer Theoretiker und Geschichtsschreiber der Kriegskunst am Ende des 18. Jahrhunderts. In: Ausgewählte Aufsätze, S. 80-115. Ders.: Berenhorst und Friedrich der Große. Ein Nachtrag zur Lebensgeschichte von Georg Heinrich von Berenhorst. In: Ausgewählte Aufsätze, S. 116-121.

Blick so reiches Material bietet, wie es Jähns zusammenfassend nennt: „Öffentliche Dokumente, Bulletins, Patente, Berichte von Augenzeugen, tagebuchartige Relationen amtlichen Ursprungs, die als Einzeldrucke oder durch die Zeitungen veröffentlicht worden waren und nun hier gesammelt vorliegen."[29] Genauer betrachtet sind aber diese Dokumente sämtlich bereits aus zweiter Hand, da die Herausgeber nur aus frei zugänglichen Quellen geschöpft haben, etwa aus Zeitungen und Flugblättern, oder von offiziellen Stellen mit entsprechendem Material versorgt wurden. Den einzelnen Stücken kommt damit in der Regel nicht der Wert erstrangiger Quellen zu, da sie bereits eine doppelte Bearbeitung und Auswahl hinter sich haben.

Das einzige dieser Werke ohne eine klare Affinität an eine der kriegführenden Parteien ist die in Frankfurt und Leipzig erschienene „Teutsche Kriegs-Canzley". Preußisch offiziös sind dagegen die vom Regimentsquartiermeister Gottlob Naumann herausgegebenen „Danziger Beiträge"[30] (der Druckort Danzig ist fingiert, die Bände erschienen in Berlin) und die drei großen Sammelwerke von Johann Friedrich Seyfart, die „Geschichte des seit 1756 in Deutschland (...) geführten Krieges", die „Vollständige Geschichte aller königlichen preußischen Regimenter" und die „Lebens- und Regierungsgeschichte Friedrichs des andern".

Eine Sonderstellung nimmt Tempelhoffs „Geschichte des Siebenjährigen Krieges in Deutschland" ein. Zunächst nur als Fortsetzung der anspruchslosen Vorarbeiten des Generals Lloyd geplant, gelang Tempelhoff in den von ihm selbst verfaßten letzten vier Bänden eine Gesamtdarstellung des Krieges, die noch heute nicht überholt ist. Besonders wertvoll ist seine aus vielen erstrangigen Quellen[31] geschöpfte Darstellung da, wo er selbst Augenzeuge war, etwa bei Torgau. Tempelhoffs Werk ist nach dem Verlust vieler Originalakten eine der wichtigsten Quellen über den Siebenjährigen Krieg geworden.

Neben den bisher aufgeführten Quellen gibt es noch eine Reihe früher Darstellungen, denen ein gewisser Quellenwert zukommt, weil ihre jeweiligen Verfasser selbst noch am Krieg teilgenommen oder ihn zumindest als Zeitgenossen erlebt haben. Nicht mehr als eine knappe zeitgeschichtliche Chronik ist der in Nürnberg anonym erschienene „Entwurf einer Geschichte des gegenwärtigen

---

[29] Jähns S. 1867.

[30] Parallel zu den Danziger Beiträgen erschien: Naumann, Gottlob: Die Feldzüge der Preußen wider die Sachsen und Österreicher, wider die Franzosen und Reichstruppen, wider die Russen und Schweden. Vom Jahre 1756 bis 1761. Als eine Einleitung in die Beyträge zur Staats- und Kriegsgeschichte. 6 Bde. Frankfurt/Leipzig 1760-63. — Dieses Sammelwerk ist nichts anderes als ein Auszug aus den Danziger Beiträgen.

[31] Vgl. dazu: Herrmann, Otto: Über die Quellen der Geschichte des Siebenjährigen Krieges von Tempelhoff. Diss. Berlin 1885. Winter, Georg: Zur Kritik Tempelhoffs und des militärischen Nachlasses des Grafen Viktor Amadeus Henckel von Donnersmarck. In: Forschungen zur deutschen Geschichte 24. 1884. S. 453-474. (Nachdruck Osnabrück 1968.)

Krieges"[32]. Auf Zeitungsberichte und offizielle Relationen stützt sich die
„Historie des Kriegs…" von Simeon Ben Jochai. Sachlich ist das Werk zwar
nicht von Bedeutung, doch es dürfte das einzige sein, das in jiddisch eingefärb-
tem Deutsch über den Siebenjährigen Krieg geschrieben wurde. Es zeugt nicht
allein von dem weit verbreiteten Interesse an den zeitgenössischen militärischen
und politischen Ereignissen, sondern auch von der Findigkeit von Verlegern und
Autoren, entsprechende Lesebedürfnisse zu befriedigen, denn Simeon Ben
Jochai war nur werbewirksames Pseudonym für Christoph Gottlob Richter[33].
Der selbe Autor machte sich auch die Vorliebe der Zeit für die literarische
Gattung der fingierten Gespräche aus dem Totenreich zunutze. Richter ließ die
aktuellen Kriegsereignisse von bekannten Verstorbenen diskutieren, ohne dabei
allerdings allzuviel Rücksicht auf die Tatsachen zu nehmen[34].

Auch F***, der Verfasser der „Geschichte des dritten Schlesischen
Krieges"[35], hat offensichtlich nur zweitrangige Quellen benutzt. Seiner Darstel-
lung der Schlacht bei Torgau etwa liegt eindeutig die offizielle preußische
Relation zugrunde. Knappe Chroniken des Siebenjährigen Krieges liefern die
Werke von du Val und Ludwig Müller. Sie sind in der Darstellung korrekt,
bieten aber kaum mehr als einen Überblick[36]. Mehr Beachtung verdient das
Buch von O'Cahill über die Feldzüge Friedrichs II.. Die Darstellung kommt in
Umfang und Detailtreue derjenigen von Tempelhoff nahe, und ebenso wie dieser
scheint O'Cahill erstrangige Quellen genutzt zu haben, etwa für die Schlacht bei
Torgau mit großer Wahrscheinlichkeit Journal oder Bericht von Aster. Grobe
Lese- oder Interpretationsfehler schmälern jedoch den Wert dieses Werkes
erheblich[37].

---

[32] Anon.: Entwurf einer Geschichte des gegenwärtigen Krieges (ab Bd. 4: des Krieges
und Friedens in der alten und neuen Welt). 6 Bde. Nürnberg 1757-64.

[33] Ben Jochai, Simeon R.: Die Historie des Kriegs zwischen den Preußen und ihren
Bundsgenossen, und den Oesterreichern und ihren Bundsgenossen, von dem Einfalle in
Sachsen an bis zu dem 20. des Monaths Thebeth im 5518. Jahr nach Erschaffung der Welt.
6 Bücher. o. O. 1758-63.

[34] Etwa zum November 1760: Richter, Christoph Gottlob: Gespräche im Reiche der
Todten zwischen dem heldenmüthigen Landgrafen von Hessen-Cassel Wilhelm dem
Achten, und dem grossen Helden und Herzogen von Savoyen Prinzen Eugen, 38. Stück,
worinnen das Merkwürdigste von dem fortwährenden Kriege in Sachsen, den Churbran-
denburg. Landen, in Pommern und Mecklenburgischen, wie auch in Schlesien, während
des Monaths Novembris 1760 vorgefallen, deutlich, kurz und unpartheyisch erzehlet wird.
Frankfurt/Leipzig 1760.

[35] F***: Die Geschichte des dritten Schlesischen Krieges, entworfen von F***. 6 Teile.
Frankfurt/Leipzig 1758-63.

[36] Du Val: Vollständige Chronik von dem gantzen Kriege zwischen Friedrich dem
Großen König in Preußen und der Kaiserin Königin Marien Theresien vom Jahr 1756 bis
1763, worinnen alle Schlachten und übrigen Merkwürdigkeiten mit unpartheyischer Feder
beschrieben sind. 2 Bde. Frankfurt/Leipzig 1763. Müller, Ludwig: Abriß der Kriege
Friedrichs des Großen, oder Darstellung aller Schlachten und Hauptgefechte, welche in
den drei Schlesischen Kriegen geliefert worden sind. Berlin ⁵1822.

Die wohl bedeutendsten „antifritzischen" Darstellungen des Siebenjährigen Krieges dürften die Werke von Warnery und Retzow sein. Beide hat man in ihrer negativen Wirkung häufig überschätzt. Zieht man die oft bissigen und beleidigenden Kommentare der Verfasser ab, so bleibt eine solide Darstellung der Ereignisse, die durch mancherlei interessante Details ihren Wert noch erhöht. Auf die Darstellung der Feldzüge der Österreicher und Preußen in den Jahren 1756 bis 1762 beschränkt sich das Werk von Franz Heinrich Backenberg. Der Autor nennt seine Quellen nicht, aber es ist anzunehmen, daß Tempelhoff dazugehört. Die Schilderung der Ereignisse ist zutreffend, ohne jedoch wirklich Neues zu bringen. Die Feldzüge der Alliierten Armee im Westen Deutschlands beschreibt das Werk von Wilhelm August v.d. Osten. Der Verfasser stützte sich auf das Tagebuch des Feldmarschalls v. Reden, der während des Krieges Generaladjutant des Herzogs Ferdinand war. Die Ereignisse, bei denen Reden selbst zugegen war, sind deshalb naturgemäß sehr präzise dargestellt worden, während sich ansonsten manche Unrichtigkeit nachweisen läßt. Erwähnt sei schließlich noch die wohl früheste Einzeluntersuchung der Schlacht bei Torgau, die 1786 anonym in der „Militärischen Monatsschrift" erschienen ist. Sie fußt jedoch auf wertlosen Quellen und trägt zur Klärung des tatsächlichen Ereignisablaufes wenig bei[38].

3. Darstellungen und Untersuchungen

a) Ältere Forschung bis 1945

Zu den ersten, die sich mit den Feldzügen des Siebenjährigen Krieges auseinandersetzten, gehörten Carl v. Clausewitz und Napoleon I.. Auf der Grundlage ihrer eigenen Erfahrungen und theoretischen Kenntnisse analysierten und beurteilten sie die Führungsleistung des Königs und Herzog Ferdinands, folgten damit allerdings in erster Linie einem didaktischen und weniger einem historiographischen Ansatz[39]. Dies gilt in besonderem Maße auch für das alte preußische Generalstabswerk. Auf schmaler Quellenbasis — für den östlichen Kriegsschauplatz überwiegend das Gaudi-Journal — wurde hier Kriegsgeschichte für den Taktikunterricht aufbereitet, worauf auch die Eintei-

---

[37] So wird bei der Darstellung der Schlacht bei Torgau Zieten als Führer der 10 Grenadierbataillone der Avantgarde genannt. Dabei liegt mit Sicherheit eine Verwechselung mit den dort tatsächlich eingesetzten Zieten-Husaren vor.

[38] Anon.: Über die Schlacht bei Torgau. Nebst einigen Anekdoten des Königs. In: Militärische Monatsschrift 4. 1786. S. 279-292. — Vgl. dazu auch Kessel, Quellen und Untersuchungen S. 5f.

[39] Ähnlich zu beurteilen ist: Jomini, Henri de: Kritische und militairische Geschichte der Feldzüge Friederichs des Zweiten, verglichen mit denen des Kaisers Napoleon und dem neuen Systeme. Bd. 3. Tübingen²1812. — Vgl. zu diesen Studien: Frauenholz, Eugen von: Friedrich der Große, Napoleon, Moltke. Probleme der Kriegführung im XVIII. und XIX. Jahrhundert. In: Wissen und Wehr 11. 1930. S. 193-218.

lung des Stoffes in einzelne Vorlesungen hinweist. Die reiche Ausstattung des Werkes mit Karten, Tabellen und Übersichten macht es jedoch zu einem kaum verzichtbaren Hilfsmittel.

Ebenfalls von Offizieren stammen zwei frühe Gesamtdarstellungen des Siebenjährigen Krieges auf dem östlichen Schauplatz, „Die Schlachten und Hauptgefechte des Siebenjährigen Krieges..." von Karl v. Decker (1837) und „Die Kriege der Österreicher und ihrer Verbündeten..." von Maximilian Franz v. Thielen (1836). Decker, selbst Artillerist, legte das Schwergewicht seiner Arbeit auf die Verwendung der Artillerie im Siebenjährigen Krieg. Sie ist neben dem alten Generalstabswerk der erste Versuch von preußischer Seite, eine präzise Darstellung der Kriegsereignisse zu geben. Gleiches gilt auch für den Österreicher Thielen, dessen faktenreicher Darstellung ein gründliches Quellenstudium zugrundeliegen muß.

Eine intensive Erforschung des Siebenjährigen Krieges setzte in den vierziger Jahren des 19. Jahrhunderts ein. Peter Feddersen Stuhr benutzte in seinen „Forschungen und Erläuterungen..." erstmals in größerem Maße archivalische Quellen, vor allem aus Paris. Seine Darstellung geht in erster Linie auf die politischen und diplomatischen Verhältnisse sowie deren Einfluß auf die jeweiligen militärischen Führungsspitzen ein. Die Korrespondenz des Königs mit dem Prinzen Heinrich und anderen Unterführern hat erstmals Kurd Wolfgang v. Schöning benutzen können. Forschungsgeschichtlich ist sein Werk daher wichtig, aber seit der Publikation der „Politischen Korrespondenz" des Königs ist es überholt. Auf einem intensiven Quellenstudium basiert die umfangreiche Arbeit von Arnold Schäfer über die „Geschichte des Siebenjährigen Krieges" (1867-74). Schäfer hat zwar auch die militärischen Aspekte berücksichtigt, legt aber das Schwergewicht eindeutig auf das diplomatische Geschehen[40].

Rein kriegsgeschichtlich ist dagegen die ebenso ausführliche wie detaillierte Arbeit von Georg Graf v. Waldersee über die Schlacht bei Torgau (1860) angelegt. Waldersee hat eine Vielzahl von unveröffentlichten Quellen zu Rate gezogen. Mängel der Arbeit sind eine teilweise sehr unkritische Benutzung dieser Quellen und eine nicht zu verkennende Voreingenommenheit für den König, wodurch sich an einigen Stellen sachliche Fehler ergeben haben. Dennoch muß die Studie des Grafen Waldersee bislang als die genaueste Darstellung der Schlacht bei Torgau angesehen werden, und ihr Wert erhöht sich noch durch die Tatsache, daß ein beträchtlicher Teil der ihr zugrundeliegenden Quellen heute nicht mehr existiert.

Ähnliches gilt für die Gesamtdarstellung des Siebenjährigen Krieges in Pommern von Karl v. Sulicki (1867). Im Untertitel nur bescheiden als „Studie

---

[40] Weiteres Quellenmaterial, das er in seiner „Geschichte des Siebenjährigen Krieges" nicht mehr einarbeiten konnte, hat Schäfer in folgendem Aufsatz veröffentlicht: Schäfer, Arnold: Urkundliche Beiträge zur Geschichte des Siebenjährigen Krieges. In: Forschungen zur deutschen Geschichte 17. 1877. S. 1-106. (Nachdruck Osnabrück 1968.)

des Detaschements- und des kleinen Krieges" bezeichnet, kommt die quellennahe Arbeit in vieler Hinsicht auch dem neuen Generalstabswerk durchaus nahe. Aus österreichischer Sicht hat Friedrich Jihn 1882 den Feldzug von 1760 dargestellt. Die Arbeit basiert größtenteils auf Material aus den Wiener Archiven. Da Jihn allerdings selbst sagt, daß es ihm darauf ankomme, in den bekannten preußischen Arbeiten verbreitete Unrichtigkeiten zu verbessern, kann es nicht überraschen, daß ihm seinerseits ebenfalls einige „Einseitigkeiten" unterlaufen sind[41]. Die umfangreichste Darstellung über den Siebenjährigen Krieg im Westen Deutschlands stammt von Carl Renouard. Für seine „Geschichte des Krieges in Hannover, Hessen und Westphalen..." (1863-64) hat der ehemalige hessische Offizier deutsche und französische Quellen in erheblichem Umfang zu Rate gezogen, darunter auch heute nicht mehr auffindbare Journale und private Aufzeichnungen, so daß sein Werk neben Westphalens Quellenedition grundlegend zu diesem Thema ist.

Neben diesen wissenschaftlich relevanten Werken gibt es auch in dieser frühen Zeit schon eine Fülle von populären Darstellungen, die ohne große Rücksicht auf die Tatsachen, welche sie sämtlich nur aus zweiter Hand zur Kenntnis nehmen, möglichst leicht lesbar und oft sehr einseitig, um nicht zu sagen chauvinistisch geschrieben sind. Diese Schriften müssen nicht notwendig schlecht sein, doch durch ihre Vorliebe für Legenden und Anekdoten tragen sie oft dazu bei, geläufige Halbwahrheiten immer weiter zu tradieren[42].

Das letzte Drittel des 19. Jahrhunderts war durch einen großen Aufschwung der quellenkritischen historischen Wissenschaft gekennzeichnet. Besonders die Zeit Friedrichs des Großen wurde intensiv erforscht, und nach den Erfolgen in den Einigungskriegen war es immer wieder der Siebenjährige Krieg, der das Interesse der Historiker auf sich zog. An erster Stelle sind hier die großen Biographien Maria Theresias und Friedrichs des Großen von Alfred v. Arneth (1863-79) und Reinhold Koser (1893) zu nennen[43]. Arneths zehnbändiges Werk

---

[41] An dieser Stelle sei auf eine Arbeit über die „belgischen" Verbände in der österreichischen Armee hingewiesen, von denen die Regimenter St. Ignon und Ligne (1. Bataillon) an der Schlacht bei Torgau teilnahmen: Guillaume, Gustave: Histoire des régiments nationaux Belges pendant la guerre de sept ans. Bruxelles 1854.

[42] Ohne Anspruch auf Vollständigkeit seien hier genannt: John, Rudolf: Die Geschichte des Siebenjährigen Krieges. Leipzig ²1852. Schrabisch, E. von: Die Schlacht bei Torgau am 3. Nov. 1760. Torgau 1860. Varchmin, Friedrich Wilhelm von: Landshut, Liegnitz, Torgau. Drei Blätter aus dem Ehrenkranze der preußischen Armee. Eine Jubelschrift zur Feier des Jahres 1760. Charlottenburg 1860. Schrader, Ferdinand: Friedrich der Große und der Siebenjährige Krieg. Blätter der Erinnerung bei Gelegenheit der hundertjährigen Jubelfeier des Hubertusburger Friedens. Glogau 1863. Kutzen, Josef: Aus der Zeit des Siebenjährigen Krieges. Umrisse und Bilder deutschen Landes, deutscher Thaten, Charaktere und Zustände. Berlin ²1870. Göhring, Carl: Die Kriege Preußens gegen Österreich von 1740 bis 1866 und zwar der Erste und Zweite Schlesische, der Siebenjährige und der Siebentägige Krieg. 2 Bde. Leipzig 1867. Hoefler, Edmund: Aphorismen über taktische Begebenheiten des Siebenjährigen Krieges. Würzburg 1869.

[43] Genannt sind jeweils die Erscheinungsjahre der 1. Auflage.

über die Kaiserin-Königin trägt zeitbedingt deutlich antipreußische Züge. Der Autor hat sich jahrzehntelang mit der Zeit Maria Theresias und Josephs II. beschäftigt und umfangreiches Quellenmaterial ausgewertet. Durch den Abdruck zahlreicher Briefe und Aktenstücke sowie die Darbietung eines enormen Faktenreichtums ist diese Arbeit auch heute noch unverzichtbar. Das preußische „Gegenstück" — und ebenfalls Standardwerk — ist Reinhold Kosers Biographie Friedrichs des Großen. Besonders wertvoll für die vorliegende Untersuchung war dabei der vierte Band, der eine umfangreiche Quellenkritik enthält.

Auch die Biographien einer Reihe weiterer wichtiger Teilnehmer des Siebenjährigen Krieges erschienen gegen Ende des 19. Jahrhunderts. In den Wiener Archiven stellte Wilhelm Edler v. Janko seine Darstellung von „Laudon's Leben" 1869 zusammen. Noch immer wertvoll durch den Abdruck zahlreicher Archivalien, löste sie die 1791 erschienene Lebensgeschichte Laudons von Johann Pezzl ab[44]. Über Friedrich den Großen als Feldherrn hat 1881 Theodor v. Bernhardi gearbeitet. Er liefert eine ausführliche und solide Darstellung der militärischen Operationen in den Schlesischen Kriegen, doch geht seine Voreingenommenheit für den König so weit, daß er ihn als fehlerlosen Feldherrn schildert. Die Schuld an mißglückten Operationen wird grundsätzlich den verschiedenen Unterführern zugewiesen, und deren Verdienste werden oft zugunsten des Königs geschmälert[45].

Als direkte Reaktionen auf Bernhardi sind die Arbeit von Richard Schmitt über Prinz Heinrich als Feldherrn (1885/97) und die Zieten-Biographie von Georg Winter (1886) zu verstehen. Schmitt hat als erster den großen Anteil des Prinzen Heinrich am Ausgang des Siebenjährigen Krieges gebührend gewürdigt. Wie Bernhardi schoß er zwar an manchen Stellen bei der Verteidigung seines Helden über das Ziel hinaus, aber seine auf einer soliden Quellenbasis geschriebene Arbeit ist noch heute nicht überholt[46]. Ähnliches gilt auch für Winters Zieten-Biographie. Ebenfalls eine „Antwort" auf Bernhardi, liefert das Werk eine präzise Darstellung der Kriegsereignisse, an denen Zieten beteiligt war, etwa der Schlachten bei Liegnitz und Torgau. Wertvoll ist die ausführliche Quellenkunde und -kritik, die als zweiter Band beigegeben ist.

Über Herzog Ferdinand von Braunschweig liegt die in sieben Teilen in den Preußischen Jahrbüchern erschienene Biographie von Emil Daniels (1894/95)

---

[44] Pezzl, Johann: Loudons Lebensgeschichte. Wien 1791.

[45] Gänzlich auf Bernhardis Werk stützt sich: Taysen, Adalbert von: Zur Beurteilung des Siebenjährigen Krieges. Berlin 1882. — Inhaltlich bringt dieses Werk nichts Neues, was über Bernhardi hinausgeht, so daß die „Beurteilung" kaum mehr als eine äußerst wohlwollende Rezension ist.

[46] Böthling, Gerhard: Friedrich der Große und sein Bruder Heinrich in ihrem Verhältnis als Feldherren. Diss. Jena. Halle (Saale) 1929. — Eher eine „Betrachtung" als eine wissenschaftliche Studie, die an wenigen ausgewählten Beispielen die unterschiedlichen Führungsqualitäten der beiden Brüder darzustellen versucht.

vor. Sie stützt sich in erster Linie auf die von Westphalen veröffentlichten Quellen und behandelt fast ausschließlich die Zeit des Siebenjährigen Krieges. Ergänzt wird diese bis heute maßgebliche Biographie durch eine Reihe von Arbeiten zu den Unterführern des Herzogs. Walter E. Manners hat aus englischen Quellen ein Lebensbild seines Vorfahren Lord Granby zusammengestellt, im Militär-Wochenblatt erschienen 1901 mehrere Beiträge über die militärischen „Gehilfen" Herzog Ferdinands, und Edmond Fitzmaurice hat im gleichen Jahr eine biographische Studie über den Erbprinzen Karl Wilhelm Ferdinand von Braunschweig vorgelegt, die dessen Aktivitäten während des Siebenjährigen Krieges allerdings nur sehr knapp würdigt.

Den Siebenjährigen Krieg aus französischer Sicht hat C. Pajol 1885/86 dargestellt. Seine Arbeit, aus den Akten in den Pariser Archiven zusammengestellt, macht vor allem die enge Anbindung der französischen Generale an die in Versailles und Paris getroffenen Führungsentscheidungen und ihre Abhängigkeiten vom dortigen Wohlwollen deutlich. Teilweise ersetzt, zumindest für die Zeit des Siebenjährigen Krieges, wurde Pajols Werk durch Richard Waddingtons „La guerre de sept ans" (1899-1914). Dieses fünfbändige Werk liefert eine Gesamtdarstellung der politischen und militärischen Aspekte des Krieges bis Anfang 1762. Zahlreiche Quellennachweise und eine reiche Ausstattung mit Karten ergänzen den Text. „Der Siebenjährige Krieg nach russischer Darstellung" ist das Thema von Dimitrij Masslowski (1888-93). Obwohl seine Arbeit in vielen Details einer kritischen Prüfung nicht standhält, ist es bis heute die einzige deutschsprachige Darstellung des Krieges nach den russischen Quellen; zahlreiche Briefe und Aktenstücke sind im Wortlaut abgedruckt[47].

Neben diesen Biographien und Gesamtdarstellungen liegen auch einige gute Einzelstudien aus den Jahren vor dem Ersten Weltkrieg vor. Auf sächsischen Quellen fußt die Arbeit eines H.v.S. über das sächsisch-polnische Kavalleriekorps im Siebenjährigen Kriege (1878). Die Dissertation von Otto Große über „Prinz Xaver von Sachsen und das sächsische Korps bei der französischen Armee" beschränkt sich auf die Verwaltung und die inneren Verhältnisse dieses Verbandes und geht auf die militärischen Operationen kaum ein. Die Schlacht bei Torgau hat Emil Daniels 1886 in seiner Dissertation behandelt. Er beschäftigte sich jedoch nur mit Teilaspekten des Geschehens und benutzte zudem nur in Berlin zugängliche, gedruckt vorliegende Quellen, wozu etwa Asters Bericht nicht zählte. Eine Kurzfassung von Waldersees umfangreicher Studie über die Schlacht bei Torgau hat Freytag-Loringhoven 1897 in den Beiheften zum Militär-Wochenblatt veröffentlicht. Sie bringt inhaltlich nichts Neues, ist aber mit einer hervorragenden Karte und einer Übersicht der Ordres de Bataille beider Armeen ausgestattet.

---

[47] Eine sehr oberflächliche Darstellung des Siebenjährigen Krieges aus russischer Sicht bringt auch: Galitzin, Nicolai Sergiejewitsch (Hrsg.): Allgemeine Kriegsgeschichte der Neuzeit. Bd. 3: Kriege in der II. Hälfte des XVIII. Jahrhunderts in West-Europa 1740-1792. Die Kriege Friedrichs des Großen. Aus dem Russ. übers. von Eichwald. Cassel 1875.

Zu dieser Zeit erschienen auch eine Reihe von handbuchartigen Darstellungen einzelner Armeen. Das Standardwerk über die österreichisch-ungarischen Streitkräfte ist die „Geschichte der k. und k. Wehrmacht" (1898-1903) von Alphons v. Wrede, die Geschichte und Zusammensetzung sämtlicher Einheiten und Verbände der Armee enthält. Vergleichbar ist die „History of the British Army" von John W. Fortescue. Für die vorliegende Arbeit besonders hilfreich erwiesen sich L. v. Sicharts Geschichte der hannoverschen Armee sowie Otto Elsters „Geschichte der stehenden Truppen im Herzogthum Braunschweig-Wolfenbüttel", deren kriegsgeschichtliche Abschnitte auf einer intensiven Forschung in den jeweiligen Kriegsarchiven fußen.

Die überzeugendste Darstellung der militärischen Operationen des Siebenjährigen Krieges gibt das Werk des preußischen Großen Generalstabes, dessen erster Band 1901 erschienen ist und das 1914 mit dem 13. Band, der bis zu den Vortagen der Schlacht bei Torgau reicht, vorläufig endete[48]. Unter Benutzung aller erreichbaren Quellen, wie das in diesem Umfang nur einer Arbeitsgruppe möglich ist, versucht das Werk, Planung und Ablauf der einzelnen Feldzüge so detailliert wie möglich darzustellen. Jedem Band sind reiches Kartenmaterial sowie zahlreiche Übersichten und Tabellen beigegeben[49]. Duvernoy, einer der Mitarbeiter, hat die Ziele und Arbeitsweisen des Generalstabes 1901 in den Preußischen Jahrbüchern dargelegt. Von ihm stammt auch eine Artikelserie über den Siebenjährigen Krieg im Militär-Wochenblatt unter dem Titel „Vor hundertfünfzig Jahren". Es kann als sicher gelten, daß Duvernoy in diesen kurzen Abhandlungen bereits einige Vorarbeiten für die dann nicht mehr erschienenen Bände des Generalstabswerkes verwendet hat.

Auch nach dem Ersten Weltkrieg blieb das Interesse an der kriegsgeschichtlichen Erforschung der Zeit Friedrichs des Großen bestehen. Über einen der bedeutendsten Unterführer auf dem pommerschen Kriegsschauplatz, den Obersten v. Belling, handelt die Dissertation von Helmut Fechner (1930). Der Verfasser hat allerdings das reiche Quellenmaterial des Württembergischen Hausarchivs / Staatsarchiv Stuttgart nicht benutzen können.

Die bis heute nach dem Generalstabswerk wichtigsten Forschungen zur Geschichte der Kriege Friedrichs des Großen stammen jedoch von Curt Jany und Eberhard Kessel. Jany war selbst Offizier in der kriegsgeschichtlichen

---

[48] Vgl. dazu auch: Brühl, Reinhard: Zur Geschichte der Militärgeschichtsschreibung des preußisch-deutschen Generalstabes 1816-1945. 2 Bde. Diss. Leipzig 1967, sowie die Arbeit von Martin Raschke.

[49] Zwei Zwischenbände über die Zeit von 1745 bis 1756 komplettieren das Werk: Großer Generalstab (Hrsg.): Friedrichs des Großen Anschauungen vom Kriege in ihrer Entwicklung von 1745 bis 1756. Berlin 1899. Ders.: Die taktische Schulung der preußischen Armee durch König Friedrich den Großen während der Friedenszeit 1745 bis 1756. Berlin 1900. (Kriegsgeschichtliche Einzelschriften. Hefte 27 und 28/30.) Eine vorläufige, abschließende Zusammenfassung des Generalstabswerkes hat Curt Jany 1923 veröffentlicht: Jany, Curt: Der Siebenjährige Krieg. Ein Schlußwort zum Generalstabswerk. In: FBPG 35. 1923. S. 161-192.

Abteilung des Großen Generalstabes gewesen und hatte freien Zugang zu den Akten des preußischen Heeresarchivs. Die „Geschichte der preußischen Armee" (1928 ff.) hat er völlig aus den Quellen erarbeitet, und seine langjährige Vertrautheit mit der historischen Materie und seine praktische Erfahrung als Offizier sind diesem gediegenen Werk anzumerken. Nachdem 1945 ein großer Teil der von Jany benutzten Akten verbrannt ist, hat die „Geschichte der preußischen Armee" für viele Bereiche den Wert einer Quelle erhalten.

Eberhard Kessel hatte sich in den dreißiger Jahren das Ziel gesetzt, das Generalstabswerk zu vollenden. Die ersten Ergebnisse seiner intensiven Studien hat er in zahlreichen kleineren Beiträgen veröffentlicht, so 1934 in dem Aufsatz über Friedrich den Großen am Abend der Schlacht bei Torgau und 1935 in einer knappen Darstellung der Schlacht zu deren 175. Jahrestag. Kessels Vorarbeiten gipfeln in den 1937 erschienenen „Quellen und Untersuchungen zur Geschichte der Schlacht bei Torgau". In dieser Schrift stellt er zunächst ausführlich sämtliche Quellen über die Schlacht vor und gibt einen knappen Überblick über die Forschung. Der darstellende Teil behandelt die Stärke der beiden Armeen, den preußischen Anmarsch sowie das Geschehen auf Zietens Flügel. Für diese Fragen repräsentiert das Werk den heutigen Forschungsstand. Besonderes Verdienst hat sich Kessel durch den Abdruck der Rechenschaftsberichte der österreichischen Generalität über die Schlacht im Anhang erworben.

Über diese Arbeit kam es zu einer kleinen Kontroverse zwischen Jany und Kessel, die jedoch sehr freundschaftlich ausgetragen wurde und in einigen Details auch Richtigstellungen erbrachte. Jany begann 1941 mit einigen Bemerkungen zur Schlacht bei Torgau, daraufhin ging Kessel 1943 noch einmal auf die Schlacht ein, und Jany schloß die Debatte mit „Nochmals Torgau" im selben Jahr ab.

b) Neueste Forschung seit 1945

Nach dem Zweiten Weltkrieg wurden die vielversprechenden Ansätze von Jany und Kessel nicht weiter fortgesetzt, und es kam zu einem nahezu vollständigen Stillstand bei der kriegsgeschichtlichen Erforschung des Siebenjährigen Krieges bis gegen Ende der fünfziger Jahre. 1958 erschien Chester V. Easums Biographie des Prinzen Heinrich, die im wesentlichen auf den Papieren des englischen Gesandten beim preußischen König, Mitchell, fußt. Sie geht vor allem auf das Verhältnis der beiden Hohenzollernbrüder während des Siebenjährigen Krieges ein. Eine Biographie des Grafen Lacy hat Edith Kotasek 1956 vorgelegt. Leider ist die Buchausgabe nur die um den gesamten wissenschaftlichen Apparat gekürzte Fassung ihrer ungedruckten Dissertation von 1944. Das Schwergewicht der Arbeit liegt zudem auf Lacys Zeit als Feldmarschall und Reformator der österreichischen Armee.

Wenig in die Tiefe geht die Biographie des Feldmarschalls Graf Daun von Franz Lorenz v. Thadden. Der Verfasser hat zwar umfangreiche Quellenbestände aus den Wiener Archiven benutzt, konzentriert sich aber sehr auf Person und

Persönlichkeit und weniger auf das militärische Wirken des Feldmarschalls. Beiträge über das österreichische Heerwesen zur Zeit Maria Theresias bietet der 1967 erschienene Sammelband des Heeresgeschichtlichen Museums in Wien, der allerdings auf einzelne Kriegsereignisse nicht eingeht. Besonders wertvoll ist die umfangreiche Bibliographie neuerer österreichischer Literatur zur Militär- und Kriegsgeschichte am Schluß des Bandes.

Olaf Groehlers Arbeit über „Die Kriege Friedrichs des Großen" (1966) aus der ehemaligen DDR kann dagegen nicht überzeugen. Ohne neue Quellen erschlossen zu haben, interpretiert Groehler hier lediglich das historische Geschehen im Sinne ideologisch vorgegebener Geschichtsauffassung. Hervorragend ist dagegen die Gesamtdarstellung des Siebenjährigen Krieges im Westen Deutschlands aus der Feder des englischen Generals Reginald Savory (1966). Auf der Grundlage intensiver Quellenstudien in den englischen Archiven beschreibt er mit großer Sachkenntnis die militärischen Operationen, wobei er allerdings ein besonderes Augenmerk auf die englischen Truppen der Alliierten Armee hat.

Eine ganze Reihe von neueren Arbeiten ebenfalls aus dem englischsprachigen Raum befaßt sich mit den europäischen Armeen zur Zeit des Siebenjährigen Krieges. Lee Kennett hat 1967 eine Studie über die französische Armee vorgelegt. Er macht deutlich, welche Schwächen in der militärischen Organisation und Verwaltung die Operationen der Oberbefehlshaber in Deutschland immer wieder hemmten. Christopher Duffy hat nacheinander Bücher über die preußische (1974), die österreichische (1977) und die russische (1981) Armee im 18. Jahrhundert publiziert. Alle drei präsentieren eine Fülle von Fakten, bleiben aber insgesamt zu sehr an der Oberfläche.

Eine Wiederaufnahme der deutschen kriegs- und militärgeschichtlichen Forschung zum Siebenjährigen Krieg deutete sich erst Anfang der siebziger Jahre an. 1971 legte Dieter Ernst Bangert seine umfangreiche Untersuchung über die russisch-österreichische Zusammenarbeit in den Jahren 1758 und 1759 vor, in der erstmals an einem ausgewählten Beispiel auf die erheblichen Probleme der Koalitionskriegführung bei den Gegnern des preußischen Königs eingegangen wird. 1972 erschien die Arbeit von Johannes Kunisch über Jugend und erste Kriegsdienste des Feldmarschalls Laudon als erster Teil einer geplanten Biographie. Aus der Beschäftigung mit Laudons Dienst bei den leichten österreichischen Grenztruppen ist Kunischs Studie über den Kleinen Krieg (1973) entstanden. Sie gibt einen guten Überblick über die für die Zeit des Absolutismus moderne und zukunftsweisende Kriegführung der Streifkorps und kleinen Detachements.

Von besonderer Bedeutung für die vorliegende Arbeit ist schließlich „Das Mirakel des Hauses Brandenburg" von Johannes Kunisch (1978). Das Thema dieser Studie ist die Frage, warum die übermächtige antipreußische Koalition nicht in der Lage war, den Siebenjährigen Krieg militärisch zu gewinnen und ihre hochgespannten Kriegsziele durchzusetzen. Kunisch fand die Antwort neben den zunehmenden Meinungsverschiedenheiten der verbündeten Mächte vor allem in der strukturellen Unzulänglichkeit des militärischen Instrumentariums, den „Axiomen absolutistischer Kriegskunst".

Sein lebhaftes und weiter bestehendes Interesse für den hier behandelten Problemkreis dokumentieren neben einem Sammelband über Staatsverfassung und Heeresverfassung in der frühen Neuzeit (gemeinsam mit Barbara Stollberg-Rilinger herausgegeben) auch die Neuedition von Aufsätzen Eberhard Kessels zu „Militärgeschichte und Kriegstheorie in neuerer Zeit" (1987) und Werner Gembruchs zu „Staat und Heer" vom ancien régime bis zu den Befreiungskriegen sowie ein 1992 erschienener Sammelband eigener „Studien zur bellizistischen Disposition des absoluten Fürstenstaates".

Drei Beiträge zum Preußenjahr 1986 — dem 200. Todesjahr Friedrichs des Großen — verdienen neben zahllosen Neuauflagen und prachtvollen Bildbänden gewürdigt zu werden. Zum einen ist dies die militärische Biographie des Königs aus der Feder von Christopher Duffy (1986), eine kenntnisreiche Gesamtdarstellung der Kriege Friedrichs des Großen auf der Grundlage seiner langjährigen Studien. Zum zweiten sind dies zwei Sammelbände des Militärgeschichtlichen Forschungsamtes (1987 und 1989), die — in gesamteuropäischer Perspektive — Aufsätze zu ausgewählten Problemen der Kriegs- und Militärgeschichte zur Zeit Friedrichs des Großen präsentieren.

Schließlich gilt es noch auf die bislang ungedruckte Dissertation von Achim Kloppert über den Schlesischen Feldzug von 1762 hinzuweisen, die, methodisch und stilistisch eng an das Generalstabswerk über den Siebenjährigen Krieg angelehnt, ähnlich wie die vorliegende Arbeit einen Beitrag zu dessen Vollendung leisten will.

III. Die Ereignisse auf den östlichen Kriegsschauplätzen

1. Der Feldzug 1760 bis zur russisch-österreichischen Unternehmung auf Berlin

Nahezu hoffnungslos schien die Lage zu sein, in der sich Preußen zu Beginn des fünften Kriegsjahres befand. Die glänzenden Erfolge der ersten Feldzüge lagen lange zurück, und das abgelaufene Jahr 1759 war nach den ungemein verlustreichen Niederlagen von Kay, Kunersdorf und Maxen zu einem wahren Katastrophenjahr geworden. Erstmals konnten sich die Gegner Preußens berechtigte Hoffnungen machen, im kommenden Feldzug den Krieg siegreich zu beenden.

Der König hatte allen Grund, mit dem Schlimmsten zu rechnen[1]. Die vagen Hoffnungen auf Frieden oder wenigstens auf eine vorteilhafte Veränderung der bestehenden Bündnissysteme hatten sich nicht erfüllt. Es war weder gelungen, Frankreich aus der gegnerischen Koalition herauszulösen, noch hatten die Projekte Erfolg, die Türken oder die Dänen als Bündnispartner zu gewinnen[2]. In Sachsen, Schlesien und Pommern standen die Preußen somit wieder allein gegen vier feindliche Armeen.

Da die Österreicher und Russen erstmals die Auswechselung der Kriegsgefangenen verweigert hatten, war es diesmal nur unter größten Anstrengungen gelungen, die hohen Verluste des Vorjahres zu ersetzen. Nur ein Teil des Bedarfes konnte aus den Regimentskantonen und Zwangsaushebungen in Sachsen und Mecklenburg gedeckt werden. Weiterer Ersatz wurde geschaffen, indem 9 Bataillone von Garnisonregimentern auf den Feldetat kamen, während 5 Infanterieregimenter, die erst wiederaufgebaut werden mußten, in die Festungen Breslau und Schweidnitz gelegt wurden. Wo immer sich die Möglichkeit ergab, wurden dazu Geworbene, Rekonvaleszierte und Soldaten aus den Provinzialtruppen bei den stark dezimierten Regimentern untergesteckt. Die Verluste der Kavallerie wurden größtenteils durch die Dragonerregimenter Holstein-Gottorp und Finckenstein ersetzt, die der König gegen den entschiedenen Widerspruch des Herzogs Ferdinand vom westdeutschen Kriegsschauplatz abzog.

Ein großes Problem war auch der immer spürbarere Mangel an erfahrenen und zuverlässigen Offizieren. Um hier wenigstens numerisch einen Ersatz zu

---

[1] „Les choses traîneront peut-être jusqu'au mois de juillet, mais sûrement il y aura une catastrophe", schrieb er am 10. Jan. 1760 an den Grafen Finckenstein. PC XIX, Nr. 11750, S. 17.

[2] Vgl. Koser, Friedrich der Große III, S. 65f.

schaffen, wurden zahlreiche Offiziere von den Garnisontruppen zur Feldarmee abkommandiert und das Einstellungsalter für den Nachwuchs immer weiter herabgesetzt, so daß manche Fähnriche und Leutnante kaum dem Kindesalter entwachsen waren[3].

Bis zum Mai gelang es auf diese Weise, die Stärke der Feldtruppen wieder auf 110 000 Mann zu erhöhen. Ausgehend von dieser Zahl rechnete der König für die östlichen Kriegsschauplätze mit einer Überlegenheit der Gegner von zwei zu eins[4]. Ob jedoch junge Kantonisten, zwangsrekrutierte Sachsen, Garnisontruppen und Soldaten aus den Landbataillonen ein gleichwertiger Ersatz für die erfahrenen und kampferprobten Soldaten waren, die der letzte Feldzug gekostet hatte, mußte sich erst zeigen. Der König war jedenfalls nach den Erfahrungen von Maxen äußerst skeptisch geworden[5]. Die Tage von Landeshut, Liegnitz und Torgau sollten jedoch beweisen, daß er auf seine Armee auch weiterhin vertrauen konnte, bei der ganz offensichtlich der innere Zusammenhalt und ein guter Geist manchen Mangel an Erfahrung und unvollkommenen Drill ausglichen.

Noch während der Winterruhe kam es zu einer Reihe von kleineren Gefechten. Einen besonderen Erfolg errang dabei der Feldmarschalleutnant Beck, der am 20. Februar auf Koßdorf vorstieß. Er nahm dort nicht nur den Generalmajor v. Czettritz mit 6 Offizieren und über 150 Mann gefangen, sondern erbeutete überdies ein Exemplar der „General-Principia vom Kriege", der bis dahin streng geheimgehaltenen Führungsvorschrift des Königs für seine Generale[6].

Die eigentlichen Operationen des Feldzuges von 1760 begannen in den letzten Apriltagen, als die preußischen Truppen in Sachsen ihre Winterquartiere verließen und in eine Stellung hinter der Triebisch rückten. Angesichts der drückenden Überlegenheit der Gegner mußte sich der König auf die Defensive beschränken. Das Ziel des Feldzuges war, in Sachsen und Schlesien den Status quo soweit als möglich zu behaupten und die Gegner auch weiterhin von den preußischen Kernprovinzen fernzuhalten. Dieses war nur möglich, wenn es gelang, die gegnerischen Armeen an einer Vereinigung zu hindern und sie nach Möglichkeit selbst mit konzentrierten Kräften einzeln zu schlagen.

Trotz ihres numerischen Übergewichts dachten jedoch weder die Österreicher noch die Russen an eine beherzte Offensive. Daun und Lacy beabsichtigten im

---

[3] Zum Personalersatz vgl. Jany, Preußische Armee S. 550 sowie Großer Generalstab, Der Siebenjährige Krieg XII, S. 12-15.

[4] Vgl. PC XIX, Nr. 12091, S. 357, Der König an Baron v. Knyphausen am 19. Mai 1760.

[5] In der „Geschichte des Siebenjährigen Krieges" beurteilt er rückblickend die Armee von 1760 als einen Haufen von Leuten, „die zur Hälfte aus sächsischen Bauern, zur Hälfte aus feindlichen Deserteuren bestanden und von Offizieren geführt wurden, die man nur aus Not und aus Mangel an besseren angestellt hatte." Werke IV, S. 37.

[6] Vgl. Großer Generalstab, Der Siebenjährige Krieg XII, S. 31-33.

kommenden Feldzug nicht viel mehr, als sich in Sachsen zu behaupten und in Schlesien die Festungen Breslau und Schweidnitz einzunehmen. Laudon, der zu einer Schlachtentscheidung riet, konnte sich nicht durchsetzen. Die Russen wollten sich darauf beschränken, Breslau und Glogau zu gewinnen und sich zum Winter an der Oder zu behaupten. Ganz im Stile der Zeit dachte man also weder in Wien noch in Petersburg daran, die Entscheidung durch die Vernichtung der preußischen Armee zu suchen[7].

Der König stand zu Beginn des Feldzuges mit etwa 50000 Mann in Sachsen gegen die Österreicher und die Reichsarmee, Prinz Heinrich mit etwa 35000 Mann bei Sagan gegen die Russen, General Fouqué mit 14500 Mann zur Deckung Schlesiens bei Landeshut und der Generalmajor v. Stutterheim mit 6500 Mann in Vorpommern gegen die Schweden. Allein in Sachsen standen dem König bis Ende Juni etwa 78000 Österreicher der Hauptarmee unter Daun und 22500 Mann Reichstruppen unter dem Prinzen von Zweibrücken gegenüber.

Noch ungünstiger war die Lage in Schlesien, wo Laudon mit einem 40000 Mann starken Korps Ende Mai auf Franckenstein vorrückte[8]. Fouqué stellte sich diesem Vormarsch entgegen, wurde aber von Laudons überlegenen Kräften am 23. Juni umfassend angegriffen und nach hartnäckigem Widerstand vollständig geschlagen. Sein gesamtes Korps, mehr als 10000 Mann, ging bei diesem außerordentlich hitzigen Gefecht verloren. Nur etwa 1250 Mann konnten sich unter Major v. Owstien retten. Schlesien lag jetzt völlig offen vor dem Gegner, aber solange Daun in Sachsen stand, konnte der König der bedrohten Provinz nicht zu Hilfe kommen[9].

Seit Feldzugsbeginn suchte er daher nach einer Möglichkeit, die österreichische Hauptarmee noch vor dem Eintreffen der Reichsarmee aus dem Felde zu schlagen. Um Daun aus der Reserve zu locken, beschloß der König, mit dem Gros der Armee die Elbe zu überschreiten und in Richtung Schlesien vorzurücken. Im Lager von Meißen sollte der Generalleutnant v. Hülsen mit etwa einem Drittel der Armee zurückgelassen werden. Der König rechnete damit, daß Daun ihm folgen würde und sich auf dem Marsch eine Gelegenheit zur Schlacht ergäbe. Da auch die Österreicher gezwungen waren, starke Kräfte zur Sicherung des Plauener Lagers und der Stadt Dresden zurückzulassen, waren die Erfolgsaussichten für die Preußen dabei nicht ungünstig[10].

---

[7] Zu den Feldzugsplänen vgl. Großer Generalstab, Der Siebenjährige Krieg XII, S. 55-66.

[8] Zu den Stärkeangaben vgl. ebd. Anlagen 3 und 4 sowie Jany, Preußische Armee S. 555 f.

[9] Zu Landeshut vgl. Großer Generalstab, Der Siebenjährige Krieg XII, S. 82-111. — Fouqués Leistung in dieser aussichtslosen Lage wurde vom König vorbehaltlos anerkannt: „Sein mannhafter Widerstand findet in der Geschichte nicht seinesgleichen, außer in der Verteidigung der Thermopylen durch Leonidas mit seinen Spartanern." Friedrich der Große, Geschichte des Siebenjährigen Krieges, Werke IV, S. 40.

[10] Vgl. PC XIX, Nr. 12137, S. 394 f., Der König an Prinz Heinrich am 6. Juni 1760, sowie Großer Generalstab, Der Siebenjährige Krieg XII, S. 122.

Am 14. Juni erfolgte der Elbübergang. Der König wandte sich nun zuerst gegen das bei Groß-Dittmannsdorf stehende Korps des Feldzeugmeisters Graf Lacy, das sich aber rechtzeitig auf die Hauptarmee zurückzog. Da Dauns und Lacys Stellung zwischen Boxdorf und Lausa sich als unangreifbar erwies, blieb die preußische Armee zunächst bei Radeburg, dann bei Großdobritz ruhig stehen, um die weitere Entwicklung der Lage abzuwarten. Erst hier erhielt der König sichere Nachricht von der Niederlage Fouqués bei Landeshut. Von tiefer Sorge um die schlesische Hauptstadt und eine mögliche Vereinigung Laudons mit den Russen erfüllt, entschloß er sich nun, der bedrohten Provinz zu Hilfe zu kommen.

Am 2. Juli verließ die Armee das Lager bei Großdobritz, während das Korps Hülsen bei Schletta die Reichsarmee in Schach halten sollte[11]. Bis zum 6. Juli hatten die Preußen Bautzen erreicht, aber Daun, der ihren Marsch erwartungsgemäß im Süden flankierte, hatte zu diesem Zeitpunkt bereits einen uneinholbaren Vorsprung auf dem Wege nach Schlesien. In dieser Situation entschloß sich der König, erneut das bis Göda vorgerückte Korps Lacy anzugreifen und damit eine Aktion gegen Dresden einzuleiten, das nur von der wenig gefährlichen Reichsarmee gedeckt wurde. Lacy wich einer Schlacht auch weiterhin aus und beschränkte sich darauf, den Marsch des Königs zu beobachten, der am 10. Juli bei Weißig eintraf. Der Feldzeugmeister zog sich daraufhin durch die sächsische Hauptstadt zurück und bezog zusammen mit der Reichsarmee unter Prinz Friedrich Michael von Zweibrücken eine Stellung hinter der Müglitz.

Dresden wurde unterdessen von 55 Bataillonen und 102 Eskadrons der preußischen Armee eingeschlossen. Obwohl die Belagerung sehr ungenügend vorbereitet war, hoffte der König wegen des schlechten Zustandes der Befestigungen auf einen raschen Erfolg. Am 14. Juli begann der Batteriebau, und nach dem Eintreffen der schweren Belagerungsgeschütze aus Torgau begann am 19. die Beschießung der Stadt, der unter anderem die Kreuzkirche zum Opfer fiel. Am 21. gelang es, die Mauer niederzulegen, doch inzwischen hatte sich die Gesamtlage so verändert, daß an eine Erstürmung der Stadt nicht mehr zu denken war.

Auf die ersten sicheren Nachrichten von der Bedrohung Dresdens hin war Daun am 14. Juli von Naumburg am Queis aufgebrochen und traf am 19. bei Weißig ein. Die Besatzung der Stadt unter dem Feldzeugmeister Graf Macquire wurde jetzt zunehmend selbstbewußter und unternahm einige recht erfolgreiche Ausfälle. Trotz seiner äußerst gefährdeten Lage hob der König die Belagerung erst in der Nacht zum 30. Juli auf. Hülsen, dessen Korps ebenfalls vor Dresden eingesetzt worden war, bezog mit seinen etwa 12 000 Mann wiederum das Lager bei Schletta, während der König mit der Hauptarmee am 1. August die Elbe überschritt und zwischen Wantewitz und Dallwitz lagerte[12].

---

[11] Vgl. Großer Generalstab, Der Siebenjährige Krieg XII, S. 125-135.

[12] Zur Belagerung von Dresden vgl. Großer Generalstab, Der Siebenjährige Krieg XII, S. 135-157 sowie Jany, Preußische Armee S. 559f.

In Schlesien waren unterdessen die Russen aktiv geworden. Das Gros der Armee unter dem Oberbefehl des Grafen Ssaltykow hatte sich Mitte Juli bei Posen versammelt. Die Gesamtstärke der russischen Truppen belief sich auf etwa 74000 Mann. Prinz Heinrich war zur Beobachtung der Russen zunächst von Sagan bis nach Landsberg an der Warthe vorgegangen und verlegte sein Lager dann bis in die Nähe von Meseritz. Nachdem er am 26. Juli Nachrichten vom Aufbruch der Russen erhalten hatte, brach er am 27. mit seinem Korps auf, um ihnen bei Breslau, das er als ihr Ziel vermutete, zuvorzukommen. Auf nahezu parallelen Marschrouten zogen beide Armeen südwärts gegen die schlesische Hauptstadt. Prinz Heinrich erreichte am 1. August Glogau, Ssaltykow Kobylin. Am selben Abend erfuhr der Prinz von der Einschließung Breslaus durch Laudon.

Die Gesamtlage in Schlesien war inzwischen noch ungünstiger geworden. Schon seit Anfang Juni hatte Laudon die Festung Glatz einschließen lassen, und nach dem Erfolg von Landeshut hatte er genügend Handlungsfreiheit, eine förmliche Belagerung des Platzes zu unternehmen. Die Festung wurde nur von wenigen Truppen unter dem unfähigen Kommandanten d'O verteidigt, so daß die Belagerungsarbeiten rasche Fortschritte machten. Am Morgen des 26. Juli begann die Beschießung, und bereits wenige Stunden später kapitulierte die Festung. Laudons nächstes Ziel war die schlesische Hauptstadt. Am 31. Juli hatte er die Stadt von allen Seiten eingeschlossen und forderte den Kommandanten, General v. Tauentzien, zur Übergabe auf, was dieser brüsk ablehnte. Am Abend des 1. August begann daher eine Beschießung der Stadt, die bis gegen Mitternacht anhielt, aber nur geringen Schaden verursachte.

Prinz Heinrich rückte indessen weiter gegen Breslau vor und erreichte am 4. August Neumarkt. Laudons Lage zwischen der Armee des Prinzen und der Stadt wurde nun unhaltbar. Noch am selben Tag hob er die Belagerung auf und zog sich bis Sackwitz zurück, während Prinz Heinrich am 6. August westlich von Breslau ein Lager bezog. Nach dem Abzug Laudons hielten auch die Russen eine Unternehmung auf die schlesische Hauptstadt für wenig erfolgversprechend und zogen sich wieder oderabwärts zurück. Breslau war damit durch die vielgeschmähte Manövertaktik des Prinzen Heinrich vorerst gerettet[13].

Links der Oder bahnte sich unterdessen eine Entscheidung an. Angesichts der bedrohlichen Lage in Schlesien hatte der König Anfang August beschlossen, jetzt tatsächlich dorthin abzumarschieren. Am 3. brach die Armee aus dem Lager bei Dallwitz auf, und nach einer beispiellosen Marschleistung stand sie am 10. zwischen Schimmelwitz und Liegnitz. Auf die ersten Nachrichten vom Abmarsch des Königs hin waren auch die Österreicher aufgebrochen. Den Marsch der Preußen südlich flankierend erreichte Daun am 10. August eine Stellung zwischen Kossendau und Neudorf, südlich von Liegnitz, Lacy stand bei

---

[13] Zu den Ereignissen in Schlesien vgl. Großer Generalstab, Der Siebenjährige Krieg XII, S. 158-183 und Anlage 7.

Quellen und Forschungen zur
Brandenburgischen und Preußischen Geschichte

Band 2

Die Peripetie des Siebenjährigen Krieges

Der Herbstfeldzug 1760 in Sachsen und der Winterfeldzug 1760/61 in Hessen

Von

Thomas Lindner

4 Ausschlagtafeln; XII, 258 S. 1993. DM 128,– / öS 999,– / sFr 128,–

ISBN 3-428-07784-9 · ISSN 0943-8629

Der Siebenjährige Krieg war der erste weltumspannende Konflikt der europäischen Großmächte. Während England und Frankreich in Nordamerika, Teilen Europas und auf den Weltmeeren um die Vorherrschaft in der Neuen Welt stritten und Robert Clive in Indien siegte, kämpfte die neue Großmacht Preußen unter Friedrich dem Großen mit wenigen Verbündeten gegen die Übermacht Österreichs, Rußlands, Frankreichs, Schwedens und des Reiches um ihr Überleben. Zumindest für den europäischen Bereich gründen die politischen Ergebnisse dieses Krieges weitestgehend auf dem Verlauf der militärischen Operationen in Schlesien, Sachsen, Pommern, Hannover, Hessen und Westfalen.

Die einzelnen Feldzüge des Siebenjährigen Krieges lassen sich nicht in wichtige und weniger wichtige, in bedeutende und unbedeutende aufteilen. Gleichwohl gab es aber in jedem Kriegsjahr einzelne Phasen, in denen sich das Geschehen zu dramatischen

—————— **Duncker & Humblot · Berlin** ——————

Höhepunkten verdichtete und in denen wichtige Entscheidungen für den weiteren Fortgang des Krieges fielen. Zu diesen Höhepunkten zählt ohne Zweifel der Zeitraum vom Oktober 1760 bis zum März 1761 mit der Schlacht bei Torgau auf dem östlichen und dem Winterfeldzug Herzog Ferdinands von Braunschweig-Lüneburg in Hessen auf dem westlichen Kriegsschauplatz.

Sowohl der Herbstfeldzug 1760 in Sachsen als auch der Winterfeldzug 1761 in Hessen weisen eine Reihe von Merkmalen typisch „friderizianischer" Kriegführung auf. In beiden Fällen geht es darum, in einer Krisensituation durch einen entscheidenden offensiven Schlag eine grundlegende Lageänderung zu erzwingen. Um dieses Ziel zu erreichen, verlassen der König und auch Herzog Ferdinand im Großen wie im Detail immer wieder die starren Regeln und Gewohnheiten absolutistischer Kriegführung. Dazu gehörten das Erzwingen einer Entscheidungsschlacht und das Wagnis einer Großoffensive mitten im Winter ebenso wie das konsequente Führen durch Aufträge sowie die Entschlossenheit und Schnelligkeit der Operationen, die oft genug ihre Erfolge durch Überraschung erzielen. Möglichkeiten, aber auch Grenzen dieser friderizianischen Kriegführung zeigt der Autor an den dargestellten Ereignissen auf.

Inhaltsübersicht

Bestellungen können an jede Buchhandlung gerichtet werden oder direkt an den Verlag

Duncker & Humblot GmbH · Berlin

Postfach 41 03 29 · D-12113 Berlin · Telefax (030) 79 00 06 31

Arnoldshof, und der inzwischen von Breslau heranmarschierte Laudon faßte Posten zwischen Oyas und Koischwitz. Am Morgen des 11. gelang dem König der Übergang über die Katzbach, doch Daun und Lacy reagierten rechtzeitig, um ihm den Weg nach Schweidnitz zu verlegen. Dem König blieb keine andere Möglichkeit, als den Marsch abzubrechen und auf den Prausnitzer Höhen westlich von Scheichau zu lagern.

Er befand sich jetzt in der größten Gefahr, von den vereinigten Truppen Dauns, Lacys und Laudons angegriffen zu werden. Um dem zu entgehen, ließ er in der Nacht zum 13. die Armee wieder über die Katzbach zurückgehen und das vorherige Lager bei Liegnitz beziehen, wo sie bis zum 14. stehenblieb. Auch die Österreicher kehrten in ihre alten Stellungen zurück. Sie standen nun mit dreifacher Übermacht der preußischen Hauptarmee gegenüber. Zudem stand bei Auras ein russisches Korps unter Generalleutnant Graf Tschernyschew diesseits der Oder bereit. In dieser günstigen Lage faßte Daun den Entschluß zum Angriff am 15. August.

Der König kam ihm jedoch zuvor und räumte in der Nacht die unhaltbar gewordene Stellung. Als Laudon sich am frühen Morgen anschickte, das vermeintliche Lager des Königs über Bienowitz zu umgehen, stieß er völlig unvorbereitet auf die etwa 30 000 Mann starke preußische Armee, die über das Schwarzwasser gegangen war und sich zwischen Hummel und Panten aufgestellt hatte. Rasch mußte der König nun seine Anordnungen treffen, denn auch für die Preußen kam der Angriff überraschend. Generalleutnant v. Zieten bekam den Auftrag, mit dem rechten Armeeflügel einen Übergang Dauns über die Katzbach zu verhindern, während der König mit den restlichen Truppen selbst zum Angriff gegen Laudon vorging. Hier fiel sehr rasch die Entscheidung. Laudon erkannte, daß sein Korps dem Druck der Preußen nicht standhalten konnte und beschloß, wieder hinter die Katzbach zurückzugehen. Die Hauptarmee unter Daun kam überhaupt nicht ins Gefecht. Sie hatte erst am Morgen Klarheit über die neue Lage gewonnen. Als die Armee dann gegen fünf Uhr das Westufer des Schwarzwassers erreicht hatte, war die Entscheidung beim König bereits gefallen, und Daun wollte nicht im Artilleriefeuer des Zietenschen Flügels das morastige Gewässer überschreiten. Damit war der Sieg des Königs gesichert, der die Preußen etwa 3 400, die Österreicher aber über 8 500 Mann an Toten, Verwundeten und Gefangenen sowie 80 Geschütze kostete[14].

Der König suchte jetzt die Verbindung mit seinem Bruder und marschierte auf Breslau ab. Daun hatte nach der Niederlage Laudons und dem Zurückweichen Tschernyschews hinter die Oder alle Angriffsabsichten fallengelassen und wandte sich gegen Schweidnitz. Nach dem taktischen Sieg auf dem Schlachtfeld war Liegnitz nun auch zu einem strategischen Erfolg geworden. Eine Vereinigung der österreichischen und russischen Armeen war vorerst verhindert, und

---

[14] Zur Schlacht bei Liegnitz vgl. Großer Generalstab, Der Siebenjährige Krieg XII, S. 184-217 und Anlage 9. Zu Dauns Entschlußfassung vgl. Arneth S. 139f.

dem König stand der Weg zu einer Verbindung mit der Armee des Prinzen Heinrich offen.

Ssaltykow fürchtete jetzt seinerseits einen Angriff der vereinigten preußischen Truppen und zog sich oderabwärts bis nach Herrnstadt zurück, wo die Armee am 25. August ein Lager bezog. Prinz Heinrich war den Russen zunächst gefolgt, erhielt dann aber den Befehl, das Gros seiner Truppen dem König zuzuführen und nur ein Korps von etwa 14 000 Mann unter dem Generalleutnant v.d. Goltz zur Beobachtung stehenzulassen[15].

Mit seiner etwa 50 000 Mann starken Armee brach der König dann am 30. August von Breslau aus gegen Daun auf, der seit dem 17. zwischen Raaben und Hohen-Poseritz lagerte. Er führte die Armee südlich um den Zobten herum, um Daun die rechte Flanke abzugewinnen. Die Österreicher hatten jedoch rechtzeitig die Stellung geräumt und sich am 31. zwischen Freiburg und Burkersdorf aufgestellt. Damit war dem König zwar der Entsatz von Schweidnitz gelungen, doch zu der so dringend gewünschten Entscheidung war es nicht gekommen. Am 1. September versuchte er erneut, die rechte Flanke der Österreicher zu umgehen, doch Dauns vorteilhafte Stellung, die an den Flügeln sicher abgeriegelt war, ließ auch dieses Unternehmen scheitern. Bis zum 2. stand die preußische Armee in einem Lager zwischen Gräditz und Grunau. Am 3. marschierte sie dicht vor der österreichischen Front über Schweidnitz auf Striegau und bezog ein Lager zwischen Teichau und Bunzelwitz. Nachdem die Armee sich wieder verproviantiert hatte, schickte sich der König am 11. September an, die linke Flanke der Österreicher zu umgehen. Der Marsch führte über Kander nach Baumgarten. Zwar kam es während des Tages zu heftigen Gefechten mit Laudons Truppen, doch wieder fiel keine Entscheidung, da die Österreicher rechtzeitig reagierten.

Vom 11. bis zum 16. September standen sich nun beide Armeen bewegungslos gegenüber, die Preußen auf den Höhen von Ober- und Nieder-Baumgarten, die Österreicher im Halbkreis zwischen Giesmannsdorf und Quolsdorf. Daun konnte sich trotz seiner großen Übermacht von 98 000 zu 50 000 Mann nicht zu einem offensiven Vorgehen entschließen, und so war es erneut der König, der am 17. September die Initiative ergriff. Diesmal versuchte er, den rechten Flügel der Österreicher zu umgehen. Zunächst ungestört ging der Marsch über Hohenfriedeberg und Zirlau in Richtung auf Hoch-Giersdorf. Inzwischen hatte Daun jedoch reagiert, und die Höhen von Hoch-Giersdorf waren beim Eintreffen der Preußen bereits besetzt. In einem für beide Seiten sehr verlustreichen Gefecht gelang es dem Generalleutnant Graf Wied, die Österreicher von dort zu vertreiben, und am Abend bezog die preußische Armee ein Lager, das sich von Hoch-Giersdorf bis Bärsdorf ausdehnte. Dauns neue Stellung reichte von Kunzendorf über Seitendorf bis Waldenburg, wo Laudon den rechten Flügel sicherte.

---

[15] Vgl. Großer Generalstab, Der Siebenjährige Krieg XIII, S. 1-29 sowie Schmitt II, S. 114-117.

Fast drei Wochen lang standen sich die Armeen nun unbeweglich gegenüber. Am 24. September versuchte der König durch die Absendung eines Detachements unter Wied, die Österreicher aus ihrer Stellung hervorzulocken, doch Daun ließ sich nicht täuschen. Wied rückte bis über die Neiße vor, dann wurde er zurückgerufen und erreichte am 6. Oktober wieder die Hauptarmee[16]. Der König hatte sich inzwischen entschlossen, aus Schlesien abzumarschieren, denn Sachsen und Berlin, die wichtigsten Versorgungsquellen seiner Armee, waren in größter Gefahr.

Generalleutnant v. Hülsen war beim Abmarsch des Königs nach Schlesien im Lager bei Schletta stehengeblieben. Mit seinen etwa 12 000 Mann sollte er Sachsen und die Mark Brandenburg gegen die 25 000 Mann starke Reichsarmee decken, die nach der Befreiung Dresdens wieder hinter dem Plauenschen Grunde lagerte. Am 13. August brach der Prinz von Zweibrücken von dort auf und erreichte am 16. Katzenberg. Da seine rechte Flanke nun bedroht war, zog sich Hülsen über Riesa auf die Höhen bei Strehla zurück. Die Reichsarmee folgte ihm unmittelbar und bezog eine Stellung zwischen Riesa und Terpitz. Am 20. August wurde Hülsens Korps bei Strehla angegriffen. Obwohl zahlenmäßig stark unterlegen, leisteten die Preußen derart heftigen Widerstand, daß sie große Teile ihrer Stellung behaupten konnten. Sie verloren bei diesem Gefecht etwa 1 050, die Reichsarmee mehr als 1 800 Mann an Toten, Verwundeten und Gefangenen.

Noch am selben Tag zog Hülsen sich auf Torgau zurück, wo er ein Lager zwischen Zinna und dem großen Teich bezog. Erst am 22. August folgte die Reichsarmee bis Belgern. Der Prinz von Zweibrücken versuchte nun zunächst, durch einen Vorstoß über die Elbe Hülsen aus seiner starken Stellung herauszumanövrieren, jedoch ohne Erfolg. Am 31. kehrte die Armee wieder auf das Westufer zurück und bezog ein Lager bei Schildau, vom 2. September an zwischen Doberschütz und Strelln, wo sie bis zum 23. stehenblieb.

Bis dahin hatten sich die Korps des österreichischen Feldmarschalleutnants Luszinsky und des Herzogs Karl Eugen von Württemberg, jeweils 6 300 und 12 000 Mann stark, ebenfalls in der Nähe von Torgau eingefunden. Am 24. September begann eine gemeinsame Operation dieser Truppen gegen Hülsen. Die Reichsarmee rückte bis Großwig und Zinna vor, Luszinsky bis Dommitzsch und der Herzog bis Pretzsch. Geplant war eine Umfassung auf beiden Seiten der Elbe. Um einer Einschließung zu entgehen, überschritt Hülsen am 26. September den Fluß, jedoch ohne dort auf die Korps Luszinskys oder des Herzogs von Württemberg zu stoßen, wie er erwartet hatte. Die Verbindung mit Torgau war damit zerrissen, und so rückte Hülsen zunächst bis Rosenfeld. Die nur schwach besetzte Festung kapitulierte bereits am folgenden Tag.

---

[16] Zu den Bewegungen im schlesischen Gebirge vgl. Großer Generalstab, Der Siebenjährige Krieg XIII, S. 36-45 und S. 56-101.

Hülsen ging am 27. September bis nach Jessen hinter die Schwarze Elster zurück. Luszinsky und das zur Reichsarmee gehörende Korps des Generalmajors v. Kleefeld drängten heftig nach, so daß Hülsen sich am 30. nach Wittenberg zurückzog. Schon zwei Tage später war auch dieser Posten unhaltbar geworden. Über Jessen und Elster war die Reichsarmee herangerückt und stand zusammen mit den Truppen Luszinskys auf den Höhen von Euper. Der Herzog von Württemberg stand südlich der Stadt bei Pratau. Bei Dobien kam es zu einem hitzigen Gefecht, doch auf eine größere Aktion konnte Hülsen sich nicht einlassen. Am 2. Oktober rückte er nach Coswig ab und mußte Wittenberg seinem Schicksal überlassen. Da in Sachsen vorerst nichts mehr zu retten war, setzte er seinen Rückzug bis in die Mark fort und erreichte am 5. Oktober Beelitz unweit von Potsdam. Wittenberg wurde von der Besatzung unter dem Generalmajor v. Salenmon hartnäckig verteidigt. Erst nach einer förmlichen Belagerung und einer heftigen Beschießung kapitulierte die Festung am 14. Oktober[17].

Obwohl Sachsen jetzt völlig verloren war, verdient Hülsens zäher Abwehrkampf höchste Anerkennung. Zwei Monate lang hielt er einen vierfach überlegenen Gegner in Sachsen fest und verhinderte sein Eindringen in die Mark. Welchen Dienst er dem König darüber hinaus durch die Erhaltung seines Korps' erwiesen hatte, sollten die nächsten Wochen deutlich zeigen.

Vor einer ähnlich schwierigen Aufgabe wie Hülsen stand Goltz in Schlesien. Mit nur 14000 Mann stand er etwa 66000 Russen gegenüber. Ssaltykow lagerte seit dem 25. August bei Herrnstadt, während Goltz am 29. eine Stellung bei Glogau bezogen hatte. Die Hauptaufgaben des kleinen Korps' waren die Beobachtung der russischen Armee sowie die Aufrechterhaltung der Verbindungen zwischen Schlesien, Sachsen und der Mark. Goltz blieb daher mit der Masse seiner Truppen bei Glogau stehen, während er durch einzelne Detachements mit Erfolg das Gebiet zwischen Bunzlau, Glogau, Breslau und Schweidnitz von feindlichen leichten Truppen säubern ließ. Als er von der Belagerung Kolbergs erfuhr, entsandte er am 6. September den Generalmajor v. Werner, der mit 3 Bataillonen und 10 Eskadrons einen Entsatzversuch unternehmen sollte.

Im russischen Hauptquartier wurde unterdessen über das weitere Vorgehen beraten, wobei bald die Idee eines Vorstoßes auf Berlin, der bei denkbar geringem Risiko einen leichten und sehr prestigeträchtigen Erfolg versprach, den größten Zuspruch fand. Am 11. September brachen die Russen von

---

[17] Zu Hülsens Feldzug vgl. Großer Generalstab, Der Siebenjährige Krieg XIII, S. 160-203. — Zu den Zuständen in der Reichsarmee vgl. Kessel, Eberhard: Der deutsche Soldat in den stehenden Heeren des Absolutismus. In: Schwertfeger, Bernhard/ Volkmann, Otto (Hrsg.): Die deutsche Soldatenkunde. Bd. 1. Leipzig/Berlin 1937. S. 63-93. — Neuerdings auch Neuhaus, Helmut: Das Problem der militärischen Exekutive in der Spätphase des Alten Reiches. In: Kunisch/Stollberg-Rilinger, Staatsverfassung und Heeresverfassung, S. 297-346.

Herrnstadt auf. Die Vorhut unter Tschernyschew erreichte am 14. Kuttlau, die Hauptarmee, wegen einer Erkrankung Ssaltykows von General Graf Fermor geführt, Tschepplau. Unterdessen war ein österreichischer Offizier bei den Russen eingetroffen, der Ssaltykow in Dauns Auftrag bat, dem angeblich umstellten König bei Jauer den letzten Ausweg aus dem Gebirge zu verlegen. Das russische Gros rückte daraufhin am 19. September bis Carolath an die Oder vor, und Tschernyschew und Totleben überschritten den Fluß. Ein Kavalleriedetachement, das Goltz den Russen zur Beobachtung nachgesandt hatte, wurde von Totlebens Reitern bis Herrndorf zurückgetrieben. Da sich aber bei Daun die Lage nicht wesentlich veränderte und zudem ein zur Tätigkeit mahnender Brief der Zarin eintraf, wurde der Plan eines Vorstoßes nach Süden bald wieder zugunsten einer Unternehmung auf Berlin aufgegeben[18].

Der Aufbruch Totlebens und Tschernyschews dorthin erfolgte am 26. September, während das russische Gros in zwei Kolonnen am 28. in Richtung auf Frankfurt abmarschierte. Die 2. Division unter Rumianzow nahm ihren Weg über Züllichau und erreichte am 2. Oktober Crossen. Fermor marschierte mit der 1. und 3. Division nach Guben, wo er am 3. Oktober eintraf. Goltz' Aufgabe war damit vorerst beendet, und nachdem der König ein genaues Bild der Lage gewonnen hatte, befahl er ihm am 4. Oktober, sich nach Liegnitz zu wenden, um dort die Vereinigung mit der Hauptarmee zu erwarten.

Totleben und Tschernyschew stießen unterdessen in schnellen Märschen über Guben, Beeskow und Fürstenwalde gegen die preußische Hauptstadt vor. Dazu hatte Daun ein Korps unter Lacy detachiert, das ebenfalls gegen Berlin vorging und sich über Spremberg und Luckau näherte. Totleben verfügte über 5600 Mann, Tschernyschew über 12000 Mann und Lacy über etwa 19000 Mann. Schon am 3. Oktober tauchten erste Kosakenschwärme vor der Hauptstadt auf. Berlin war kaum befestigt und nur von etwa 2000 Mann wenig kampfkräftiger Truppen besetzt. Dagegen befanden sich die Generale v. Seydlitz, v. Knobloch und v. Lentulus in der Stadt, die gemeinsam mit dem Gouverneur, dem Feldmarschall v. Lehwald, den Kommandanten, Generalleutnant v. Rochow, unterstützten.

In der Nacht auf den 4. Oktober versuchte Totleben, die Stadt stürmen zu lassen, doch seine Truppen wurden unter erheblichen Verlusten abgewiesen, so daß er sich zunächst nach Tempelhof zurückzog. Im Laufe des 4. traf dann das Korps des Prinzen von Württemberg in Berlin ein, was die Lage erst einmal sehr verbesserte. Der Generalleutnant hatte bei Templin den Schweden gegenübergelegen, als ihn am 2. Oktober der Hilferuf Rochows erreichte. Daraufhin eilte er mit etwa 6000 Mann der Hauptstadt zu Hilfe und ließ nur geringe Kräfte unter dem Oberst v. Belling zur Beobachtung der Schweden zurück. Vor der

---

[18] Zu Goltz' Tätigkeit vgl. Großer Generalstab, Der Siebenjährige Krieg XIII, S. 208-221.

Truppenmacht des Prinzen wich Totleben bis nach Köpenick zurück, um die Verbindung mit dem Korps Tschernyschew herzustellen, das am 5. Oktober dort eintraf. Weitere Verstärkungen unter dem Generalleutnant Panin sollten ebenfalls bald erscheinen.

Am 7. Oktober kam es zu einem erneuten Angriff auf die Stadt, doch das allmähliche Eintreffen von Truppen des Hülsenschen Korps' verhinderte einen russischen Erfolg. Wegen eines starken Unwetters kam es am 8. kaum zu ernsthaften Kampfhandlungen, doch näherte sich das Korps Lacy bis Mariendorf. Für den 9. Oktober hatten die Preußen, deren Zahl inzwischen auf 18 000 Mann angewachsen war, zunächst geplant, das Korps Tschernyschew anzugreifen, doch nach dem Eintreffen Lacys mußte dieser Plan fallengelassen werden. Um die Stadt und die Truppen zu erhalten, zogen sich der Prinz und Hülsen am 9. Oktober bis nach Spandau zurück und von dort weiter über Wustermark bis nach Brandenburg, wo sie am 11. ein Lager bezogen.

Berlin kapitulierte am 9. vor der feindlichen Übermacht. Dank einer geschickten Verhandlungsführung von preußischer Seite, bei der sich der Berliner Kaufmann Gotzkowsky hervortat, kam die Hauptstadt relativ glimpflich davon. Die Masse der russischen und österreichischen Soldaten hat Berlin gar nicht betreten, und von größtem Mißtrauen gegen ihre jeweiligen Verbündeten erfüllt, überwachten sich die Besatzer gegenseitig bei der Einhaltung der Disziplin. Größere Schäden entstanden dem König nur durch die Plünderung des Zeughauses und der Montierungskammern. Da die Berliner Rüstungsbetriebe jedoch kaum beschädigt waren, konnten die Verluste bald ersetzt werden[19]. Schon am 11. Oktober, nachdem man im russischen Hauptquartier vom Abmarsch des Königs aus Schlesien erfahren hatte, erhielt Tschernyschew den Befehl, Berlin wieder zu räumen und zur Hauptarmee zurückzukehren. Die russischen Truppen verließen die Stadt am 12., und auch Lacy rückte an diesem Tage ab. Nach dem Abmarsch der letzten Nachzügler war Berlin am 13. Oktober wieder feindfrei[20].

Auf dem nördlichen Kriegsschauplatz in Pommern blieb es bis Mitte August ruhig, da sowohl die Schweden als auch die Preußen ihre Truppen nur sehr langsam ergänzen konnten. Vor Beginn der Operationen versammelte der Generalmajor v. Stutterheim sein etwa 6 500 Mann starkes Korps in drei Lagern bei Demmin, Krien und Anklam, während sich die etwa 15 000 Mann starken Schweden unter dem Kommando des Generalleutnants v. Lantingshausen bei Grimmen und Greifswald versammelten. Bei der geringen Stärke seines Korps' mußte Stutterheim sich auf eine hinhaltende Kriegführung beschränken, bei der es vor allem darauf ankam, die Schweden von der Uckermark fernzuhalten und Unternehmungen auf Berlin und Stettin zu verhindern.

---

[19] Vgl. dazu auch Rehfeld, Paul: Die preußische Rüstungsindustrie unter Friedrich dem Großen. In: FBPG 55. 1943. S. 1-31.

[20] Zur Unternehmung auf Berlin vgl. Großer Generalstab, Der Siebenjährige Krieg XIII, S. 222-277 und Anlagen 11 und 12.

Am 16. August trat Lantingshausen den Vormarsch über die Peene an. Durch ein geschicktes Täuschungsmanöver gelang es ihm, Stutterheims Aufmerksamkeit auf Anklam zu richten, während er tatsächlich am 19. den Fluß bei Malchin, südlich des Kummerower Sees überschritt. Stutterheims Korps, das bei Medow stand, war jetzt im Rücken unmittelbar bedroht und zog sich bis zum 31. bis nahe Pasewalk zurück. Die Schweden besetzten Anklam und Demmin und rückten bis zum 25. bis Iven und Thurow vor. Am 27. gelang es ihrer Vorhut, den von Oberst v. Belling gehaltenen Kavelpaß zu besetzen. Am 28. und 29. setzten die Schweden, die sich inzwischen neu verproviantiert hatten, den Vormarsch fort. Generalleutnant Ehrensvärd erreichte am 30. August Blumenthal, während Lantingshausen über Boldekow und Heinrichswalde nach Strasburg marschierte, wo er am 31. ein Lager bezog. Auf dem Marsch kam es am 29. zu einem hitzigen Reitergefecht mit Bellings Husaren, die dabei den späteren Feldmarschall Blücher gefangennahmen, der im schwedischen Husarenregiment Sparre diente.

Stutterheim wich jetzt über die Ücker zurück und bezog am 31. August ein Lager bei Rollwitz, um den Schweden den Weg nach Prenzlau zu verlegen. Auch Belling zog sich zurück und besetzte am 31. eine Stellung bei Taschenberg. Dort wurde er am 3. September von der schwedischen Vorhut überrascht, doch gelang es ihm, den Angriff erfolgreich abzuwehren und sich geordnet nach Prenzlau zurückzuziehen. Lantingshausen lagerte vom 3. bis zum 5. September bei Werbelow, während Ehrensvärd am 3. Pasewalk besetzte, wo er bis Mitte Oktober stehenblieb.

Stutterheim fürchtete nun, von Berlin abgeschnitten zu werden und verlegte nach und nach seine Stellung bis nach Seelübbe südlich von Prenzlau, wo er Lantingshausen am 6. September erwartete. Er hatte dessen Stärke jedoch unterschätzt, und als die schwedischen Truppen sich Prenzlau näherten, blieb keine andere Möglichkeit, als nach einem kurzen Abwehrkampf die Stadt dem Gegner zu überlassen. Immer noch in Sorge um seine Verbindung mit der Mark zog Stutterheim sich über Greiffenberg und Gollin bis nach Zehdenick zurück, wo er am 10. September ein Lager bezog, während Belling zur Beobachtung bei Gollin stehenblieb. Lantingshausen beendete jedoch seinen Vormarsch in Prenzlau und wollte zunächst die Entwicklung auf den anderen Kriegsschauplätzen abwarten[21].

Unabhängig von dem schwedischen Vorgehen begann am 26. August die Belagerung der Festung Kolberg durch ein russisches Korps. 21 Linienschiffe, 3 Fregatten, 3 Bombardierprahme und 40 Transportschiffe brachten das Belagerungsmaterial und ein Korps von etwa 6000 Mann unter dem Generalmajor Demidow vor die Festung. Dazu kamen noch etwa 4000 Mann, vor allem Kavallerie, die die Festung auf der Landseite einschlossen. Die Befestigungsan-

---

[21] Sein Korps wurde während dieser Zeit durch die Abreise zahlreicher Offiziere zum Reichstag geschwächt. Im Oktober waren aus diesem Grunde 323 Offizierstellen unbesetzt. Vgl. Großer Generalstab, Der Siebenjährige Krieg XIII, S. 132f.

lagen befanden sich in einem recht guten Zustand, und die etwa 1 500 Mann starke Besatzung wurde von dem tatkräftigen Oberst v.d. Heyde kommandiert. Am 29. August wurde die russische Flotte durch acht schwedische Einheiten verstärkt. Nachdem das Landungskorps ausgeschifft war, begann Anfang September die förmliche Belagerung der Stadt, die unter der Beschießung von See und von Land stark litt. Mitte September schien der Fall der Festung nur noch eine Frage von Tagen zu sein.

Wegen einer mangelhaften Fernaufklärung war den Belagerern jedoch die Annäherung des Korps' Werner völlig verborgen geblieben. Werner hatte Goltz am 6. September bei Glogau verlassen und war nach schnellen Märschen über Crossen, Landsberg und Zachau am 15. in Freienwalde eingetroffen, wo er sich mit weiteren Truppen vereinigte, die aus Stettin dorthin marschiert waren. Mit nunmehr etwa 4 200 Mann gelangte er am 17. September bis nach Stolzenberg. Sein Eintreffen vor der Festung löste bei den Russen eine Panik aus. Obwohl er am 18. nur einen kleineren Kavallerieposten in die Flucht geschlagen hatte und nach einem Zug durch Kolberg zunächst vor der Stadt lagerte, verloren die Belagerungstruppen die Nerven und verließen noch in der Nacht ihre Stellungen. Unter Zurücklassung großer Mengen an Belagerungsgerät zogen sie sich auf die Schiffe zurück. Die Beschießung der Stadt von See aus wurde zwar zunächst noch fortgesetzt, aber nachdem die schwedischen Kriegsschiffe schon am 19. die Anker gelichtet hatten, segelte auch die russische Flotte am 23. September ab.

Werner erhielt am 25. den Befehl, sich nach Stettin zu wenden und von dort aus gegen die Schweden bei Prenzlau vorzugehen. Am 26. brach er von Kolberg auf und marschierte über Treptow, Greifenberg und Gollnow nach Löcknitz ostwärts von Stettin, wo er am 2. Oktober ein Lager bezog[22].

Beim Korps Stutterheim hatte inzwischen ein Führungswechsel stattgefunden. Am 30. September traf der Generalleutnant Prinz Friedrich Eugen von Württemberg als neuer Oberbefehlshaber im Lager bei Zehdenick ein. Er wollte den Gegner wieder aus Prenzlau vertreiben. Am 2. Oktober verlegte er das Lager nach Templin vor und beabsichtigte, die Schweden am folgenden Tage anzugreifen, denen Werner beim Defilee von Ferdinandshof den Rückzug verlegen sollte. Der Abmarsch des Prinzen nach Berlin ließ dieses Vorhaben jedoch nicht zur Ausführung gelangen[23]. In bedrohlich isolierter Stellung mußten Belling und Werner jetzt zeigen, zu welchen Leistungen sie als Detachementsführer imstande waren. Ihnen kam mit knapp 4 000 Mann die Aufgabe zu, die Schweden an einem Vordringen in die Mark und auf Berlin zu hindern, bis auf dem Hauptkriegsschauplatz eine Entscheidung gefallen war.

---

[22] Zum Feldzug in Pommern vgl. Großer Generalstab, Der Siebenjährige Krieg XIII, S. 108-156.

[23] Vgl. Sulicki S. 345 f.

2. Die Verlagerung des Hauptkriegsschauplatzes von Schlesien nach Sachsen

a) Der Marsch des Königs und Dauns nach Sachsen

Anfang Oktober hatte sich die Lage des Königs rapide verschlechtert. Hülsen war von der Reichsarmee aus dem für die Winterquartiere und jede Art von Nachschub unentbehrlichen Sachsen vertrieben worden, Berlin war von russischen und österreichischen Truppen eingeschlossen, und die russische Hauptarmee bedrohte von Frankfurt aus die Mark und die Verbindung des Königs mit seiner Hauptstadt. Angesichts dieser akuten Gefahren blieb dem König keine andere Wahl, als den ergebnislosen Manöverkrieg gegen Daun aufzugeben und den Vormarsch in die bedrohten Gebiete anzutreten. Über seine eigene Lage gab er sich keinen Illusionen hin: „Ihr sehet wohl, dass Meine Sachen in diesen Moments übel stehen und dass Ich das, was Ich jetzo thun werde, obwohl mit vielem Hasard thun und alles auf das Glück und die Évènements ankommen lassen muss", schrieb er am 6. Oktober an Tauentzien[24].

In der Nacht zum 7. brach die Armee, die zuvor mit Brot, Mehl und Zwieback für einen ganzen Monat versehen worden war, auf und marschierte in vier Kolonnen in ihr früheres Lager zwischen Striegau und Bunzelwitz. Daun ließ die Bewegung der Preußen bis gegen Mittag beobachten und folgte dann mit der österreichischen Armee bis in ein Lager zwischen Kunzendorf und Freiburg[25]. Noch wußte der König nicht, ob ihn sein Marsch nach Berlin oder nach Sachsen führen würde; „les circonstances décideront de nos marches et de nos entreprises." In jedem Fall aber war er fest entschlossen, eine Entscheidung herbeizuführen: „Vaincre ou mourir est ma dévise; tous les autres partis sont bons dans les occasions, mais non pas dans celle-ci."[26]

Am 8. Oktober setzte die preußische Armee ihren Marsch fort und gelangte über Jauer und Haynau am 10. bis nach Primkenau. Dort vereinigte sie sich am Abend mit dem 17 Bataillone und 32 Eskadrons starken Korps Goltz, das als drittes Treffen in die Hauptarmee eingeordnet wurde[27]. Daun hatte sich unterdessen entschlossen, dem König nicht direkt zu folgen, sondern in erster Linie das gerade eroberte Sachsen zu halten. Die Österreicher standen kaum weniger unter Erfolgszwang als ihre Gegner. Staatskanzler Graf Kaunitz war vollkommen überzeugt, „daß das Schicksall der Monarchie von dem Ausschlag des dermaligen Feld-Zugs abhanget, so zwar, daß, wann solcher unsererseits fruchtlos und zum Mißvergnügen allerseitiger Allirten sich endigen soll, auf den

---

[24] PC XX, Nr. 12415, S. 13.

[25] Vgl. Gaudi 1760 II, S. 627-630 sowie KA Wien, AFA 1760, Hauptarmee, 13, 1, Journal der Hauptarmee unter Daun vom 7. Okt. 1760.

[26] Beide Zitate PC XX, Nr. 12416, S. 14, Der König an Prinz Heinrich am 7. Okt. 1760.

[27] Vgl. Großer Generalstab, Der Siebenjährige Krieg XIII, S. 224 sowie Jany, Preußische Armee S. 575, Anm. 33.

zukünftigen Plans zu machen vergeblich, ja nicht wohl möglich seyn dörfte."[28] Vorsicht wie Initiative des österreichischen Oberbefehlshabers waren mithin gleichermaßen gefragt.

Zur Sicherung Schlesiens ließ Daun das etwa 38 500 Mann starke Korps Laudon bei Hohenfriedeberg zurück. Mit der Hauptarmee marschierte er über Wiesenthal und Löwenberg nach Neuland, wo er am 10. und 11. lagerte, während kleinere Korps unter dem Generalfeldwachtmeister v. Ried und dem Feldmarschalleutnant v. Beck zwischen Goldberg und Bunzlau den Marsch des Königs beobachteten[29]. Dieser marschierte am 11. in vier Kolonnen bis nach Sagan, wo ein Rasttag eingelegt wurde. Noch immer hatte der König keinen Überblick über die Gesamtlage: „J'attends ici des nouvelles de la position des différents corps ennemis, pour accourir alors au plus pressé. On dit que Daun passe en Saxe avec le gros de son armée. Je n'ai aucune nouvelle jusques à présent ni de Berlin ni du prince Ferdinand, ni de Hülsen ni non plus du prince Eugène de Württemberg", schrieb er am 11. Oktober ungehalten an den Grafen Finckenstein nach Magdeburg[30]. Am 13. wurde der Marsch bis nach Gassen fortgesetzt, und am 14. bezog die Armee ein Lager bei Guben.

Dort erfuhr der König vom Einmarsch Lacys in Berlin und beschloß nun, über Beeskow und Wusterhausen geradewegs dorthin zu marschieren[31]. Für den weiteren Vormarsch wurde die Armee geteilt. Während der König mit dem Gros den direkten Weg nach Beeskow einschlug, marschierte der General v. Zieten mit der auf 19 Bataillone und 50 Eskadrons verstärkten Avantgarde weiter nördlich auf Fünfeichen zu, um die rechte Flanke der Armee zu sichern und die russischen Truppen bei Frankfurt zu beobachten[32]. Noch im Laufe des 15. erhielt der König dann sichere Meldungen, daß Berlin bereits wieder vom Gegner geräumt worden war und sich die Russen hinter die Oder zurückgezogen hatten. Die Hauptarmee lagerte an diesem Tage bei Groß-Muckrow, Zietens Korps zwischen Fünfeichen und Bremsdorf[33].

Da für die Hauptstadt jetzt nichts mehr zu befürchten war, schlug der König am nächsten Tag den Weg nach Sachsen ein und marschierte bis nach Waldow.

---

[28] KA Wien, AFA 1760, CA, 9, 22, Kaunitz an Maria Theresia am 23. Sept. 1760.

[29] Vgl. Großer Generalstab, Der Siebenjährige Krieg XIII, S. 288 sowie Jihn S. 100.

[30] PC XX, Nr. 12422, S. 18.

[31] Vgl. PC XX, Nr. 12425, S. 19, Der König an Major v. Lichnowsky, Vizekommandant von Glogau, am 15. Okt. 1760.

[32] Vgl. Großer Generalstab, Der Siebenjährige Krieg XIII, S. 290. — Zietens Korps bestand aus den GrenBrig Syburg und Alt-Stutterheim (je 5 Btl), den InfBrig Tettenborn (5 Btl) und Grumbkow (4 Btl), den KürRgt Karabiniers, Prinz Heinrich und Seydlitz (je 5 Esk), den DragRgt Normann, Czettritz und Krockow (je 5 Esk) sowie den HusRgt Zieten und Möhring (je 10 Esk). Vgl. Süßenbach, HS 3167 I, Nr. I, Journal 1760, Bl. 76 r/v. Ob auch das bei Gaudi 1760 II, S. 637, genannte FreiBtl Quintus dazugehörte, ist unsicher. — Die bei Winter I, S. 348 genannte Zahl von 20 Btl und 20 Esk ist zu verwerfen.

[33] Vgl. Süßenbach, HS 3167 I, Nr. I, Journal 1760, Bl. 73 r/v sowie Großer Generalstab, Der Siebenjährige Krieg XIII, S. 290.

Er hoffte dabei, das von Berlin zurückkehrende Korps Lacy abzuschneiden und ihm „...eins recht tüchtig zu versetzen und vielleicht auch der Reichsarmee noch Echec zu geben",[34] solange Daun noch nicht heran war. Unterdessen war die Meldung eingegangen, daß Lacys Feldbäckerei noch bei Luckau stehe. Auf dem Marsch nach Waldow detachierte der König deshalb den Generalmajor v. Krockow mit 7 Bataillonen und 21 Eskadrons, um diesen Posten aufzuheben[35]. Das Unternehmen blieb jedoch bis auf die Vertreibung von 60 österreichischen Husaren aus Vetschau erfolglos, da die Bäckerei bereits am 13. Oktober nach Torgau verlegt worden war. Am 17. marschierte die Hauptarmee bis nach Lübben, wo sie bis zum 20. lagerte. Zieten war am 17. bis nach Beeskow vorgegangen, hatte am 18. in Groß-Leuthen einen Ruhetag eingelegt und war am 19. nach Luckau marschiert, wo er wieder die Avantgarde der Hauptarmee bildete[36].

Am gleichen Tag detachierte der König den bewährten Goltz mit einem starken Korps zur Sicherung Schlesiens, von wo er nur unsichere Nachrichten erhielt. Der Generalleutnant vereinigte sich bei Fehrow mit dem Detachement Krockow und verfügte daraufhin über 16 Bataillone und 35 Eskadrons, zusammen etwa 24000 Mann, sowie 37 schwere Geschütze. Krockow selbst kehrte mit den Dingelstedt-Husaren zur Hauptarmee zurück[37].

Am 20. Oktober brach der König wieder auf und erreichte über Dahme und Schönewalde am 22. Jessen. Der folgende Tag brachte einen ersten Erfolg auf dem sächsischen Kriegsschauplatz. Vor der anrückenden preußischen Armee räumten die letzten Kontingente der Reichsarmee Wittenberg, und der König konnte die stark zerstörte Stadt, deren Befestigungswerke größtenteils niedergelegt worden waren, wieder in Besitz nehmen. Da aber auf dem gegenüberliegenden Elbufer noch Batterien der Reichsarmee errichtet waren, die schon den preußischen Vormarsch gestört hatten, wurden nur 200 Mann mit 10 schweren

---

[34] PC XX, Nr. 12426, S. 20, Der König an Zieten am 15. Okt. 1760.

[35] Vgl. Süßenbach, HS 3167 I, Nr. I, Journal 1760, Bl. 74r/v sowie GStA Merseburg, Rep. 96, Geheimes Zivilkabinett, Nr. 87, Bb 3, Bl. 96r, Krockow an den König am 17. Okt. 1760. — Im einzelnen bestand das Detachement Krockow aus den GrenBtl Kleist, Bock und Benckendorff, den InfRgt Zieten und Finck (je 2 Btl), den DragRgt Holstein und Finckenstein (je 5 Esk), je 5 Esk Ruesch- und Malachowsky-Husaren sowie 100 Dingelstedt-Husaren.

[36] Vgl. Großer Generalstab, Der Siebenjährige Krieg XIII, S. 292.

[37] Vgl. Großer Generalstab, Der Siebenjährige Krieg XIII, S. 292f. sowie PC XX, Nr. 12429 und 12430, S. 21 f., Der König an Lichnowsky und an Tauentzien am 18. Okt. 1760. — Das Korps Goltz bestand neben dem ehemaligen Detachement Krockow (vgl. Anm. 35) aus dem GrenBtl Busch, den InfRgt Jung-Braunschweig, Lindstedt und Thile (je 2 Btl), Markgraf Heinrich und Schenckendorff (je 1 Btl), den KürRgt Horn-Vasold (5 Esk) und Bredow (2 Esk) sowie den DragRgt Meinecke (5 Esk) und Alt-Platen (3 Esk). — Die bei Süßenbach, HS 3167 I, Nr. I, Journal 1760, Bl. 75r genannte Zahl von 39 Esk ist offensichtlich verschrieben, die bei Tempelhoff IV, S. 282 genannten Zahlen für die Kavallerieeinheiten treffen ebenfalls nicht zu.

Kanonen als Besatzung in die Stadt gelegt, um nicht größere Truppenteile bei einer erneuten Bombardierung Wittenbergs in Gefahr zu bringen.

Die übrige Armee lagerte in den Dörfern um die Stadt und bezog, wo es möglich war, Kantonierungsquartiere. General v. Zieten blieb mit der verstärkten Avantgarde von 19 Bataillonen und 48 Eskadrons etwas zurück zwischen Elster und Jessen stehen, um dem Gegner vorzutäuschen, daß ein Elbübergang oberhalb von Wittenberg geplant sei[38]. Nach dem bisher sehr günstig verlaufenen Vormarsch war der König nun fest entschlossen, die Entscheidungsschlacht in und um Sachsen zu suchen, zumal ein Erfolg auf diesem Kriegsschauplatz sicher auch Laudons Tatendrang in Schlesien bremsen würde. Seine größte Sorge war jetzt, daß Daun und eventuell auch die Reichsarmee wiederum einer Schlacht auswichen und sich nach Dresden zurückzogen, wo es unmöglich war, sie anzugreifen[39].

Inzwischen war auch die Verbindung zwischen dem König und den Korps des Prinzen von Württemberg und Hülsens wiederhergestellt. Beide hatten nach dem Rückzug aus Berlin zunächst in einem Lager nahe bei Brandenburg die weitere Entwicklung abgewartet. Fast gleichzeitig trafen dort die Nachrichten von der Räumung Berlins und von der Belagerung Wittenbergs ein. Der Prinz war sofort entschlossen, der Festung zu Hilfe zu eilen, doch galt es zunächst, sich über den Standort des Korps' Lacy zu vergewissern, das von Berlin zurückmarschierte. Erst als der mit einem kleinen Detachement zur Aufklärung vorgeschickte Oberst v. Kleist meldete, daß Lacy sich bereits nach Jessen zurückgezogen hatte, ging der Prinz am 15. Oktober nach Belzig vor. Dort erfuhr er von der Kapitulation Wittenbergs. Einen weiteren Vormarsch gegen die Reichsarmee hielt er daraufhin für zwecklos. Um bei der allgemeinen unsicheren Lage nicht die Verbindung mit seinem Verpflegungsstützpunkt Magdeburg zu verlieren, bezog er am 16. ein Lager bei Rottstock[40].

Dort traf am folgenden Tag ein Befehl des Königs ein, daß Hülsen zu seiner Unterstützung nach Treuenbrietzen rücken sollte. Außerdem hatte der General die Bereitstellung eines großen Mehltransportes von Magdeburg aus, die Vorbereitung einer Elbbrücke bei Coswig und die Wiederherstellung der Muldebrücke bei Dessau zu veranlassen[41]. Der Prinz von Württemberg

---

[38] Vgl. Süßenbach, HS 3167 I, Nr. I, Journal 1760, Bl. 77r/v. — Der König hatte am 23. die Brigaden Grumbkow und Tettenborn wieder an sich gezogen und Zieten dafür die Brigaden Ramin (5 Btl) und Queiß (4 Btl) unterstellt. Zietens Korps bestand nun neben diesen aus den 10 GrenBtl der Avantgarde, den KürRgt Markgraf Friedrich, Spaen, Schlabrendorff, Schmettau und Leibregiment (je 5 Esk), den DragRgt Württemberg und Jung-Platen (3 Esk) und Bayreuth (10 Esk) sowie den Zieten-Husaren (10 Esk).

[39] Vgl. PC XX, Nr. 12437, S. 27, Der König an Herzog Ferdinand am 23. Okt. 1760.

[40] Vgl. HStA Stuttgart, G 236, Nr. 9, St. 7, S. 31 f., Der Prinz von Württemberg an den König am 16. Okt. 1760, sowie Großer Generalstab, Der Siebenjährige Krieg XIII, S. 295 f.

[41] Vgl. PC XX, Nr. 12427, S. 20, Instruction vor den Generallieutenant von Hülsen vom 17. Okt. 1760.

übernahm das Kommando über die beiden Korps, veranlaßte das Nötige, um die erwähnten Aufträge auszuführen, und erreichte am 20. Oktober mit seinen Truppen Treuenbrietzen. Inzwischen hatte der König erfahren, daß nördlich der Elbe kein Gegner mehr stand. Hülsen erhielt daher den Befehl, bei Magdeburg über die Elbe zu gehen und sich über Dessau dem Fluß wieder zu nähern, um den Uferwechsel der Hauptarmee zu erleichtern. Dem Prinzen von Württemberg erteilte der König dagegen einen scharfen Verweis und den bereits wiederholten Befehl, sich mit seinem eigenen Korps umgehend wieder nach Pommern gegen die Schweden in Marsch zu setzen[42].

Diese Entscheidung hatte jedoch nur bis zum Nachmittag des 21. Bestand, als den Prinzen ein neuer Befehl des Königs erreichte, nun doch mit seinem Korps Hülsen zu folgen[43]. Über Belzig, Lindau und Loburg erreichten beide Korps am 23. Oktober Magdeburg. Ohne Rast wurde der Marsch jenseits der Elbe fortgesetzt, bis am 24. Calbe an der Saale erreicht war. Die beiden preußischen Korps befanden sich jetzt im Rücken der bei Pratau lagernden Reichsarmee. Damit standen sie nicht nur für ein Zusammenwirken mit der Hauptarmee zur Verfügung, sondern sie bedrohten gleichzeitig auch die lebenswichtigen Nachschub- und Rückzugslinien der Reichstruppen unter dem Prinzen von Zweibrücken[44].

Auch die Österreicher waren unterdessen in Sachsen eingetroffen. Feldmarschall Daun hatte seinen Marsch von Anfang an in diese Richtung und auf ein Zusammenwirken mit der Reichsarmee angelegt, obwohl er zunächst nicht sicher sein konnte, ob sich der König schließlich nach Berlin, nach Frankfurt oder ebenfalls nach Sachsen wenden würde[45]. Er hatte am 13. Oktober Naumburg am Queis erreicht und bis zum 17. den Vormarsch über Ullersdorf und Milkel bis nach Lieske fortgesetzt. Lacy war von Berlin aus über Trebbin und Jüterbog nach Zahna marschiert, wo er vom 14. bis zum 16. Oktober lagerte. Auf Befehl Dauns verlegte er am 17. sein Lager nach Plossig zwischen Jessen und Torgau, um eine günstigere Stellung für die Vereinigung mit der Hauptarmee einzunehmen.

---

[42] Vgl. Großer Generalstab, Der Siebenjährige Krieg XIII, S. 296f. sowie PC XX, Nr. 12432, S. 23, Der König an den Prinzen von Württemberg am 20. Okt. 1760. — Der König beurteilte seine eigene Stärke offenbar sehr zuversichtlich, da er unmittelbar vor der erwarteten Entscheidungsschlacht auf ein Korps von etwa 6000 Mann verzichtete. Das ist um so bemerkenswerter, als er um die relativ stabile Lage in Pommern durch eine Meldung des Prinzen von Württemberg vom 18. Okt. wußte. HStA Stuttgart, G 236, Nr. 9, St. 9, S. 39f.

[43] Vgl. Gaudi 1760 II, S. 645 sowie PC XX, Nr. 12434, S. 24, Der König an den Prinzen von Württemberg am 21. Okt. 1760.

[44] Vgl. Großer Generalstab, Der Siebenjährige Krieg XIII, S. 297f.

[45] Vgl. KA Wien, AFA 1760, Hauptarmee, 10, 111, Daun an Laudon am 11. Okt. 1760, und AFA 1760, Hauptarmee, 10, 126, Daun an den Prinzen von Zweibrücken am 12. Okt. 1760.

Mit dieser erreichte Daun nach schnellen Märschen über Arnsdorf und Gröditz am 21. die Elbe. Nur etwa 25 km südlich des preußischen Lagers fand am folgenden Tag bei Zschackau (heute Beilrode) die Vereinigung des Korps' Lacy mit der Hauptarmee statt. Das Korps Ried hatte den Marsch des Königs im Süden flankiert und Daun über dessen Bewegungen informiert, insbesondere über die Absendung des Korps' Goltz. Am 21. hatte Ried über Bunzlau, Priebus und Spremberg Kirchhain erreicht, wo er vorerst stehenblieb. Das Korps Beck hatte die Aufgabe, die Verbindung zwischen Daun und Laudon aufrechtzuerhalten, und stand seit dem 14. Oktober bei Daubitz.

Am 23. ließ Daun bei Torgau drei Brücken über die Elbe schlagen, und bereits am Nachmittag rückte das Reservekorps unter General Fürst Löwenstein über den Fluß[46]. Der österreichische Oberbefehlshaber suchte jetzt links der Elbe die Verbindung mit der Reichsarmee, um sich gemeinsam mit ihr in Sachsen zu behaupten. Gelang diese Verbindung nicht, stand Daun dem König allein zur Entscheidung gegenüber, eine Situation, die der Feldmarschall den ganzen Feldzug über zu vermeiden gesucht hatte.

b) Die Operationen der Reichsarmee

Die Reichsarmee hatte mit der Eroberung von Wittenberg am 14. Oktober ihren größten Erfolg in diesem Feldzug errungen. Da der Prinz von Zweibrücken jedoch erkannte, daß die Festung gegen die heranmarschierende preußische Hauptarmee nicht zu halten war, mußte er sich mit dem Abtransport der Geschütze und der Schleifung der Befestigungswerke zufriedengeben. Bereits am 16. wechselte er mit dem Gros seiner Armee wieder auf das linke Elbufer über und bezog ein Lager bei Pratau. Ein kleines Detachement unter dem Oberst v. Zettwitz sicherte bei Wartenburg den Geschütztransport nach Torgau. Zu diesem Zeitpunkt waren die Maßnahmen des Prinzen noch eng mit Daun und Lacy abgestimmt[47].

Nachdem er vom Vormarsch der beiden preußischen Korps unter Hülsen und dem Prinzen von Württemberg auf Magdeburg erfahren hatte, war er zunächst entschlossen, sich diesen entgegenzustellen, wenn sie links der Elbe seine Flanke bedrohten[48]. Dabei rechnete er allerdings mit der Unterstützung oder wenigstens der Präsenz der Truppen des Herzogs von Württemberg. Dieses Korps hatte sich an der Belagerung von Wittenberg kaum beteiligt. Vom 13. bis 17. Oktober stand es bei Gräfenhainichen, dann in der Nähe von Dessau. Anstatt aber nun in dieser Stellung dem Vormarsch seines Bruders und Hülsens entgegenzutreten, ließ sich der Herzog durch unrichtige Meldungen über die Annäherung starker preußischer Kräfte dazu verleiten, seinen Posten aufzuge-

---

[46] Vgl. Großer Generalstab, Der Siebenjährige Krieg XIII, S. 298 f.

[47] Vgl. KA Wien, AFA 1760, Hauptarmee, 10, 146; 152; 156; 161; 163, Korrespondenz zwischen Daun, Lacy und dem Prinzen von Zweibrücken vom 15. bis 17. Okt. 1760.

[48] Vgl. Großer Generalstab, Der Siebenjährige Krieg XIII, S. 302.

ben. Ohne sich mit dem Prinzen von Zweibrücken abzustimmen, zog er sich am 20. bis nach Radegast und am 21. bis nach Halle zurück[49].

Unvermittelt stand die Reichsarmee nun isoliert zwischen der von Osten heranrückenden Avantgarde der Hauptarmee des Königs und den beiden preußischen Korps, die sich über Magdeburg näherten. Der verlassene Posten in Dessau wurde durch ein zur Beobachtung entsandtes Kavalleriekommando notdürftig wieder besetzt, während sich der Prinz von Zweibrücken bei Daun heftig über das Verhalten des Herzogs von Württemberg beklagte[50]. Unter diesen Umständen kam auch für die Reichsarmee ein Standhalten nicht mehr in Frage. Bis zum Eintreffen der preußischen Hauptarmee wollte der Prinz noch bei Pratau und Kemberg stehenbleiben, dann aber unverzüglich nach Düben zurückgehen. Am 21. Oktober zog er die letzten 5 Bataillone, die in Wittenberg an der Zerstörung der Befestigungswerke gearbeitet hatten, vom rechten Elbufer zu sich heran, so daß jetzt nur noch 2 Bataillone als Besatzung der Stadt jenseits des Flusses standen. Da der Prinz vermutete, daß der König bei Elster über die Elbe gehen wollte, detachierte er am 22. den Generalmajor v. Seckendorff mit 4 Bataillonen, 1 Kavallerieregiment und einigen schweren Geschützen zur Beobachtung dorthin. Vor den heranmarschierenden preußischen Truppen zog Seckendorff sich aber bereits am folgenden Tag nach Wartenburg zurück. Am selben Tag verließ auch die Besatzung von Wittenberg die Stadt und verbrannte hinter sich die Schiffbrücke[51].

Der Prinz von Zweibrücken stand jetzt vor einer schwierigen Situation. Jenseits der Elbe stand die preußische Hauptarmee unter dem König, und hinter der Mulde gingen zwei weitere preußische Korps vor, die nach dem Abzug des Herzogs von Württemberg die linke Flanke der Reichsarmee massiv bedrohten. Unter diesen Umständen konnte der Prinz einen Elbübergang des Königs nur noch dann aufhalten, wenn er rechtzeitig und ausreichend durch die Österreicher unterstützt wurde. Geschah das nicht, war eine Entscheidung links der Elbe nahezu unausweichlich.

c) Die russische Armee bis zum Eintreffen
des Königs in Sachsen

Im russischen Hauptquartier in Frankfurt war man seit den ersten Meldungen vom Abmarsch des Königs aus Schlesien äußerst besorgt. Ssaltykow, der am

---

[49] Vgl. ebd. S. 300 sowie HStA Stuttgart, G 230, Nr. 53, Journal des herzoglichen Korps' vom 20. und 21. Okt. 1760. Das eifrige Bemühen im Journal, die Vorteile dieser neuen Stellung hervorzuheben, kann nicht darüber hinwegtäuschen, daß es sich um eine deutliche Absetzbewegung handelt.

[50] Vgl. KA Wien, AFA 1760, Reichsarmee, 13, 1, Bl. 84r/v, Journal der Reichsarmee vom 20. Okt. 1760, sowie AFA 1760, Hauptarmee, 10, 229, Der Prinz von Zweibrücken an Daun am 23. Okt. 1760.

[51] Vgl. Großer Generalstab, Der Siebenjährige Krieg XIII, S. 303 f.

9. Oktober wieder das Kommando übernommen hatte, fürchtete von diesem angegriffen zu werden, bevor die nach Berlin gesandten Kräfte sich wieder mit der Hauptarmee vereinigt hatten[52].

Am 10. und 11. befahl er Panin und Tschernyschew dringend, von Berlin nach Frankfurt zurückzukehren. Das zur Verstärkung des Belagerungskorps' vor Kolberg abgesandte Detachement unter dem Generalleutnant v. Oliz, das nach dem Abbruch der Belagerung bei Posen stehengeblieben war, sollte unverzüglich nach Landsberg an der Warthe marschieren. Ssaltykow selbst ging am 13. Oktober mit dem Gros der Armee auf das rechte Oderufer zurück. Tschernyschew und Panin folgten ihm bereits am nächsten Tag, während Totleben, der am 15. bei Frankfurt eintraf, zunächst noch auf dem Westufer des Flusses stehenblieb. Noch am 14. führte Ssaltykow die vereinigten Truppen weiter bis nach Drossen zurück. Auch diese Position erschien dem russischen Oberbefehlshaber noch nicht sicher genug, und mit der 2. und 3. Division setzte er am 17. Oktober den Rückzug bis nach Zielenzig fort. In Drossen blieb nur die 1. Division unter Fermor stehen, der Totleben an sich zog[53].

Inzwischen zeigte sich, daß mit einem Angriff des Königs, der sich zu diesem Zeitpunkt bereits in Lübben befand, nicht mehr gerechnet werden mußte. Der Zustand der russischen Armee war jedoch nicht zuletzt nach den übereilten Bewegungen der letzten Tage so schlecht, daß sie dringend einer Ruhepause in bequemen Quartieren bedurfte. Besonders die Bespannungen hatten stark gelitten, so daß Ssaltykow sich genötigt sah, den Pontonpark mit allem Zubehör verbrennen zu lassen, um die freigewordenen Pferde an die Artillerie zu verteilen[54]. Am 18. Oktober wurde der Rückzug fortgesetzt. Fermor stieß am 19. mit der 1. Division bei Arensdorf wieder zur Hauptarmee, während Totleben zunächst nach Zielenzig marschierte.

Am folgenden Tag begannen die Divisionen über Königswalde in die Kantonierungsquartiere nördlich der Warthe abzurücken. Das Generalstabswerk gibt einen knappen Überblick über diese vorläufige Winterstellung: „Nachdem Ende Oktober alle Truppenteile ihre Quartiere erreicht hatten, stand die russische Armee mit den drei Divisionen und der Kavallerie nunmehr in dem Raume Landsberg — Berlinchen — Arnswalde — Woldenberg — Driesen. Die Dragoner hatten den Raum zwischen Reetz und Kallies belegt und deckten den Rücken der Armee gegen Stettin. Das Korps Tschernyschew stand zwischen Lippehne und Soldin, südlich des Abschnittes des Madü- und Plöne-Sees, und sicherte die Armee in der rechten Flanke. Gegen die Oder und besonders gegen Cüstrin beobachtete das Korps Totleben, das sich in weitem Bogen durch Husaren- und Kasakenabteilungen von Königsberg i.N. über Zehden — Fürstenfelde — Quartschen — Blumberg bis Vietz deckte. Im Süden endlich

---

[52] Vgl. Masslowski S. 263.
[53] Vgl. Großer Generalstab, Der Siebenjährige Krieg XIII, S. 277-280.
[54] Vgl. Masslowski S. 266.

wurde die Armee durch den starken Abschnitt der Warthe geschützt, doch sicherten auch südlich dieses Flusses Beobachtungsabteilungen bei Hammer und Königswalde gegen Frankfurt und Crossen."[55]

Nach einem ebenso ereignis- wie ergebnislosen Feldzug, dessen einzige Höhepunkte, die Unternehmungen auf Berlin und Kolberg, der eigenen Armee mehr Abbruch taten als dem Gegner, hatten sich die Russen jetzt nahezu vollständig vom Kriegsgeschehen zurückgezogen[56]. Immer wieder von der inaktiven Kriegführung der Österreicher enttäuscht, sahen sie jetzt keine Veranlassung, tatkräftig in die Entscheidung einzugreifen, die sich in Sachsen anbahnte. In einem Brief vom 26. Oktober an den Vizekommandanten von Berlin, Kapitän v. Zegelin, rechnete der König nicht mehr mit ernsthaften Aktionen der Russen. Er war überzeugt, daß auch der Feldzug gegen diesen Gegner in Sachsen entschieden würde: „Habt nur Geduld, bis Ich erst sehe, was Ich hier vor Success haben werde, alsdann sich alles andere geben wird."[57]

3. Die letzten Tage vor der Entscheidungsschlacht

a) Der Elbübergang des Königs bei Roßlau und Apollensdorf

Nach dem Abzug der letzten Reichstruppen aus Wittenberg hatte der König rechts der Elbe keinen Gegner mehr vor sich und konnte nun seinen Übergang über den Fluß vorbereiten. Am 24. Oktober marschierte das Regiment Syburg mit dem Pontontrain und einer Batterie von 10 schweren Kanonen nach Roßlau, wo die Brücke geschlagen werden sollte. Um für den Vorstoß auf das jenseitige Ufer die besten Truppen zur Verfügung zu haben, zog der König die 10 Grenadierbataillone der Avantgarde vom Korps Zieten zu sich heran. Die vor Wittenberg lagernden restlichen 8 Bataillone der Brigaden Zeuner und Saldern wurden durch die inzwischen von Jessen herangekommenen Brigaden Grumbkow und Tettenborn abgelöst[58].

Während die übrigen Truppen zunächst in ihren Kantonierungsquartieren stehenblieben, vereinigte der König am 25. die 10 Grenadierbataillone der Avantgarde und die Brigaden Zeuner und Saldern sowie die Kavallerie vom rechten Flügel des ersten Treffens, zu der noch die Dingelstedt- und Werner-Husaren stießen[59], und marschierte mit diesem 18 Bataillone und 36 Eskadrons starken Korps in zwei Kolonnen nach Coswig. Völlig ungestört gelang am

---

[55] Großer Generalstab, Der Siebenjährige Krieg XIII, S. 280f.

[56] Lediglich in Hinterpommern wurde der Kleine Krieg intensiv fortgeführt. Vgl. Kap. III, 9 dieser Arbeit.

[57] PC XX, Nr. 12445, S. 32.

[58] Vgl. Süßenbach, HS 3167 I, Nr. I, Journal 1760, Bl. 77v/78r sowie Anm. 38 zu diesem Kapitel.

[59] KürRgt Garde du Corps (3 Esk), Gensdarmes, Karabiniers, Prinz Heinrich und Seydlitz (je 5 Esk), HusRgt Dingelstedt (10 Esk) und Werner (3 Esk).

folgenden Tag der Elbübergang bei Roßlau. Jenseits des Flusses stieß das Regiment Syburg wieder zum Korps, das seinen Marsch noch bis Jonitz (heute Dessau-Waldersee) fortsetzte und dort in der näheren Umgebung Kantonierungsquartiere bezog[60]. Zieten stand unterdessen noch immer mit dem größeren Teil der Armee auf dem rechten Elbufer zwischen Jessen und Wittenberg. Dadurch wurde nicht nur der Elbübergang des Königs erfolgreich verschleiert, sondern auch die Gesamtlage für den Gegner so undurchsichtig gehalten, daß die folgende Vereinigung der preußischen Streitkräfte gänzlich ungestört vonstatten gehen konnte[61].

Die Korps des Prinzen von Württemberg und Hülsens hatten am 24. Oktober bei Calbe die Saale erreicht. Zur Aufklärung und Sicherung schickten sie zunächst ein starkes Detachement von 3 Bataillonen, 26 Eskadrons und den Reitern des Majors v. Zedmar unter dem Oberst v. Kleist über den Fluß vor[62]. Gleichzeitig wurde der vom König angeforderte Mehltransport von Magdeburg aus in Marsch gesetzt. Unter der Bedeckung von 1000 Infanteristen der Landmiliz, die der Major Keller kommandierte, wurde ein Teil des Mehls auf Schiffen elbaufwärts transportiert, während der andere auf 400 Wagen über Zerbst zur Hauptarmee rollte.

Am 25. setzten beide Korps ihren Vormarsch über die Saale fort. Hülsen erreichte noch am Abend Dessau, während der Prinz in Aken Halt machte. Kleist überfiel an diesem Tag mit dem Freibataillon Salenmon, seinen leichten Dragonern und seinen Husaren, den Schorlemer-Dragonern und den Reitern des Majors v. Zedmar eine etwa 1000 Mann starke Abteilung des Herzogs von Württemberg, die bei Köthen fouragierte, und nahm dessen gesamtes Jägerkorps gefangen[63].

Der Vormarsch der beiden preußischen Korps und das Gefecht bei Köthen hatten weitreichende Folgen. Der Prinz von Zweibrücken hatte sich durch die Manöver und Scheinstellungen des Königs täuschen lassen und rechnete fest mit einem Elbübergang der preußischen Armee bei Elster. Aus diesem Grunde

---

[60] Vgl. Süßenbach HS 3167 I, Nr. I, Journal 1760, Bl. 78r.

[61] Aus diesem Grunde greift es zu kurz, von *dem* Elbübergang des Königs bei Roßlau zu sprechen, wie das die Literatur ohne wesentliche Ausnahmen tut. (Winter fällt in seiner Zieten-Biographie ins andere Extrem und schreibt nur über den Elbübergang seines Helden.) Selbst Kessel hat in seinen „Quellen und Untersuchungen...", S. 19f., das großartige Täuschungsmanöver des Königs nicht deutlich genug herausgearbeitet, obwohl hier einer der Grundsteine des späteren Erfolges bei Torgau zu suchen ist. Zu bemerken ist außerdem, daß Zieten offensichtlich in hohem Maße das Vertrauen des Königs besaß, der ihm hier wieder einmal ein sehr selbständiges Kommando über einen Großteil der Armee anvertraute.

[62] GrenBtl Heilsberg und Lubath, FreiBtl Salenmon, DragRgt Schorlemer und HusRgt Kleist (je 10 Esk), 4 Esk leichte Kleist-Dragoner, 2 Esk Freihusaren, 950 Genesene aus Berlin unter Major v. Zedmar.

[63] 8 Offiziere und 285 Mann wurden gefangen, 2 Kanonen erbeutet. Vgl. Gaudi 1760 II, S. 650-652 und Großer Generalstab, Der Siebenjährige Krieg XIII, S. 301.

verstärkte er am 23. und 24. Oktober die bei Wartenburg stehenden Truppen noch um 2 Bataillone und 1 Kürassierregiment sowie 4 schwere Geschütze und unterstellte das gesamte Korps dem Feldmarschalleutnant v. Bretlach. Zur Deckung seiner gefährlich entblößten linken Flanke sandte der Prinz den Generalmajor v. Weczay mit seinen 2 Husarenregimentern und 1 Kavallerieregiment nach Dessau. Ein weiteres Detachement von 1 Kroatenbataillon, 1 Kavallerie- und 1 Husarenregiment unter dem Generalmajor v. Kleefeld beobachtete nördlich und nordwestlich davon an Saale und Elbe. Da traf am 25. im Hauptquartier der Reichsarmee in Kemberg die Meldung ein, daß starke preußische Kräfte bei Dessau über die Mulde gingen. Aufgrund dieser Flankenbedrohung wurde die Position des Prinzen unhaltbar, und noch in der Nacht auf den 26. führte er die Reichsarmee unter Einschluß des Korps' Bretlach nach Düben zurück[64].

Das Korps des Herzogs von Württemberg stand seit dem 21. Oktober bei Halle. Dort trafen nach dem Gefecht bei Köthen stark übertriebene Nachrichten von einem preußischen Vorstoß gegen diese Stadt ein. Während Herzog Karl Eugen selbst zu einer Lagebesprechung bei Daun in Torgau weilte, hielt der kommandierende General v. Wolff die Lage für so gefährlich, daß er die Truppen noch am 25. nach Merseburg zurückgehen ließ. Diese übertrieben vorsichtige Maßnahme war offensichtlich ganz im Sinne des Herzogs, denn nach dessen Rückkehr wurde der Rückzug unverzüglich bis nach Leipzig fortgesetzt, wo das Korps am 26. eintraf[65]. Nur durch geschicktes Manövrieren und entschiedenes Auftreten hatte der König somit seine beiden zunächst stehenden Gegner vertrieben und sich den Weg über die Elbe geöffnet.

Daun war am 24. Oktober dem Korps Löwenstein mit der Hauptarmee bei Torgau über die Elbe gefolgt. Löwenstein rückte mit 10 Bataillonen und 16 Eskadrons nach Dommitzsch, Ried mit 5 Bataillonen, 2 Grenadierkompanien und 10 Eskadrons nach Pretzsch, und Daun besetzte mit dem Gros der Armee die Höhen nördlich von Großwig und Süptitz, das spätere Schlachtfeld. Lacy blieb auf dem rechten Elbufer zurück und sollte das bei Jessen stehende Korps Zieten beobachten. Ursprünglich war geplant, die Reichsarmee bei der Behauptung der Elbelinie zu unterstützen, wobei namentlich die Korps Löwenstein und Ried im Bedarfsfalle eingreifen sollten. Da diese Truppen jedoch erst am 26. den Befehl zum weiteren Vormarsch auf Kemberg erhielten, nachdem die Reichsarmee den Elbübergang des Königs gemeldet hatte, überholten die Ereignisse einmal mehr die Planung, und die wichtige Position ging verloren. Daun wollte nun zunächst die weitere Entwicklung abwarten und schickte nur das kleine Korps Ried zur Aufklärung gegen Gräfenhainichen vor, während er selbst bei Süptitz stehenblieb und Löwenstein bei Pretzsch Posten beziehen ließ[66].

---

[64] Vgl. Großer Generalstab, Der Siebenjährige Krieg XIII, S. 304.

[65] Vgl. ebd. S. 301 f. sowie HStA Stuttgart, G 230, Nr. 53, Journal des herzoglichen Korps' vom 25. und 26. Okt. 1760.

Der König hatte sich unterdessen am 26. Oktober bei Jonitz mit dem Prinzen von Württemberg und Hülsen vereinigt und war am 27. in zwei Kolonnen nach Kemberg marschiert. Auf diesem Marsch kam es bei Radis zu einem Gefecht zwischen der preußischen Avantgarde unter dem Oberst v. Kleist und österreichischer Kavallerie vom Korps Ried, wobei die letztere unter empfindlichen Verlusten bis nach Düben zurückgetrieben wurde[67].

Zieten hatte bis zum 26. in der Gegend von Jessen gestanden. Am 27. rückte er nach Wittenberg ab, wo die vom König zurückgelassenen Truppen zu ihm stießen[68]. Am selben Tag wurde die Pontonbrücke von Roßlau abtransportiert und flußaufwärts bei Apollensdorf erneut geschlagen. Auf ihr überquerten in der Nacht auf den 28. sämtliche preußischen Truppen, die noch rechts der Elbe gestanden hatten, den Fluß. Lediglich das Freibataillon Chaumontet blieb in Wittenberg als Besatzung zurück. Die Bäckerei, die zuvor unter der Bedeckung des Regiments Jung-Sydow von Jüterbog nach Wittenberg gebracht worden war, wurde ebenso wie die Bagage der Armee über die Brücke nach Gräfenhainichen weitergefahren[69]. Zieten marschierte nach dem Uferwechsel ohne Verzögerung weiter und vereinigte sich noch am 28. mit dem König bei Kemberg, der nunmehr über eine Streitmacht von etwa 56000 Mann in 77 Bataillonen und 140 Eskadrons sowie über 320 Geschütze verfügte[70]. Noch am selben Tag wurde eine neue Ordre de Bataille für die Armee erteilt. Der König rechnete damit, daß Daun und er sich binnen vier oder fünf Tagen „...ohngefähr zwischen Leipzig, Düben oder Eilenburg, wenn er (Daun, d. Verf.) sonsten halten will, bei die Ohren kriegen werden, welche Bataille denn alles decidiren muss."[71]

b) Die Vereinigung der gegnerischen Streitkräfte gelingt nicht

Weniger erfolgreich verliefen die Manöver der gegnerischen Streitkräfte in den letzten Oktobertagen. Ihre Operationen waren in hohem Maße durch die Mängel einer schlecht abgestimmten Koalitionskriegführung gekennzeichnet. Schon die rasche Aufgabe des linken Elbufers durch die Reichsarmee war im

---

[66] Vgl. KA Wien, AFA 1760, Hauptarmee, 13, 1, Journal der Hauptarmee unter Daun vom 24.-26. Okt. 1760, Jihn S. 100f. sowie Großer Generalstab, Der Siebenjährige Krieg XIII, S. 299f.

[67] Vgl. Süßenbach HS 3167 I, Nr. I, Journal 1760, Bl. 78r-79r sowie Gaudi 1760 II, S. 654f. — Das Husarenregiment Czeczeni und 4 Esk Stabsdragoner verloren nach Süßenbach 120 Mann an Toten und Verwundeten sowie 5 Offiziere und 160 Mann an Gefangenen. Die bei Tempelhoff IV, S. 285 genannten Zahlen sind übertrieben.

[68] Vgl. Winter I, S. 350.

[69] Vgl. Gaudi 1760 II, S. 655f. — Nach der Vereinigung der preußischen Truppen verstärkten die InfRgt Grant und Salmuth, das Btl Hauß und das FreiBtl Quintus die Bedeckung der Bäckerei und der Bagage.

[70] Vgl. Waldersee S. 9f.

[71] PC XX, Nr. 12452, S. 38, Der König an einen unbekannten Adressaten am 28. Okt. 1760.

Grunde unnötig und nicht zum geringsten Teil auf die mangelhafte Kommunikation zwischen ihr und der österreichischen Hauptarmee zurückzuführen, von wo nicht schnell genug Verstärkungen abgingen. Auch in den folgenden Tagen kann von einer Zusammenarbeit keine Rede sein.

Daun hatte am 27. Oktober ein Kabinettschreiben der Kaiserin erhalten[72], in dem ihm die Behauptung Sachsens mit dem größten Nachdruck befohlen wurde. Für Maria Theresia hing vom günstigen Abschluß des diesjährigen Feldzuges nicht weniger als der Ausgang des ganzen Krieges und damit das weitere Schicksal des Hauses Österreich ab. Ausdrücklich hieß es in ihrem Schreiben, „daß die sächsische Lande so viel und so weit als immer möglich zu vertheidigen, wenigstens aber mit Einbegriff der Stadt Torgau, Eulenburg, Leipzig und sodann weiter den Winter hindurch ohnfehlbar zu behaupten seyen, wenn auch zu diesem Ende eine zweifelhafte Schlacht geliefert, oder auf andere Art etwas Decisives gewaget werden müßte."[73] Gleichzeitig wurde der Feldmarschall aufgefordert, mit der Reichsarmee und dem Korps des Herzogs von Württemberg zusammenzuwirken, diese Kontingente jedoch nur für Unterstützungsaufgaben einzusetzen, während der eigentliche Kampfeinsatz den österreichischen Truppen vorbehalten bleiben sollte[74].

Doch nicht einmal dazu sollte Daun noch Gelegenheit haben. Er marschierte zwar noch am 27. von Torgau nach Eilenburg, um sowohl zur Deckung Leipzigs als auch zur Unterstützung oder auch zur Vereinigung mit der Reichsarmee bereitzustehen, aber diese hatte sich bereits in der Nacht von Düben nach Leipzig zurückgezogen, wo sie sich zu verschanzen begann[75]. Bei Düben stand nur noch das Korps Ried, das sich nach dem Gefecht bei Radis dorthin zurückgezogen hatte. Lacy war nach Dauns Abmarsch ebenfalls auf das linke Elbufer gewechselt und erwartete in einem Lager auf den Süptitzer Höhen bei Torgau das Eintreffen des Korps' Beck, das den Befehl erhalten hatte, wieder zur Hauptarmee zu stoßen[76]. Daun blieb zum Schutz der Reichsarmee zunächst bei Eilenburg stehen, bewegte ihn doch die Sorge, daß sich die Preußen zuerst auf diesen schwachen Gegner werfen würden.

Im preußischen Hauptquartier war man über den Marsch der österreichischen Hauptarmee nach Eilenburg unterrichtet. Hier fürchtete wiederum der König, daß diese Bewegung nur der erste Schritt zu einer Vereinigung Dauns mit

---

[72] Vgl. KA Wien, AFA 1760, Hauptarmee, 10, 256 und 258 1/2, Daun an Lacy und an Maria Theresia am 27. Okt. 1760, sowie Jihn S. 102.

[73] KA Wien, AFA 1760, CA, 10, 5, Maria Theresia an Daun am 23. Okt. 1760.

[74] Vgl. Anm. III, 73.

[75] Vgl. KA Wien, AFA 1760, Hauptarmee, 13, 1, Journal der Hauptarmee unter Daun vom 26.-27. Okt. 1760, sowie AFA 1760, Reichsarmee, 13, 1, Bl. 90v/91r, Journal der Reichsarmee vom 27.-28. Okt. 1760.

[76] Vgl. KA Wien, AFA 1760, Hauptarmee, 13, 1, Journal der Hauptarmee unter Daun vom 28. Okt. 1760, sowie AFA 1760, Hauptarmee, 10, 247, Daun an Beck am 26. Okt. 1760.

der Reichsarmee sein konnte. Um dem zuvorzukommen, brach er mit der Armee am 29. von Kemberg aus auf und marschierte in vier Kolonnen nach Düben. Wenn Daun seine Stellung beibehielt, wollte der König ihn so bald als möglich zur Schlacht stellen[77]. Der einzige Gegner jedoch, der noch zwischen Düben und Eilenburg stand, waren etwa 200 Kroaten und Reguläre vom Korps des Oberst v. Zettwitz und einige Husaren vom Korps Ried, die von den Zieten-, Möhring- und Kleist-Husaren mit Erfolg angegriffen wurden[78]. Daun selbst hatte sich am 29. auf die Meldung vom Anmarsch des Königs hin wieder in seine vorherige Stellung zwischen Süptitz und Zinna zurückgezogen. Lacy war an seiner Stelle noch für einige Zeit nach Eilenburg vorgegangen, hatte dort aber nur das zurückflutende Korps Ried aufgenommen und dann ebenfalls noch am 29. eine Stellung bei Mockrehna bezogen[79].

Der österreichische Oberbefehlshaber hatte damit eine klare Entscheidung ganz in seinem Stil getroffen. Den zweifelhaften Gewinn einer Vereinigung mit der Reichsarmee schlug er aus, da er nur um den Preis einer Entscheidungsschlacht zwischen Düben und Leipzig, weitab von der unverzichtbaren Nachschublinie der Elbe zu haben gewesen wäre. Statt dessen zog er sich in die ungemein starke Stellung bei Torgau zurück und zwang somit den König, ihn unter äußerst ungünstigen Bedingungen angreifen zu müssen, wenn dieser ihn aus Sachsen vertreiben wollte. Stellt man dazu das bisherige Verhalten der Reichsarmee und Dauns große Erfahrung und Erfolge in der Manöverkriegführung in Rechnung, dann muß dieser Rückzug in eine starke Defensive gutgeheißen werden. Er brachte unter den gegebenen Umständen die größten Aussichten, dem Befehl der Kaiserin, Sachsen zu halten, nachkommen zu können.

c) Die Operationen der preußischen Armee
bis zum Abend des 2. Novembers

Die preußische Armee lagerte am 29. Oktober bei Düben. Das Reservekorps unter Hülsen sowie die Zieten- und Möhring-Husaren waren zur Aufklärung über die Mulde geschickt worden[80]. Ihnen gelang es jedoch ebensowenig wie dem König selbst, den genauen Standort des Gegners auszumachen. Es stand nur fest, daß Daun Eilenburg am 29. wieder verlassen hatte. Wohin er sich gewandt hatte, war unklar. Nach dem Zeugnis von Eichel, Friedrichs Kabinetts-

---

[77] Vgl. Kessel, Quellen und Untersuchungen S. 20. — Jihns Ansicht, daß der König angenommen habe, bei Düben bereits auf die vereinigten Armeen Dauns und des Prinzen von Zweibrücken zu stoßen und „zur Schlacht vollständig formirt" (Jihn S. 103) gegen den Ort vorgerückt sei, ist unhaltbar. In den Quellen finden sich für diese Behauptung keine Belege, und die im HStA Stuttgart , G 236, Nr. 21a, St. 13, überlieferte Marsch-Route vom 29. Okt. 1760 spricht eindeutig von einem Marsch „gegen Düben ins Lager".

[78] Vgl. Gaudi 1760 II, S. 659-661 sowie Tempelhoff IV, S. 288.

[79] Vgl. KA Wien, AFA 1760, Hauptarmee, 13, 1, Journal der Hauptarmee unter Daun vom 29. Okt. 1760, sowie Jihn S. 103.

[80] Vgl. Gaudi 1760 II, S. 660f.

sekretär, wußte am 29. im Lager „jedermann" von einem Marsch Dauns gegen Leipzig. Am frühen Morgen des 30. hatte man dagegen ebenso sichere Nachrichten, daß sich der Feldmarschall nach Torgau gewandt hätte[81]. Eine Fortsetzung des Marsches nach Eilenburg war unter diesen Umständen die beste Lösung. Sie täuschte den Gegner über die eigene Unsicherheit und hielt dem König gleichzeitig alle Möglichkeiten offen, „sei es, daß Daun auf Leipzig zur Reichsarmee, oder daß er auf Torgau oder daß er schließlich gar nicht abmarschiert war", wie Kessel es griffig formuliert hat[82].

Am 30. brach die Armee also von Düben aus auf und marschierte nach Eilenburg. Das Gros unter dem König rückte in drei Kolonnen auf dem rechten Muldeufer vor, während Hülsen mit der Reserve links des Flusses geblieben war und sich gegen Taucha wandte. Um die Verbindung zwischen den beiden Armeeteilen jederzeit herstellen zu können, befand sich der Pontontrain bei der rechten Flügel-Kolonne des Königs, die in der Nähe der Mulde marschierte[83]. Auf den Gegner stieß man jedoch weder auf dem Marsch noch in Eilenburg selbst. Lediglich zwei österreichische Husarenregimenter, die die Bewegungen der preußischen Armee beobachten sollten, zeigten sich bei Sprotta, zogen sich aber bald wieder zurück. Am Abend bezog die Armee ein Lager bei Eilenburg. Die Bäckerei erreichte an diesem Tage Düben, wo sie links der Mulde aufgefahren wurde und bis nach der Schlacht bei Torgau stehenblieb[84].

In Eilenburg erhielt der König die Meldung von einem angeblichen Rückzug der Reichsarmee von Leipzig auf das linke Pleißeufer. Um hier Klarheit über die tatsächliche Lage zu gewinnen und eventuell der abziehenden Reichsarmee noch einen kräftigen Schlag zu versetzen, detachierte er am Abend des 30. ein kleines Korps von 9 Bataillonen und 35 Eskadrons mit 10 Geschützen unter dem Generalmajor v. Linden nach Leipzig[85]. Als die preußischen Truppen am nächsten Morgen vor der Stadt eintrafen, fanden sie dort nur noch die Arrièregarde der Reichsarmee unter dem Generalmajor v. Kleefeld vor. Das

---

[81] Vgl. PC XX, Nr. 12455 und 12456, S. 41 f., Eichel an den Grafen Finckenstein am 29. und 30. Okt. 1760. Am 30. schrieb Eichel selbst resignierend: „Es ist nicht zu begreifen, wie Armeen so wenig Nachricht von einander haben können."

[82] Kessel, Quellen und Untersuchungen S. 22.

[83] Vgl. Süßenbach HS 3167 I, Nr. I, Journal 1760, Bl. 80v/81r sowie Waldersee S. 12. — Die Behauptung Waldersees, daß die Armee „abermals zur Schlacht formirt" marschierte, findet bei Süßenbach keinen Rückhalt. Auch Kessel, Quellen und Untersuchungen S. 21 f., lehnt eine solche eindeutige Angriffsabsicht des Königs ab. Zudem spricht schon die Detachierung Hülsens auf das andere Muldeufer gegen Waldersees Aussage.

[84] Vgl. Süßenbach, HS 3167 I, Nr. I, Journal 1760, Bl. 80v/81r.

[85] Vgl. Gaudi 1760 II, S. 664. — Das Korps Linden bestand aus dem GrenBtl Nesse, den InfRgt Bevern, Alt-Schenckendorff und Dohna (je 2 Btl), 1 Btl Hessen-Kassel, dem FreiBtl Quintus, den DragRgt Schorlemer (10 Esk) und Plettenberg (5 Esk) sowie den HusRgt Zieten und Möhring (je 10 Esk). — Die Darstellung Süßenbachs, daß Hülsen das Korps Linden detachiert habe (Bl. 81r), erscheint wenig glaubwürdig, zumal das gesamte Unternehmen bei ihm äußerst knapp geschildert wird.

Gros der Armee und das Korps des Herzogs von Württemberg, das sich vorübergehend dem Prinzen von Zweibrücken angeschlossen hatte, befanden sich bereits auf dem Rückzug nach Thüringen, zu dem sie sich durch den Vormarsch des Königs genötigt gesehen hatten[86]. Während es zu Verhandlungen über die Bedingungen einer Übergabe kam, nutzte Kleefeld die Zeit, um sich mit der gesamten Besatzung aus der Stadt zu entfernen, was ihm wegen des an diesem Tage herrschenden dichten Nebels auch unbemerkt gelang. General v. Linden konnte Leipzig kampflos in Besitz nehmen. Dem Freibataillon Quintus und den Husaren, die er Kleefeld hinterherschickte, gelang es, dessen Nachhut noch zu stellen und etwa 400 Kroaten gefangenzunehmen.

Am 1. November kehrte das Korps wieder zur Hauptarmee nach Eilenburg zurück. Das Bataillon Hessen-Kassel und das Freibataillon Quintus hatte Linden als Besatzung in Leipzig zurückgelassen[87]. Der Vorstoß dieses kleinen Korps' hatte genügt, um die Reichstruppen endgültig vom sächsischen Kriegsschauplatz zu vertreiben. Die Armee des Prinzen von Zweibrücken zog sich bis nach Chemnitz zurück, wo sie in Kantonierungsquartiere rückte, und das Korps des Herzogs von Württemberg marschierte über Weimar und Erfurt in seine Heimatgebiete ab.

Der König hatte jetzt den Rücken frei und konnte sich mit seiner gesamten Macht gegen den Hauptgegner Daun wenden. Ihn galt es jetzt in dem Gebiet zwischen Eilenburg und Torgau aufzuspüren und zur Entscheidungsschlacht zu stellen. Die preußische Armee war am 31. Oktober ruhig im Lager stehengeblieben. Am 1. November fand eine größere Umgruppierung der Truppen statt. Das Korps Hülsen wurde vom linken Muldeufer abgezogen und die ganze Armee in drei Treffen zwischen Thallwitz und Eilenburg aufgestellt, wo auch das Korps Linden wieder zu ihr stieß[88].

Über Dauns genaue Stellung herrschte noch immer völlige Unklarheit, wovon Gaudi in seinem Journal anschaulich berichtet: „Die Patrouillen konnten wegen der vielen allhier befindlichen Wälder, die alle mit Croaten besetzt waren, nicht durchkommen, und Kundschafter, auf deren Rapport man sich hätte verlassen können, mangelten uns jetzo so wie allezeit; wir glaubten von denen Bauern zu erfahren, wo der Feldmarschall Daun campirte, und diese wiedersprachen sich so, daß man nicht wußte was man glauben sollte; man irrte also wie im Finsteren herum, formirte Muthmaßungen, hielt diese in der Folge für Wahrheiten, und machte in Absicht derselben Vorkehrungen, die eine jede verflogene wiedersprechende Nachricht wieder über den Hauffen stieß."[89]

---

[86] Vgl. KA Wien, AFA 1760, Reichsarmee, 13, 1, Bl. 91v-92v, Journal der Reichsarmee vom 30. Okt. 1760, sowie HStA Stuttgart, G 230, Nr. 53, Journal des herzoglichen Korps' vom 26. Okt.-1. Nov. 1760.

[87] Die Vorgänge werden bei Tempelhoff IV, S. 289f. anschaulich geschildert. Die Angabe, daß Linden erst am 2. Nov. wieder zur Armee stieß, ist allerdings falsch. Alle anderen Quellen geben übereinstimmend den 1. Nov. an.

[88] Vgl. Gaudi 1760 II, S. 665f.

So lagen dem König auch am 1. November mindestens drei einander zum Teil widersprechende Meldungen von sonst zuverlässigen Offizieren vor: Hülsen hatte gemeldet, daß Daun bei Torgau stand, Oberst v. Möhring wußte ihn auf den Höhen bei Schildau, und Oberst v. Kleist nahm die österreichische Stellung wiederum bei Torgau an, war aber wegen des „trüben Wetters" auch nicht vollkommen sicher[90]. Der König war gezwungen, sich schnell zu entscheiden, denn jeder neue Tag konnte die Lage wieder zugunsten der Gegner verändern. Er vermutete, daß Daun den Auftrag habe, sich in Sachsen um jeden Preis zu halten, und wußte zudem von den russischen Plänen, die Winterquartiere im Falle eines österreichischen Erfolges bis in die Mark Brandenburg vorzuverlegen[91]. Zudem stand die preußische Armee gefährlich weit von ihrem Hauptmagazin Magdeburg entfernt, und eine Unternehmung der Österreicher gegen die Verbindungen dorthin oder gegen das kleine Magazin in Düben hätte sehr rasch zu ernsten Versorgungsproblemen geführt.

Der König entschied sich in dieser Lage, der Meldung des Obersten v. Möhring Glauben zu schenken, wofür nicht zuletzt auch die Tatsache maßgeblich war, daß sich bei Schildau eine der von Daun bevorzugten Höhenstellungen anbot[92]. Doch selbst wenn sich das österreichische Lager nicht bei Schildau befand, war eine Marschbewegung dorthin nicht völlig sinnlos. Zum einen täuschte sie wiederum, ähnlich wie bei dem Marsch nach Eilenburg, den Gegner über die eigene Unsicherheit. Zum anderen aber mußte ein Vorstoß auf die Elbe, der den hervorragenden österreichischen Aufklärungstruppen sicher nicht entging, Daun um seine Verbindung mit Dresden besorgt machen und würde ihn so vielleicht aus seiner festen Stellung, wo immer sie sich nun befand, herauslocken[93].

Der König rechnete jedoch ziemlich fest damit, den Gegner am folgenden Tag bei Schildau anzutreffen und gab in seiner Marschdisposition klare Anweisun-

---

[89] Ebd. S. 665.

[90] Die Meldung Hülsens im GStA Merseburg, Rep. 96, Geheimes Zivilkabinett, Nr. 87, F 3, Bl. 88r; die Meldung Kleists ebd. Nr. 87, S 1, Bl. 81r/v (abgedruckt bei Kessel, Quellen und Untersuchungen S. 58); die Meldung Möhrings wird erwähnt bei Gaudi 1760 II, S. 665f.

[91] Vgl. Friedrich der Große, Geschichte des Siebenjährigen Krieges, Werke IV, S. 67-69.

[92] Gaudis Ansicht, daß der König vor allem deshalb der Meldung Kleists nicht glaubte, weil dieser bei ihm in Ungnade stand, hat Kessel, Quellen und Untersuchungen S. 24-27, überzeugend widerlegt.

[93] Ausschließlich diese Motive für den Marsch geben der König in der „Geschichte des Siebenjährigen Krieges", Werke IV, S. 68f. und Tempelhoff IV, S. 294f. an. Das ist in dieser Form zurückzuweisen, denn in beiden Werken wird damit ein detailliert geplanter Angriffsmarsch ins Leere zu einem bloßen Manöverschachzug beschönigt. Eine solche Motivierung des Marsches jedoch völlig auszuschließen, wie es etwa Kessel, Quellen und Untersuchungen S. 27f. tut, halte ich für nicht gerechtfertigt, denn daß die Möglichkeit bestand, daß Daun sich tatsächlich ausmanövrieren ließ, ist ja nicht von der Hand zu weisen.

gen für einen Angriff[94]. Am Abend des 1. Novembers wurden alle Vorbereitungen getroffen, und am 2. rückte die Armee in vier Kolonnen, vollständig zur Schlacht formiert, aus dem Lager bei Eilenburg ab. Die Kriegskasse und die schwere Bagage der Armee blieben mit einer Bedeckung von 4 Bataillonen, 5 Eskadrons und der reitenden Batterie unter dem Oberst v. Röbel in diesem Ort stehen[95]. Schon nach kurzer Zeit zeigte es sich, daß der Stoß ins Leere gegangen war. Die Höhen von Schildau waren unbesetzt und von Dauns Lager keine Spur zu entdecken.

Die Avantgarde unter dem Oberst v. Kleist stieß jedoch hinter Schöna auf ein etwa 2000 Mann starkes gegnerisches Kavalleriekorps unter dem Generalfeldwachtmeister v. Brentano, das dort zur Beobachtung und zur Deckung der österreichischen Verbindungslinien mit Dresden postiert war. Nach einer kurzen Verfolgung entspann sich bei Staupitz ein hitziges Reitergefecht, wobei es den Preußen gelang, Brentano über 300 Mann an Toten und Gefangenen abzunehmen und die übrigen bis über Dahme zurückzutreiben. Von den Gefangenen erfuhr man nun endlich, wo sich die österreichische Armee tatsächlich befand: Daun stand noch immer auf den Höhen von Großwig, Süptitz und Zinna, und Lacy hatte sich bei Mockrehna aufgestellt[96].

Damit befand sich die preußische Armee im Rücken der österreichischen Stellung, so daß Daun nur noch über die Elbe zurückweichen konnte, wenn er eine Schlacht vermeiden wollte. Da die Zeit bereits zu weit fortgeschritten war, um noch am selben Tage anzugreifen, ließ der König die Armee haltmachen und bei Langenreichenbach ein Lager beziehen. Die detaillierte Torgau-Studie des Grafen Waldersee, der durch das Fehlen anderer Zeugnisse selbst Quellenwert zukommt, gibt davon eine genaue Beschreibung: „Der rechte Flügel kam auf einer Anhöhe bei Schilda zu stehen, so daß der Ort noch einige hundert Schritte vor der Front blieb. Die Linie lief gegen Wildschütz herab, wo sich der linke Flügel anlehnte. Die Kavallerie lagerte flügelweise hinter dem zweiten Treffen. Vor der Front des Lagers lief der alte oder Feldbach, der die Mühle von Langenreichenbach treibt. Vorwärts dieses Ortes kampirten die 10 Grenadier-Bataillone der Avantgarde und das Regiment Zieten-Husaren. Das Frei-Bataillon Salemnon besetzte Blankenau, neben diesem Orte kampirten die Husaren des Obersten v. Kleist, welche den Dienst der Vorposten versahen. In der Pfarrwohnung von Langenreichenbach schlug der König sein Hauptquartier auf."[97]

---

[94] Die Disposition im HStA Stuttgart, G 236, Nr. 21a, St. 11 (leicht veränderte Fassung abgedruckt bei Kessel, Quellen und Untersuchungen S. 60f.). Dort heißt es: „Wofern der Feind noch in seinem Posten stehet, soll er morgen sobald die Regimenter zusammen, angegriffen werden."

[95] Vgl. Gaudi 1760 II, S. 666f. sowie Tempelhoff IV, S. 295f. — Die Bedeckung bestand aus den InfRgt Lehwald (2 Btl), Grabow (1 Btl) und 1 Btl Kanitz, dem DragRgt Plettenberg (5 Esk) und der aus 10 Geschützen bestehenden reitenden Batterie.

[96] Vgl. Gaudi 1760 II, S. 667f. sowie Süßenbach, HS 3167 I, Nr. I, Journal 1760, Bl. 81v/82r.

Auf die Meldungen von dem preußischen Vormarsch auf Schildau hin hatte auch Daun seine Aufstellung verändert. Lacy marschierte mit seinem Korps von Mockrehna nach Loßwig zurück und sicherte die österreichische Rückzugslinie, Ried übernahm mit seinen leichten Truppen den Vorpostendienst zwischen Mockrehna und Weidenhain, und Daun selbst wandte die Front seines Lagers zwischen Süptitz und Zinna, die bisher nach Norden gerichtet gewesen war, nun in die entgegengesetzte Richtung[98]. Der endlose Manöverkrieg hatte damit seinen Abschluß gefunden. Der Tag der Entscheidung war gekommen.

4. Die Schlacht bei Torgau am 3. November 1760 — Aufmarsch

a) Dauns Stellung auf den Süptitzer Höhen

Süptitzer Höhen ist die geläufige Bezeichnung für ein langgestrecktes Plateau, das von den nördlich des gleichnamigen Dorfes gelegenen Süptitzer Weinbergen bis zum Torgauer Ratsweinberg reicht. Die Süptitzer Weinberge sind die höchste Erhebung. Von dort fällt das Gelände gegen Zinna hin leicht ab, um dann wieder ebenso leicht zum Torgauer Ratsweinberg anzusteigen. Nach Norden neigen sich die Süptitzer Höhen in mehreren sanften Absätzen gegen Neiden zu. Nach Südwesten und Süden fallen sie dagegen steil ab. Erst zwischen Süptitz und Zinna wird auch nach dieser Seite das Gefälle sanfter. Zur Elbe hin fällt das Gelände vom Torgauer Ratsweinberg steil ab. Die Südhänge waren zur Zeit der Schlacht noch mit Wein bebaut.

Nordwestlich der Süptitzer Höhen liegt die Dommitzscher Heide, ein ausgedehntes Waldgebiet. Im Norden der Süptitzer Weinberge schiebt sich der Waldrand etwa bis auf die Linie Elsnig — Süptitz nach Osten vor. Die Dommitzscher Heide wird von einer großen Zahl von schmalen Waldwegen nach allen Richtungen hin durchzogen, die zum Teil recht phantastische Bezeichnungen wie „Dudelsackweg" oder „Das doppelte T" haben.

Das gesamte Gebiet wird von zahlreichen Wasserläufen durchschnitten. An der Südwestspitze der Süptitzer Weinberge liegen die Schafteiche, die aus mehreren kleinen Quellen in der Dommitzscher Heide ihr Wasser erhalten. Der Abfluß dieser Teiche ist der Röhrgraben, der am Fuß der Höhen entlang durch Süptitz nach Südosten in den Großen Teich bei Torgau fließt. Der Graben war zur Zeit der Schlacht ein ernstzunehmendes Hindernis für größere Truppenverbände, so daß die Süptitzer Höhen von Süden und Südwesten aus nur über schmale Dämme zwischen den Schafteichen und durch das Dorf Süptitz zugänglich waren.

---

[97] Waldersee S. 15.

[98] Vgl. KA Wien, AFA 1760, Hauptarmee, 13, 1, Journal der Hauptarmee unter Daun vom 2. Nov. 1760, sowie Jihn S. 104 f.

Etwa 2,5 km nördlich der Höhen liegt der Röhrteich, ein kleiner sumpfiger Tümpel. Sein Abfluß ist der Zeitschkengraben, der in vielfachen Windungen nach Zinna fließt, dann einen Bogen nach Norden macht und sich in die Weinske, einen Altarm der Elbe, ergießt. Der Graben war zur Zeit der Schlacht zwischen dem Röhrteich und Zinna für alle Waffengattungen unpassierbar. Zwischen Neiden und Elsnig wird das Gelände vom Striebach durchschnitten. Dieser Wasserlauf entspringt in der Dommitzscher Heide und fließt in west-östlicher Richtung zur Elbe hin.

Da die Süptitzer Höhen bereits 1759 vom Prinzen Heinrich und im Sommer 1760 von Hülsen als fester Lagerplatz benutzt worden waren, befanden sich zahlreiche ausgebaute Schanzen auf ihnen, so etwa oberhalb der Dämme zwischen den Schafteichen. Zusätzlich war die gesamte Stellung im Nordwesten durch einen langen Verhau, der sich von Großwig bis an den Röhrteich zog, gesichert. Waldersee beurteilte das Gelände für die Österreicher außerordentlich günstig: „Betrachtet man die Konfiguration des Terrains hier genauer, so findet man, daß die sich bastionsartig erhebenden Höhen sich der linearen Taktik im hohen Maße anpassen und bei geschickter Benutzung eine ungemein starke Stellung abgeben mußten. Man begreift, daß dieser Umstand den Feldmarschall Daun wohl einladen konnte, die Höhen zum Aufstellungspunkt für sein Heer zu wählen."[99]

Am 29. Oktober hatte die österreichische Hauptarmee ein Lager auf den Süptitzer Höhen bezogen, zunächst mit der Front nach Norden, dann, seit dem 2. November, mit der Front nach Süden. Die Gesamtstärke der Truppen, die Daun am Schlachttag zur Verfügung hatte, belief sich auf 38 549 Mann Infanterie und 16 715 Mann Kavallerie, zusammen 55 264 Mann in 76 Bataillonen und 122 Eskadrons. Davon entfielen 23 546 Mann Infanterie und etwa 10 000 Mann Kavallerie auf die Hauptarmee und das Reservekorps, 11 541 Mann Infanterie und 6 908 Mann Kavallerie auf das Korps Lacy und 2 401 Mann leichte Infanterie und 1 285 Mann leichte Kavallerie auf das Korps Ried. Das etwa 6 000 Mann starke Korps Beck war zwar von Daun dringend und wiederholt zur Hauptarmee zurückbeordert worden, doch am 2. November stand es noch bei Wildenhain (an der Röder, ostwärts von Riesa) und konnte

---

[99] Waldersee S. 17. — Die Geländebeschreibung fußt auf den entsprechenden Passagen bei Waldersee S. 15-18 und im alten Generalstabswerk IV, S. 211-213. Eine persönliche Erkundung des Geländes durch den Verfasser ergab im wesentlichen ein entsprechendes Bild. Allerdings verläuft heute längs über das Plateau die Grenze eines Truppenübungsplatzes, so daß die Nordhälfte nicht zugänglich ist. Die wichtigsten Veränderungen gegenüber 1760 sind die Nivellierung der südlichen Abhänge der Süptitzer Höhen, die in den Schlachtberichten durchweg als steil und unzugänglich beschrieben werden, und die Vergrößerung der Stadt Torgau, die sich heute bis nach Zinna erstreckt. Sehr aufschlußreich war auch die Erkundung des großen Waldgebietes der Dommitzscher Heide. Die sandigen und engen, zum Teil tief eingeschnittenen Waldwege setzen größeren militärischen Marschbewegungen auch heute noch größte Schwierigkeiten entgegen, entziehen sich jedoch auch fast vollständig einer effektiven Aufklärung.

somit nicht mehr rechtzeitig eintreffen[100]. An Artillerie hatte der österreichische Oberbefehlshaber 275 Geschütze zur Verfügung. Davon waren 167 3-Pfdr., 50 6-Pfdr., 30 12-Pfdr., 8 24-Pfdr. und 20 Haubitzen. Von diesen Geschützen hatte Ried 6 3-Pfdr., Lacy 46 3-Pfdr., 14 6-Pfdr. und 6 Haubitzen[101].

Das Zentrum der österreichischen Aufstellung befand sich auf den Süptitzer Weinbergen. Dort stand die Hauptarmee in zwei Treffen zwischen den Schafteichen und Zinna mit der Front nach Süden. Das erste Treffen bestand aus 9 Infanterieregimentern in 4 Brigaden unter den Generalfeldwachtmeistern v. Hartenegg, v. Pellegrini, v. Elmendorff und Graf Mighazzi, zusammen 10554 Mann Infanterie. Auf dem rechten Flügel dieses Treffens standen das Dragonerregiment Savoyen und die Kürassierregimenter Erzherzog Leopold und Benedikt Daun unter dem Generalfeldwachtmeister v. Boghera, auf dem linken die Kürassierregimenter Anhalt-Zerbst und Erzherzog Ferdinand sowie das Dragonerregiment Hessen-Darmstadt unter dem Generalfeldwachtmeister Fürst Lobkowitz.

Das zweite Treffen bestand aus 8 Infanterieregimentern in 2 Brigaden unter den Generalfeldwachtmeistern Graf Philipp Brown und v. Brincken, zusammen 9891 Mann Infanterie. Das Kürassierregiment Buccow unter dem Generalfeldwachtmeister v. Wiese stand auf dem rechten Flügel dieses Treffens, die Kürassierregimenter O'Donell und Portugal unter dem Generalfeldwachtmeister Graf von Zollern auf dem linken.

Waldersee benennt zusammenfassend die höheren Führer der Hauptarmee: „Bei diesen beiden Treffen befand sich eine zahlreiche höhere Generalität. Der Feldmarschall-Lieutenant v. Pellegrini befehligte die beiden Kavalleriebrigaden des linken Flügels im 1sten und 2ten Treffen, der Feldmarschall-Lieutenant v. Schultzendorff die Kavallerie des 1sten Treffens vom rechten Flügel, der Feldmarschall-Lieutenant v. Berlichingen die des 2ten Treffens auf demselben Flügel. Die Infanterie des 1sten Treffens befehligten die Feldmarschall-Lieutenants Freiherr v. Angern und v. Dombasle, die des 2ten Treffens, die Feldmarschall-Lieutenants O'Kelli und v. Herberstein. Der General der Kavallerie Graf O'Donnel kommandirte die gesamte Kavallerie des linken Flügels, der General der Kavallerie v. Buccow die des rechten. Das 1ste Treffen der Infanterie, die General-Feld-Zeugmeister Herzog v. Ahremberg und v. Sincere, die des 2ten Treffens der General-Feld-Zeugmeister Graf Wied."[102]

---

[100] Vgl. KA Wien, AFA 1760, Hauptarmee, 10, 280, Daun an Beck am 31. Okt. 1760, und AFA 1760, Hauptarmee, 11, 45, Beck an Daun am 2. Nov. 1760.

[101] Die Stärkeangaben folgen durchweg den Zahlen, die Kessel, Quellen und Untersuchungen S. 32 ermittelt hat, sowie Jihn S. 105, dessen Angaben in etwa damit übereinstimmen. Die nur bedingte Zuverlässigkeit dieser kombinierten Zahlen muß in Kauf genommen werden, da entsprechende Quellen, etwa Stärkemeldungen vom 3. Nov. 1760, nicht überliefert sind.

[102] Waldersee S. 25.

Die 6 Grenadierbataillone standen unter dem Kommando der Obersten v. Normann und v. Ferrari. Der letztere stand mit 3 Bataillonen und dem Dragonerregiment Batthyanyi bei Vogelsang zur Deckung der Defileen im Rücken der Armee, während Oberst v. Normann mit den anderen 3 Bataillonen südlich von Weidenhain Posten faßte. Auf den Höhen von Großwig stand das Reservekorps unter dem General der Kavallerie Prinz Löwenstein. Es bestand aus 4 Infanterieregimentern in 2 Brigaden unter den Generalfeldwachtmeistern v. Bibow und v. Baumbach sowie aus 2 Kürassierregimentern unter dem Generalfeldwachtmeister v. Bettoni. Beim Reservekorps befand sich außerdem der Feldmarschalleutnant Graf Stampach. Das Korps Ried, das aus 1 Bataillon leichter Infanterie, dem Husarenregiment Szecheny und einer Abteilung Jäger bestand, hatte sich bei Wildenhain in einer vorgeschobenen Stellung postiert. Ebenfalls auf Vorposten stand das Regiment St. Ignon-Cheveauxlegers, das in der Dommitzscher Heide beobachtete.

Das Korps Lacy deckte die linke Flanke der Armee und gleichzeitig deren Rückzugsweg zur Elbe. Es bestand aus 8 Infanterieregimentern in 2 Brigaden unter den Generalfeldwachtmeistern v. Ziegan und v. Pfuhl. Die Grenadiere waren in 3 Bataillonen zusammengefaßt. An Kavallerie waren das Dragonerregiment Liechtenstein und das Kürassierregiment Birkenfeld unter dem Generalfeldwachtmeister Prinz von Liechtenstein beim Korps Lacy. Dazu kam die sächsische Kavalleriedivision unter dem Generalleutnant v. Zeschwitz, die aus dem Regiment Gardekarabiniers, den Dragonerregimentern Graf Brühl, Prinz Albert und Herzog von Kurland sowie den Schiebel- und Rudnitzky-Ulanen bestand, wobei letztere jedoch am Schlachttag rechts der Elbe standen. Die leichten Truppen des Korps' Lacy standen unter dem Kommando des Generalfeldwachtmeisters v. Brentano. Sie bestanden aus 1 Warasdinerregiment, 1 Jägerkompanie, den Stabsdragonern und den Kaiser- und Esterhazy-Husaren, von denen letztere ebenfalls am 3. November rechts der Elbe standen. Mit dem Gros seiner Truppen stand Lacy am Morgen der Schlacht bei Loßwig, nur das zweite Treffen hatte zwischen Zinna und Torgau Aufstellung genommen. Das Regiment Pallavicini bildete die Besatzung der Stadt und des Schlosses in Torgau[103].

Daun nahm damit auf den Süptitzer Höhen eine ungemein starke Stellung ein, die er zudem durch ein weit ausgelegtes Netz von Vorposten gesichert hatte. Jedes Korps gab dem nächsten Flankendeckung, und die gesamte Aufstellung war den natürlichen Geländeformen ideal angepaßt. Im Besitz dieser Stellung konnte der Feldmarschall zuversichtlich sein, sich gegen jeden Angriff zu behaupten. Ob eine solche überlegte Defensive gegen die entschlossene Offensive des Königs bestehen konnte, war jetzt die entscheidende Frage.

---

[103] Die österreichische Aufstellung nach Waldersee S. 24-28. Zu den leichten Truppen rechts der Elbe vgl. Kessel, Quellen und Untersuchungen S. 32f.

b) Der preußische Schlachtplan

Von den Gefangenen des Korps' Brentano hatte der König nach langen Tagen der Ungewißheit endlich genaue Nachrichten über die österreichische Stellung bekommen. Jetzt galt es, Daun zur Schlacht zu stellen, bevor dieser sich erneut der Entscheidung entzog und sich weiterhin in Sachsen behauptete. Trotz der starken österreichischen Stellung und der Tatsache, daß die preußische Armee ziemlich ungünstig in deren Rücken stand, war der König zuversichtlich, einen Sieg zu erringen. Daun stand auf den Süptitzer Höhen zwar sicher, dafür aber auch völlig isoliert, und das Stärkeverhältnis war in kaum einer Schlacht für den König günstiger.

Die Gesamtzahl der preußischen Truppen in Sachsen betrug etwa 58 000 Mann. Davon wurden 1 Bataillon in Wittenberg und 2 Bataillone in Leipzig als Besatzung zurückgelassen, 7 Bataillone deckten in Düben die Bäckerei und 4 Bataillone, 5 Eskadrons und 10 Geschütze waren mit der Kriegskasse und dem schweren Gepäck in Eilenburg zurückgeblieben, zusammen etwa 6000 Mann. Der König konnte somit am 3. November den 55 000 Österreichern mit 52 000 preußischen Soldaten entgegentreten[104]. An Artillerie hatte er sogar eine leichte Überlegenheit. Die preußische Armee verfügte am Schlachttag über 124 3- und 6-Pfdr., 47 schwere, 70 neue oder österreichische und 16 leichte 12-Pfdr., 34 7-pfdge., 8 10-pfdge. und 6 18-pfdge. Haubitzen sowie 4 25-pfdge. Mörser, zusammen 309 Geschütze[105].

Am Abend des 2. Novembers versammelte der König die preußische Generalität in seinem Hauptquartier zur Befehlsausgabe für die bevorstehende Entscheidung. Der Schlachtplan war ausgesprochen kühn. Nach dem Vortrag einiger geländekundiger Offiziere vom Korps Hülsen hatte der König die beiden wesentlichen Nachteile von Dauns Stellung erkannt, die geringe Tiefe des Süptitzer Plateaus und die schmale und einzige Rückzugslinie über Torgau. Um nun einen möglichst vollständigen Erfolg zu erringen, beabsichtigte er, die Österreicher von zwei Seiten auf dem östlichsten Punkt ihrer Aufstellung anzugreifen und von dieser Flanke aus ihre Linien aufzurollen. Gleichzeitig wäre ihnen dann von vornherein der Rückzug über die Elbe verwehrt gewesen, da nur in Torgau Übergangsmöglichkeiten bestanden. Ein den damaligen Auffassungen von der Kriegskunst entsprechender seitlich angesetzter Flanken-angriff verbot sich von selbst, da der König annahm, daß sich der rechte Flügel des Gegners an Großwig und die Dommitzscher Heide und der linke an Torgau

---

[104] Die Zahlen nach Kessel, Quellen und Untersuchungen S. 30f., der jedoch bei seiner Berechnung die Besatzung von Wittenberg nicht mit aufführt, die ich mit etwa 300 Mann ansetze (FreiBtl Chaumontet).

[105] Vgl. Kessel, Quellen und Untersuchungen S. 31 f. sowie Jany, Preußische Armee S. 582. — Bei den übereinstimmenden Berechnungen beider wird jedoch nicht klar, ob die den verschiedenen Detachements beigegebene Artillerie noch in dieser Zahl enthalten ist, so daß die Angabe nicht als völlig sicher gelten kann.

und den Großen Teich anlehnte, sämtlich Hindernisse, die einen erfolgversprechenden Angriff unmöglich machten[106].

Um seinen Plan in die Tat umzusetzen, teilte er die Armee in zwei völlig getrennt voneinander operierende Teile[107], deren größeren er selbst führte, während er den anderen dem erfahrenen General v. Zieten anvertraute. Mit dem linken Flügel wollte der König die Süptitzer Höhen in weitem Bogen durch die Dommitzscher Heide umgehen, um dann von Norden her die österreichische Armee beim Torgauer Ratsweinberg im Rücken anzugreifen[108]. Mit dem rechten Flügel sollte Zieten sich auf der Eilenburger Straße Torgau nähern, die Rückzugslinie der Österreicher abschneiden und bei einem erfolgreichen Angriff des Königs dem dann mit verkehrter Front kämpfenden Gegner wiederum in den Rücken fallen[109]. Der Plan war genial ausgedacht und mußte im Falle seines

---

[106] Vgl. Tempelhoff IV, S. 296.

[107] Für die jedoch die hergebrachten Bezeichnungen linker und rechter Flügel beibehalten wurden.

[108] Nach der im alten Generalstabswerk IV, S. 215 abgedruckten Disposition und dem bei Gaudi 1760 II, S. 672 wiedergegebenen Schlachtplan des Königs. Darin wird eindeutig ein Angriff auf den Ratsweinberg befohlen, wo der König offensichtlich den linken Flügel der österreichischen Aufstellung vermutete. Auch in den im HStA Stuttgart, G 236, Nr. 21a, St. 15 und bei Süßenbach, HS 3167 I, Nr. III, Marschdispositionen, Bl. 191r/v überlieferten Dispositionen ist von „dem Weinberg" die Rede.
Eine andere Fassung des Angriffsbefehls findet sich im GStA Merseburg, Rep. 96, Geheimes Zivilkabinett, Nr. 87, I II, Bl. 25r-26r (mit Bleistiftnotiz: Platen), gedruckt in der PC XX, Nr. 12458, S. 44f. und in Paraphrase wiedergegeben bei Süßenbach, HS 3167 I, Nr. I, Journal 1760, Bl. 82v/83r. Dort wird jeweils von einem Herabwerfen des Gegners von „denen Weinbergen" gesprochen, womit höchstwahrscheinlich die Süptitzer Weinberge gemeint sind.
Das hieße aber nichts anderes, als daß der König, wie er es dann in seiner „Geschichte des Siebenjährigen Krieges", Werke IV, S. 72 ex post geschrieben hat, bereits in Langenreichenbach wußte, wo er am nächsten Tag seinen Angriff ansetzen würde, und daß demnach die Schlacht genau nach Plan abgelaufen wäre, außer auf Zietens Flügel. Alles spricht jedoch meines Erachtens dafür, daß die Disposition in Merseburg den Wortlaut des Angriffsbefehls nicht genau wiedergibt und daß der Version im alten Generalstabswerk der Vorzug zu geben ist. Zum ersten ist nicht einzusehen, warum die sachkundigen Verfasser dieses Werkes, das sich zudem in der Regel auf zuverlässige Quellen stützt, in einem so wesentlichen Punkt eine falsche Darstellung geben sollten. Zum zweiten hätte der König wohl niemals ohne Not einen direkten Angriff auf die Süptitzer Weinberge befohlen, denn wenn er auch nur in groben Zügen über das Gelände informiert war, wußte er, daß ein Aufmarsch vor diesen Höhen nur im Wald oder aber bereits im Wirkungsbereich der gegnerischen Artillerie vonstatten gehen konnte. Zum dritten zeigt schließlich der Verlauf der Schlacht selbst, daß ursprünglich ein Angriff auf den Torgauer Ratsweinberg geplant war, denn anders ist das verlustreiche und ziemlich konfuse Rechtsziehen der Grenadiere vor dem ersten Angriff ebensowenig erklärbar wie das gesamte Verhalten Zietens in der Schlacht.

[109] Zieten hat seine Befehle aus Gründen der Geheimhaltung mündlich unter vier Augen vom König bekommen. Alle Quellen stimmen in diesem Punkt überein, und eine schriftliche Disposition ist bis jetzt noch nicht aufgetaucht (vgl. altes Generalstabswerk IV, S. 214 und Tempelhoff IV, S. 299).
Daß diese mündliche Disposition einen Angriff Zietens auf den zwischen Zinna und Torgau vermuteten linken Flügel der Österreicher vorsah, kann keinem Zweifel unterlie-

Gelingens fast sicher zu einem vollständigen Sieg führen. Der König hoffte dabei nicht nur auf die Ausschaltung seines Hauptgegners Daun, sondern als Folge davon auch auf eine Beendigung des langjährigen Krieges, „den wohl jedermann überdrüßig wäre."[110]

Drei wesentliche Faktoren stellten jedoch das Gelingen des königlichen Planes von vornherein massiv in Frage. Zum ersten waren die Informationen der österreichischen Kriegsgefangenen offensichtlich sehr ungenau, so daß der König die gegnerische Aufstellung letztlich nur ziemlich vage kannte, wobei ihm vor allem in Bezug auf deren Ausdehnung gegen Torgau und auf die Stellung des gesamten Korps' Lacy krasse Fehleinschätzungen unterliefen. Zum zweiten ließ es sich kaum vorausplanen, inwieweit die beiden getrennten Armeeteile nach bis zu 20 km langem Anmarsch durch größtenteils schwieriges Waldgelände noch in der Lage waren, ihre Aktionen miteinander abzustimmen. Kam ein geordnetes Zusammenwirken beider Teile nicht zustande, dann war zu befürchten, daß die Verletzung der Grundregel, im Angesicht des Gegners seine Kräfte möglichst zu konzentrieren, sich an den Preußen bitter rächen würde. Zum dritten war es schließlich auch fraglich, ob Daun sich wie geplant umgehen und überraschen ließ. Entschloß sich der Feldmarschall etwa, den kleineren Teil der Armee unter Zieten selbst anzugreifen, bevor der König seinen Umgehungsmarsch beendet hatte, dann drohte den Preußen selbst ein Desaster, das dem für die Österreicher vorgesehenen nicht nachstand.

Der Schlachtplan barg also ein hohes Risiko, und eine katastrophale Niederlage war ebenso möglich wie der angestrebte völlige Sieg. Dennoch halte ich es nicht für gerechtfertigt, mit Waldersee davon zu sprechen, daß der König ein hohes „va banque" gespielt hätte[111]. Dagegen sprechen zwei Gründe, ein taktischer und ein strategischer. Zum einen war die gewagte Teilung der Armee die einzige erfolgversprechende Möglichkeit für den König, von seiner relativ ungünstigen Ausgangsposition bei Langenreichenbach aus einen Angriff gegen Dauns Höhenstellung vorzutragen. Zum anderen konnte auch kein günstigerer Zeitpunkt mehr abgewartet werden, denn anders als Daun durfte der König sich nicht auf ein bloßes Beharren verlegen, sondern er mußte den Gegner aktiv aus Sachsen vertreiben, um sich seine Ressourcen für den nächsten Feldzug

gen, wenn man voraussetzt, daß der König seinerseits den Torgauer Ratsweinberg als Angriffspunkt bestimmte (vgl. Gaudi 1760 II, S. 669 sowie Winter I, S. 354). Aus diesem Grunde ist es unverständlich, warum Waldersee S. 41 f. und Kessel, Ausgewählte Aufsätze, Die Schlacht bei Torgau S. 206, einerseits die Meinung vertreten, daß der König ursprünglich den Ratsweinberg angreifen wollte, andererseits aber glauben, daß Zieten den Auftrag gehabt habe, bei Süptitz anzugreifen. Denn das bedeutet nichts anderes, als daß der König den Gegner gleichzeitig auf beiden Flügeln hätte angreifen wollen. Ein sinnvolles Zusammenwirken der beiden preußischen Armeeteile wäre damit ausgeschlossen gewesen. Zudem hätte ein bei Süptitz engagierter Zieten dem Gegner genau jenes Schlupfloch nach Torgau geöffnet, durch das sich auch tatsächlich die Österreicher später der Vernichtung entziehen konnten.

[110] So der König nach Gaudi 1760 II, S. 670.

[111] Waldersee S. 39.

wiederzubeschaffen, falls es nach einem Sieg überhaupt noch dazu kommen würde. Der König hat diese Zwänge klar gesehen. Daß sie ihm dennoch nicht den Blick auf den außergewöhnlichen, aber eben doch möglichen Weg zum Erfolg verstellten, spricht für sein großes Feldherrntalent und ist mitnichten ein Beleg für eine zu hohe Risikobereitschaft.

c) Der Anmarsch des Königs

Am frühen Morgen des 3. Novembers gegen 6.30 Uhr brach die gesamte preußische Armee in vier Kolonnen aus dem Lager bei Langenreichenbach auf. Die für die Schlacht vorgesehenen Truppen in einer Stärke von etwa 48 800 Mann bildeten die ersten drei Kolonnen, während die vierte Kolonne aus den Bagage- und Munitionswagen unter der Bedeckung von 1 Bataillon, 25 Eskadrons und 10 leichten 12-Pfdrn. bestand[112]. Das Kommando über diese Kolonne führte der Oberst v. Möhring. Ihr Marsch ging über Röcknitz, Strelln rechts und Doberschütz links lassend, durch den Wald bei Wildenhain über Roitzsch gegen Trossin, wo die Wagen aufgefahren wurden.

Oberst v. Möhring hatte den Auftrag, seine Aufmerksamkeit auf Pretzsch zu richten, wo ein feindliches Korps vermutet wurde. Die entsprechenden Meldungen erwiesen sich jedoch in der Folge als nicht zutreffend und bezogen sich wohl auf die am Vortag nach Vogelsang detachierten österreichischen Truppen[113]. Der Troß und die Packpferde der Armee wurden unter der Bedeckung von 5 Eskadrons Dingelstedt-Husaren nach Großzschepa gesandt[114].

Die übrigen drei Kolonnen marschierten zunächst gemeinsam links ab nach Audenhain. Dort trennte Zieten sich vom König und schlug mit seinen Truppen entlang der Leipziger Straße den direkten Weg nach Torgau ein[115]. Der Heeresflügel des Königs, insgesamt 41 Bataillone und 51 Eskadrons, 24 000

---

[112] 1. Btl Kanitz, DragRgt Schorlemer (10 Esk), Möhring- (10 Esk) und Dingelstedt-Husaren (5 Esk).

[113] Vgl. Gaudi 1760 II, S. 671.

[114] Jany, Einige Bemerkungen zur Schlacht bei Torgau S. 158 f., weist nach, daß die 3 Esk Werner-Husaren nicht zur Bedeckung des Trosses eingesetzt wurden, wie es noch Kessel, Quellen und Untersuchungen S. 29, behauptet hat, sondern als Avantgarde der Kavalleriekolonne des Prinzen von Holstein. Vgl. dazu auch Kessel, Ausgewählte Aufsätze, Noch einmal die Schlacht bei Torgau S. 221.

[115] Daß Zieten zunächst mit dem König marschiert ist, hat Kessel, Quellen und Untersuchungen S. 34-36, anhand einer eindeutigen Belegstelle im Hauptjournal 1760 S. 240 überzeugend nachgewiesen. Anders jedoch als es das Hauptjournal und auch Kessel darstellen, muß die Ablösung des rechten Armeeflügels aus der Marschkolonne des Königs sorgfältig vorbereitet gewesen sein, denn sonst wäre ein so kompliziertes Manöver ohne großen Zeitverlust gar nicht führbar gewesen. Ich nehme daher an, daß Zietens Truppen von Beginn an de facto eine eigene Marschkolonne formierten, die nur zunächst gemeinsam mit den Kolonnen des Königs marschierte. So haben es auch Aster S. 4 und Gaudi 1760 II, S. 671 dargestellt.

Mann Infanterie und 6800 Mann Kavallerie, zusammen 30800 Mann[116], setzte seinen Marsch in drei Kolonnen fort.

Die erste Kolonne, die unter dem Kommando des Generals Markgrafen Karl stand, führte der König selbst. Das Regiment Zieten-Husaren bildete die Avantgarde dieser Kolonne. Hinter ihm marschierten die Grenadierbrigaden der Generalmajore v. Syburg und v. Stutterheim. An diese Eliteeinheiten schlossen sich die Brigaden der Generalmajore v. Ramin und v. Gablentz sowie des Obersten v. Butzke an, die unter dem Kommando des Generalleutnants v. Bülow standen. An Artillerie führte die erste Kolonne etwa 50 schwere Geschütze mit sich, 20 neue- und 30 schwere 12-Pfdr..

Die zweite Kolonne wurde von Generalleutnant v. Hülsen geführt. Sie bestand aus dem Regiment Bevern sowie aus der Grenadierbrigade des Generalmajors v. Braun und der Brigade des Generalmajors v. Queiß, die beide dem Generalleutnant v. Kanitz unterstanden. Die Kolonne führte etwa 44 schwere Geschütze mit sich, 36 schwere 12-Pfdr. und 8 Haubitzen.

Die dritte Kolonne wurde von Generalleutnant Prinz von Holstein-Gottorp geführt und bestand fast nur aus Kavallerie. An der Spitze der Kolonne marschierten hinter den zunächst als Avantgarde eingesetzten 3 Eskadrons Werner-Husaren die Kürassierbrigaden der Generalmajore v. Aschersleben und v. Meinecke. Ihnen folgten die Bayreuth-Dragoner unter Generalmajor v. Meyer und die Württemberg- und Jung-Platen-Dragoner unter Generalmajor v. Spaen, die unter dem Brigadekommando des Generalleutnants Grafen Finckenstein standen. Den Schluß der Kolonne bildete die Infanteriebrigade des Generalmajors v. Kleist. An Artillerie führte die Kolonne etwa 10 Geschütze mit sich, sämtlich neue 12-Pfdr.[117].

Die erste Kolonne wandte sich von Audenhain nach Mockrehna, wo ein kleiner Vorposten des Korps' Ried vertrieben wurde, und marschierte dann durch den Wald auf Weidenhain zu, wo sie zwischen 11 und 12 Uhr eintraf. Das Korps Ried zog sich vor den anmarschierenden Preußen über Weidenhain nach Großwig zurück, wobei es zu einigen kleinen Artillerieduellen kam. Die Kolonne passierte zwischen Weidenhain und dem Jägerteich und setzte auf dem Ankerweg ihren Marsch nach Elsnig fort. Die zweite Kolonne marschierte

---

[116] Nach Kessel, Quellen und Untersuchungen S. 31. Hier sind die 3 Esk Werner-Husaren bereits hinzugezählt, die jedoch nach Janys Vermutung nicht am Kampf teilgenommen haben, sondern für Sicherungsaufgaben verwendet wurden. Vgl. Anm. 114 zu diesem Kapitel.

[117] Die Kolonneneinteilung nach der beigelegten Ordre de Bataille von Freytag-Loringhoven, die sich mit den Angaben im Hauptjournal 1760 S. 235-237 deckt. Dort auch die Namen der einzelnen Regimenter und Bataillone. Nachzutragen sind die 3 Esk Werner-Husaren. Die Artillerieverteilung und -stärke kann jedoch nur annähernd bestimmt werden, da die von Freytag-Loringhoven angegebenen Zahlen nicht mit Kessels Berechnungen in den Quellen und Untersuchungen S. 31 f. übereinstimmen, der seinerseits über die genaue Verteilung der Artillerie keine Angaben macht.

weiter westlich durch Audenhain, ließ Mockrehna, Wildenhain und Weidenhain rechts liegen und schlug hinter dem letztgenannten Ort ebenfalls die Richtung nach Elsnig ein.

In dem Waldstück zwischen Weidenhain und Elsnig stand das österreichische Cheveauxlegersregiment St. Ignon auf Vorposten. Es wurde durch den preußischen Vormarsch völlig überrascht und befand sich schließlich zwischen der ersten und zweiten Kolonne. Nachdem der König durch Gefangene davon erfahren hatte, ließ er das Waldstück durch Grenadiere abriegeln und von den Zieten-Husaren durchsuchen. Diese stellten das aufmarschierte Cheveauxlegersregiment auf einer Lichtung und warfen es in einer stürmischen Attacke, wobei allerdings ihr Führer, der Major v. Zedmar, fiel. Nur wenige der gegnerischen Reiter konnten entkommen, die meisten wurden niedergehauen oder gefangengenommen.

Die dritte Kolonne nahm ihren Weg noch weiter westlich als die beiden anderen. Sie marschierte über Kobershain, Schöna und Strelln auf das Jagdhaus zu, wo sie etwa um 13 Uhr eintraf. Von dort aus schlug sie wie die anderen Kolonnen den Weg nach Elsnig ein[118].

Der weitere Vormarsch der preußischen Kolonnen ging nicht ohne einige Komplikationen vonstatten. Die Kolonne des Königs hatte hinter Weidenhain entgegen der Disposition den Ankerweg nach Elsnig eingeschlagen. Um eine zeitraubende Marschkreuzung zu vermeiden, mußte daraufhin auch Hülsen einen anderen Weg nehmen als vorgesehen war. Dieses Ausweichmanöver wurde nach Kessel so durchgeführt, „daß die Queue der Kolonne einen Seitenweg wählte, während die Spitze wartete, dann zurückmarschierte und ebenfalls diesen Weg nahm. Auf diese Weise gerieten die letzten 6 oder 7 Bataillone der Hülsenschen Kolonne an deren Spitze und später zuerst auf den Kampfplatz."[119]

Die Kavalleriekolonne des Prinzen von Holstein hatte auf den engen und sandigen Waldwegen große Probleme, ein ausreichendes Marschtempo zu halten. Schon am Morgen hatte sie in Schöna beim Passieren des Mühlbaches wertvolle Zeit verloren, und als sie gegen 13 Uhr am Jagdhaus eintraf, hatten die Grenadiere der Kolonne des Königs bereits das Schlachtfeld vor sich[120]. Solche Verzögerungen waren in der Marschdisposition nicht vorgesehen. Ohne daß dafür einzelne Schuldige benannt werden konnten, war schon zu diesem Zeitpunkt eine reibungslose Durchführung des preußischen Schlachtplanes unwahrscheinlich geworden.

---

[118] Vgl. Aster S. 5-7.
[119] Kessel, Quellen und Untersuchungen S. 38.
[120] Vgl. ebd. S. 39-41.

d) Der Anmarsch Zietens

Zieten hatte sich bei Audenhain mit seinen Truppen von den Marschkolonnen des Königs abgelöst. Er verfügte über 21 Bataillone und 54 Eskadrons, etwa 11 000 Mann Infanterie und 7 000 Mann Kavallerie, zusammen 18 000 Mann[121]. Da der General einen erheblich kürzeren Anmarschweg als der König hatte, blieb ihm genügend Zeit, seine Kolonne zunächst neu zu ordnen, bevor er rechts ab auf Torgau marschierte.

An der Spitze dieser Kolonne marschierten die Brigaden der Generalmajore v. Zeuner und v. Saldern unter dem Kommando des Generalleutnants Graf Wied. Ihnen folgten die Brigaden der Generalmajore v. Tettenborn und v. Grumbkow, die dem Generalleutnant v. Forcade unterstanden. Die zahlreiche Kavallerie marschierte am Schluß der Kolonne. Hinter der Brigade Grumbkow folgte die leichte Brigade des Obersten v. Kleist, zu der auch das Freibataillon Salenmon zählte, und die Kürassierbrigaden des Obersten v. Schwerin und des Generalmajors v. Bandemer, die dem Generalleutnant Prinz von Württemberg unterstanden. Am Ende der Kolonne marschierte die Dragonerbrigade des Generalmajors v. Krockow unter dem Kommando des Generalleutnants v. Platen. An Artillerie führte Zietens Heeresflügel 48 schwere Geschütze mit sich, 20 schwere, 10 neue und 10 leichte 12-Pfdr. sowie 8 Haubitzen[122].

Die Kolonne marschierte von Audenhain quer über die Felder auf die Eilenburg — Torgauer Straße und schlug dort die Richtung nach Torgau ein. Vor dem Eintritt in das Klitzschener Holz setzte sich der Oberst v. Kleist mit dem Freibataillon Salenmon und seinen Husaren und Dragonern als Avantgarde vor die Kolonne[123]. Bei der Brücke über die Rote Furt kam es zu einem ersten Zusammenstoß mit leichten Truppen vom Korps Lacy, die jedoch rasch vertrieben wurden[124]. Hinter der Brücke teilte Zieten seine Kolonne. Die Infanterie schlug den Reichsapfelweg ein, der etwas nördlich der Eilenburg — Torgauer Straße verläuft, auf der die Kavallerie weitermarschierte[125].

Wenig später, etwa zwischen 13 und 14 Uhr, kam es an der hohen steinernen Brücke im faulen Grunde zu einem hitzigen Gefecht mit vorgeschobenen Truppen des Korps' Lacy, 2 ungarischen Bataillonen und einigen Husareneskadrons mit 3 Kanonen. Zieten ließ den Posten mit leichten Truppen angreifen und gleichzeitig das 1. Bataillon Syburg aufmarschieren. Als dieses mit starker Artillerieunterstützung zum Angriff vorrückte und auch die gesamte Kolonne

---

[121] Vgl. Kessel, Quellen und Untersuchungen S. 31.

[122] Nach der Ordre de Bataille von Freytag-Loringhoven. Die Angaben über die Stärke der Artillerie werden hier von Kessel, Quellen und Untersuchungen S. 32, gestützt.

[123] Vgl. Aster S. 4.

[124] Kessel, Quellen und Untersuchungen S. 36 f., weist überzeugend nach, daß es an der Roten-Furt-Brücke nur zu einer kleinen Plänkelei gekommen ist, die von dem späteren Gefecht an der Hohen Brücke unterschieden werden muß.

[125] Vgl. Waldersee S. 51 und Aster S. 4.

immer näher kam, zog sich der Gegner unter Zurücklassung von 2 Kanonen auf das Korps Lacy zurück[126].

Dem Feldzeugmeister war der aussichtslose Kampf seiner Kräfte in der Sicherung nicht entgangen. Um die zurückflutenden leichten Truppen aufzunehmen und gegen die nachdrängenden Preußen zu demonstrieren, hatte er seine gesamte Kavallerie über den Röhrgraben vorgeschoben. Diese zog sich aber sofort wieder hinter den Graben zurück, als die ersten preußischen Bataillone mit ihren Batterien ihnen gegenüber aufmarschierten und sich die Kavalleriebrigaden Bandemer und Krockow in ihrer linken Flanke zeigten. Auch während des folgenden Aufmarsches der Kolonne ist es offensichtlich zu weiteren kleinen Scharmützeln mit leichten Truppen des Gegners gekommen, besonders am sogenannten Kastenholz[127].

Die heftigen Kämpfe mit den gegnerischen Vorposten und der Aufmarsch der Kavallerie vom Korps Lacy zeigten Zieten, daß zwischen Torgau und Zinna ein größerer gegnerischer Truppenverband stehen mußte. Ein weiteres planmäßiges Vorrücken gegen Zinna und den Torgauer Ratsweinberg war damit ausgeschlossen, wollte er sich nicht der großen Gefahr aussetzen, eventuell noch während des Marsches dorthin vom Gegner in der Flanke angegriffen zu werden. Noch bevor die Truppen ihren Aufmarsch beendet hatten, war damit für Zietens Armeeflügel der Schlachtplan des Königs nicht mehr durchführbar, weil dessen Lagebeurteilung nicht mit den tatsächlichen Gegebenheiten übereinstimmte. Die nächsten Stunden mußten zeigen, ob Zieten genügend Feldherrntalent besaß, seinen Kampfauftrag trotz der veränderten Lage durchzuführen.

e) Dauns Vorbereitungen für einen Zweifrontenkampf

In der Aufstellung der Österreicher wurden am Morgen des 3. Novembers noch wichtige Veränderungen vorgenommen. Daun wußte, daß der König bei Schildau stand und nahm an, von Süden angegriffen zu werden. Um seine linke Flanke und die Rückzugslinie nach Torgau zu decken, ließ er am frühen Morgen das Korps Lacy, das mit seinem Gros bei Loßwig lagerte, zwischen Zinna und Torgau Aufstellung nehmen. Der Feldzeugmeister ließ seine Truppen nach Waldersees Darstellung so aufmarschieren, „daß die Grenadiere den rechten Flügel erhielten, der gegen Zinna hin reichte, dann folgten die Infanterie-Regimenter Heinrich Daun, Ligne, Lascy, Alt-Colloredo und Wolffenbüttel in einem Treffen, das sich bis an die einfache Vorstadt von Torgau ausdehnte. Hinter der Mitte dieses Treffens stellte er das Regiment Thürheim auf. Die Kavallerie vor der Infanterie in zwei Treffen, die beiden schweren österreichischen Regimenter im ersten, die sächsische Kavallerie im zweiten. Der Röhrgraben und der Große Teich blieben vor der Front dieser Truppen."[128]

---

[126] Zum Verlauf des Gefechts vgl. Tempelhoff IV, S. 302 sowie Waldersee S. 50. Zum Ort des Gefechts vgl. Kessel, Quellen und Untersuchungen S. 36f.

[127] Vgl. Hauptjournal 1760 S. 241, Waldersee S. 51 und Aster S. 5.

Die Stege und Brücken über die zahlreichen kleinen Wasserläufe wurden von leichten Truppen bewacht, die Eilenburg — Torgauer Straße von dem ungarischen Regiment Bethlen, mit dem Zieten auf seinem Vormarsch ins Gefecht kam. Der zwischen den Torgauer Teichen hindurchführende Damm wurde durch eine Batterie von 4 Geschützen gedeckt, die auf einem abgetragenen Gebäude am Ufer des Großen Teiches errichtet worden war. Das gesamte Waldgebiet zwischen Klitzschen, Staupitz und dem Großen Teich war zudem mit Kroatenposten besetzt[129].

Da der Stellungswechsel und der erneute Aufmarsch des Korps' Lacy erst stattfanden, als die Kolonnen des Königs bereits von Langenreichenbach aufgebrochen waren, konnten weder dieser noch Zieten etwas davon wissen. Daun war dagegen wesentlich besser über die Bewegungen seines Gegners informiert. Die Meldungen seiner zahlreichen Vorposten und die Aussagen der entkommenen St. Ignon Cheveauxlegers ließen ihn bald die Absicht des Königs erkennen, ihn im Norden zu umgehen. Der Feldmarschall ließ daher die beiden Infanterietreffen rechts abmarschieren und sich wieder wie am 1. November mit der Front nach Norden aufstellen, „ein Manöver, das bei der großen Nähe des Feindes nicht ohne Schwierigkeiten und Gefahr durchzuführen war," wie es Jihn zutreffend beurteilt[130].

Die 3 Regimenter vom linken Flügel des ersten Treffens machten Front nach Westen und bildeten so eine Flanke. Um den dadurch schwächer gewordenen Stellungsbereich wieder zu verstärken, wurden die 3 Grenadierbataillone unter Oberst v. Normann und die 10 Karabinierkompanien unter dem General d'Ayasasas von den Großwiger Höhen herangezogen und vor diesem Abschnitt aufgestellt, während die Riedschen leichten Truppen dort im Wald Stellungen bezogen. Fast die gesamte Kavallerie stand jetzt auf dem rechten Flügel der Armee. Der von General v. Buccow kommandierte rechte Kavallerieflügel, der zwischen Zinna und dem rechten Infanterieflügel stand, hatte auf der Stelle seine Front nach Norden verändert, während der linke Kavallerieflügel unter dem General Graf O'Donell südostwärts von Zinna stehenblieb, um auch für den Feldzeugmeister Graf Lacy disponibel zu sein[131].

Der bisher bei Neiden aufgefahrene Artilleriepark befand sich jetzt ungeschützt vor der österreichischen Front. Da es für einen Transport der gesamten Reserveartillerie über die Elbe zum Korps Beck zu spät war, wurden die meisten Geschütze auf die Höhen gefahren und dort in Stellung gebracht. Danach waren etwa 100 Geschütze im ersten Treffen zur Verwendung bereit[132]. Die Bagage der

---

[128] Waldersee S. 45.

[129] Vgl. ebd.

[130] Jihn S. 111.

[131] Vgl. ebd., Aster S. 7f. sowie Waldersee S. 48f.

[132] Vgl. Jihn S. 111 und Aster S. 9. — Ob ein Teil der Reserveartillerie über die Elbe gebracht wurde, ist unsicher und wird von Jihn energisch bestritten, der sich auf

Armee konnte dagegen noch rechtzeitig auf das andere Ufer transportiert werden. Die Sicherung der Stadt Torgau wurde ebenfalls verstärkt, wie Waldersee es schildert: „Die Besatzung von Torgau, die wie erwähnt aus dem Regiment Pallavicini bestand, welches man vorzugsweise zur Bewachung der Brücken verwandt hatte, wurde am 3. November noch durch das Infanterie-Regiment Giulay vom Reserve-Korps verstärkt. Es erhielt seine Aufstellung südlich der Stadt, unfern der Brücken. Das Kommando in der Stadt Torgau war dem Obersten Sorimann übertragen worden und hatte man ihm, wohl zur Aufrechterhaltung der Ordnung, Detaschements von allen Regimentern der Armee zugetheilt.“[133]

Als Daun um die Mittagszeit Meldung vom Aufmarsch Zietens gegenüber dem Korps Lacy erhielt, befahl er dem zweiten Treffen der Hauptarmee Front nach Süden zu machen. Das Dorf Süptitz wurde durch das Regiment Arenberg besetzt, und die Artillerie des zweiten Treffens wurde in zwei Batterien bei Süptitz und Zinna zusammengefaßt[134]. Die Aufstellung der österreichischen Hauptarmee bildete also nun ein langgestrecktes Karree, wobei die gegen Torgau gewandte Seite offen blieb. Das Korps Lacy änderte seine Aufstellung nur insoweit, daß es sich insgesamt etwas näher an die Hauptarmee heranschob, die Kavallerie vor die Infanterie postierte und das detachierte Dragonerregiment Herzog Kurland wieder in der Linie Aufstellung nehmen ließ[135].

Die Österreicher waren damit auf den bevorstehenden Zweifrontenkampf bestens vorbereitet. Noch weniger als zuvor entsprach die österreichische Aufstellung jetzt den Vorstellungen, die der König von ihr hatte. Daun hatte sein möglichstes getan, um den preußischen Schlachtplan undurchführbar zu machen.

5. Die Schlacht bei Torgau — Der Kampf am Nachmittag

a) Das Eintreffen des Königs bei Neiden

Etwa um 12 Uhr erreichte die Avantgarde der ersten Kolonne den Waldrand gegenüber von Elsnig, und eine Stunde später trafen die ersten Bataillone der Brigade Syburg dort ein. Einige österreichische Grenadiere des Obersten Ferrari, die zum Wasserholen ausgeschickt worden waren, konnten von den Zieten-Husaren überrascht und gefangengenommen werden. Mit einem derartig weiten Ausholen der Preußen zum Angriff war auf österreichischer Seite nicht gerechnet worden. Am Waldrand ließ der König die Kolonne zunächst

---

Cogniazzo S. 280 stützen kann. Tempelhoff IV, S. 300 und Aster S. 9 sprechen nur von „in Sicherheit bringen“, womit auch der Transport der Geschütze hinter die eigenen Linien gemeint sein kann.

[133] Waldersee S. 45 f.

[134] Vgl. Jihn S. 112.

[135] Vgl. Aster S. 8.

haltmachen, damit die Brigaden wieder aufschließen konnten. Von Hülsens Kolonne war noch nichts zu sehen, und die Kavallerie unter dem Prinzen von Holstein hatte um diese Zeit erst das Jagdhaus erreicht. Der König ließ sich inzwischen durch ortskundige Leute über die Geländeverhältnisse jenseits des Striebaches und über die genaue Position des Gegners informieren[136].

Zu dieser Zeit war auf Zietens Armeeflügel das Gefecht an der Hohen Brücke in vollem Gange, und der heftige Südwind trug den Schall der Kanonade und selbst des Gewehrfeuers bis nach Elsnig, so daß man dort annehmen mußte, daß Zieten bereits mit der österreichischen Hauptarmee im Kampf stand[137]. Immer mehr geriet der König jetzt unter Zeitdruck. Noch auf dem Marsch hatten ihn Meldungen erreicht, daß Daun bereits Bagage und Artillerie über die Elbe abfahren ließ und im Begriffe wäre, seine Stellung zu räumen[138].

Wenn Zieten jetzt mit den abrückenden Österreichern im Kampf stand und der König diesem nicht rechtzeitig zu Hilfe kommen konnte, dann drohte ihm der Verlust eines beträchtlichen Teiles seiner Armee ohne jeden Gegengewinn. Aber selbst wenn sich diese Befürchtungen als unbegründet herausstellen sollten, so war der Tag doch schon so weit fortgeschritten, daß nur noch wenige Stunden Tageslicht blieben, um einen Angriff gegen die österreichische Stellung vorzutragen. In dieser Situation entschloß sich der König, zunächst nur mit der ersten Kolonne den Striebach zu überschreiten und diese Truppen aufmarschieren zu lassen, während er an die anderen Kolonnen dringende Befehle sandte, das Marschtempo auf das möglichste zu beschleunigen[139].

Die erste Kolonne überschritt den Striebach auf mehreren Stegen, die teils von den Österreichern, teils von ihr selbst errichtet worden waren, und begann in der Ebene, nach links aufzumarschieren. Die Artillerie der Kolonne mußte einen Umweg über die Brücke der Torgau — Wittenberger Straße machen. Der König war währenddessen unter der Bedeckung der Husaren in das Neidensche Höschen vorgeritten, um sich selbst ein Bild der Lage zu verschaffen[140]. Die Grenadiere Ferraris und das Dragonerregiment Batthyanyi hatten zuvor ihre Vorpostenstellung dort fluchtartig verlassen und sich auf die Hauptarmee nach Zinna zurückgezogen, wo sie zur Deckung der rechten Flanke des ersten österreichischen Treffens eingesetzt wurden[141].

Bei seinem Aufklärungsritt erkannte der König, wie sehr die in seiner Disposition vorausgesetzte Feindlage von den tatsächlichen Gegebenheiten abwich. Statt bis auf den Torgauer Ratsweinberg dehnte sich die österreichische Aufstellung nur bis Zinna aus, und von einer Überraschung des Gegners im

---

[136] Vgl. Tempelhoff IV, S. 301 f.

[137] Vgl. Friedrich der Große, Geschichte des Siebenjährigen Krieges, Werke IV, S. 70.

[138] Vgl. Kessel, Quellen und Untersuchungen S. 42 sowie Waldersee S. 53.

[139] Vgl. Tempelhoff IV, S. 303.

[140] Vgl. Friedrich der Große, Geschichte des Siebenjährigen Krieges, Werke IV, S. 70 f.

[141] Vgl. Cogniazzo S. 278 f.

Rücken konnte nicht mehr die Rede sein. Der König mußte nun einen anderen Angriffspunkt suchen. Der rechte österreichische Flügel bei Zinna schied dabei aus zwei Gründen aus. Zum einen stand dort fast die gesamte gegnerische Kavallerie, der die Preußen vorerst nur die Zieten-Husaren entgegensetzen konnten. Zum zweiten war dieser Flügel durch den Zeitschkengraben hervorragend gedeckt, so daß dort nur eine schmale Angriffsfront blieb. Unter diesen Umständen entschloß sich der König, den linken österreichischen Flügel auf den Süptitzer Weinbergen anzugreifen. Die fortgeschrittene Tageszeit und der anhaltende Kanonendonner im Süden drängten ihn, keine Zeit mehr zu verlieren[142].

b) Der Angriff der Grenadiere

Als der König wieder zurückkehrte, war ein Teil seiner Kolonne bereits nach links aufmarschiert. Er ließ diese Bewegung sofort abbrechen und gab nun die neue Disposition für den Angriff. Von da an mußte sich die Kolonne nach rechts entwickeln, während die bereits aufmarschierten Teile im Reihenmarsch nach rechts gezogen wurden[143]. Diese Bewegungen waren schon an sich nicht unkompliziert. Jetzt aber mußten sie vor den Augen des Gegners, kaum 700 Meter vor seiner Front und damit im Wirkungsbereich seiner Artillerie durchgeführt werden, und so kam es zu einiger Unordnung. Der Aufmarsch fand zwar zum Teil in dem Ausläufer der Dommitzscher Heide statt, der die Süptitzer Weinberge im Nordwesten umschließt, doch war diese Deckung ein äußerst zweifelhafter Vorteil. Zum einen behinderte der Wald die Soldaten bei der Entwicklung einer geschlossenen Linie, und zum anderen zeigte die gegnerische Artillerie gerade hier eine besonders starke Wirkung, da sie den Preußen sowohl durch direkte Treffer als auch durch herabgeschossene Bäume empfindliche Verluste beibrachte[144].

Diese Situation wird den König letztlich dazu gebracht haben, die beiden Grenadierbrigaden angreifen zu lassen, obwohl weder die Artillerie der Kolonne bereits zur Stelle, noch die Kavallerie inzwischen eingetroffen waren. Die Brigade von Stutterheim war noch nicht einmal völlig in Linie aufmarschiert und hing deshalb etwas zurück, als der Angriff der Grenadiere begann. Etwa um 14 Uhr setzten sich diese Elitetruppen gegen die österreichischen Linien in Marsch, nur gesichert durch die Zieten-Husaren, die sich am Röhrteich aufgestellt hatten, um die linke Flanke zu decken[145].

Der Angriff endete mit einem Massaker an den preußischen Grenadieren. Archenholtz, der selbst an der Schlacht teilgenommen hat, liefert davon eine wohl im großen und ganzen zutreffende, lebhafte Schilderung: „Daun empfing

---

[142] Vgl. Kessel, Quellen und Untersuchungen S. 42.

[143] Vgl. ebd. S. 42 f.

[144] Der König spricht selbst von 800 Toten schon während dieses Aufmarsches. Vgl. seine Geschichte des Siebenjährigen Krieges, Werke IV, S. 71.

[145] Vgl. Tempelhoff IV, S. 303 f. sowie Waldersee S. 55-57.

die Preußen mit einem Kartätschenfeuer, das noch nie seit Erfindung des Pulvers‚ erlebt worden war. Mehr als hundert zu Batterien vereinigte Kanonen standen hier auf einen Punkt gerichtet, und ihre Feuerschlünde sprühten unaufhörlich Tod und Verderben. Es war ein Bild der Hölle, die sich zu öffnen schien, ihren Raub zu empfangen. Selbst der König brach wiederholt gegen seine Flügeladjutanten in die Worte aus: ‚Welche schreckliche Kanonade! Haben Sie je eine ähnliche gehört?‘ Das ansteigende Gelände vermehrte noch die Schwierigkeit des Angriffes. Auch war die Wirkung des Artilleriefeuers über alle Vorstellung furchtbar. In einer halben Stunde lagen von den 4000 preußischen Grenadieren, die den Verhau überstiegen und mit einem erstaunlichen Mut den Angriff gemacht hatten, etwa zwei Drittel tot oder verwundet auf der Walstatt."[146]

Zahlreiche Offiziere, darunter der dem König nahestehende Oberstleutnant Graf Anhalt, waren gefallen, beide Brigadekommandeure verwundet. Während des Angriffes gelang es endlich, wenigstens einige preußische Geschütze in Stellung zu bringen, doch die Artilleristen teilten größtenteils das Schicksal der Grenadiere, wie Tempelhoff, der ebenfalls Augenzeuge war, anschaulich berichtet: „Die Batterien, welche die Artillerie in der Ebene linker Hand des Waldes auffuhr, wurden in einem Augenblick vernichtet. Sie konnten nicht zum Laden kommen, weil Officiere, Kanoniere, Knechte und Pferde durch das feindliche Kartätschenfeuer in einem Augenblick erschossen und verwundet wurden."[147]

Die völlig aufgelösten Bataillone mußten den Vormarsch bald aufgeben und sich wieder hinter die eigenen Linien zurückziehen, verfolgt von den österreichischen Regimentern Durlach, Wied und Puebla[148]. Der erste preußische Angriff war damit vollständig gescheitert, ohne daß die österreichischen Linien auch nur im geringsten erschüttert worden wären.

c) Der zweite Angriff der Preußen

Dauns Position war jetzt noch stärker geworden. Kurz vor dem Angriff der Grenadiere war das Reservekorps unter dem General Fürst Löwenstein von Großwig aus ebenfalls auf die Süptitzer Höhen gerückt. Seine Infanterie ließ der General hinter dem linken Flügel des ersten Treffens Stellung beziehen, während er selbst mit seiner Kavallerie auf den rechten weitermarschierte[149]. Nachdem sich die eigene Aufstellung soeben hervorragend bewährt hatte, sahen die Österreicher weiteren preußischen Angriffen zuversichtlich entgegen.

Während die Grenadiere vorgerückt waren, hatten sich die Brigaden Ramin und Gablentz ohne größere Schwierigkeiten zum Angriff formieren können. Die

---

[146] Archenholtz S. 377 f.

[147] Tempelhoff IV, S. 304.

[148] Vgl. Jihn S. 120.

[149] Vgl. KA Wien, AFA 1760, Hauptarmee, 11, 57h, Bericht Löwenstein, Bl. 31r/v, abgedruckt bei Kessel, Quellen und Untersuchungen S. 68 f., sowie Jihn S. 113.

Brigade Butzke hatte ihren Aufmarsch noch nicht beendet. Inzwischen war auch die Spitze von Hülsens Kolonne auf dem Schlachtfeld eingetroffen und begann sich zu formieren[150]. Als die Grenadiere zurückkamen, waren das Regiment Ramin und das Grenadierbataillon Lubath bereits aufmarschiert und erhielten den Befehl, in die Linie der Brigade Ramin einzurücken. Die verfolgenden Österreicher wurden somit von 13 Bataillonen empfangen, die auch sogleich gegen sie vorrückten.

Dieser zweite Angriff, der etwa um 15 Uhr begann, wurde äußerst energisch vorgetragen und hatte beträchtlichen Erfolg. Die Kavallerie war zwar noch immer nicht eingetroffen, aber immerhin hatte die Artillerie während des Angriffs der Grenadiere die Zeit genutzt, um aus den Geschützen der Brigaden Gablentz und Butzke links des Waldes eine Batterie zu errichten, die durch ihr Feuer dem linken preußischen Flügel Halt gab[151]. Als die 13 Bataillone vorrückten, waren die österreichischen Truppen, die die Grenadiere verfolgt hatten, noch nicht wieder in ihre eigene Linie eingerückt. Dem ersten Treffen der Österreicher fehlte daher die nötige Stabilität, und als die Preußen rachebegierig über „…eine Walstatt voller Toter und scheußlich verstümmelter Körper, die sich keuchend in ihrem Blute wälzten…"[152] entschlossen vorrückten, mußte es bald weichen. Für einige Zeit konnten sich die preußischen Truppen, die noch durch das 2. Bataillon Markgraf Karl und das Regiment Prinz Heinrich verstärkt wurden, auf den Süptitzer Weinbergen halten. Die Österreicher waren in dieser Phase auf das höchste gefährdet. „Wären bey dieser Unternehmung die feindlichen Treffen bereits hinter dem Gehölze formirt, und ihre Reuterey zur Hand gewesen, so würde die Niederlage der Daunschen Armee um so wahrscheinlicher erfolgt seyn, weil man ihnen kein zweites Treffen, als welches rückwärts gegen das Ziethensche Corps Front machte, entgegen setzen konnte", charakterisierte Cogniazzo die Situation[153].

In dieser kritischen Lage griff der Feldmarschall persönlich ein. Er setzte sich an die Spitze der Regimenter Tillier und Bayreuth, denen sich noch einige Bataillone der linken Flanke anschlossen, und drängte mit diesen frischen Truppen die Preußen wieder von den Höhen herunter. Bei dieser Gelegenheit wurde er selbst durch eine Musketenkugel am Fuß verwundet, führte aber das Kommando weiter. Neben den frischen Infanteriebataillonen setzte Daun auch seine zahlreiche Kavallerie ein. Die Kürassierregimenter Benedikt Daun und Buccow griffen die Regimenter Goltz, Manteuffel, Jung-Stutterheim und Queiß frontal an, während die Regimenter Savoyen-Dragoner und Erzherzog Leopold-Kürassiere gegen den linken Flügel dieser Infanterie vorgingen[154].

---

[150] Nach Gaudis Bericht an den Prinzen Heinrich, abgedruckt bei Koser, Zur Geschichte der Schlacht bei Torgau S. 281, nur eine halbe Stunde nach der ersten Kolonne.

[151] Vgl. Waldersee S. 58 f.

[152] Archenholtz S. 379.

[153] Cogniazzo S. 287 f.

[154] Vgl. ebd. S. 288 sowie Aster S. 12 f.

Diesem Anprall waren die preußischen Bataillone nicht gewachsen. Da sie selbst keinerlei Kavallerieunterstützung hatten, waren sie den gegnerischen Reitern fast schutzlos ausgeliefert, die von allen Seiten auf sie eindrangen. Unter hohen Verlusten zogen sich die Preußen schließlich in den Wald zurück, wo sie vor der nachdrängenden Kavallerie sicher waren. Der linke Flügel der österreichischen Infanterie war bei diesem Angriff so in Unordnung geraten, daß er an der Verfolgung nicht teilnehmen konnte. Einige Bataillone des rechten Flügels stürmten jedoch den Preußen in aufgelöster Ordnung hinterher.

In der preußischen Ausgangsstellung waren inzwischen die Brigaden Butzke und Braun (ohne das Grenadierbataillon Lubath) sowie das Regiment Bevern aufmarschiert[155]. Diese 11 Bataillone empfingen die gegnerische Kavallerie mit einem lebhaften Feuer und brachten deren Attacke zum Stehen. Dennoch schien nach diesem zweiten mißglückten Angriff die Schlacht entschieden zu sein. 26 Bataillone der Preußen waren zerschlagen worden, ihre Artillerie hatte sich als hoffnungslos unterlegen erwiesen, und von ihrer Kavallerie war außer den Zieten-Husaren noch keine Eskadron auf dem Schlachtfeld erschienen. „Zu dieser Zeit fertigte der Feldmarschall Graf Daun seinen General-Adjutanten, den Major v. Rothschütz mit der Siegesnachricht an seine Kaiserin nach Wien ab. In Torgau ward am Nachmittage der Sieg der Österreicher auf den Plätzen und Straßen unter Trompetenschall verkündet."[156]

d) Der Kavalleriekampf

Als die 10 Grenadierbataillone bei Elsnig aufmarschierten, befand sich die Kavalleriekolonne noch mitten in der Dommitzscher Heide. Sie kam auf den engen, sandigen Waldwegen nur sehr langsam voran und hatte sich zudem sehr in die Länge gezogen. Unterwegs trafen immer dringendere Befehle des Königs ein, die zur Eile mahnten. Obwohl der Prinz von Holstein auf dem letzten Abschnitt des Marsches versuchte, die verlorene Zeit durch eine beschleunigte Gangart wieder aufzuholen[157], dauerte es bis gegen 15.30 Uhr, bis die ersten preußischen Kavallerieregimenter auf dem Schlachtfeld erschienen[158].

Der König hatte während des zweiten Angriffs seinen Generaladjutanten v. Krusemarck zur dritten Kolonne abgeschickt, vermutlich mit dem Auftrag, auf irgendeine Weise so schnell wie möglich Kavallerie herbeizuschaffen. Der Generalmajor traf in Höhe des Kürassierregiments Spaen auf die Kolonne und befahl dessen Kommandeur, dem Oberst v. Dalwig, ihm zu folgen. Die Kürassierregimenter Spaen und Markgraf Friedrich sowie die Dragonerregi-

---

[155] Vgl. Jany, Preußische Armee S. 590.

[156] Waldersee S. 60. Vgl. auch KA Wien, AFA 1760, Hauptarmee, 11, 76 1 / 2, Daun an Maria Theresia am 13. Nov. 1760, Bl. 3r.

[157] Vgl. Jany, Preußische Armee S. 588.

[158] Nach Gaudis Bericht an den Prinzen Heinrich, abgedruckt bei Koser, Zur Geschichte der Schlacht bei Torgau S. 284.

menter Bayreuth und Württemberg und Jung-Platen lösten sich daraufhin aus der Kolonne und marschierten unter der Führung des Generalmajors v. Krusemarck auf dem kürzesten Wege auf das Schlachtfeld westlich des Zeitschkengrabens. Etwas später folgten ihnen auch die Schmettau-Kürassiere nach. Der Prinz von Holstein setzte dagegen mit den Leibkürassieren und dem Regiment Schlabrendorff den Marsch bis südlich an Neiden vorbei fort und marschierte ostwärts des Zeitschkengrabens auf[159].

Mit dem Erscheinen der preußischen Kavallerie auf dem Schlachtfeld wendete sich das Blatt erneut zugunsten des Königs, wie es Jany prägnant dargestellt hat: „Die beiden Kürassierregimenter Spaen und Markgraf Friedrich warfen die feindliche Kavallerie zurück und hieben in die Infanterieregimenter Puebla und Wied ein. Oberst v. Bülow griff mit dem 1. Bataillon Bayreuth-Dragoner den rechten Flügel der österreichischen Infanterie an, der den nach dem ersten preußischen Angriffe gemachten Fehler wiederholte und, nur in noch größerer Unordnung, der zurückgehenden preußischen Infanterie folgte. Die Regimenter Kaiser, Neipperg, Gaisruck, Bayreuth wurden in Flanke und Rücken gefaßt und zerstreut, ganze Bataillone gefangengenommen. Den Bayreuth-Dragonern fielen 10, dem Regiment Markgraf Friedrich 9, den Zieten-Husaren 6, dem Regiment Spaen 1 Fahne in die Hände. Da hinter dem rechten Flügel der österreichischen Infanterie keine Reserven standen, gelangte die preußische Kavallerie bis auf die Höhen, so daß Teile des mit der Front nach Süden aufgestellten feindlichen zweiten Treffens kehrtmachen mußten. Nach dem Urteil eines fremden Beobachters wäre die Schlacht für die Preußen schon jetzt ‚decisiv gewonnen‘ gewesen, wenn nicht das Flankenfeuer der bei Zinna stehenden drei Grenadierbataillone des Obersten Ferraris die preußische Kavallerie veranlaßt hätte, in ihrem Siegesritte einzuhalten."[160]

Jetzt aber gerieten die Reiter in eine ähnliche Situation wie kurz vorher ihre Kameraden von der Infanterie. Es war ihnen zwar gelungen, das erste österreichische Treffen weitestgehend aus dem Felde zu schlagen, doch anders als ihre Gegner verfügten sie über keinerlei Reserven mehr, weder an Kavallerie noch an Infanterie. Zudem waren die Regimenter während der heftigen Kämpfe ziemlich auseinandergekommen und mußten sich erst wieder neu formieren.

Daun hatte währenddessen weitere Kavallerie vom rechten Flügel heranbeordert, und bald sprengten die Kürassierregimenter O'Donell und Portugal unter dem General v. Buccow und die Kürassierregimenter Stampach und Serbelloni unter General Fürst Löwenstein heran. Diesen Truppen, die geordnet und auf ausgeruhten Pferden angriffen, hatten die ausgepumpten preußischen Regimen-

---

[159] Vgl. Kessel, Quellen und Untersuchungen S. 46-51. — Kessels ausführliche Begründung seiner Annahme, daß auch das KürRgt Schmettau zunächst westlich des Zeitschkengrabens operiert habe, wirkt allerdings etwas befremdend. Dabei handelt es sich nämlich keineswegs um neue Forschungsergebnisse, denn diese Angabe findet sich schon bei Waldersee S. 63.

[160] Jany, Preußische Armee S. 589. Vgl. auch Aster S. 13f.

ter nicht mehr viel entgegenzusetzen. Es kam erneut zu einem heftigen Reiterkampf, bei dem die Preußen vollständig zurückgeschlagen wurden und sich schließlich bis hinter den Wald zurückziehen mußten[161].

Das Regiment Serbelloni nahm die Verfolgung auf und stieß dabei am Waldrand auf einige preußische Infanteriebataillone, die den zweiten Angriff mitgemacht hatten und sich nun wieder ordneten. Es gelang den Kürassieren, diese Infanterie zu umfassen. Im Bericht ihres Kommandeurs heißt es: „Beyde Theile des Regiments seynd alsdann in die Feinde eingebrochen und haben das Glück gehabt, solche gänzlich über den Haufen zu werfen, den größten Theil davon niedergehauen und außer wenigen, so die Flucht ergriffen der Rest gefangen worden."[162]

Der Prinz von Holstein, der ostwärts des Zeitschkengrabens aufmarschiert war, hatte sich unterdessen entschlossen, seinerseits der österreichischen Kavallerie in die rechte Flanke zu fallen. Deren Reiter rückten westlich des Grabens allmählich gegen den Wald vor. Die Attacke des Prinzen, an der sich neben den beiden restlichen Kürassierregimentern der Brigade Aschersleben wohl auch noch Teile der bereits zurückgeschlagenen übrigen Kavallerie beteiligten[163], endete jedoch vor dem Zeitschkengraben, der sich als unüberwindliches Hindernis erwies. So entstand die merkwürdige Situation, daß auf beiden Ufern des Grabens die gegnerischen Kavallerieregimenter aufmarschierten und sich mit Pistolen und Karabinern auf eine Entfernung von etwa 30 bis 50 Metern beschossen.

Wieder war es jetzt der Feldmarschall Daun, der durch sein persönliches Eingreifen eine Wende zugunsten der Österreicher herbeiführte, wie es Waldersee lebendig schildert: „Er ließ, um das Gefecht zur Entscheidung zu bringen, zwei fast unbrauchbare Regimentsgeschütze, die in der Nähe stehengeblieben waren, eiligst heranholen, fuhr sie nahe am Graben auf und beschoß in wirksamer Nähe die preußische Kavallerie mit Kartätschen."[164] Gleichzeitig beorderte er die Kürassierregimenter Erzherzog Ferdinand und Prinz von Zerbst und das Dragonerregiment Darmstadt vom linken Flügel sowie das Kürassierregiment Stampach vom Reservekorps, die bisher südostwärts von Zinna gestanden hatten, heran. Diese vier Regimenter überschritten den Zeitschkengraben bei Zinna und attackierten die Kavallerie des Prinzen von Holstein in Front und Flanke. Den überlegenen österreichischen Kräften waren

---

[161] Vgl. Jany, Preußische Armee S. 589.

[162] Bericht des Obersten Baron Bojanowsky, Kommandeur KürRgt Serbelloni, abgedruckt bei Kessel, Quellen und Untersuchungen S. 95. — Bei der preußischen Infanterie handelte es sich um die Rgt Prinz Heinrich und Ramin, das GrenBtl Lubath und vermutlich noch Reste der Brigaden Ramin und Gablentz.

[163] Sichere Angaben lassen sich hier nicht machen, da die Quellen (Bericht Gaudi, Aster, Berichte österreichischer Kommandeure) sich vielfach widersprechen. Vgl. dazu auch die detaillierte Studie über den Kavalleriekampf bei Kessel, Quellen und Untersuchungen S. 45-52.

[164] Waldersee S. 66.

die Preußen nicht gewachsen. Sie wurden geworfen und mußten sich bis hinter den Striebach zurückziehen[165].

Die preußische Kavallerie schied damit zunächst wieder aus dem Kampfgeschehen aus, denn nach der hohen Beanspruchung brauchten die Pferde dringend eine Ruhepause. Zudem mußten sich die Regimenter erst wieder sammeln und neu formieren. Wie schon zuvor die Infanterie hatte auch die Kavallerie letztlich überall einer erdrückenden Übermacht weichen müssen. Dennoch hatte sie aber vorher einen großen Erfolg gegen die österreichische Infanterie erzielt, deren Linien erheblich ins Wanken geraten waren. Wie wertvoll dieser Erfolg tatsächlich war, sollten die nächsten Stunden deutlich zeigen.

e) Der dritte Angriff der Preußen

Das aus 11 Bataillonen bestehende dritte preußische Infanterietreffen, die Brigaden Butzke und Braun sowie das Regiment Bevern, war schon seit geraumer Zeit zur Linie aufmarschiert[166]. Es hatte zunächst die österreichischen Kavallerieregimenter erfolgreich abgewehrt, die die zurückflutende Infanterie des zweiten preußischen Angriffs verfolgten, und war dann durch das Eingreifen der eigenen Kavallerie entlastet worden. Nun beherrschten für einige Zeit die Reiter das Schlachtfeld, während sich die Infanterie nach dem Kampf gegen die österreichischen Kürassiere neu ordnete. Erst als die preußischen Kavallerieregimenter sich nach ihrer vehementen Attacke vor der gegnerischen Übermacht zurückgezogen hatten, rückte das dritte Infanterietreffen zum Angriff vor[167].

Die Österreicher schlossen in aller Eile die großen Lücken in ihrem ersten Treffen, die die preußische Kavallerie dort gerissen hatte, mit den bisher noch nicht so stark beanspruchten drei Regimentern von der linken Flanke,

---

[165] Vgl. Aster S. 14f.

[166] Diese Zusammensetzung des dritten Treffens ergibt sich aus der Veränderung der Marschordnung von Hülsens Kolonne (vgl. S. 66 dieser Arbeit sowie Gaudi 1760 II, S. 678.) Auch Jany, Preußische Armee S. 590, nennt diese Bataillone. Waldersee nimmt dagegen an, daß Hülsens Kolonne nach dem Abbiegen noch während des Marsches im Wald die alte Reihenfolge wiederhergestellt hat, und kommt folglich zu anderen Zusammensetzungen für die einzelnen Infanterietreffen. Er kann diese Annahme jedoch nicht belegen.

[167] So sieht es auch Jany, Preußische Armee S. 590. — Gaudi 1760 II, S. 678, Tempelhoff IV, S. 305f., das alte Generalstabswerk IV, S. 221, Waldersee S. 61 und Jihn S. 122 machen über den Zeitpunkt des dritten Infanterieangriffs nur ungenaue und unzuverlässige Angaben. Einen Vormarsch der 11 Bataillone während oder gar noch vor dem Eingreifen der preußischen Kavallerie halte ich für höchst unwahrscheinlich, denn deren erste Attacke richtete sich ja gegen die österreichischen Kavallerie- und Infanterieregimenter, die die zurückgehenden Truppen des zweiten preußischen Angriffs verfolgten. Es ist allerdings anzunehmen, daß die 11 Bataillone während des wild hin- und herwogenden Kavalleriekampfes Gelegenheit hatten, in das Gefecht einzugreifen, ohne daß man dabei von einem Angriff sprechen könnte.

Kolowrat, Hildburghausen und Erzherzog Karl, sowie mit den Grenadieren des Obersten v. Normann[168]. Gegen diese frischen Truppen rückte das dritte preußische Treffen vor. Da die Artillerieunterstützung noch immer sehr schwach und die Kavallerie bereits geschlagen war, gab es fast eine Wiederholung der Szenen, die sich bei den ersten Infanterieangriffen abgespielt hatten. Kaum waren die Bataillone aus dem Wald herausgetreten, da empfing sie das unvermindert anhaltende, mörderische Feuer der gegnerischen Artillerie und lichtete ihre Reihen. Der Brigadier Oberst v. Butzke sowie die Grenadiermajore v. Beyer und v. Nesse fielen[169]. Ob die Bataillone überhaupt bis auf Gewehrschußweite an den Gegner herankamen, läßt sich nicht mit Sicherheit feststellen, ist aber unwahrscheinlich.

Vermutlich schon vorher ging der General v. Buccow mit dem Kürassierregiment Erzherzog Leopold und 3 Eskadrons seiner eigenen Kürassiere durch die Zwischenräume der Infanterie vor und warf sich auf die Angreifer. Gleichzeitig umging Ried das preußische Treffen im Rücken, und die Karabiniers d'Ayasasas attackierten es in der rechten Flanke[170]. Die Szecheny-Husaren und die Stabsdragoner vom Korps Ried drangen sogar bis hinter den Wald vor und überfielen die Trümmer der Brigaden Ramin und Gablentz, die sich dort sammelten. Da die völlig ausgepumpten und demoralisierten Soldaten kaum nennenswerten Widerstand leisteten, konnten die Österreicher hier viele Gefangene machen, darunter auch den Divisionskommandeur, General v. Bülow[171]. Trotz dieser äußerst bedrohlichen Lage konnte sich die preußische Linie noch einige Zeit halten, doch allmählich wurde sie immer weiter zurückgedrängt, und in der einsetzenden Dämmerung löste sich der Kampf in kleinere Einzelgefechte auf[172].

Etwa um diese Zeit wurde der König durch eine Kartätschenkugel leicht verwundet. Das Geschoß durchdrang jedoch nicht die Kleidung, so daß sich der König lediglich eine starke Prellung zuzog, die ihm für einen Moment das Bewußtsein raubte. Nach dem Zeugnis seines Adjutanten Berenhorst, der bei diesem Vorfall zugegen war und dem König zur Untersuchung selbst die Kleidung geöffnet haben will, stieg dieser schon wenig später wieder auf sein Pferd mit den Worten: „Ma vie est ce qui m'importe aujourd'hui le moins, (...) allons faire notre devoir, malheur à ceux qui ne le font pas!"[173]

---

[168] Vgl. Jany, Preußische Armee S. 590 sowie Jihn S. 122.

[169] Vgl. Jany, Preußische Armee S. 590. — Dabei sei angemerkt, daß die Archenholtz-Zitate, mit denen Jany an dieser Stelle seine Schilderung ausschmückt, sich im Original auf den zweiten preußischen Angriff beziehen (Archenholtz S. 379 f.).

[170] Vgl. Jihn S. 122 f. — Für die Vermutung, daß dieser Angriff die österreichische Linie gar nicht erreicht hat, spricht, daß weder der König in der Geschichte des Siebenjährigen Krieges, Werke IV, S. 72 f., noch Aster S. 14 oder Cogniazzo S. 290 f. von einem regelrechten dritten Angriff der Preußen etwas berichten.

[171] Vgl. KA Wien, AFA 1760, Hauptarmee 11, 57l, Bericht Ried, Bl. 40v/41r, abgedruckt bei Kessel, Quellen und Untersuchungen S. 84.

[172] Vgl. Jany, Preußische Armee S. 590 f.

Für den König war damit der absolute Tiefpunkt erreicht. Drei Angriffe hatten die Österreicher abgewiesen, seine gesamte Infanterie war bis auf die Regimenter Dohna und Alt-Schenckendorff, die am Schluß der Kavalleriekolonne marschiert waren und erst jetzt auf dem Schlachtfeld eintrafen, zerschlagen, und seine Kavallerie war gänzlich über den Haufen geworfen worden. Über das Schicksal von Zietens Armeeflügel war er völlig im Ungewissen. Unter diesen Umständen war ein weiteres Aushalten vor dem Gegner sinnlos geworden. Wahrscheinlich wegen seiner gerade erlittenen Verwundung übergab der König das Kommando an den Generalleutnant v. Hülsen, der die Truppen hinter den Striebach zurückführen sollte, um dort die Infanterie unter dem Schutz der Kavallerie zu sammeln und neu zu ordnen. Der König äußerte zwar die Hoffnung, daß die Österreicher wegen ihrer eigenen hohen Verluste und wegen des in ihrem Rücken stehenden Armeeflügels Zietens in der Nacht die Süptitzer Höhen räumen würden, aber hier war doch eher der Wunsch der Vater des Gedankens[174]. Es war eine Tatsache, daß der Armeeflügel des Königs eine völlige Niederlage erlitten hatte.

f) Zietens Kampftätigkeit am Nachmittag

Als Zieten erkannt hatte, daß ein beträchtlicher Teil der österreichischen Armee zwischen Zinna und Torgau aufmarschiert war, blieb ihm keine andere Wahl, als Front gegen diese Truppen zu machen. Zum ersten war ihm der Weg zu seinem ursprünglichen Angriffsziel, dem Torgauer Ratsweinberg, versperrt, zum zweiten war es durchaus möglich, daß die vor ihm stehenden Truppen genau die waren, die der König auf dem Ratsweinberg vermutet hatte, und zum dritten barg jedes weitere Vorrücken gegen ein anderes Ziel, etwa auf Zinna, die Gefahr, von den starken gegnerischen Kräften in der Flanke angegriffen zu werden.

Etwa um 15 Uhr hatte die Kolonne ihren Aufmarsch beendet. Der aus Kavallerie bestehende rechte Flügel lehnte sich an den Großen Teich an, der linke dehnte sich gegen den Südrand von Süptitz aus, etwa bis auf die Höhe der Krähenheide. Im ersten Treffen standen die Brigaden Zeuner und Saldern sowie die 5 Kürassierregimenter. Die Brigaden Grumbkow und Tettenborn bildeten mit den 3 Dragonerregimentern das zweite Treffen, dessen Infanterie zum Teil im Wald Stellung bezog. Die leichten Truppen des Obersten v. Kleist deckten bei Melpitz den Rücken des Korps'[175]. Während des Aufmarsches wurden die Preußen von den bei Zinna und Süptitz aufgefahrenen großen österreichischen Batterien heftig beschossen. Zietens Artillerie, die sich vor dem rechten Flügel postiert hatte, blieb die Antwort nicht schuldig, doch wegen der großen Entfernungen zeigte die anhaltende Kanonade auf beiden Seiten wenig Wirkung[176].

---

[173] Berenhorst, Nachlaß II, S. 67.

[174] Vgl. Gaudi 1760 II, S. 679f.

[175] Vgl. Süßenbach, HS 3167 I, Nr. I, Journal 1760, Bl. 84r sowie Wengen S. 279f.

Nach 15 Uhr brachte ein Ordonnanzoffizier die ersten Nachrichten vom Armeeflügel des Königs. Er muß dem General die Abweichung von der ursprünglichen Angriffsdisposition und die tatsächliche Aufstellung des Gegners auf den Süptitzer Höhen gemeldet haben. Gleichzeitig überbrachte er den dringenden Befehl des Königs, daß Zieten so schnell wie möglich zum Angriff gegen den linken Flügel der Österreicher bei Süptitz vorrücken sollte[177]. Der General konnte sich jetzt ein ziemlich genaues Bild der Lage machen und erkannte, daß alles von seinem rechtzeitigen Eingreifen abhing, denn ohne Grund würde ihn der König nicht gerufen haben. Da deutlich zu vernehmen war, daß sich das Feuer auf dessen Seite immer weiter entfernte, was auf das Scheitern eines Angriffes hindeutete, war Eile geboten[178].

Nachdem Zieten seine Unterführer kurz über die neue Lage informiert hatte, begann er etwa um 16 Uhr damit, sich mit seinen Truppen nach links abzusetzen. Um diese Bewegung vor dem Korps Lacy zu verschleiern, ließ er zunächst die Brigade Tettenborn mit Ausnahme des 1. Bataillons Lestwitz aus dem zweiten Treffen nach links abmarschieren, bis sie etwa neben der Brigade Saldern stand. Daraufhin setzte sich die Brigade Saldern selbst in Bewegung, marschierte hinter der Brigade Tettenborn vorbei und schloß sich dann wieder links an diese an. Die Brigaden Zeuner und Grumbkow blieben zunächst stehen, denn Zieten war noch immer in Sorge, daß Lacy ihm während des Linksziehens in die Flanke fallen könnte. Dieser machte jedoch nur einige schwache Versuche, den Abmarsch der Preußen durch Kavallerie zu bedrohen, blieb aber ansonsten ruhig stehen.

Zieten zog daraufhin die Brigaden Zeuner und Grumbkow ebenfalls nach links. Es ist anzunehmen, daß diese Bewegung bereits in der Dämmerung stattfand und von Lacy nicht mehr genau beobachtet werden konnte. Zur Deckung seiner rechten Flanke hatte Zieten seine gesamte Kavallerie und das 1. Bataillon Lestwitz zurückgelassen, was die Unsicherheit der Österreicher über das Geschehen jenseits des Röhrgrabens noch vergrößerte. Lacys Gegenmaßnahmen blieben auf eine heftige Kanonade beschränkt[179].

Der Husarengeneral hatte damit den ersten Teil seiner neuen Aufgabe, die Ablösung vom Gegner, hervorragend bewältigt. Es war ihm nicht nur gelungen, seine eigenen Truppen ohne Verzug dorthin zu bringen, wo sie am nötigsten gebraucht wurden, sondern durch die geschickte Verschleierung seines Abmarsches hatte er es auch geschafft, den Gegner so über seine tatsächlichen Absichten zu täuschen, daß dieser keine ernsthaften Gegenmaßnahmen durchführte und sich weiterhin gebunden fühlte. Das Korps Lacy fiel damit für den weiteren Verlauf der Schlacht weitgehend aus.

---

[176] Vgl. Aster S. 16.

[177] Vgl. ebd. sowie Kessel, Quellen und Untersuchungen S. 55 f.

[178] Vgl. Süßenbach, HS 3167 I, Nr. I, Journal 1760, Bl. 84r.

[179] Anhand der Quellen detailliert beschrieben bei Kessel, Quellen und Untersuchungen S. 54 f. Vgl. auch Aster S. 16 f.

6. Die Schlacht bei Torgau —
Nachtkampf und Entscheidung

a) Die Lage beim König

Etwa um 17 Uhr begann der Generalleutnant v. Hülsen auf Befehl des Königs damit, die Trümmer der Armee zu sammeln und hinter den Striebach zu führen. Sein damaliger Adjutant, Major v. Gaudi, beschreibt in seinem Journal die neue Stellung: „Alle Generals und Offiziers bemüheten sich von der Infanterie eine Linie hinter dem Graben zu formiren; 2 Bataillons Dohna und 2 Moritz, welche in der dritten Colonne den Zug der Kavallerie beschlossen, und einen viel weiteren Weg als die übrige Infanterie zurückzulegen gehabt hatten, waren erst jetzo, und da es schon dunkel zu werden anfieng allhier angekommen; diese vier Bataillons machten also den rechten Flügel der Stellung aus, die hinter dem Graben genommen wurde; die übrige Infanterie wurde auf dem linken Flügel nach der Weinske zu, so viel als nur möglich war in Ordnung gebracht und in zwey Treffen gestellet."[180]

Der König hielt sich zu diesem Zeitpunkt vermutlich bei der inzwischen wieder leidlich formierten Kavallerie auf, die vor dem Graben den Rückzug sicherte und die österreichische Stellung beobachtete[181]. Von gelegentlichen Schußwechseln zwischen versprengten Einheiten beider Armeen abgesehen, hatte das Feuer völlig aufgehört. Nach der Abwehr des letzten preußischen Angriffs waren auch die Österreicher bemüht, ihre Truppen wieder auf den Höhen zu sammeln und zur Linie zu formieren. Daun ließ sich jetzt endlich verbinden. Da er die Schlacht für entschieden hielt, zumindest aber während der Nacht nicht mehr mit weiteren Kämpfen rechnete, übergab er das Oberkommando an den General O'Donell und zog sich selbst nach Torgau zurück[182].

Die preußische Infanterie hatte kaum angefangen, hinter dem Striebach aufzumarschieren, wie Gaudi in seinem Journal berichtet, „als man etwa um halb sechs Uhr jenseits dem Dorffe Süptitz ein heftiges Infanterie- und Artilleriefeuer hörete. Der General-Lieutenant Hülsen verfügte sich gleich zu der vor dem Graben stehenden Cavallerie, und man konnte allhier deutlich vermöge des Feuers des Feindes und des Brandes, der in Süptitz entstanden war,

---

[180] Gaudi 1760 II, S. 680. — Mit dem Regiment Moritz ist das Regiment Alt-Schenckendorff gemeint, das noch häufig nach seinem alten Chef, Moritz von Anhalt-Dessau benannt wurde.

[181] Vgl. Kessel, Ausgewählte Aufsätze, Friedrich der Große am Abend der Schlacht bei Torgau S. 192. — Kessel räumt in diesem Aufsatz mit der noch von Waldersee S. 67 vertretenen Legende auf, daß der König um 17 Uhr das Schlachtfeld verlassen habe. Er muß sich jedoch den Vorwurf gefallen lassen, daß er sich dabei wieder dem anderen Extrem annähert und den Anteil des Königs an den letzten Gefechtshandlungen der Schlacht zu Lasten von Hülsen und Gaudi überbewertet.

[182] Vgl. KA Wien, AFA 1760, Hauptarmee, 11, 76 1/2, Daun an Maria Theresia am 13. Nov. 1760, Bl. 2r/v.

und die dortige Gegend ganz erhellete entdecken, daß er mit der Fronte nach dem Dorffe stand, und dahin sein Feuer richtete; kurtz nachher sahe man auch, daß er von der Seite von Großwig, welcher Ort ihm währender Bataille in der linken Flanque lag, attaquiret wurde, und aus seinem dahin gemachten Feuer bemerkte man, daß er sich auch nach dieser Seite vertheidigte; es war also abzunehmen, daß dieser Angriff von dem Corps des Generals Zieten geschähe."[183]

Ohne Zweifel ist diese überraschende Wende auch vom König sofort bemerkt worden, der sich ja ebenfalls bei der Kavallerie aufhielt, ohne allerdings dort mit Hülsen zusammenzutreffen. Der König erfaßte sogleich, welche Chance ihm dieses Eingreifen Zietens bot, und angesichts der jenseits des Striebaches aufmarschierten Infanterie, bei der sich immerhin noch vier völlig intakte Bataillone befanden, entschloß er sich zu einem letzten Angriff.

Als er daraufhin zur Infanterie zurückritt, traf er unterwegs den Major v. Lestwitz vom Regiment Alt-Braunschweig, der versprengte Truppen sammelte und zu formieren suchte. Lestwitz hatte wahrscheinlich zunächst nur versucht, umherirrende preußische Soldaten hinter den Striebach zu dirigieren, um sie vor der Gefangennahme durch den Gegner zu bewahren oder um ihre Desertion zu verhindern. Dann aber hatte auch er den Kampf bei Süptitz bemerkt, und er begriff sofort, daß seine Sammeltätigkeit damit eine ganz andere taktische Bedeutung bekam.

Etwa zu diesem Zeitpunkt kam es zu der kurzen Begegnung mit dem König, von der Lestwitz selbst folgendermaßen berichtete: „Während er (Lestwitz, d. Verf.) nebst seinen Offizieren nun mit dieser Formirung beschäftigt gewesen, sey der König in vollem Galopp an ihn herangeritten und habe ihn mit lebhafter Stimme gefragt: Lestwitz, was will er hier machen? — Ew. Majestät, ich sammle Offiziere und Leute, um mit ihnen die dortigen Höhen zu stürmen. — Na, Herr, das ist brav, sehr brav, mache er aber nur geschwind, und formiere er einige Bataillone. Hierauf hätte der König sein Pferd gewandt, um wegzureiten, wäre jedoch gleich wieder umgekehrt, und habe mit einer freundlichen Miene gesagt: Höre er, mein lieber Lestwitz, sey er versichert, daß ich ihm das nie vergessen werde."[184]

Hülsen beriet sich unterdessen mit seinem Stab, was angesichts der neuen Lage unternommen werden sollte. Sein Adjutant, Major v. Gaudi, dem er unbedingt vertraute und „der in solchen Gelegenheiten ihm Vorschläge thun

---

[183] Gaudi 1760 II, S. 680 f.

[184] Nacherzählung eines Berichtes, den Lestwitz dem unbekannten Autor eines 1827 im MWB erschienenen Aufsatzes über die Schlacht bei Torgau erstattet hat, abgedruckt in Großer Generalstab, Das Gaudische Journal S. 45. — Lestwitz' Handeln und die Reaktion des Königs darauf sind nur verständlich, wenn beide über die Vorgänge bei Süptitz unterrichtet waren. Schon deshalb könnte der König das Schlachtfeld nicht verlassen haben. Vgl. dazu auch Kessel, Ausgewählte Aufsätze, Friedrich der Große am Abend der Schlacht bei Torgau S. 197-199.

durfte", riet ihm dringend, „…zur Unterstützung des jetzigen Angriffs den das Zietensche Corps machte, mit einigen hinter dem morastigen Graben stehenden frischen Bataillons vorzurücken, welches der Feind, der uns auf dieser Stelle für geschlagen hielt, gewiß nicht vermuthen würde, und dadurch die Sache entschieden werden könnte."[185]

Hülsen fühlte jetzt die Bürde des Oberbefehls schwer auf seinen Schultern lasten. Der König hatte ihm den klaren Befehl zum Rückzug gegeben, und für ein Abweichen von dieser Anordnung und alle daraus entstehenden Folgen trug er allein die Verantwortung. So dauerte es trotz des immer deutlicher zu erkennenden Engagements der Österreicher bei Süptitz und Großwig einige Zeit, bis sich der Generalleutnant entschließen konnte, seinen Befehl nicht wörtlich, sondern entsprechend der neuen Lage auszuführen. Hülsen handelte damit ganz im Sinne des Königs, der ja unabhängig von ihm zu demselben Entschluß gekommen war. Der letzte Louisdor befand sich jetzt im Spiel[186]. Der König und Hülsen hatten auf Sieg gesetzt.

b) Zietens Angriff auf die Süptitzer Weinberge

Nachdem Zieten sich erfolgreich vom Korps Lacy gelöst hatte, setzte er alles daran, die Verbindung mit dem Armeeflügel des Königs zu gewinnen. Ein erstes Hindernis auf dem Weg dorthin war das von den Österreichern besetzte Dorf Süptitz, das den südlichen Zugang zu den gleichnamigen Weinbergen versperrte. Die Brigade Tettenborn bekam kurz nach 16 Uhr den Befehl, das Dorf zu stürmen. Der Angriff mußte ohne jede Artillerieunterstützung durchgeführt werden, denn die schweren Geschütze waren noch immer gegenüber dem Korps Lacy aufgefahren. Da zu diesem Zeitpunkt die Brigade Saldern ihr Linksziehen noch nicht beendet hatte, ließ der Generalmajor v. Tettenborn zur Sicherung seiner Flanke das 1. Bataillon Hülsen auf seinem linken Flügel Front gegen Großwig machen und ging dann mit dem Regiment Wied und dem 2. Bataillon Lestwitz zum Angriff gegen Süptitz vor.

Der Gegner empfing die vorrückenden preußischen Truppen mit heftigem Artilleriefeuer, teils aus der großen Batterie des zweiten Treffens auf den Süptitzer Weinbergen, teils aus den Regimentsgeschützen des Regiments Arenberg, welches das Dorf besetzt hielt. Es gelang den drei Bataillonen jedoch, bis in den Ort vorzudringen und die sich äußerst hartnäckig zur Wehr setzenden Österreicher zu vertreiben. Das Regiment Arenberg räumte aber nur den vorderen Teil des Dorfes, setzte dort zahlreiche Häuser in Brand und machte

---

[185] Gaudi 1760 II, S. 683. — Hülsen und Gaudi mußten zu diesem Zeitpunkt glauben, daß der König das Schlachtfeld bereits verlassen hatte. Vgl. dazu auch Großer Generalstab, Das Gaudische Journal S. 55-58.

[186] So Gaudi in seinem Bericht an den Prinzen Heinrich, abgedruckt bei Koser, Zur Geschichte der Schlacht bei Torgau S. 285.

dann im hinteren Teil erneut Front gegen die Angreifer. Der Weg durch Süptitz blieb dadurch versperrt. Der erste Angriff Zietens war gescheitert[187].

Inzwischen hatte die Brigade Saldern ihren Aufmarsch südwestlich von Süptitz beendet. Sie ging zur Unterstützung der Brigade Tettenborn durch das Süptitzer Hölzchen vor, überschritt den Röhrgraben und begann, die Weinberge zu ersteigen. Waldersee beschreibt die schwierige Lage, die bei diesem Angriff entstand: „Beim Überschreiten des Röhrgrabens mußte sich die taktische Ordnung der Brigade auf kurze Zeit völlig lösen, die Bataillone schlossen sich indessen beim Ersteigen der Berge schnell wieder zusammen. Hier wurden sie aber von der österreichischen Batterie in nächster Nähe mit dem wirksamsten Kartätschfeuer begrüßt, sodann durch die Regimenter Harrach, Leopold Daun, Harsch und Sincere — also durch 8 Bataillone — angegriffen, die Höhen hinabgeworfen und über den Röhrgraben zurückgetrieben."[188]

Damit war auch Zietens zweiter Angriff abgeschlagen worden, und bis jetzt sah alles nach einer Wiederholung der Vorgänge auf dem Armeeflügel des Königs aus. In diesem kritischen Moment erhielt der Oberstleutnant v. Moellendorff durch einen Ordonnanzoffizier des Königs, der auf dem Rückweg eine Abkürzung gesucht hatte, die Meldung, daß der zwischen den Schafteichen auf die Süptitzer Weinberge führende Damm unbesetzt sei. Moellendorff gab die Meldung sofort an seinen Brigadekommandeur, den Generalmajor v. Saldern weiter. Dieser hatte bereits bemerkt, daß der westliche Teil der Weinberge von den gegnerischen Truppen schon geräumt worden war[189]. „Die Österreicher hatten ihre Flanke erst durch das Reservekorps und dann durch Ried gesichert geglaubt und nicht darauf geachtet", wie Kessel wohl mit Recht vermutet[190].

Beide Korps waren aber im Laufe des Nachmittages abberufen und zu anderen Aufgaben eingesetzt worden. Jetzt rächte sich die Unachtsamkeit der österreichischen Führer. Saldern zweifelte keinen Moment an der Richtigkeit der ihm überbrachten Meldung, stimmte sie doch genau zu seiner eigenen Beobachtung. Ohne Zögern führte er seine Brigade über den Damm, unmittelbar gefolgt von der Brigade Grumbkow[191]. Diese bereits bei völliger Dunkelheit durchgeführte Bewegung scheint vom Gegner zunächst nicht bemerkt worden zu sein, denn nachdem noch einige kleine Trupps vertrieben worden waren, hatte Zieten, dem inzwischen über Salderns Vorgehen Meldung erstattet worden war,

---

[187] Vgl. Waldersee S. 68 f., Wengen S. 282 f. sowie Aster S. 17. — Die Angabe Asters, daß die Brigade Saldern das Dorf Süptitz gestürmt hat, ist allerdings falsch und wird durch Süßenbach, HS 3167 I, Nr. I, Journal 1760, Bl. 84r klar widerlegt.

[188] Waldersee S. 70.

[189] Vgl. Aster S. 17 f., Tempelhoff IV, S. 308 sowie das alte Generalstabswerk IV, S. 224.

[190] Kessel, Ausgewählte Aufsätze, Die Schlacht bei Torgau S. 213.

[191] Vgl. Tempelhoff IV, S. 308 f. sowie Kessel, Quellen und Untersuchungen S. 56.

genug Zeit, um die übrige Infanterie und einen Teil der unterdessen heranbeorderten Kavallerie und Artillerie ebenfalls auf die Weinberge zu führen.

Diese merkwürdige Untätigkeit der Österreicher hatte mehrere Gründe. Zum ersten waren die österreichischen Truppen nach den schweren Verlusten, die sie bei den wiederholten Angriffen des Königs erlitten hatten, immer weiter nach Osten aufgeschlossen, um die Lücken in der Linie wieder zu schließen, zum zweiten war ein Teil des zweiten Treffens noch immer gegen die Brigade Tettenborn engagiert, die durch das Süptitzer Hölzchen den Höhen zustrebte, und zum dritten war schließlich der Feldzeugmeister Graf Wied zum Zeitpunkt der Besetzung der Höhen nicht auf seinem Posten, sondern zu einer kurzen Besprechung beim Feldmarschall Daun in Zinna[192]. Als er bald darauf zurückkam, gewahrte er nach Winters dramatischer Darstellung, „...zu seinem furchtbaren Schrecken, daß die entscheidenden Höhen von Zieten besetzt waren. Er ließ es sofort Daun nach Torgau melden, der beim Empfange dieser Nachricht ausgerufen haben soll: ,dann ist die Schlacht für uns verloren'.“[193]

Zieten hatte inzwischen 17 Bataillone auf dem westlichen Rand der Süptitzer Weinberge aufmarschieren lassen und seine Artillerie in Stellung gebracht, die sofort begann, die rechte Flanke des österreichischen zweiten Treffens unter Feuer zu nehmen. Noch bevor Wied zurückgekehrt war, hatte der Feldmarschalleutnant Graf Herberstein versucht, die soeben von der Brigade Tettenborn zurückgetriebenen Regimenter Harrach und Leopold Daun gegen Zietens Truppen vorzuführen, war dabei jedoch tödlich verwundet worden.

Wied ergriff nun die Initiative. Er sammelte alle verfügbaren Truppen, die Regimenter Erzherzog Karl und Hildburghausen, die ihm der Feldzeugmeister v. Sincere geschickt hatte, einen Teil seines eigenen Regiments, ein Grenadierbataillon und zahlreiche Versprengte und ging sofort zum Angriff gegen Zieten vor. Die Regimenter Harrach und Leopold Daun schlossen sich ihm an[194]. Der vehement vorgetragene Gegenangriff hatte beträchtlichen Erfolg, und es gelang Wied, Zietens Bataillone zurückzudrängen, wobei vor allem die Brigade Saldern erhebliche Verluste hatte. In dieser Phase schien es nicht ausgeschlossen, daß Zieten wieder von den Höhen verdrängt werden könnte[195].

c) Hülsens Unterstützungsangriff

Der genaue Ablauf der Ereignisse, die sich auf dem Armeeflügel des Königs abspielten, nachdem man dort Zietens Angriff bemerkt hatte, ist nicht mehr zu

---

[192] Vgl. Winter I, S. 362 sowie KA Wien, AFA 1760, Hauptarmee, 11, 57a, Bericht Wied, Bl. 5r, abgedruckt bei Kessel, Quellen und Untersuchungen S. 90.

[193] Winter I, S. 362.

[194] Vgl. KA Wien, AFA 1760, Hauptarmee 11, 57a, Bericht Wied, Bl. 5r-6r sowie ebd. AFA 1760, Hauptarmee, 11, 57c, Bericht Sincere, Bl. 12r-13v, abgedruckt bei Kessel, Quellen und Untersuchungen S. 90f. und S. 87f.

[195] Vgl. Winter I, S. 362f.

rekonstruieren. Am wahrscheinlichsten ist jedoch, daß der König seinen Entschluß zu einem letzten Angriff eher in die Tat umgesetzt hat als Hülsen. Kaum hinter dem Striebach eingetroffen, befahl er dem gerade aufmarschierten und noch völlig intakten Regiment Alt-Schenckendorff, gegen die Süptitzer Weinberge vorzugehen. Zwar setzte sich zunächst nur ein Bataillon des Regiments in Marsch, doch das reichte schon aus, um Hülsen zu veranlassen, an der Spitze dieser Truppen den letzten Angriff zu wagen[196]. Lestwitz schloß sich mit seinen Versprengten, die etwa die Stärke von drei Bataillonen hatten, diesem Vorgehen an.

Anders als die vorhergegangenen wurde dieser letzte Angriff durch ein starkes Artilleriefeuer unterstützt. Alle noch hinter dem Striebach stehenden Truppen wurden nach und nach vorgeschickt und mit ihnen alle verfügbare Artillerie. Mit seinen frischen Truppen fiel Hülsen den gegen Zieten engagierten Österreichern in die rechte Flanke, und innerhalb kürzester Zeit wendete sich das Blatt endgültig zugunsten der Preußen. Zietens Truppen, denen Hülsens Unterstützungsangriff nicht entgangen war, griffen jetzt mit neuem Elan die Front der österreichischen Linie an, die gleichzeitig in der Flanke und im Rücken unter Druck geriet.

In dieser Situation gingen Ordnung und Übersicht bei den Österreichern endgültig verloren, wie der Schlachtbericht des Obristwachtmeisters v. Oroß, Kommandeurs des Regiments Erzherzog Karl, beispielhaft belegt. Er beschreibt zunächst die Beteiligung seines Verbandes an Wieds erfolgreichem Gegenangriff, die so lange währte, bis „...durch ein widriges Schicksal anderwärts hergekommene feindliche Colonnen das Regiment unvermuthet in dem Rücken und Flanque auch anfielen, einfolglich es mit dem Feind von allen Seiten her zu arbeiten bekam und dadurch in eine ernsthafte Vermischung mit dem Feinde geriethe und handgemein wurde, womit sich diese blutige Scene und auch gleich darauf alles übrige Feuer von beeden Arméen geendigt hat..."[197] So gut es eben ging entzogen sich die österreichischen Truppen im Schutze der Dunkelheit und des allgemeinen Durcheinanders dem preußischen Zangenangriff und wichen bis hinter Zinna zurück.

Auf den Süptitzer Weinbergen hatten sich unterdessen die Truppen des Königs und Zietens vereinigt. Waldersee gibt ein Bild der neuen Lage: „Es standen jetzt 25 preußische Bataillone siegreich auf den Höhen. Die schwere Artillerie Zietens war der Infanterie dahin gefolgt. Die Kavallerie des rechten Flügels hatte der General, um den Rücken der Infanterie und den Marsch der

---

[196] Vgl. Friedrich der Große, Geschichte des Siebenjährigen Krieges, Werke IV, S. 73 sowie Kessel, Ausgewählte Aufsätze, Friedrich der Große am Abend der Schlacht bei Torgau S. 192-195. Daß der König selbst das Regiment Alt-Schenckendorff nach vorn schickte, bestätigen auch die „antifritzischen" Werke von Warnery S. 138 f. und Retzow S. 302. — Nach Waldersee S. 72 ließ der verwundete Hülsen sich bei diesem Angriff auf einer Kanone nach vorn fahren.

[197] Abgedruckt bei Kessel, Quellen und Untersuchungen S. 93.

Artillerie über die Schaafteiche zu decken, auf den Großwiger Höhen aufgestellt."[198]

Lacy machte nur noch matte Versuche, auf diesen letzten Kampf auf den Weinbergen Einfluß zu nehmen. 6 Kavallerieregimenter, die er zur Verfolgung des abrückenden Zietenschen Armeeflügels über den Röhrgraben geschickt hatte, gingen zwar bis Süptitz vor, wagten aber wegen der herrschenden Dunkelheit und der völlig unklaren Gefechtslage nicht mehr einzugreifen. Seine Grenadiere und die Regimenter Heinrich Daun, Ligne, Lacy und Wolfenbüttel führte der Feldzeugmeister selbst bis über Zinna hinaus vor, doch angesichts der zurückflutenden geschlagenen Truppen hielt er einen weiteren Angriff für zwecklos[199].

Etwa gegen 21 Uhr schwiegen die Waffen. Beide Armeen lagerten in nächster Nähe voneinander auf dem Schlachtfeld, die Preußen auf den dominierenden Süptitzer Weinbergen, die Österreicher zwischen Zinna, Welsau und Torgau. Der König, der den Ausgang der Schlacht bei den Bayreuth-Dragonern abgewartet hatte, verließ nun das Schlachtfeld und ritt nach Elsnig. Auf dem Weg dorthin stieß er zweimal auf feindliche Trupps, die von seiner Bedeckung zerstreut werden konnten. Der König übernachtete in der Kirche von Elsnig[200].

Auf dem Schlachtfeld herrschte in der Nacht ein beispielloses Durcheinander. Hunderte von Versprengten irrten einzeln oder in kleinen Trupps durch die Nacht, und immer wieder kam es zu Schußwechseln. Eine besonders merkwürdige Episode hat der König in seiner Geschichte des Siebenjährigen Krieges festgehalten. In dem Waldstück, in dem am Nachmittag die preußischen Grenadiere aufmarschiert waren, loderten zahlreiche Feuer. „Die Soldaten beider Armeen hatten hier (...) Zuflucht gesucht und unter sich ausgemacht, sie wollten die Entscheidung zwischen Preußen und Österreichern in voller Neutralität abwarten, sich dem Ausfall des Schlachtenloses fügen und sich dem Sieger ergeben."[201]

d) Der Rückzug der Österreicher — Verluste

Nachdem Lacy erkannt hatte, daß keine Aussicht mehr bestand, die Süptitzer Weinberge zurückzugewinnen, entschloß er sich schweren Herzens, Daun über

---

[198] Waldersee S. 72.

[199] Vgl. KA Wien, AFA 1760, Hauptarmee 11, 99 1/4, Bericht Lacy, abgedruckt bei Kessel, Quellen und Untersuchungen S. 66 f. (eine andere Fassung des Berichtes in AFA 1760, CA, 11, 27), Jihn S. 130 sowie Waldersee S. 72 f.

[200] Vgl. Berenhorst, Nachlaß II, S. 66 sowie die lokalgeschichtliche Arbeit von M. Koelling: Elsnig, Hauptquartier Friedrichs des Großen vom 3. zum 4. Nov. 1760. Torgau 1910. — Die kleine Kirche in Elsnig ist noch im ursprünglichen Zustand erhalten, und eine Gedenktafel mit dem Medaillon des Königs weist auf die Ereignisse vom 3./4. Nov. 1760 hin.

[201] Friedrich der Große, Geschichte des Siebenjährigen Krieges, Werke IV, S. 73 f.

die neue Lage Meldung zu erstatten. In Zinna traf er auf den neuen Oberbefehlshaber, General Graf O'Donell, und begab sich mit diesem gemeinsam zum Feldmarschall nach Torgau. Die Meldung der beiden Generale traf Daun völlig unvorbereitet, und zunächst konnte und wollte er ihr keinen Glauben schenken. Schließlich hatte er erst vor kurzer Zeit das Schlachtfeld in der Gewißheit des sicheren Sieges verlassen, und ein solcher Umschwung war ihm einfach unbegreiflich. Er befahl daher Lacy und O'Donell, sich in Begleitung des französischen Militärbevollmächtigten, Generalleutnants Grafen Montazet, erneut auf die Süptitzer Höhen zu begeben, um nach einer Möglichkeit zu suchen, die Schlacht doch noch erfolgreich zu beenden. Auf ihrem Aufklärungsritt fanden die drei Generale die Lage unverändert, und bei ihrer Rückkehr nach Torgau blieb ihnen nichts anderes übrig, als dem Feldmarschall die gleiche Meldung zu machen wie zuvor.

Noch immer aber wollte dieser sich nicht geschlagen geben. Jihn hat diese düstere Stunde geschildert: „Es wurde lange beraten, ob nicht eine Stellung nächst Torgau vorhanden wäre, in der man den folgenden Tag erwarten könne, aber es konnte keine solche ausfindig gemacht werden, in welcher Daun die Armee nicht allzu grosser Gefahr ausgesetzt glaubte. Unter diesen Umständen bewogen den Marschall der Verlust der dominirenden Höhen, die Rücksicht auf die ungünstigen Rückzugsverhältnisse, endlich der bei der Mehrzahl der Truppen eingetretene Munitionsmangel, dem bis zum Morgen kaum abzuhelfen war, dazu, schweren Herzens den Rückzug anzuordnen."[202]

Lacy und O'Donell hatten schon auf ihrem Aufklärungsritt die wenigen Generale, die sich noch unverwundet auf dem Schlachtfeld aufhielten, in Zinna versammelt und ihnen befohlen, dort auf weitere Anweisungen zu warten. Der Befehl zum Rückzug gelangte daher ohne Verzug an alle Unterführer und wurde schnell und präzise ausgeführt[203]. O'Donell sollte die Hauptarmee über die Elbe zurückführen, während Lacy mit seinem Korps auf dem diesseitigen Ufer gegen Dresden zu marschieren hatte.

Der Rückzug begann um drei Uhr morgens. Die Regimenter Botta, Merci und Lothringen deckten das Manöver. Da die wenigsten Einheiten und Verbände vollzählig an einem Ort versammelt waren, bestand die Hauptaufgabe der Offiziere darin, möglichst viele verirrte Soldaten und herumliegendes Material zu retten, wie es der Feldmarschalleutnant O'Kelly in seinem Schlachtbericht anschaulich schildert: „(...) Bin mit meinen Adjudanten bis gegen 5 Uhr auf der gantze Wahlstatt herum patrouilliret, um alle zerstreute Regimenter, Artillerie, Blessirte, und in Summa alles was bewegliches wegzuschaffen und zu salviren, und habe alle Herrn Generals und Officiers von der Cavallerie resp. befohlen, ermahnet und ersuchet, Patrouillen herumzuschicken,

---

[202] Jihn S. 134. — Das Vorhergehende nach KA Wien, AFA 1760, Hauptarmee, 11, 99 1/4, Bericht Lacy, abgedruckt bei Kessel, Quellen und Untersuchungen S. 66-68.
[203] Vgl. KA Wien, AFA 1760, Hauptarmee, 11, 57f, Bericht O'Kelly, Bl. 23r, abgedruckt bei Kessel, Quellen und Untersuchungen S. 77.

um solches auf das eyfrigste zu bewerkstelligen, wie sie solches gethan, besonders der Herr General Fürst Carl von Lichtenstein, wodurch viele Artillerie und alles was hat salviret werden können, gewiß fortgebracht und gerettet worden."[204]

Etwa gegen acht Uhr morgens überschritt das letzte Regiment der Hauptarmee eine der Torgauer Brücken, die danach sofort abgebrochen und vom Korps Beck, das inzwischen auf dem rechten Elbufer eingetroffen war, aufgenommen wurden. Das Korps Lacy brach erst in der Morgendämmerung auf. Zunächst marschierte die sächsische Kavallerie ab, und gegen zehn Uhr verließen die Kaiser-Husaren als letzte das so heiß umkämpfte Schlachtfeld.

Die Durchführung dieses Rückzuges kann nur als hervorragend bewertet werden. Die Österreicher hatten ihre Wachfeuer brennen lassen und sich so ruhig vom Kampfplatz zurückgezogen, daß die Preußen diese Bewegung erst am frühen Morgen bemerkten. An eine energische Verfolgung des Gegners war ohnehin nicht zu denken, da sich die preußische Armee in einem ähnlich desolaten Zustand befand wie die österreichische. Nur beim Abzug der Kaiser-Husaren und beim Abtragen der Pontonbrücken kam es am Morgen noch zu kleineren Schußwechseln, die aber die Österreicher nicht aufhielten[205].

Der König hatte seinen Sieg teuer erkauft. Die Verluste der Preußen in dieser siegreichen Schlacht kamen denen der Niederlagen von Kolin und Kunersdorf nahe. Eine Verlustliste der preußischen Armee wurde erst 1879 im Militär-Wochenblatt veröffentlicht. Sie erfaßt allerdings nur die Verluste der Infanterie und der Kavallerie und ist zudem nicht völlig zuverlässig, da etwa die Generalleutnants v. Bülow und Graf Finckenstein nicht als gefangen aufgeführt werden. Jihn hat zudem durch den Vergleich mit einer unveröffentlichten österreichischen Liste der preußischen Gefangenen festgestellt, daß die Verlustliste die Zahl der Toten um etwa 700 Mann zu niedrig angibt[206].

Aus den genannten Gründen sind die folgenden Zahlen trotz ihrer scheinbaren Genauigkeit nur als Annäherungswerte zu verstehen. Die Preußen verloren 69 Offiziere und 4493 Mann an Toten, 3 Generale, 245 Offiziere und 8809 Mann an Verwundeten und 2 Generale, 91 Offiziere und 2861 Mann an Gefangenen (jeweils ohne die Verluste der Artillerie), zusammen 16573 Mann. Bezieht man die Verluste der Artillerie mit ein, wird man auf einen Gesamtverlust von etwa 17000 Mann kommen[207]. Die Angaben über die preußischen Verluste an

---

[204] KA Wien, AFA 1760, Hauptarmee, 11, 57f, Bericht O'Kelly, Bl. 23v, abgedruckt bei Kessel, Quellen und Untersuchungen S. 77 f.

[205] Vgl. ebd. sowie KA Wien, AFA 1760, Hauptarmee 11, 99 1/4, Bericht Lacy, abgedruckt bei Kessel, Quellen und Untersuchungen S. 68. Dazu auch Gaudi 1760 II, S. 692 und Jihn S. 135.

[206] Vgl. Jihn S. 135, Anm. 1.

[207] Zahlen kombiniert aus der Verlustliste und den Angaben bei Jihn S. 135. — Zwei andere Verlustlisten finden sich bei Süßenbach, HS 3167 II, Nr. X, General-Listen etc., Bl. 89r-90r. Die Liste der Kavallerie ist vom 5. Nov., die der Infanterie und Artillerie vom

Geschützen, Fahnen und Standarten sind umstritten, doch scheinen die österreichischen Zahlen, 8 Geschütze, 43 Fahnen und 2 Standarten, im großen und ganzen richtig zu sein[208].

Was diese wenigen Zahlen bedeuten, wird in der preußischen Verlustliste von 1879 kommentierend erläutert: „59 Bataillone, die Friedrich der Große ins Gefecht brachte, verloren von ihrem Bestande von wenig über 26000 Mann 15650, d. h. über 60 Prozent. Die 39 Bataillone, welche unter des Königs persönlichem Kommando fochten, erlitten zum Theil noch erheblichere Verluste. Die 5 Grenadierbataillone Nesse, Beyer, Lubath, Lossow und Burgsdorf (d.i. Heilsberg, d. Verf.) mußten in ein Bataillon zusammengestoßen werden, die übrigen 10 Grenadierbataillone formirten nur noch 5, von den 12 Infanterieregimentern des Königs bildeten 9 je 1 Bataillon, das Regiment v. Ramin und Prinz Heinrich, zusammen nur 1 Bataillon."[209]

Auch die österreichischen Verluste waren enorm. Sie betrugen 1925 Mann an Toten, 4000 Mann an Verwundeten und 9857 Mann an Gefangenen, wobei die Verluste der sächsischen Kavallerie von insgesamt 115 Mann sowie der Warasdiner Grenzer und der Jäger des Korps' Ried noch nicht mitgezählt sind. Bezieht man diese mit ein, ergibt sich für die Österreicher ein Gesamtverlust von 15897 Mann, davon über 500 Offiziere. Darüber hinaus büßten sie 29 Fahnen, 1 Standarte und 40 Geschütze ein[210]. Da die 18000 Mann des Korps' Lacy gar nicht ins Gefecht gekommen waren und diese Verluste im wesentlichen nur die Hauptarmee, das Reservekorps und das Korps Ried betrafen, müssen auch bei den Österreichern ganze Regimenter aufgerieben worden sein. Wenig genug Teilnehmer der Schlacht konnten wie Berenhorst erleichtert schreiben: „J'ai survécu le massacre du 3.."[211]

e) Betrachtungen über die Schlacht bei Torgau

Napoleon I. hat über die Schlacht bei Torgau ein vernichtendes Urteil gefällt: „In dieser Schlacht hat Friedrich sowohl im Entwurf des Planes als auch in seiner Ausführung die Kriegsgrundsätze verletzt: von allen seinen Schlachten ist es diese, in der er die meisten Fehler gemacht hat; es ist die einzige, in der er kein

---

9. Nov. 1760 datiert. Auch sie berechnen den Gesamtverlust der Preußen auf etwa 17000 Mann (hier ist der Verlust der Artillerie mit 598 Mann angegeben). Die ansonsten erheblichen Unterschiede zur Verlustliste von 1879 finden ihre Erklärung in der frühen Datierung der Süßenbachschen Listen. Sicher sind danach noch zahlreiche Verwundete gestorben, Versprengte zurückgekehrt und Gefangene geflohen.

[208] Vgl. Jihn S. 136 und die Bemerkungen bei Daniels S. 40-42.

[209] Verlustliste Sp. 1439.

[210] Die Angaben nach Jihn S. 136f. Die Offizierverluste sind bei ihm nur insgesamt aufgeführt. Wie die Zahlen der preußischen Verluste dürfen auch diese Angaben nur als Annäherungswerte verstanden werden.

[211] Berenhorst, Nachlaß II, S. 149, Berenhorst an den Fürsten Franz Leopold von Anhalt-Dessau am 5. Nov. 1760.

Feldherrntalent bewiesen hat."[212] Für Eberhard Kessel ist Torgau dagegen nicht weniger als „...die modernste Schlacht des 18. Jahrhunderts."[213] Wie aber konnte der König, ohne sein Feldherrntalent zu beweisen, die modernste Schlacht des 18. Jahrhunderts schlagen und noch dazu gewinnen? Um diese etwas zugespitzte Frage zu beantworten, muß man den Verlauf der Schlacht bei Torgau genauer analysieren.

Die Ausgangslage war für den König äußerst ungünstig. Er hatte sich durch falsche Meldungen über den Standort des Gegners dazu bestimmen lassen, mit der Armee nach Schildau zu rücken. Dort erst erfuhr er von Dauns tatsächlicher Stellung auf den Süptitzer Höhen, die jedoch von Schildau, also von Süden aus nicht direkt angreifbar waren. Wollte er vermeiden, daß der Feldmarschall sich erneut der Schlachtentscheidung entzog, die der König mit vollem Recht für das einzige Mittel hielt, die Österreicher noch vor der Winterruhe wieder aus Sachsen zu vertreiben, dann mußte er nach einer Möglichkeit suchen, trotz seiner ungünstigen Ausgangsposition einen erfolgversprechenden Angriff gegen die Süptitzer Höhen vorzutragen.

Der Plan, die Armee zu teilen und den ostwärtigen Flügel der gegnerischen Stellung gleichzeitig von Norden und von Süden anzugreifen, kann grundsätzlich nur als geniale taktische Lösung dieser Aufgabe bezeichnet werden. Zum einen war bei der geringen Tiefe der Stellung damit zu rechnen, daß die österreichische Linie einem Angriff von zwei Seiten nicht lange standhielt und dann von der Flanke aus aufgerollt werden konnte, und zum anderen konnten die Österreicher dem Angriff aus dem Norden nicht ausweichen, da der zweite preußische Armeeflügel ihnen den Rückzug verlegte. Gelang der Plan, dann drohte der österreichischen Armee die Vernichtung.

Der König war jedoch von falschen Voraussetzungen ausgegangen. Auf dem Torgauer Ratsweinberg, wo die beiden preußischen Armeeflügel ihren Angriff ansetzen sollten, standen keine österreichischen Truppen, denn Daun hatte die Sicherung seiner einzigen Rückzugslinie über Torgau für so wichtig erachtet, daß er fast ein Drittel seiner Armee, das gesamte Korps Lacy, für diese Aufgabe einsetzte und es daher zwischen Zinna und dem Großen Teich postiert hatte. Darüber hinaus hatte der König die Marschgeschwindigkeit seiner Truppen falsch eingeschätzt. Vor allem die Kavallerie und die Artillerie kamen auf den engen und sandigen Waldwegen der Dommitzscher Heide kaum vorwärts, so daß schließlich zwischen dem Eintreffen der ersten und der letzten Truppenteile auf dem Schlachtfeld mehr als vier Stunden lagen.

Schon bei seinem Aufklärungsritt in das Neidensche Höschen muß dem König klargeworden sein, daß sein ursprünglicher Plan vollständig gescheitert war. Gerade jetzt zeigte sich aber sein Feldherrntalent. Mit dem „Coup d'oeil", jener Mischung aus Beobachtung, Beurteilung, Erfahrung und Instinkt, erfaßte

---

[212] Napoleon S. 455.
[213] Kessel, Quellen und Untersuchungen S. 1.

er sofort die neue Lage und erkannte, daß nur ein Angriff auf den westlichen Flügel der österreichischen Armee eine Aussicht auf Erfolg hatte.

Zwei folgenreiche Zufälle waren es dann im wesentlichen, die das katastrophale Scheitern der ersten preußischen Angriffe bedingten. Der erste Zufall war das unerwartet hitzige Gefecht Zietens an der Hohen Brücke und der Beginn seines Artillerieduells mit dem Korps Lacy. Das Geräusch von beiden Kampfhandlungen, heftiges Kleingewehrfeuer und ein anhaltender Kanonendonner, wurden durch den starken Südwind zum König getragen und mußten bei ihm den Eindruck hervorrufen, daß Zieten bereits mit der österreichischen Hauptarmee aneinandergeraten war. Da es durchaus möglich sein konnte, daß der Husarengeneral selbst der Angegriffene war, sah sich der König veranlaßt, diesem durch einen Entlastungsangriff zu Hilfe zu kommen, ohne noch lange auf die Kavallerie und die Artillerie zu warten.

Keinesfalls läßt seine Führung hier „…eine Zeitlang die sonstige kaltblütige Ruhe vermissen…"[214], wie es Duvernoy annahm, sondern der König erkannte die große Gefahr, die seiner Armee drohte, wenn die beiden getrennten Flügel einzeln geschlagen würden, und handelte dementsprechend. Der zweite unglückliche Zufall bestand darin, daß es den Österreichern nicht mehr gelungen war, ihre Reserveartillerie rechtzeitig über die Elbe zu schaffen. Erst dadurch wurde es möglich, die vorgehenden preußischen Grenadiere mit einem so starken Artilleriefeuer zu empfangen, daß sie vermutlich gar nicht bis auf Gewehrschußweite an die österreichische Linie herankamen.

Einmal begonnen, entwickelten sich dann beim König die verschiedenen Angriffe und Gegenangriffe fast in logischer Folge. Auch der massive und rücksichtslose Einsatz der Truppen beim zweiten Infanterieangriff war gerechtfertigt. Zum einen war er die einzige Möglichkeit, die selbst vorrückenden Österreicher abzuwehren, und zum anderen mußte der König jeden Augenblick mit dem Eintreffen der Kavallerie auf dem Schlachtfeld rechnen, was ihm zu diesem Zeitpunkt, als sich die preußischen Bataillone bereits auf den entscheidenden Höhen behaupteten, unzweifelhaft den Sieg gebracht hätte.

Zieten stand auf der anderen Seite der Süptitzer Höhen vor dem gleichen Problem wie der König. Statt wie geplant gegen den Torgauer Ratsweinberg vorstoßen zu können, traf er völlig unerwartet auf das zwischen Zinna und dem Großen Teich aufmarschierte Korps Lacy, das ihm sowohl den direkten Weg in den Rücken der österreichischen Hauptarmee versperrte als auch jede andere Bewegung, etwa gegen Süptitz oder Zinna, in der Flanke bedrohte. Zunächst hielt Zieten es daher mit Recht für das beste, Lacy gegenüber aufzumarschieren, diesen Gegner zu binden und die weitere Entwicklung abzuwarten.

Sehr früh begann er jedoch auch damit, seine Linie immer weiter nach links zu ziehen, um die Verbindung mit dem Armeeflügel des Königs, der dem Kampflärm nach in ein nachteiliges Gefecht verwickelt war, zu suchen. Auf die

---

[214] Duvernoy, Torgau Sp. 3213.

immer dringenderen Befehle des Königs hin gelang es ihm dann, sich sehr geschickt völlig von Lacy zu lösen, und nun ging er selbst zum Angriff gegen die Süptitzer Weinberge vor. Zunächst ohne großen Erfolg, ermöglichte es ihm dann der unverzeihliche Fehler der Österreicher, den Westrand der Höhen fast gänzlich von Truppen zu entblößen, auf die dominierenden Weinberge zu gelangen.

Zieten hatte damit seine Aufgabe als Führer eines selbständig agierenden Armeeflügels mit Bravour bewältigt. Angesichts einer unerwarteten Lage löste er sich sofort von der Disposition des Königs. Durch seinen Aufmarsch bannte er die unmittelbare Gefahr, die von der Flankenstellung des Korps' Lacy ausging, während er sofort danach durch sein verdecktes Linksziehen instinktiv das Richtige tat, um sein so dringend notwendiges Eingreifen in den Hauptkampf vorzubereiten.

Der entscheidende Erfolg des letzten preußischen Angriffs schließlich ist ein Beweis des hervorragenden Geistes im preußischen Offizierkorps und auch bei der Mannschaft. Zustandekommen und Durchführung dieses letzten Sturmes sind ganz wesentlich das Werk von Unterführern gewesen, wobei nur die Namen Hülsen, Gaudi, Lestwitz, Saldern und Moellendorff hier genannt sein sollen.

Großen Anteil an der Niederlage der Österreicher hatte deren eigene Führung. So hervorragend die Stellung auf den Süptitzer Höhen gewählt war, so wenig wurde getan, um sie wirklich sicher zu machen. Daun ließ weder Schanzen aufwerfen, noch den bereits vorhandenen Verhau verstärken. Schlimmer noch war, daß er die engen Defileen im Norden der Stellung nicht mit ausreichenden Kräften hatte besetzen lassen, wodurch es wahrscheinlich gar nicht erst zur Schlacht gekommen wäre. Versagt hat auch die sonst so ausgezeichnete österreichische Aufklärung am Tag der Schlacht. Zwar war der Umgehungsmarsch des Königs ebenso wie Zietens Vorrücken bemerkt worden, aber der Verlust des Regiments St. Ignon und das viel zu spät aufgeklärte Linksziehen Zietens sprechen nicht gerade für eine gute Übersicht über die Feindlage. Auch die Kommunikation zwischen der Hauptarmee und dem Korps Lacy muß als unzureichend beurteilt werden. Sowohl Daun als auch Lacy zeigten sich weitgehend außerstande, die Vorteile der „inneren Linie" zu nutzen. Zwei oder drei frische und voll aufmunitionierte Regimenter vom Korps Lacy hätten sicherlich ausgereicht, um Zieten rasch wieder von den Höhen zu vertreiben.

Hervorragendes leisteten die österreichischen Führer dagegen ohne Zweifel bei ihrem Rückzug mitten in der Nacht. Hier gelang es ihnen, dem König einen großen Teil seines Erfolges wieder unbemerkt aus der Hand zu nehmen.

Das rundet jedoch das Gesamtbild, das sich von den Leistungen beider Armeen und ihrer Befehlshaber zeichnen läßt, nur in der schon erwarteten Weise ab. Die Österreicher haben sich bei Torgau als Meister des Beharrens gezeigt, die die Defensive wie kaum eine andere Armee beherrschten. Auf die kühnen Improvisationen des Königs und Zietens und auf den Angriffsschwung der preußischen Truppen hatten sie jedoch keine Antwort. Unter höchster Belastung bewährte sich hier eine dynamische Führung durch Aufträge, die eben nicht nur auf den Roi-Connétable beschränkt blieb. Sie erwies sich letztlich erfolgreicher als die ausgefeilte und starre, auf Sicherheit und Beharren ausgelegte Taktik Dauns, für die das allzu große Gewicht, das der Sicherung des Rückzugsweges beigemessen wurde, bezeichnend war.

7. Das Ende des Feldzuges in Sachsen

a) Die ersten Tage nach der Schlacht

Nachdem der zur Aufklärung mit seinen Husaren vorgegangene Oberst v. Kleist gemeldet hatte, daß die Österreicher nicht nur die Süptitzer Höhen, sondern auch die Stadt Torgau vollständig geräumt hatten, ließ der König die Armee auf dem Schlachtfeld antreten, um sie zu ordnen und eine Linie zu formieren. Danach schlugen die Truppen ein Lager auf, das sich von den Süptitzer Weinbergen bis nach Neiden erstreckte. An eine ernsthafte Verfolgung des Gegners war nicht zu denken, da die Soldaten und die Pferde völlig erschöpft waren. Zudem mußte eine neue Ordre de Bataille befohlen werden, da teilweise ganze Brigaden auf die Stärke eines Bataillons zusammengeschmolzen waren.

Generalleutnant v. Hülsen wurde mit 10 Bataillonen und 26 Eskadrons nach Torgau geschickt, um die Stadt zu besetzen, in der der König am Nachmittag sein Hauptquartier aufschlug[215]. Auf dem Schlachtfeld kümmerten sich indessen die preußischen Ärzte und Feldscherer um die zahllosen Verwundeten beider Armeen, wie es ihnen der König ausdrücklich befohlen hatte[216]. Auch am 5. November blieb das Lager auf den Süptitzer Höhen stehen. Der ganze Tag wurde darauf verwandt, Waffen und Gerät, vor allem bei der Artillerie, wieder instandzusetzen und die Marschbereitschaft für den kommenden Morgen herzustellen. Nachmittags um zwei Uhr trat die Armee an, die Kavallerie zu Pferd, und schoß Viktoria für den so schwer errungenen Sieg[217]. Gegen Abend trafen die bei Düben und Eilenburg mit der Bäckerei und dem Pontontrain

---

[215] Vgl. Gaudi 1760 II, S. 685 und S. 692. — Hülsens Detachement bestand aus den InfRgt Alt-Schenckendorff, Markgraf Karl, Hülsen und Dohna (je 2 Btl), 1 Btl Alt-Sydow und aus 1 GrenBtl, das aus den Trümmern der ehemaligen Brigade Braun formiert worden war. Dazu kam die Kavallerie des Oberst v. Kleist (16 Esk) sowie die DragRgt Normann und Czettritz (je 5 Esk). — Gaudi erwähnt hier und in der neuen Ordre de Bataille (S. 695) nur 1 Btl Hülsen, während Süßenbach, HS 3167 I, Nr. I, Journal 1760, Bl. 84v und das Hauptjournal 1760, S. 243 eindeutig 2 Btl angeben. Hier handelt es sich entweder um einen Irrtum, oder Gaudi spricht das bereits vor der Schlacht schwache Regiment, das jetzt keine 800 Mann mehr zählte, als Bataillon an. Vgl. Süßenbach HS 3167 II, Nr. IX, Lager-Listen etc., Bl. 55v/56r, Tagesliste der Infanterie vom 31. Okt. 1760 sowie ebd. Nr. X, General-Listen etc., Bl. 90r, Abgangsliste der Infanterie bei Torgau vom 9. Nov. 1760.

[216] Vgl. Tempelhoff IV, S. 312. — Die weitere Versorgung der österreichischen Verwundeten ließ jedoch sehr zu wünschen übrig. Vgl. dazu Thadden S. 437f.

[217] Vgl. Tagebuch eines Feldpredigers S. 210.

zurückgelassenen Einheiten und Verbände im Lager bei Torgau ein[218], und es wurde sofort mit dem Bau einer Brücke über die Elbe begonnen.

Bereits am Nachmittag brach der Generalleutnant Graf Wied mit einer starken Avantgarde von 9 Bataillonen und 46 Eskadrons auf, um auf dem linken Elbufer dem Korps Lacy zu folgen[219]. Dabei kam es bei Schirmenitz zu einem Gefecht zwischen der preußischen Kavallerie unter dem Generalmajor v. Krockow und etwa 2000 Reitern des österreichischen Korps' Brentano, die rasch vertrieben wurden. Von einigen Kriegsgefangenen erfuhr Wied, daß das Korps Lacy eine Stellung bei Strehla bezogen hatte, doch wegen der vorgerückten Zeit konnte an diesem Tag nichts mehr gegen ihn unternommen werden[220].

Die österreichische Hauptarmee hatte sich unterdessen unter dem Kommando des Generals O'Donell auf dem rechten Elbufer über Koßdorf nach Glaubitz zurückgezogen, wo sie hinter dem Floßgraben am 5. November ein Lager bezog. Das Korps Beck blieb zunächst bei Koßdorf stehen[221]. Noch am Abend der Schlacht hatte Daun einen Befehl an den Prinzen von Zweibrücken gesandt, sämtliche regulären österreichischen Truppen der Reichsarmee unverzüglich nach Nossen in Marsch zu setzen. Mit 10 Bataillonen und 15 Eskadrons rückte der Feldzeugmeister Graf Macquire daher am 4. November aus dem Lager bei Mittweida ab. Die durch diese Abgabe stark geschwächte Reichsarmee wollte zunächst noch dort stehenbleiben, bei drohender Gefahr jedoch auf Chemnitz und Zwickau zurückgehen[222].

Lacy war über seine Verfolger gut unterrichtet und hatte sich noch in der Nacht zum 6. November auf die Anhöhen bei Riesa zurückgezogen. Dort erwartete er den preußischen Angriff. Schon bald zeigte sich die Avantgarde, die aus den Normann-, Czettritz- und Krockow-Dragonern sowie den Möhring-Husaren unter der Führung des Generalmajors v. Krockow bestand, vor den Höhen. Eine etwa 300 Mann starke Aufklärungsabteilung dieser Truppen warf Lacy beim Defilee von Gröba mit Artillerie und Kavallerie zurück, wobei er 62 Gefangene machte. Ohne sich dann jedoch auf ein größeres Gefecht mit der

---

[218] Dazu gehörten auch das Btl Hessen-Kassel und das FreiBtl Quintus, die als Besatzung in Leipzig zurückgelassen worden waren. Sie wurden durch 2 Btl Itzenplitz und das 2. Btl Horn unter Major Keller abgelöst. Vgl. Gaudi 1760 II, S. 692f.

[219] Vgl. Süßenbach HS 3167 I, Nr. I, Journal 1760, Bl. 85r. — Die Avantgarde bestand aus den InfRgt Syburg, Lestwitz, Wied und Hülsen (je 2 Btl), dem FreiBtl Salenmon, den DragRgt Normann, Czettritz und Krockow (je 5 Esk), dem HusRgt Möhring (10 Esk), 1 Btl Dingelstedt-Husaren (5 Esk) und der Kavallerie des Oberst v. Kleist (16 Esk).

[220] Vgl. Süßenbach HS 3167 I, Nr. I, Journal 1760, Bl. 85v und GStA Merseburg, Rep. 96, Geheimes Zivilkabinett, Nr. 87, Bb 3, Bl. 100r, Krockow an den König am 6. Nov. 1760.

[221] Vgl. KA Wien, AFA 1760, Hauptarmee, 13, 1, Journal der Hauptarmee unter Daun vom 4.-6. Nov. 1760.

[222] Vgl. KA Wien, AFA 1760, Reichsarmee, 13, 1, Bl. 95v, Journal der Reichsarmee vom 3. Nov. 1760, ebd. AFA 1760, Hauptarmee 11, 103, Zweibrücken an Daun am 5. Nov. 1760, sowie Gaudi 1760 II, S. 697.

nachrückenden preußischen Infanterie einzulassen, räumte der Feldzeugmeister seine Stellung und zog sich in Richtung auf Meißen zurück, während Wied bei Riesa stehenblieb[223].

b) Die Verfolgung der Österreicher und deren Rückzug hinter den Plauenschen Grund

Am 6. brach auch die preußische Hauptarmee aus dem Lager bei Torgau auf und marschierte bis in das Gebiet zwischen Dahlen und Strehla. In der Stadt blieben die Grenadiere der ehemaligen Brigade Braun, die jetzt 2 Bataillone formierten, als Besatzung zurück. Generalleutnant Prinz von Württemberg ging mit 8 Bataillonen und 23 Eskadrons über die Elbe und rückte bis Zschackau vor. Er hatte den Auftrag, zunächst das Korps Beck zu vertreiben und sich dann in die Mark Brandenburg zu wenden, um den Streifereien der Russen jenseits der Oder ein Ende zu machen.

Die Österreicher hatten sich zwar bereits zurückgezogen, doch gelang es dem Prinzen am 7. durch rasches Zugreifen noch, bei Koßdorf ein kleines Nachkommando aufzuheben und in den umliegenden Ortschaften über 300 Versprengte und Verwundete gefangenzunehmen. Am folgenden Tag zeigte sich nichts mehr vom Feind. Der Generalleutnant ließ daher am 9. November befehlsgemäß die Bayreuth-Dragoner und die Dingelstedt-Husaren bei Koßdorf stehen und brach mit dem Rest seiner Truppen in die Mark auf[224].

Die preußische Armee, für die am 7. eine neue Ordre de Bataille befohlen worden war, trieb das Korps Lacy vor sich her. Am 8. November erreichte sie Meißen, die Avantgarde, deren Kommando der General v. Zieten übernommen hatte und die noch durch dessen Husarenregiment verstärkt worden war, lagerte bei Wilsdruff[225]. Die österreichische Hauptarmee hatte sich unterdessen über Großdobritz auf Dresden zurückgezogen. Dort überschritt sie am 8. die Elbe und bezog die bewährte Stellung hinter dem Plauenschen Grund. Noch am gleichen Abend rückte auch das Korps Lacy in das praktisch uneinnehmbare Lager ein. Ebenfalls am 8. erreichte der Feldzeugmeister Graf Macquire mit seinen Truppen Dippoldiswalde, wo er Verbindung mit den Hauptkräften hatte und die linke Flanke des Plauener Lagers deckte. Nur das Korps Beck stand noch rechts der Elbe und beobachtete den Fluß auf der Höhe von Meißen[226].

---

[223] Vgl. Gaudi 1760 II, S. 693f.

[224] Vgl. Süßenbach HS 3167 I, Nr. I, Journal 1760, Bl. 86r-87r, Gaudi 1760 II, S. 694 und 697 sowie PC XX, Nr. 12469 und 12471, S. 60f., Der König an den Prinzen von Württemberg am 7. und 8. Nov. 1760. — Das Detachement bestand aus den InfRgt Lehwald, Dohna und Kanitz (je 2 Btl), je 1 Btl Hessen-Kassel und Grabow, den DragRgt Bayreuth (10 Esk) und Plettenberg (5 Esk) sowie 5 Esk Dingelstedt- und 3 Esk Werner-Husaren.

[225] Vgl. Gaudi 1760 II, S. 695-697.

[226] Vgl. KA Wien, AFA 1760, Hauptarmee, 13, 1, Journal der Hauptarmee unter Daun vom 6.-8. Nov. 1760.

Auf eine Mitwirkung der Reichsarmee bei den weiteren Operationen hoffte General O'Donell vergeblich. Am 6. hatte er den Prinzen von Zweibrücken aufgefordert, nach Freiberg zu marschieren, um die Verbindung mit dem Korps Lacy und Macquire aufrechtzuerhalten. Nach der Abgabe seiner österreichischen Truppenteile hatte der Reichsfeldmarschall jedoch jeglichen Kampfeswillen verloren. Er ließ seine Armee von Mittweida nach Chemnitz zurückgehen, wo sie Kantonierungsquartiere bezog. Am 8. November meldete sich der Prinz von Zweibrücken dann krank und reiste schon am folgenden Tag nach Karlsbad ab, nachdem er das Kommando an den österreichischen Feldmarschalleutnant v. Hadik übergeben hatte[227].

Der König hoffte zu dieser Zeit noch, daß die Österreicher Sachsen räumen würden und erhöhte daher den Druck auf Dresden und das Plauener Lager[228]. Zietens Avantgarde wurde am 10. durch 9 weitere Bataillone verstärkt und ging am folgenden Tag von Wilsdruff über den Zschoner Grund bis auf die Höhe von Altfranken und Gorbitz vor. Oberst v. Kleist schob seine Vorposten sogar bis in den Tharandter Wald und an die wichtige Straße von Freiberg nach Dresden vor[229].

Am 12. November folgte der König mit dem Rest der Armee über die Triebisch und ging bis Wilsdruff vor. Generalmajor v. Queiß blieb mit 4 Bataillonen und 8 Eskadrons bei Meißen zurück. Mit diesen Truppen ging er am 13. über die Elbe, um die Verbindung mit Torgau gegen das Korps Beck zu decken. Dabei gelang es am 15. dem Major v. Wuthenow mit 300 Möhring-Husaren, die gegnerischen Vorposten aus Weinböhla und Kötzschenbroda zu vertreiben und einige Gefangene zu machen[230].

Der König hatte unterdessen am 13. November Dresden zur Übergabe aufgefordert, jedoch ohne jeden Erfolg. Die Österreicher beorderten zwar ein starkes Korps unter Feldmarschalleutnant Campitelli zur Verstärkung der Besatzung der Stadt aus der Ober-Lausitz heran, blieben aber ruhig hinter dem Plauenschen Grund stehen[231]. Am 15. wurde das Wetter schließlich so schlecht,

---

[227] Vgl. KA Wien, AFA 1760, Hauptarmee, 11, 112 und 123, O'Donell an den Prinzen von Zweibrücken am 6. Nov. 1760 und der Prinz an O'Donell am 8. Nov. 1760, sowie ebd. AFA 1760, Reichsarmee, 13, 1, Bl. 96r-98r, Journal der Reichsarmee vom 6.-9. Nov. 1760.

[228] Vgl. PC XX, Nr. 12479 und 12481, S. 67-69, Der König an Goltz am 8. und an den Prinzen von Württemberg am 9. Nov. 1760.

[229] Vgl. Gaudi 1760 II, S. 697f. — Die Verstärkung bestand aus den InfRgt Diericke, Grant, Salmuth und Jung-Sydow (je 2 Btl) und 1 Btl Alt-Sydow.

[230] Vgl. Gaudi 1760 II, S. 698. — Das Detachement bestand aus je 1 Btl Markgraf Karl, Prinz Heinrich und Ramin, und Bevern, dem FreiBtl Quintus, 5 Esk Meyer-Dragonern (Seit dem 9. Nov. 1760 war der Generalmajor v. Meyer Chef des ehemaligen Dragonerregiments Schorlemer.) und 300 Möhring-Husaren. Süßenbach, HS 3167 I, Nr. I, Journal 1760, Bl. 90v nennt den 18. Nov. als Datum des Gefechts, doch diese Zahl ist vermutlich verschrieben.

[231] Vgl. PC XX, Nr. 12495 und 12496, S. 79, Der König an Hülsen und an Zieten am 13. Nov. 1760, sowie KA Wien, AFA 1760, Hauptarmee, 11, 135, Meldung Simbschen aus

daß der König gezwungen war, seine Truppen in Kantonierungsquartiere zwischen Nossen, Wilsdruff und Meißen zu legen, wo an diesem Tage auch das Dragonerregiment Bayreuth wieder zur Armee stieß. Auch die Österreicher bezogen daraufhin feste Quartiere[232]. Die Ausnutzung der Schlacht bei Torgau fand damit ihr Ende. Sein großes Ziel, die Vertreibung Dauns aus Sachsen, hatte der König nicht erreicht.

c) Letzte Operationen in Sachsen — Winterquartiere

Noch immer war der Feldzug in Sachsen für die Preußen nicht beendet, denn vor dem Einrücken in die Winterquartiere wollte der König noch die bei Chemnitz stehende Reichsarmee vertreiben. Zu diesem Zweck wurde am 18. November der Generalleutnant v. Hülsen mit einem Korps von 16 Bataillonen und 54 Eskadrons in Marsch gesetzt, denen sogleich noch 4 weitere Bataillone unter dem Generalleutnant v. Forcade als Reserve folgten[233]. Die Truppen gingen zügig über Nossen nach Mittweida vor, wo sie am 20. die Zschopau überschritten.

Die Reichsarmee befand sich nach dem Abzug des österreichischen Kontingents in einem desolaten Zustand. Dennoch beabsichtigte Feldmarschalleutnant v. Hadik zunächst, Chemnitz zu halten, und richtete sich vor der Stadt zur Verteidigung ein. Am 19. und 20. mehrten sich jedoch die Meldungen der gegen die Freiberger Mulde vorgeschobenen Vorposten, die von bedrohlichen Bewegungen der preußischen Armee berichteten. Sie brachten Hadik schließlich dazu, an der sicheren Absicht des Königs, „die Kayserliche und Reichs-Executions-Armee mit Übermacht anzufallen, und das gantze Ertz-Gebürge bey der Entfernung der bey Dresden in dem Plauischen Lager stehenden Kayserlich-Königlichen-Armee einzunehmen, nicht mehr zu zweiffeln," wie es im Journal der Reichsarmee heißt[234].

Auf einen Kampf mit diesem Gegner konnte sich der Feldmarschalleutnant in keinem Fall einlassen. Nachdem er seine Vorposten eingezogen und einen Teil der Artillerie schon vorausgeschickt hatte, setzte er sich am 21. November mit

---

Dresden vom 13. Nov. 1760 und ebd. AFA 1760, Hauptarmee, 11, 140 und 141, O'Donell an Campitelli am 13. und 14. Nov. 1760.

[232] Vgl. Gaudi 1760 II, S. 698.

[233] Vgl. Gaudi 1760 II, S. 700. — Das Korps bestand aus den GrenBtl Anhalt/Hacke, Alt-Billerbeck/Nimschöfsky, Rathenau/Jung-Billerbeck und Baer/Falkenhayn, den InfRgt Syburg, Zeuner, Grant und Salmuth (je 2 Btl), Forcade, Alt-Braunschweig und Hülsen (je 1 Btl), dem FreiBtl Salenmon, den KürRgt Markgraf Friedrich und Schmettau (je 5 Esk), den DragRgt Bayreuth, Meyer (je 10 Esk) und Jung-Platen und Württemberg (3 Esk), der Kavallerie des Oberst v. Kleist (16 Esk) und 5 Esk Dingelstedt-Husaren. Die Reserve bildeten je 1 Btl Wedell, Queiß, Manteuffel und Goltz.

[234] KA Wien, AFA 1760, Reichsarmee, 13, 1, Bl. 101v, Journal der Reichsarmee vom 20. Nov. 1760. Vgl. auch ebd. AFA 1760, Hauptarmee, 11, 200a, Hadik an O'Donell am 21. Nov. 1760 (Kopie).

seinen Truppen nach Zwickau ab. Der bei Altenburg postierte General v. Kleefeld zog sich am gleichen Tag auf Crimmitschau zurück. Hülsen rückte in Chemnitz ein und konnte bei Gefechten mit der Nachhut der Reichsarmee noch 80 Gefangene machen. Sein Auftrag war damit erfüllt, und er verfolgte Hadik nicht weiter, der sich in schnellen Märschen über Oelsnitz nach Hof zurückzog, wo er am 24. November eintraf. Von hier aus ging die Reichsarmee in die Winterquartiere, die bis nach Saalfeld ausgedehnt wurden[235].

Auch Hülsen ließ jetzt einen beträchtlichen Teil seines Korps' in die Winterquartiere gehen, denn die Witterung wurde mit jedem Tag rauher, und größere Operationen waren nicht mehr zu erwarten. Die 4 Grenadierbataillone, das Dragonerregiment Meyer und 2 Eskadrons Dragoner sowie 4 Eskadrons Husaren von Kleist fanden in Chemnitz und den umliegenden Dörfern Platz und standen unter dem Kommando des Generalmajors v. Linden. Je 1 Bataillon Forcade und Alt-Braunschweig wurden in Roßwein, die Kürassierregimenter Markgraf Friedrich und Schmettau bei Rochlitz und Glauchau untergebracht. Der Generalleutnant v. Forcade blieb mit seinen 4 Bataillonen zunächst in Mittweida stehen. Mit dem Rest seines Korps', 9 Bataillonen und 23 Eskadrons, marschierte Hülsen nach Freiberg, wo er am 25. November eintraf.

Hier erreichte ihn ein neuer Befehl des Königs, in die Gegend von Frauenstein und Pretzschendorf südlich von Freiberg zu rücken. Sämtliche Lebensmittel und Fourage aus dem Gebiet zwischen der Weistritz und der Freiberger Mulde sollten fortgeschafft werden, damit die Österreicher weder ihre eigenen Winterquartiere dort nehmen, noch die preußischen von da aus beunruhigen konnten[236]. Hülsen zog dazu zunächst den Generalleutnant v. Forcade mit 3 seiner Bataillone zu sich heran, das Bataillon Queiß blieb als Besatzung in Mittweida stehen.

Mit je 1 Bataillon Wedell und Manteuffel deckte dieser General Freiberg, während Hülsen am 27. mit den übrigen Truppen in das befohlene Gebiet vorrückte. Bei Klingenberg und bei Frauenstein kam es zu Gefechten mit österreichischen Vorposten, die rasch vertrieben wurden und dabei etwa 100 Mann an Gefangenen verloren. Daraufhin führte Hülsen seinen Auftrag bis zum 2. Dezember mit aller Gründlichkeit aus und marschierte am folgenden Tag mit den Truppen wieder nach Freiberg zurück[237]. Der über siebzigjährige General war nach diesem Unternehmen am Ende seiner Kräfte. Er litt ungemein unter seinen Verwundungen und bat den König wiederholt um seinen Abschied, der ihm jedoch nicht gewährt wurde[238].

---

[235] Vgl. Gaudi 1760 II, S. 702 f. sowie GStA Merseburg, Rep 96, Geheimes Zivilkabinett, Nr. 87, F 3, Bl. 97r-107r, Meldungen Hülsens an den König vom 19.-24. Nov. 1760.

[236] Vgl. Gaudi 1760 II, S. 704 und PC XX, Nr. 12528, S. 105, Der König an Hülsen vermutlich am 24. Nov. 1760.

[237] Vgl. GStA Merseburg, Rep. 96, Geheimes Zivilkabinett, Nr. 87, F 3, Bl. 111r-119r, Meldungen Hülsens an den König vom 25. Nov.- 3. Dez. 1760.

Am 26. November hatte der König das Detachement des Generalmajors v. Queiß wieder über die Elbe gehen lassen und zu sich herangezogen. Die Schiffbrücke bei Meißen war abgebrochen worden und nur 5 Eskadrons Dingelstedt-Husaren standen danach noch rechts des Flusses. Am 27. und 28. ging die preußische Armee hinter die Triebisch zurück. Nur ein kleines Beobachtungskorps unter dem Kommando des Generalmajors v. Ramin blieb bei Sora stehen[239]. Am 8. Dezember wurde schließlich mit den Österreichern die übliche Konvention über die Einhaltung der Winterruhe abgeschlossen. Die äußerste Grenze für die beiderseitigen Patrouillen sollte das Flüßchen Wilde Sau sein, die Stadt Wilsdruff wurde für neutral erklärt. Am 11. Dezember schlug der König sein Hauptquartier in Leipzig auf, während die Armee endgültig in die Winterquartiere rückte, die im Gaudi-Journal zutreffend angegeben werden[240]:

„Zu Zwickau das Frey-Bataillon Salenmon und 5 Escadrons Dingelstedt.

Zu Chemnitz und der Gegend unter Commando des General-Majors Linden die Grenadier-Bataillons Anhalt, Hacke, Alt-Billerbeck, Nimschefsky, Rathenau, Jung-Billerbeck, Baer und Falkenhayn, von welchen Zschopa mit 200 Mann besetzt wurde, 10 Escadrons Meyer, 4 Kleist und 2 leichte Dragoner.

Unter dem General-Lieutenant Hülsen 2 Bataillons Syburg, 2 Zeuner und 2 Hülsen in Freyberg, 2 Sallmuth in der Vorstadt und Freybergsdorf, 2 Grant in Brand, 6 Escadrons Kleist, 2 Frey-Husaren, 2 leichte Dragoner in Tuttendorf, Berthelsdorf, Erbisdorf und Sant Michael, die Dragoner von Bareuth, 3 Jung-Platen und Würtemberg auf denen Dörffern zwischen Heynichen, Oederan und Freyberg.

Unter dem General Zieten 2 Bataillons Bevern und 2 Ramin in Nossen, 1 Alt-Sydow, 2 Diereke, 2 Lestwitz, 2 Marggraf Carl und 2 Moritz in denen Dörffern zwischen Nossen und Meißen; hinter dieser Infanterie die Dragoner-Regimenter Czettritz, Normann und Krockow; vor ihr in denen Dörffern längst der Triebsche die Husaren von Möhring und das Frey-Bataillon Quintus; 2 Bataillons Prinz Preußen und 2 Alt-Stutterheim besatzten Meißen.

Unter dem General-Major Schenckendorff 2 Bataillons Jung-Sydow und 2 Jung-Stutterheim in Gera, die Grenadier-Bataillons Schwartz und Carlowitz in Zeitz; vor dieser Infanterie machten die Husaren von Zieten die Vorposten.

Unter dem General-Major Saldern, 2 Bataillons Garde, 1 Saldern und 2 Prinz Heinrich in Leipzig, woselbst der König sein Haupt-Quartier nahm.

Unter dem General-Lieutenant Forcade, 2 Bataillons Golze in Döbeln, 2 Queiß in Mittweyda, 2 Manteuffel in Roßwein und 2 Wedell in Waldheim.

---

[238] Vgl. ebd. Bl. 120r / v und 123r / v, Gesuche Hülsens an den König vom 6. und 8. Dez. 1760.

[239] Vgl. Gaudi 1760 II, S. 705. — Das Beobachtungskorps bestand aus dem InfRgt Diericke (2 Btl), je 1 Btl Wied und Alt-Sydow, dem DragRgt Normann (5 Esk) und dem HusRgt Möhring (10 Esk).

[240] Vgl. Hauptjournal 1760, S. 270.

Unter dem General-Major Braun 2 Bataillons Alt-Braunschweig und 2 Forcade in Altenburg.

Unter dem General-Major Jung-Stutterheim 2 Bataillons Wied und 1 Hauß in Naumburg an der Saale.

Zu Torgau die Grenadier-Bataillons Lubath, Heilsperg, Nesse, Beyer und Lossau.

Die Cürassiers bezogen folgende Quartiere: 3 Escadrons Garde du Corps bey Leipzig, 5 Gens d'armes bey Grimma und Wurtzen, 5 Carabiniers bey Merseburg, 5 Prinz Heinrich und 5 Seydlitz bey Weißenfels, 5 Spaen bey Pegau, 5 Schlabrendorff bey Rötha, Lobesstädt und Borna; 5 Schmettau bey Glaucha, 5 Marggraf Friedrich bey Rochlitz, 5 Leib-Regiment bey Langensaltza; 5 Escadrons Dingelstedt-Husaren verblieben auf der rechten Seite der Elbe in der Gegend von Torgau."[241]

Die gegnerischen Quartiere finden sich knapp zusammengestellt bei Tempelhoff: „Die östreichische Armee bezog die Winterquartiere in und um Dresden, und weiter rückwärts in Böhmen. Das Hauptquartier war in Dresden. In der Stadt und in den meisten Dörfern lag der größte Theil der Infanterie. Das Korps des General Macquire stand bei Dippoldiswalde und der General Lascy zwischen Dippoldiswalde und Dresden. Bei Altenberg und Lauenstein, der General Ayasassas mit 2 Infanterie-, 2 Kavallerie- und 2 Husarenregimentern. Bei Neudorf, auf der andern Seite der Elbe stand der General Beck mit Kroaten, Husaren und 2 Regimentern Dragoner. In Bautzen der General Vogelsang mit dem Regiment Jung-Modena. 500 Mann Infanterie und eben so viel Kavallerie machten die Postirung gegen die preußische Armee, unter dem Befehl des Fürsten Esterhazy."[242]

8. Das Ende des Feldzuges in Schlesien

a) Die Operationen Laudons
bis zur Aufhebung der Belagerung von Kosel

Bei seinem Abmarsch nach Sachsen hatte Daun den Feldzeugmeister Laudon mit einem Korps von 42 Bataillonen, 59 Grenadierkompanien und 91 Eskadrons, zusammen etwa 38 500 Mann, in Schlesien zurückgelassen. Mit diesen Truppen sollte eine der dortigen Festungen belagert werden, während die preußischen Hauptkräfte in Sachsen oder in der Mark Brandenburg engagiert waren[243]. Zunächst war Laudon jedoch zur Untätigkeit gezwungen, denn er

---

[241] Gaudi 1760 II, S. 705 f. Vgl. auch Süßenbach, HS 3169 III, Nr. XII, Unvollständige Nachrichten, Bl. 30r-32r, Winterquartiere der preußischen Armee in Sachsen 1760/61.

[242] Tempelhoff IV, S. 324. Vgl. auch KA Wien, AFA 1760, Hauptarmee, 13, 1, Journal der Hauptarmee unter Daun vom 9. Nov.-Ende 1760.

[243] Vgl. Jihn S. 143 und Janko S. 212.

mußte die Entscheidung des Hofkriegsrates in Wien abwarten, welche der schlesischen Festungen angegriffen werden sollte. Er selbst befürwortete auf Anraten seines hervorragenden Ingenieuroffiziers Gribeauval ein Vorgehen gegen die kleine Festung Kosel, denn für eine langwierige Belagerung war die Jahreszeit bereits zu weit fortgeschritten, zumal auch noch keine Vorbereitungen getroffen worden waren. Doch am 12. Oktober stand er noch immer bei Hohenfriedeberg und wartete auf den entscheidenden Befehl aus Wien[244].

Die erzwungene Ruhepause tat seinem Korps gut. Die Zahl der Dienstfähigen stieg so stark an, daß 8 Bataillone und 2 Eskadrons zusätzlich aufgestellt werden konnten. Da aber jeder weitere Tag die Erfolgsaussichten einer Unternehmung in Schlesien verminderte, entschloß sich Laudon am 12. zum Abmarsch in Richtung auf Neiße und Kosel. Nur diese beiden Festungen kamen für eine Belagerung noch im laufenden Jahr seiner Meinung nach in Frage.

Feldmarschalleutnant v. Wolfersdorff wurde mit 15 Bataillonen und 12 Eskadrons, zusammen etwa 10 200 Mann, bei Kunzendorf zurückgelassen, um Schweidnitz zu beobachten und Landeshut und die Grafschaft Glatz zu decken. 3 von diesen Bataillonen bekamen den Auftrag, zusammen mit 23 Eskadrons leichter Kavallerie unter dem Feldmarschalleutnant v. Nauendorff über Liegnitz auf Parchwitz vorzurücken, um einen großen preußischen Transport von 600 Wagen abzufangen, der in diesen Tagen von Breslau zur Armee des Königs abgehen sollte. Weiterhin wurde Feldmarschalleutnant v. Botta mit 3 Grenadierbataillonen, dem Dragonerregiment Sachsen-Gotha vom Korps Wolfersdorff und 5 Kompanien Grenadiere zu Pferd nach Breslau detachiert, um das dortige Heumagazin in Brand zu setzen[245].

Mit dem Rest seines Korps' brach Laudon am 13. Oktober von Hohenfriedeberg aus auf und marschierte über Striegau, Reichenbach, Frankenstein, Münsterberg und Zülz nach Kosel, wo er am 21. eintraf. Unterwegs wurden noch weitere Kontingente detachiert. 4 Bataillone, 2 Grenadierkompanien und 2 Eskadrons gingen zur Deckung der Pässe und wichtiger Durchgangsstraßen in die Grafschaft Glatz, 3 Bataillone, 1 Grenadierkompanie und 12 Eskadrons beobachteten Neiße. 2 Bataillone und 1 Eskadron blieben bei Zülz zur Deckung des Marsches der Belagerungsartillerie, und eine Abteilung von 2 Kompanien und 2 Eskadrons beobachtete Breslau[246]. Auf dem Marsch hatte der Feldzeugmeister endlich das kaiserliche Schreiben aus Wien mit dem Befehl zur Belagerung Kosels erhalten[247].

---

[244] Vgl. KA Wien, AFA 1760, Hauptarmee, 10, 122, Laudon an Daun am 12. Okt. 1760.

[245] Vgl. KA Wien, AFA 1760, Hauptarmee, 13, 3, Journal des Korps' Laudon vom 7.-12. Okt. 1760, sowie Jihn S. 143.

[246] Zu den Detachierungen vgl. Jihn S. 143, Anm. 3.

[247] Wann genau das Schreiben eintraf, läßt sich nicht feststellen. Am 19. Okt. meldete Laudon an Daun den heutigen Erhalt der Entscheidung aus Wien, KA Wien, AFA 1760, Korps Laudon, 10, 31, doch bereits am 17. Okt. hatte er ebenfalls Daun mitgeteilt, daß er

Die kleine Festung an der Oder stand unter dem Kommando des Generalleutnants v. Lattorf. Die Besatzung bestand zum größten Teil aus angeworbenen Gefangenen oder eingestellten Deserteuren und war insgesamt nur 4 Bataillone, also etwa 1 500 Mann stark. Sie wurde jedoch von hervorragenden Offizieren, darunter etwa der Major v. Arnswald, geführt. Zudem befand sich die Festung in einem verteidigungsbereiten Zustand, und ihr Kommandant war fest entschlossen, sie solange wie möglich zu halten[248].

Laudon hatte nach den zahlreichen Detachierungen noch 33 Bataillone und 41 Eskadrons, zusammen etwa 21 500 Mann, bei sich[249], mit denen er bis zum 22. Oktober die Stadt auf beiden Oderufern vollständig einschloß. An den beiden folgenden Tagen ließ er eine große Anzahl von Faschinen herstellen und Bohlen und Bretter herbeischaffen, um die Belagerung vorzubereiten. Zu dieser Zeit begannen jedoch anhaltende Regenfälle, die allmählich das gesamte Gelände um Kosel unter Wasser setzten. Unter diesen Umständen war es zu gefährlich, die schwere Belagerungsartillerie vor der Festung in Stellung zu bringen, denn es konnte Tage dauern, sie anschließend wieder aus dem Morast zu ziehen. Bei einem Entsatz der Stadt wäre sie dann verloren gewesen[250].

Dennoch war Laudon zunächst zuversichtlich, innerhalb von zehn oder zwölf Tagen die Übergabe der Festung erzwingen zu können[251]. In der Nacht auf den 25. sollte ein Überraschungsangriff den erhofften Erfolg bringen, doch die rechtzeitige Alarmierung der Verteidiger ließ dieses Unternehmen schon im Ansatz scheitern. In der folgenden Nacht fand dann ein erster Sturmversuch statt, doch die Preußen waren wiederum auf dem Posten und schlugen die an verschiedenen Stellen vorgetragenen Angriffe mit Bravour zurück. Hierbei tat sich der Major v. Arnswald als kommandierender Offizier in der Tète du Pont besonders hervor. Erfolglos versuchte Laudon, die Moral der Besatzung zu untergraben, indem er sie auf Handzetteln zur Fahnenflucht aufforderte und den österreichischen Deserteuren einen Generalpardon anbot[252].

Nach den bisherigen Mißerfolgen sollte die Nacht auf den 27. Oktober endlich die Entscheidung bringen. Den ganzen Tag über betrieben die Österreicher eine intensive Gefechtsaufklärung rund um die Festung, was der Kommandant

---

morgen zur Belagerung von Kosel aufbrechen wolle, ebd., AFA 1760, Hauptarmee, 10, 164. Der Befehl selbst ist am 12. Okt. in Wien ausgefertigt worden, ebd., AFA 1760, Hauptarmee, 10, 124 und ad 124.

[248] Vgl. Tempelhoff IV, S. 316, Gaudi 1760 II, S. 708 sowie Danziger Beiträge XI, S. 658 f., Tagebuch der Belagerung von Kosel.

[249] Die Zahlen bei Jihn S. 143.

[250] Vgl. das Schreiben Laudons an Kaunitz am 28. Okt. 1760, abgedruckt bei Janko S. 215.

[251] Vgl. KA Wien, AFA 1760, Hauptarmee, 10, 228, Laudon an Beck am 23. Okt. 1760.

[252] Vgl. Danziger Beiträge XI, S. 658 f., Tagebuch der Belagerung von Kosel, sowie GStA Merseburg, Rep. 96, Geheimes Zivilkabinett, Nr. 88, A 2, Bl. 100r-101v, Bericht Lattorfs an den König vom 3. Nov. 1760.

richtig als die Vorbereitung eines erneuten Angriffs deutete. Kurz nach Mitternacht begann eine heftige Beschießung der Stadt, auf die mehr als 500 Granaten abgefeuert wurden. Das Feuer konzentrierte sich dabei auf die Tête du Pont, wo auch bald ein Fouragemagazin und einige Wachgebäude in Flammen aufgingen. Auch in der Stadt wurden verschiedene Häuser in Brand geschossen. Während der Beschießung, die mit einer kurzen Unterbrechung bis gegen fünf Uhr morgens anhielt, versuchten Kroaten und reguläre österreichische Infanterie mehrfach, in die Festung einzudringen, doch sie wurden mit erheblichen Verlusten überall zurückgeschlagen[253].

Während Lattorf den 27. nutzte, um die beschädigten Wälle und Palisaden wieder instandzusetzen, erfuhr Laudon an diesem Tag von der Annäherung des Korps' Goltz. Gegenüber so starken Entsatzkräften war eine Fortsetzung der Belagerung von Kosel nicht mehr möglich. Der Feldzeugmeister entschloß sich daher, die angeforderte Belagerungsartillerie umkehren zu lassen und Goltz entgegenzutreten[254]. In der Nacht auf den 28. Oktober fand noch ein matter Sturmversuch statt, der aber ebenso abgeschlagen wurde wie die vorhergegangenen. Am Morgen ließ Laudon das Lager abbrechen, und nachdem die zahllosen Faschinen und anderes Gerät verbrannt worden waren, setzte er sich mit seinem Korps nach Ober-Glogau in Marsch, wo er am 29. Oktober eintraf. Die Belagerungsgeschütze wurden nach Olmütz und Freudenthal zurückgebracht[255].

Die Unternehmung gegen Kosel war somit vollständig fehlgeschlagen, ohne daß man Laudon dafür verantwortlich machen kann. Die Schuld lag einmal mehr bei dem starren österreichischen Führungssystem, das durch den Befehlsvorbehalt des Hofkriegsrates in Wien nicht fähig war, auf Lageänderungen schnell genug mit neuen operativen Entscheidungen zu reagieren. Der König war dagegen über den Ausgang der Belagerung hocherfreut und sparte nicht mit Lob für den Generalleutnant v. Lattorf, seine Offiziere und die Besatzung von Kosel[256].

b) Die Ereignisse vom Eintreffen des Korps' Goltz bis zum Einrücken in die Winterquartiere

Generalleutnant v.d. Goltz war am 18. Oktober mit 16 Bataillonen und 35 Eskadrons von der Armee des Königs aus der Gegend von Lübben nach Schlesien zurückgesandt worden, um die weiteren Operationen der Russen und

---

[253] Vgl. Danziger Beiträge XI, S. 659-661, Tagebuch der Belagerung von Kosel, sowie GStA Merseburg, Rep. 96, Geheimes Zivilkabinett, Nr. 88, A 2, Bl. 101v-102v, Bericht Lattorfs an den König vom 3. Nov. 1760.

[254] Vgl. KA Wien, AFA 1760, Korps Laudon, 10, 53, Laudon an Beck am 27. Okt. 1760 und ebd., AFA 1760, Hauptarmee, 10, 261, Laudon an Daun am 27. Okt. 1760.

[255] Vgl. Danziger Beiträge XI, S. 661, Tagebuch der Belagerung von Kosel, sowie Janko S. 216.

[256] Vgl. PC XX, Nr. 12487, S. 72f., Der König an Lattorf am 11. Nov. 1760.

des Korps' Laudon zu beobachten und die Provinz nach Möglichkeit zu decken[257]. Das Gaudi-Journal dokumentiert die beeindruckende Marschleistung der Truppen: „Er hatte sein Corps (...) den 18. Oktober bey Vehro in der Nieder Lausitz versammlet, und war den 19. bis Cotbus marschiret, den 20. gieng er allhier über die Spree, und marschirte in zwey Colonnen nach Forst, wo er die Neiß passirte; den 21. rückte er bis Sommerfeld, und den 22. bis Christianstadt, bey welchem Orte er über den Bober gieng und allhier den 23. Rasttag machte. Den 24. gieng der Marsch in zwey Colonnen nach Neustädtel, in und um welchen Ort, nachdem bis hieher beständig campiret worden war, die Trouppen in die Quartiere gelegt wurden; den 25. setzten sie ihren Zug gegen Glogau fort und blieben den 26. und 27. in dieser Gegend stehen."[258]

Hier erfuhr der Generalleutnant sowohl von dem Rückzug der russischen Armee hinter die Warthe als auch von der Unternehmung Laudons gegen Kosel, und er entschloß sich, der Festung unverzüglich zu Hilfe zu kommen. Zunächst mußte er jedoch sein Korps mit Brot und Fourage versorgen und wandte sich zu diesem Zweck gegen Breslau, das er nach schnellen Märschen über Lüben, Parchwitz und Neumarkt am 31. Oktober erreichte. Zu diesem Zeitpunkt hatte er bereits die Nachricht vom Abbruch der Belagerung von Kosel erhalten[259]. Feldmarschalleutnant v. Nauendorff hatte sich bei Goltz' Annäherung über Striegau nach Strehlen zurückgezogen, wobei es zu einigen kleinen Gefechten zwischen den leichten Truppen beider Korps kam[260].

Laudon hielt zunächst einige Ruhetage bei Ober-Glogau. Dort wurde ihm von Gefangenen und Deserteuren gemeldet, daß das gegnerische Korps eine Stärke von 20 000 Mann hätte und unter dem Kommando des Prinzen Heinrich stände. Am 2. November rückte der Feldzeugmeister in eine neue Stellung bei Kunzendorf südlich von Neustadt. Vor seiner Front postierte er ein Detachement unter dem Generalfeldwachtmeister v. Jacquemin bei Zülz, Nauendorff war nach Münsterberg zurückgegangen, und Bethlen stand bei Oppeln[261]. Aus Wien bekam Laudon den Auftrag, sich jetzt auf die Defensive zu beschränken und in erster Linie die Grafschaft Glatz zu decken und die eigenen Grenzen zu sichern[262].

---

[257] Vgl. S. 41 dieser Arbeit. Die Zusammensetzung des Korps' in Anm. III, 35 und 37.

[258] Gaudi 1760 II, S. 709.

[259] Vgl. ebd. S. 710 sowie PC XX, Nr. 12453, S. 38, Der König an Goltz am 28. Okt. 1760.

[260] Der in dem Bericht von dem Goltzischen Korps, Danziger Beiträge XI, S. 663 angegebene Verlust von über 1000 Mann beim Korps Nauendorff dürfte erheblich übertrieben sein.

[261] Vgl. KA Wien, AFA 1760, Hauptarmee, 13, 3, Journal des Korps' Laudon vom 31. Okt.-5. Nov. 1760.

[262] Vgl. KA Wien, AFA 1760, Korps Laudon, 11, 3, Kaunitz an Laudon am 4. Nov. 1760.

Goltz hatte in Breslau den Generalmajor Prinz von Anhalt-Bernburg mit 6 Bataillonen und 1 Eskadron an sich gezogen[263]. Am 3. November detachierte er den Prinzen mit 4 Bataillonen Knobloch und Bernburg, 300 Dragonern und 400 Husaren in die Gegend von Ohlau, um dieses Gebiet vor den Streifzügen der gegnerischen leichten Truppen zu sichern. Ein weiteres Detachement aus 2 Bataillonen Gablentz, 3 Eskadrons Alt-Platen-Dragonern und den restlichen Husaren des Korps' unter Oberst v. Lossow sollte bei Krolkwitz die Truppen Wolfersdorffs und Nauendorffs beobachten. Dabei gelang es Lossow am 4. November, einen Vorposten von 300 Mann des Korps' Nauendorff bei Zobten zu überfallen und aufzureiben.

Goltz selbst rückte am 6. mit dem Gros seiner Truppen nach Grottkau. Von hier aus ließ er 2 Bataillone Thiele und 5 Eskadrons Meinecke-Dragoner unter dem Generalmajor v. Plettenberg nach Ohlau rücken, die die Verbindung zwischen den Detachements und dem Hauptkorps sichern sollten. Bis zum 11. blieben die Preußen in diesen Stellungen stehen und führten lediglich einige Scheinbewegungen durch, die Laudon veranlassen sollten, seine Position aufzugeben, aber keinen Erfolg hatten[264].

Inzwischen trafen aus Sachsen die Nachrichten vom glücklichen Ausgang der Schlacht bei Torgau ein. Sie ermutigten Goltz, nun auch seinerseits in die Offensive zu gehen und das Korps Wolfersdorff anzugreifen, um den schlesischen Gebirgskreis wieder in Besitz zu nehmen. Am 12. November setzten sich die preußischen Truppen daher sämtlich in Marsch und vereinigten sich am 13. wieder bei der Festung Schweidnitz, von deren Besatzung der Generalleutnant noch 2 Bataillone Kleist und 2 Eskadrons Malachowsky-Husaren als weitere Verstärkung an sich zog[265].

Jihn beschreibt treffend die prekäre Lage des Gegners: „Während sich so der Gegner immer mehr verstärkte, wurde FML Wolfersdorff im entscheidenden Augenblicke geschwächt. Auf Veranlassung des Feldmarschalls Daun hatte nämlich Laudon die Absendung eines Corps unter FML Campitelli beschlossen, welches die Deckung der nach dem Abmarsche Beck's von Truppen entblössten Gegend von Zittau übernehmen sollte. Für dasselbe wurde der grösste Theil der unter Wolfersdorff stehenden Truppen bestimmt, und als theilweiser Ersatz hiefür am 9. November 4 Bataillone, 4 Grenadier-Compagnien und 11 Escadronen von Laudon's Gros unter General Vogelsang in Marsch gesetzt, welche am 14. November beim Corps Wolfersdorff's eintreffen sollten."[266]

Als Goltz nun ganz in der Nähe seine beachtliche Truppenmacht vereinigte, befand sich der Feldmarschalleutnant in der ungünstigen Lage, daß Campitelli

---

[263] Vgl. Gaudi 1760 II, S. 710f. — Es handelte sich um die InfRgt Knobloch, Bernburg und Gablentz (je 2 Btl) und 1 Esk Gersdorff-Husaren.

[264] Vgl. Gaudi 1760 II, S. 711.

[265] Vgl. ebd. S. 712.

[266] Jihn S. 144.

schon abmarschiert, Vogelsang aber noch nicht eingetroffen war. Um sein zusammengeschmolzenes Korps keiner Gefahr auszusetzen, ging er noch am Abend des 13. nach Hoch-Giersdorf zurück. Am 15. vereinigte er sich mit Vogelsang und marschierte mit diesem auf Landeshut, um das dortige Magazin zu decken[267].

Generalleutnant v.d. Goltz wollte die Stellung des Korps' Wolfersdorff in einer kühnen Operation rechts umfassend angreifen. Am 14. November befahl er für seine inzwischen auf 24 Bataillone und 38 Eskadrons angewachsenen Truppen eine neue Ordre de Bataille und rückte dann am folgenden Tag den Österreichern in eine weitläufige Stellung zwischen Hoch-Giersdorf und Freiburg nach[268]. Laudon hatte zwar frühzeitig von den bedrohlichen Bewegungen der Preußen erfahren, änderte seine ursprünglichen Pläne aber nicht. So folgte am 16. November Feldmarschalleutnant v. Vogelsang mit weiteren 5 Bataillonen und 5 Grenadierkompanien dem Detachement Campitelli. Wolfersdorff hatte jetzt nur noch 7 Bataillone, 5 Grenadierkompanien und 11 Eskadrons zur Verfügung, und als Goltz am 18. einen energischen Vorstoß gegen Landeshut unternahm, mußte er sich in der Nacht über Liebau nach Goldenöls zurückziehen[269].

Laudon hatte inzwischen alle Gedanken an ein eigenes offensives Vorgehen fallengelassen. Zudem trafen in diesen Tagen Schreiben des Kaisers und des Staatskanzlers bei ihm ein, die ihn eindringlich zur Vorsicht mahnten, sich in keinem Fall aus Schlesien herausdrängen zu lassen[270]. Der Feldzeugmeister beschloß daher, dem Korps Goltz nur in weitem Abstand zu folgen und marschierte am 16. und 17. November über Ziegenhals und Weydenau nach Patschkau, während das Detachement Bethlen die Stellung bei Kunzendorf bezog, um die Festung Neiße zu beobachten. Zur Verstärkung des Korps' Wolfersdorff und zur Sicherung der böhmischen Grenze detachierte er am 19. den Feldmarschalleutnant v. Draskovich mit 8 Bataillonen und 5 Eskadrons in die Gegend von Goldenöls. Mit dem Rest seines Korps' marschierte Laudon am 20. in das Gebiet zwischen Wartha und Reichenstein, wo die Truppen Kantonierungsquartiere bezogen[271].

Generalleutnant v.d. Goltz blieb zunächst bei Landeshut stehen. Er war entschlossen, den schlesischen Gebirgskreis unter allen Umständen zu behaupten und entfaltete eine rege Tätigkeit, um den allgemeinen Rückzug der Österreicher nach Kräften zu forcieren. Am 19. November vertrieb Oberst v. Lossow mit 300 Husaren und 200 Mann Infanterie österreichische Posten aus

---

[267] Vgl. Jihn S. 145.

[268] Vgl. Gaudi 1760 II, S. 712 f.

[269] Vgl. Jihn S. 145.

[270] Vgl. KA Wien, AFA 1760, Korps Laudon, 11, 14 und 15, Kaunitz und Kaiser Franz I. an Laudon, jeweils am 18. Nov. 1760.

[271] Vgl. KA Wien, AFA 1760, Hauptarmee, 13, 3, Journal des Korps' Laudon vom 15.-20. Nov. 1760.

den Ortschaften Tannhausen, Wüst-Waltersdorf und Giersdorf, woraufhin sich auch die letzten Teile des Korps' Wolfersdorff über die Grenze nach Böhmen zurückzogen.

Am 21. versuchten die Österreicher zwar noch einmal, Giersdorf mit 2 Kroatenbataillonen zu besetzen, doch der Prinz von Bernburg, der mit 1 Bataillon Schenckendorff, 2 von Bernburg, 200 Dragonern und 200 Husaren gegen sie vorging, konnte diese Truppen bereits am 23. wieder ins Böhmische zurücktreiben[272]. Um die weiteren Marschbewegungen des Feldmarschalleutnants Campitelli aufzuklären, beauftragte Goltz am 20. November den Oberst v. Thadden mit 2 Grenadierbataillonen und 7 Eskadrons, diesem Korps von weitem zu folgen. Thadden marschierte über Kupferberg bis in die Gegend von Hirschberg und schickte Patrouillen bis Löwenberg und Greiffenberg vor, ohne jedoch noch etwas von Campitellis Truppen zu finden. Er erhielt aber zuverlässige Nachrichten, daß diese bei Zittau in die Quartiere gerückt seien, und kehrte mit dieser Meldung am 24. wieder nach Landeshut zurück[273].

Als bekannt wurde, daß die zwischen Wartha, Frankenstein und Reichenstein in Quartieren liegenden Truppen Laudons Streifereien und Ausschreibungen bis in die Gegend von Reichenbach betrieben, ließ Goltz diesen Ort am 26. November mit 800 Mann Infanterie von der Besatzung aus Schweidnitz unter dem Oberstleutnant v. Plotho besetzen. Dazu detachierte er das Dragonerregiment Meinecke unter dem Kommando des Generalmajors v. Plettenberg dorthin, der den Aktivitäten der Gegner rasch ein Ende bereitete[274].

Damit endeten für dieses Jahr die Kampfhandlungen in Schlesien. Goltz befürchtete noch einige Zeit erneute Unternehmungen der Österreicher[275], doch die rauher werdende Witterung zwang beide Parteien in die Quartiere. Nach zähen Verhandlungen, die sich über den ganzen Dezember hinzogen, kam schließlich Anfang Januar eine Konvention über die Winterruhe zustande[276]. Trotz ihres relativ geringen Kräfteeinsatzes hatten die Preußen in Schlesien alles erreicht, was in der gegebenen Lage möglich war. Sie hatten nicht nur die Belagerung von Kosel vereitelt, sondern auch den gesamten Gebirgskreis wieder in ihre Hand bekommen, wo sie in der Folge die Winterquartiere bezogen.

Generalleutnant v.d. Goltz schlug sein Hauptquartier in der Festung Schweidnitz auf. Auf dem rechten Flügel stand der Generalmajor v. Schmettau

---

[272] Vgl. Gaudi 1760 II, S. 714f.

[273] Vgl. ebd. — Das Detachement bestand aus den GrenBtl Benckendorff und Kleist, 2 Esk Bredow-Kürassieren und 5 Esk Malachowsky-Husaren.

[274] Vgl. Gaudi 1760 II, S. 715.

[275] Vgl. GStA Merseburg, Rep. 96, Geheimes Zivilkabinett, Nr. 86, Q, Bl. 190r und 193r, Goltz an den König am 30. Nov. und 5. Dez. 1760.

[276] Vgl. KA Wien, AFA 1760, Korps Laudon, 12, 16-16a und 27-27d, Korrespondenz zwischen Goltz und Laudon vom 14.-30. Dez. 1760, sowie Süßenbach, HS 3169 III, Nr. XII, Unvollständige Nachrichten, Bl. 39r.

in und um Löwenberg mit 2 Bataillonen Jung-Braunschweig, 1 Eskadron Finckenstein-Dragonern und 2 Malachowsky-Husaren.

In Lahn, Hirschberg und Kupferberg der Generalmajor v. Wangenheim mit 2 Bataillonen Kleist, 2 Gablentz, 3 Eskadrons Finckenstein-Dragonern und 1 Malachowsky-Husaren.

In Landeshut der Generalmajor v. Grabow mit 2 Bataillonen Zieten, 2 Finck, 1 Eskadron Finckenstein-Dragonern und 2 Malachowsky-Husaren.

Im Gebirge zwischen Landeshut und Reichenbach der Generalmajor v. Thiele mit 2 Bataillonen Thiele, 2 Lindstedt, 5 Eskadrons Holstein-Dragonern und 1 Malachowsky-Husaren.

In Reichenbach der Generalmajor v. Zieten mit 2 Bataillonen Mellin und 1 Eskadron Malachowsky-Husaren.

Zwischen Reichenbach und Frankenstein der Generalmajor v. Normann mit 5 Eskadrons Horn-Vasold-Kürassieren.

In Frankenstein der Generalmajor Prinz von Bernburg mit 2 Bataillonen Knobloch, 2 Bernburg und 3 Eskadrons Ruesch-Husaren.

In Münsterberg der Generalmajor v. Plettenberg mit 1 Bataillon Schenckendorff und 5 Eskadrons Meinecke-Dragonern.

In Ottmachau der Generalmajor v. Kleist mit 1 Bataillon Markgraf Heinrich und 2 Eskadrons Ruesch-Husaren.

Oberst v. Thadden ging mit den 4 Grenadierbataillonen Benckendorff, Kleist, Bock und Busch, 2 Eskadrons Bredow-Kürassieren, 3 Alt-Platen-Dragonern und 1 Gersdorff-Husaren nach Oberschlesien, um diese Provinz zu decken und die verschiedenen Ausschreibungen zu forcieren[277].

Für Laudon war der Ausgang des Feldzuges in Schlesien enttäuschend. Er hatte weder bei Kosel einen prestigeträchtigen Erfolg erzielen können, noch an anderer Stelle die Geländegewinne des Frühjahres erweitert. Goltz zwang ihn vielmehr mit seinen schnellen und kühnen Operationen, sich immer weiter aus Schlesien auf und hinter die eigenen Grenzen und auf die Festung Glatz zurückzuziehen. Zu diesem preußischen Erfolg trug Laudons ungewohnt unbewegliche Führung ihren Teil bei.

---

[277] Vgl. GStA Merseburg, Rep. 96, Geheimes Zivilkabinett, Nr. 86, Q, Bl. 199r/v, Liste der Postierungsquartiere des Korps' Goltz vom 20. Dez. 1760. — Gaudi 1760 II, S. 715f. gibt an, daß nach dem Abschluß der Winter-Konvention der Generalmajor v. Schmettau mit den GrenBtl Bock und Busch, den InfRgt Jung-Braunschweig, Kleist und Gablentz (je 2 Btl), den KürRgt Horn-Vasold (5 Esk) und Bredow (2 Esk), den DragRgt Holstein, Meinecke (je 5 Esk) und Alt-Platen (3 Esk) sowie 7 Esk Ruesch- und 1 Esk Gersdorff-Husaren in die Gegend von Lauban gerückt sei, um das Korps Goltz gegen die in der Ober-Lausitz stehenden Österreicher zu sichern. Gaudi gibt aber kein genaues Datum dieser Verlegung an. Da sich in anderen Quellen hierüber nichts findet, ist die Nachricht als unsicher zu beurteilen.

Das Korps Wolfersdorff bezog seine Winterquartiere in Böhmen bei Trautenau, Schatzlar und Politz sowie weiter südlich im Königgrätzer Kreis. Dorthin rückte später auch ein großer Teil des Hauptkorps', das zunächst südlich der Glatzer Neiße in der Grafschaft Glatz Quartiere nahm. Ein größeres Detachement von etwa 3000 Mann unter Bethlen blieb den Winter über in Oberschlesien zwischen Neustadt und Jägerndorf stehen. Laudon selbst ging Ende Dezember nach Wien[278].

9. Das Ende des Feldzuges in Pommern

a) Die Operationen Bellings und Werners
bis zum Rückzug der Schweden hinter die Peene

Die Abberufung des Prinzen von Württemberg mit dem größten Teil des in Pommern eingesetzten Korps' beendete abrupt dessen soeben erst begonnenes Vorhaben, die Schweden durch einen gleichzeitigen Angriff im Süden und im Norden zum Rückzug zu veranlassen[279]. Bei Templin blieb nur der Oberst v. Belling mit seinem Husarenregiment, 2 Eskadrons Zieten-Husaren, 60 Plettenberg-Dragonern und dem Freiregiment Hordt zurück, der zunächst mit diesen Truppen den Abmarsch des Prinzen verschleierte[280].

Generalmajor v. Werner, der am 2. Oktober ein Lager bei Löcknitz bezogen hatte, konnte nicht mehr rechtzeitig vom Abbruch des preußischen Angriffsvorhabens unterrichtet werden. Er zog vielmehr noch weitere Truppen aus Stettin zu sich heran und brach am 3. mit 6 Bataillonen, 2 Kompanien und 10 Eskadrons, zusammen etwa 4200 Mann, gegen Torgelow auf[281]. Sein Vormarsch wurde jedoch von schwedischen Vorposten entdeckt, mit denen sich die preußischen Truppen ein heftiges Gefecht lieferten.

Sulicki, dessen auf preußische, schwedische und russische Archivalien gestützte Arbeit heute selbst den Rang einer Quelle hat, gibt eine lebendige Darstellung von der Entschlußfassung des Generals: „Werner sah seine Anwesenheit entdeckt und die Geheimhaltung des Marsches auf Torgelow war unwahrscheinlich geworden. Die Avantgarde befand sich überdem bereits in der Verfolgung des Feindes auf Pasewalk begriffen und der General, kurz entschlossen, ließ die verabredete Disposition fallen und schritt zum Angriffe auf diese Stadt."[282]

---

[278] Vgl. Gaudi 1760 II, S. 715f. und Janko S. 219.

[279] Vgl. S. 38 dieser Arbeit.

[280] Vgl. Ungedruckte Nachrichten III, S. 314, Tagebuch des Regiments Belling vom 2. Okt. 1760.

[281] Die Zahlen nach Sulicki S. 348. — Sein Korps bestand aus den 3 GrenBtl Schwerin, Koeller und Ingersleben, 1 Btl Stosch, den FreiBtl Wunsch und Courbière, 2 FreiKp, 1 Esk Bayreuth-Dragoner, 7 Esk Werner-Husaren und 2 Esk Provinzial-Husaren. Die Btl Koeller, Ingersleben und Stosch sowie die Provinzial-Husaren kamen aus Stettin. Vgl Gaudi 1760 II, S. 716.

In Pasewalk lagerte der Generalleutnant Ehrensvärd seit dem 3. September mit einem Korps, das den Truppen Werners etwa ebenbürtig war. Er hatte die Stadt durch Feldwerke zusätzlich gesichert und war auf eine entschlossene Verteidigung eingerichtet. Der preußische Angriff wurde durch ein heftiges Artilleriefeuer auf das Prenzlauer Tor vorbereitet. Der erste Sturmversuch brachte die Preußen dann in den Besitz der vor dem Tor befindlichen Feldbefestigungen, aber an der Stadtmauer wurde der Angriff zurückgeschlagen. Werner verlegte sich nun auf Verhandlungen, auf die die gerade siegreichen Schweden jedoch nicht eingingen. Ein daraufhin unternommener zweiter Sturmversuch schlug ebenso fehl wie der erste. Da Werner inzwischen über den Abmarsch des Prinzen von Württemberg unterrichtet worden war, zog er sich schließlich wieder nach Löcknitz zurück. Die Schweden verloren an diesem Tag 30 Offiziere und etwa 600 Mann sowie 6 Geschütze. Werners Verluste betrugen 10 Offiziere und etwa 250 Mann[283].

Auch der schwedische Oberbefehlshaber, Generalleutnant Lantingshausen, war am 3. Oktober nur sehr ungenau über die Feindlage unterrichtet. Er hatte an diesem Tag von dem geplanten Angriff der Preußen erfahren und zog sich daher noch in der folgenden Nacht bis in die Nähe von Pasewalk zurück. Belling folgte ihm bereits am nächsten Tag bis nach Woldegk. Während die Schweden ruhig in ihrem Lager stehenblieben, führten die preußischen leichten Truppen kühne Unternehmungen gegen die rückwärtigen Verbindungen ihrer Gegner durch, wobei sich besonders der Major v. Knobelsdorff hervortat[284].

Am 9. Oktober vereinigte sich der Oberst bei Prenzlau mit dem Korps Werner. Zutreffend beurteilt Sulicki: „Sie wurden dadurch jeder stärker, aber beide zusammen wurden nicht stark. Ihre ganze Macht betrug 5 schwache Bataillone (darunter 3 Freibataillone), 12 Schwadronen ihrer eigenen Husarenregimenter, 200 Dragoner von Ansbach-Baireuth und von Plettenberg, im Ganzen etwa 2000 Mann Infanterie und 15-1600 Pferde."[285] Die Truppen, die Werner bei seinem Angriff auf Pasewalk verstärkt hatten, waren auf Befehl des Herzogs von Bevern wieder in ihre Garnison zurückgekehrt[286]. Da mit diesen schwachen Kräften eine gewaltsame Entscheidung nicht zu erzwingen war, mußten sich die beiden Husarenführer bis auf weiteres auf den Kleinen Krieg beschränken.

Im schwedischen Hauptquartier standen zu diesem Zeitpunkt Entscheidungen von größter Bedeutung an. Die Preußen waren ohne Zweifel in einer tiefen Krise. Sachsen war fast völlig verlorengegangen, und jetzt war auch noch die

---

282 Sulicki S. 350.

283 Vgl. HStA Stuttgart, G 236, Nr. 21a, St. 117, Journal des Korps' Werner vom 3. Okt. 1760, sowie Sulicki S. 350-354.

284 Vgl. Sulicki S. 359f.

285 Ebd. S. 360f.

286 Vgl. HStA Stuttgart, G 236, Nr. 21a, St. 117, Journal des Korps' Werner vom 9. Okt. 1760.

Hauptstadt Berlin von Österreichern und Russen besetzt. In dieser Lage bot der Feldzeugmeister Graf Lacy dem schwedischen Oberbefehlshaber an, sich mit seinen österreichischen Truppen zu vereinigen, um dann gemeinsam den beiden letzten kampfstarken preußischen Verbänden auf dem nördlichen Kriegsschauplatz, den Korps des Prinzen von Württemberg und des Generalleutnants v. Hülsen, entgegenzutreten und anschließend etwas gegen Spandau und die Mark Brandenburg insgesamt zu unternehmen.

Für kurze Zeit drohte dem König hier größte Gefahr, denn einer aktiven Koalition von österreichischen, russischen und schwedischen Truppen in der Mark hätte er angesichts der verfolgenden Armee Dauns nichts mehr entgegenzusetzen gehabt. Doch das Antwortschreiben des Generalleutnants Lantingshausen war weit davon entfernt, solchen Befürchtungen Grund zu geben. Der schwedische Oberbefehlshaber lehnte nicht allein jede direkte Kooperation mit den Österreichern ab, sondern verteidigte überdies seine bisherige halbherzige Kriegführung als das äußerst Mögliche in diesem Feldzug. Für den Geist seines Schreibens ist es bezeichnend, daß er die Stärke des Gegners durch die Ankunft der 3 Bataillone und 8 Eskadrons des Korps' Werner für „sehr angewachsen" hielt[287].

Ihm standen allerdings mit Werner und Belling zwei Husarenführer gegenüber, deren Kühnheit sich in dieser Krisenlage angesichts der fehlenden Kräfte und Mittel oftmals bis zur Dreistigkeit steigerte. So unternahm Werner Mitte Oktober einen ausgedehnten Zug gegen die rückwärtigen Verbindungen des Gegners. Am 12. brach er mit seinem Korps von Prenzlau auf und marschierte über Neubrandenburg nach Treptow an der Tollense, wo er am 14. eintraf. Von hier sandte er kleine Detachements aus, die vor dem wichtigen schwedischen Posten Demmin Unruhe verbreiteten. Einem Gefecht ging der Generalmajor aus dem Weg. Dafür ließ er aber überall weit übertriebene Gerüchte über seine angebliche Stärke ausstreuen und trat auch mit entsprechendem Selbstbewußtsein auf.

In ähnlicher Weise ging er am 16. bis Malchin in Mecklenburg-Schwerin vor, von wo aus in den folgenden Tagen Detachements nach Güstrow und Rostock vordrangen, das für die Schweden als Nachschubhafen von Bedeutung war. Am 19. Oktober wandte er sich schließlich nach Neukalen und beunruhigte von hier aus in den folgenden Tagen die schwedischen Posten an der Trebel, insbesondere bei Tribsees. Als Werner dann erfuhr, daß sein Zug neben der handfesten Beute auch seine Wirkung auf die Operationsführung des Gegners nicht verfehlt hatte, zog er sich am 23. über Malchin zurück und legte seine Truppen zwischen Kleiner Peene und Tollense in Kantonierungsquartiere. Oberst v. Belling stand während dieser Zeit mit seinem Korps bei Woldegk, wo er die Schweden bei

---

[287] Vgl. KA Wien, AFA 1760, Hauptarmee, 10, 46, Lacy an Daun am 10. Okt. 1760 sowie ebd., AFA 1760, Schwedische Armee, 10, 4, Lantingshausen an Lacy am 14. Okt. 1760.

Pasewalk und Strasburg in der rechten Flanke bedrohte und gleichzeitig die Verbindung mit dem Korps Werner halten konnte. Der Major v. Knobelsdorff beobachtete in einer vorgeschobenen Stellung bei Friedland den Kavelpaß[288].

Die kühne Unternehmung Werners trug viel dazu bei, den Rückzug der Schweden hinter die Peene zu beschleunigen. An Winterquartiere auf preußischem Boden war bei der Aktivität der leichten Truppen des Gegners auch in diesem Jahr nicht zu denken. Am 14. Oktober unternahm Oberst Graf Sparre eine letzte Fouragierung in der Gegend von Taschenberg. Dabei griff Belling ihn mit seinen Husaren und Dragonern an und trieb die Abteilung mit Verlusten nach Werbelow zurück[289].

Zwei Tage später begann der allgemeine Rückzug der schwedischen Armee hinter die Peene. Bis zum 18. Oktober vereinigte Generalleutnant Lantingshausen seine Truppen bei Anklam und bezog eine weitläufige Stellung vor der Stadt. Um sich vor Übergriffen, vor allem des Korps' Werner, zu schützen, wurden die Posten entlang der Grenze verstärkt. Der General Armfelt wandte sich nach Loitz, der Oberstleutnant Carnal nach Demmin und der Major Kaulbars sicherte bei Tribsees[290]. Oberst v. Belling rückte den Schweden über Helpt und Brohm-Cosa bis Friedland nach, wo er am 19. eintraf. Am 23. Oktober unternahm er einen Vorstoß durch den Kavelpaß bis vor die Tore von Anklam, zog sich jedoch nach einigen kleineren Gefechten mit den schwedischen Vorposten wieder zurück. Zwei Tage später ging er mit seinem Korps erneut durch den Paß vor und bezog eine neue Stellung bei Spantekow, aus der ihn die Schweden nicht mehr vertreiben konnten.

Diese sahen sich vielmehr durch den verstärkten Druck auf ihre eigene Stellung und die rauher werdende Witterung genötigt, nun auch Anklam zu räumen. Nachdem die schwere Artillerie und die Bagage bereits fortgeschafft worden waren, zog sich Lantingshausen am frühen Morgen des 27. Oktobers über die Peene nach Schwedisch-Pommern zurück. Dabei kam es nur beim Abtragen der Schiffbrücke noch zu einem Schußwechsel mit einer Kompanie des Freiregiments Hordt, die allein rechtzeitig zur Stelle war. Am 28. räumten die Schweden auch Demmin. Die Oder-Inseln blieben dagegen noch bis Mitte Dezember besetzt. Dann hatte anhaltender Frost sie von allen Seiten aus zugänglich gemacht und ließ ihre Räumung ratsam erscheinen[291]. Die schwedischen Truppen bezogen die Winterquartiere in vier Abschnitten längs der Grenze, die unter dem Kommando der Generale Lybecker, Stackelberg,

---

[288] Vgl. HStA Stuttgart, G 236, Nr. 21a, St. 117, Journal des Korps' Werner vom 10.-23. Okt. 1760, Süßenbach, HS 3167 I, Nr. V, Bl. 217r, Journal Belling vom 9.-23. Okt. 1760, sowie Sulicki S. 363 f.

[289] Vgl. Ungedruckte Nachrichten III, S. 315 f., Tagebuch des Regiments Belling vom 14. Okt. 1760. — Sulicki S. 365 nennt den 15. Okt. als Datum des Gefechts.

[290] Vgl. Sulicki S. 365.

[291] Vgl. ebd. S. 366 sowie Ungedruckte Nachrichten III, S. 316 f., Tagebuch des Regiments Belling vom 15.-27. Okt. 1760.

Armfelt und Karpelan standen. Ihre Vorposten überwachten die Peene- und Trebelübergänge[292].

b) Letzte Kämpfe mit den Schweden und die Operationen gegen die Russen in Hinterpommern

Auch nach dem Rückzug der Schweden hinter die Peene war für die Preußen an ruhige Winterquartiere noch nicht zu denken. Generalmajor v. Werner erhielt noch am 28. Oktober den Befehl, über die Oder zu marschieren, um jenseits dieses Flusses gegen die Russen vorzugehen. Er brach noch am gleichen Tag auf und erreichte nach schnellen Märschen über Treptow, Friedland, Pasewalk und Löcknitz am 1. November Stettin[293]. Oberst v. Belling fiel somit allein die Aufgabe zu, die langgestreckte Grenze zu sichern und überdies die jährlichen Lieferungen aus Mecklenburg einzutreiben. Sein Korps hatte nach den Verlusten der letzten Wochen nur noch eine Stärke von kaum 900 Mann Infanterie und etwa 600 Mann Kavallerie[294].

Mit diesen Truppen besetzte Belling am 28. Oktober Anklam. Dort ließ er ein Bataillon von Hordt als Besatzung zurück und marschierte dann über Krien nach Demmin, wo er am 1. November eintraf. Von hier aus kontrollierte der Oberst nicht nur die gesamte Grenzlinie, sondern er hatte auch einen guten Zugriff nach Mecklenburg, das unter den Ausschreibungen der Preußen ebenso leiden mußte wie unter den Zumutungen der verbündeten Schweden.

Werner hatte bereits bei seinem Vorstoß im Oktober ansehnliche Ausschreibungen gemacht, die sich auf 30 000 Rationen Fourage, 20 000 Portionen Brot, 50 Ochsen, 300 Schafe, 2 000 Pferde und 800 000 Taler Kontribution beliefen[295]. Wenn auch an eine Durchsetzung dieser Forderungen nicht gedacht werden konnte, so behinderte die preußische Präsenz zumindest die Belieferung der schwedischen Armee mit Remontepferden und anderem Bedarf ganz erheblich, zumal sich die Gegenmaßnahmen des Herzogs von Mecklenburg in bitteren Klagen bei Lantingshausen erschöpften.

Am 7. November detachierte Belling den Major v.d. Schulenburg mit 150 Husaren in die Gegend von Wismar, um einem schwedischen Pferdetransport aufzulauern, und sandte ihm am folgenden Tag noch den Rittmeister v. Podscharly mit einer weiteren Eskadron hinterher. Kurz darauf wurden die preußischen Vorposten von Tribsees bis nach Breesen zurückgetrieben. Sulicki schildert die weitere Entwicklung: „Belling fand Ursache, zu vermuthen, daß der

---

[292] Vgl. Sulicki S. 366.

[293] Vgl. HStA Stuttgart, G 236, Nr. 21a, St. 117, Journal des Korps' Werner vom 28. Okt.-1. Nov. 1760.

[294] Nach Sulicki S. 366.

[295] Vgl. Danziger Beiträge XII, S. 205f., Deklaration Werners in Mecklenburg vom 13. Okt. 1760.

Feind etwas gegen Schulenburg im Schilde führe. Er rückte, um für solchen Fall zur Hand zu sein, am 12. mit der noch verfügbaren Kavalerie — 300 Husaren, 60 Dragoner — nebst einer von dem Major Knobelsdorf kommandirten Kompagnie von Hordt in die Gegend von Gnoyen. — Der Rittmeister Eben war zugleich mit seiner Schwadron und dem Auftrage auf Tribsees detaschirt worden, den daselbst über die Trebel gegangenen Feind in seine Grenzen zurückzuweisen und den eigenen Posten vor dem Passe wieder in seine Stellung zu bringen."[296]

Der schwedische Vorstoß gegen Tribsees diente tatsächlich der Verschleierung einer größeren Unternehmung gegen Schulenburg. Mit 300 Mann Kavallerie und 200 Mann Infanterie sowie einer Kanone war der Major Schwarzer am 13. November über die Trebel vorgegangen, um das preußische Kommando abzuschneiden. Er selbst ging mit der Masse der Kavallerie bis Laage vor, während der Hauptmann Skog mit der Infanterie, 50 Reitern und der Kanone bei Tessin eine Stellung zur Sicherung des Rückzugs bezog. Nachdem Belling durch Gefangene von dieser Aufstellung erfahren hatte, zog er Podscharly wieder an sich und ging am 14. gegen Tessin vor. Skogs Abteilung zog sich nach kurzer Gegenwehr auf Sülze zurück, wurde aber von den Preußen verfolgt und bei dem Dorf Zarnewanz gestellt und völlig aufgerieben, wobei über 200 Gefangene und die Kanone in preußische Hände fielen. Am gleichen Tag kam es auch zu einem Begegnungsgefecht zwischen Schwarzer und Schulenburg, das jedoch außer einigen Gefangenen auf beiden Seiten keine Entscheidung brachte. Dennoch befand sich der schwedische Major nach Skogs Gefangennahme in einer sehr bedrohlichen Lage, und er rettete sich durch ein wahres Husarenstück. Er spielte Belling einen fingierten Brief zu, in dem er seinen Rückmarsch über Rostock und Damgarten ankündigte, und während der Oberst nun am 15. eilends in diese Richtung marschierte, brachte Schwarzer seine Truppen bei Tribsees über die Trebel in Sicherheit[297].

Sulicki faßt das weitere Vorgehen des preußischen Obersten zusammen: „Belling verlegte nunmehr sein Hauptquartier nach Rostock und seine Kavalerie, bis auf die in Demmin und in Anklam bei der Infanterie gelassenen Kommandos, in das Schwerinische längs der Trebel und der Reckenitz. Die zu der Expedition gegen Schwarzer mitgenommene Infanterie des Majors Knobelsdorf verblieb auf dieser Seite der Grenzpostirung und besetzte Tessin, Sülze und Ribnitz. Es war, um den Schweden die Verbindung mit dem Mecklenburgischen gänzlich abzuschneiden und die Requisitionen in dem Lande fortan ungestört durchzuführen."[298]

Die russische Armee hatte seit Mitte Oktober jenseits der Oder in der Neumark und in Hinterpommern Kantonierungsquartiere bezogen „und

---

[296] Sulicki S. 367.

[297] Vgl. ebd. S. 367f. sowie Ungedruckte Nachrichten III, S. 317f., Tagebuch des Regiments Belling vom 7.-15. Nov. 1760.

[298] Sulicki S. 369.

verwandelte das Land in eine wahre Wüstenei."[299] Die dreisten Streifzüge der Husaren und Kosaken versetzten die Bevölkerung in Panik und führten zu einer Massenflucht nach Stettin. Als die Fouragierungen und Plünderungen Ende Oktober sogar über die Oder hinaus bis in die Uckermark ausgedehnt wurden, faßte der General Herzog von Bevern, der Gouverneur von Stettin, den Entschluß, diesem Unwesen entschieden entgegenzutreten.

Nachdem er den Generalmajor v. Werner mit seinen 3 Bataillonen und 8 Eskadrons nach Stettin herangezogen hatte, unternahm er in der Nacht zum 1. November mit den Bataillonen Koeller und Wedell, 2 Freikompanien und 2 Eskadrons Provinzial-Husaren von der Besatzung seiner Festung einen Handstreich gegen das in Greifenhagen postierte Moldauische Husarenregiment, das sich unter hohen Verlusten zurückziehen mußte[300]. Werner ging nach einigen Ruhetagen am 5. und 6. November über Gartz gegen Schwedt vor, das von einem Husaren- und zwei Kosakenregimentern unter Oberst Tököly besetzt war. Nachdem er bei Vierraden eine Abteilung von 2 Offizieren und 52 Reitern abgeschnitten und gefangengenommen hatte, zogen sich die Russen auf das rechte Oderufer zurück. Schwedt wurde zwar am Abend des 6. noch mit Haubitzen beschossen, doch es entstand kein nennenswerter Schaden[301].

Das Oberkommando über die russische Armee hatte inzwischen der Generalfeldmarschall Graf Buturlin für den erneut erkrankten Ssaltykow übernommen. Als er am 25. Oktober bei Marienwerder eintraf, sandte er zwar sogleich das 15000 Mann starke Korps Mordwinow hinter die Weichsel zurück, dachte aber zunächst noch daran, in Pommern und in der Neumark Winterquartiere zu beziehen, wie es die Zarin ausdrücklich wünschte. Erst auf seiner weiteren Reise zur Hauptarmee erkannte er die Unmöglichkeit dieses Vorhabens angesichts des völlig ausgeplünderten Landes, in dem die Versorgung seiner Armee nicht zu bewerkstelligen war. Nachdem er am 7. November definitiv das Kommando übernommen hatte, befahl Buturlin daher den allgemeinen Rückzug hinter die Weichsel. Lediglich das Korps des Generalleutnants Graf Tschernyschew und die ihm unterstellten leichten Truppen des Generalmajors Graf Totleben sollten in der Gegend von Köslin in Hinterpommern ihre Winterquartiere nehmen[302].

Der erneute Rückzug der russischen Armee begann am 11. November und zog sich für die letzten Teile der Hauptkräfte bis zum 12. Dezember hin. Der Grund für die lange Dauer dieses Marsches war nicht allein die schlechte Versorgungslage und Disziplin der Truppe, sondern mehr noch die wiederholten Versuche des Warschauer Hofes und seines Ministers Brühl in Petersburg, die Zarin doch

---

[299] Tempelhoff IV, S. 317. Vgl. auch Kap. III, 2c dieser Arbeit.

[300] Vgl. Sulicki S. 372f.

[301] Vgl. HStA Stuttgart, G 236, Nr. 21a, St. 117, Journal des Korps' Werner vom 2.-6. Nov. 1760, sowie Sulicki S. 373.

[302] Vgl. Masslowski S. 267-271 sowie Sulicki S. 375.

noch für einen Vorstoß nach Sachsen zu gewinnen, wovon Buturlin sie nur mit Mühe abbringen konnte[303].

Sulicki beschreibt die vorgeschobene Stellung der Russen in Hinterpommern: „Am 20. November hatten Czernitscheff die Persante, Tottleben die Rega überschritten und Halt gemacht. Die ihren Korps für den Winter angewiesene Gegend war erreicht. Czernitscheff bezog Quartiere um Köslin; die leichten Truppen Tottlebens bildeten eine Vorpostenlinie längs der Rega und der Drage. Greiffenberg, Plathe, Regenwalde und Dramburg wurden von den Kosaken besetzt, die drei Husarenregimenter des Korps aber als zweite Linie an die Persante nach Körlin und Belgard zurückgelegt."[304]

Werner folgte den abziehenden Russen und erreichte am 11. November Pyritz. Dort gelang es ihm am Nachmittag dieses Tages, eine ganze russische Infanteriekompanie gefangenzunehmen, deren Hauptmann irrtümlich angenommen hatte, daß die Stadt noch von den eigenen Truppen besetzt wäre. Am 15. rückte das Korps bis Stargard vor, wo es sich am folgenden Tag mit den Grenadierbataillonen Koeller und Ingersleben, den beiden Freikompanien und den Husareneskadrons aus Stettin vereinigte. In dieser Stellung blieb Werner bis zum 24. November stehen, um die Ankunft weiterer Verstärkung aus Sachsen abzuwarten[305].

Der Generalleutnant Prinz von Württemberg hatte am 9. November seine Stellung bei Koßdorf verlassen und marschierte mit 8 Bataillonen und 8 Eskadrons über Herzberg, Luckau, Lübben, Fürstenwalde, Müncheberg und Freienwalde nach Schwedt, wo er am 20. eintraf[306]. Er hatte ursprünglich den Auftrag gehabt, den Streifereien der russischen leichten Truppen in der Neumark ein Ende zu machen, aber nachdem der König von dem Abmarsch der Russen an die Weichsel erfahren hatte, befahl dieser dem Prinzen, mit seiner Infanterie nach Mecklenburg zu rücken und nur seine Kavallerie zum Korps Werner stoßen zu lassen[307].

Schon am 19. November vereinigten sich die inzwischen in 4 Eskadrons formierten Werner-Husaren und das Dragonerregiment Plettenberg bei Stargard mit dem Korps Werner. Der Prinz blieb mit der Infanterie noch bis zum 26. bei Schwedt stehen, um die weitere Entwicklung der Lage in Hinterpommern abzuwarten. Dann rückte er ab und marschierte über Prenzlau, Woldegk und Neubrandenburg nach Malchin, wo er am 3. Dezember eintraf[308]. In Mecklen-

---

[303] Vgl. Masslowski S. 271 sowie Sulicki S. 376.

[304] Ebd. S. 375 f.

[305] Vgl. HStA Stuttgart, G 236, Nr. 21a, St. 117, Journal des Korps' Werner vom 10.-24. Nov. 1760.

[306] Vgl. Gaudi 1760 II, S. 721. — Das Korps bestand aus den InfRgt Lehwald, Dohna und Kanitz (je 2 Btl), je 1 Btl Hessen-Kassel und Grabow, 5 Esk Plettenberg-Dragonern und 3 Esk Werner-Husaren.

[307] Vgl. PC XX, Nr. 12484 und 12508, S. 71 und 89 f., Der König an den Prinzen von Württemberg am 10. und 15. Nov. 1760.

burg verstärkte der Prinz Bellings Kordon gegen die Schweden und machte sich dann daran, die diesjährigen Forderungen des Königs im Lande einzutreiben, die sich auf 3000 Rekruten, 6000 Wispel Mehl, 2000 Ochsen, 6000 Schafe und eine Kontribution von 1 Million Taler beliefen, wozu noch die Rückstände der vergangenen Jahre kamen[309].

Am 15. Dezember nahm der Generalleutnant sein Hauptquartier in Rostock, wo er den Winter über verblieb, und verlegte seine Truppen in folgende im Gaudi-Journal genannten Quartiere: „2 Bataillons Lehwald mit dem Haupt-Quartier in Rostock, das 1. Dohna in Gnoyen, das 2. in Groß-Tessin, das 1. Kanitz in Sultz, das 2. in Enckendorf, Dudendorf, Cöltzow, Detmans-dorf, Steinhorst, Zeppelin-Wulfshagen, Bronsdorf und Fahrenhag; das Bataill-lon von Cassel in Gressenhorst, Deuschenburg, Voigtshagen, Blanckenhagen, Willershagen und Rostocker-Wulfshagen; das Bataillon von Grabow in Ribnitz und Klockenhagen, 5 Escadrons Belling vertheilten sich in denen Dörffern längst der Reckenitz und Trebel, als in Bokhorst, Kuhlracke, Kugsdorf, Reddersdorf, Barthelshagen, Löbehin, Paß, Regnitz und Lyburg, und hielten die Vorposten; 200 Husaren von Zieten blieben in Lebin, Zarnekow, Stubben-dorf und Finckenthal, und unterhielten die Gemeinschaft mit Demmin."[310]

Am 24. November brachen die ersten Truppen des Korps' Werner zur weiteren Verfolgung der Russen auf. Es war inzwischen deutlich geworden, daß Tschernyschew und Totleben die Stellung an der Persante nicht auf Dauer behaupten wollten, und so rechneten die Preußen nicht mehr mit ernsthaftem Widerstand. Oberstleutnant de l'Homme de Courbière, der spätere Verteidiger von Graudenz, der als Führer eines in Hinterpommern geplanten Sicherungs-kordons vorgesehen war, ging am 24. mit der größeren Hälfte des Korps', den Grenadierbataillonen Koeller und Ingersleben, den Freibataillonen Wunsch und Courbière, den 2 Freikompanien, 5 Eskadrons Werner-Husaren, 2 Provin-zial-Husaren und 1 Bayreuth-Dragoner nach Massow vor.

Werner folgte am nächsten Tag mit dem Grenadierbataillon Schwerin, den Plettenberg-Dragonern und den restlichen Werner-Husaren, während Courbiè-re bis Naugard vorrückte. Da die Gegner überall zurückwichen, konnten die beiden Abteilungen zügig über Plathe und Greifenberg bis an die Persante vorstoßen. Die Brücken bei Körlin und Belgard fielen den Preußen unzerstört in die Hände, und nachdem einige kleine Kosakenposten vertrieben waren, rückte Werner am 2. Dezember in Köslin ein, während Courbière an diesem Tag über den Gollenberg bis Pancknin und Nemitz vordrang und am 3. die Wipper bei Schlawe erreichte[311].

---

[308] Vgl. HStA Stuttgart, G 236, Nr. 9, 1760, St. 20-22, Meldungen des Prinzen von Württemberg an den König vom 20.-24. Nov. 1760, sowie Gaudi 1760 II, S. 721.

[309] Vgl. PC XX, Nr. 12493, S. 77f., Der König an den Prinzen von Württemberg am 12. Nov. 1760.

[310] Gaudi 1760 II, S. 722.

Sulicki nennt die neue Stellung der Russen: „Tottleben bildete nach seinem Rückzuge von der Persante mit den Kosaken einen Kordon von Rummelsburg über Pollnow und Zanow bis Rügenwalde. Die Husaren standen hinter dieser Linie in Stolp, Bütow und Schlawe. Da aber der General keine Infanterie besaß, so war zu seiner Verstärkung der Brigadier Benckendorf mit 2 Regimentern dieser Waffe von dem Czernitscheff'schen Korps bei Lauenburg zurückgelassen worden."[312] Tschernyschew selbst befand sich mit seinen Truppen auf dem Marsch nach Dirschau und dem Danziger-Werder, wo er die Winterquartiere nehmen sollte.

Mit der Vertreibung eines letzten Husarenpostens aus Schlawe und dem Erreichen der Wipper hielt Courbière das Ziel des preußischen Vordringens für erreicht, und so ließ er seine Truppen längs des Flusses Quartiere beziehen. Dabei gelang es den Russen, ihnen noch einen empfindlichen Schlag zu versetzen. Mit mehr als 1 000 Kosaken und Husaren überfiel Oberst Popow am 3. Dezember bei Quadsow, südlich von Schlawe, die Bayreuth-Dragoner und 2 Eskadrons Werner-Husaren unter Major v. Froideville und nahm ihnen 50 Gefangene ab, bevor er sich auf das Gros nach Stolp zurückzog[313].

Während Totleben weiter nach Osten marschierte, begann Courbière damit, einen ausgedehnten Kordon durch Hinterpommern zu ziehen. Den linken Flügel bei Schlawe und Pollnow besetzten das Freibataillon Courbière und je 1 Eskadron Werner- und Provinzial-Husaren. In der Mitte, bei Bublitz und Bärwalde, standen das Freibataillon Wunsch, die Stettiner Freikompanien, 2 Eskadrons Werner- und 1 Provinzial-Husaren. Bei Polzin und Draheim bildeten das Grenadierbataillon Ingersleben und 2 Eskadrons Werner-Husaren den rechten Flügel. Das Hauptquartier befand sich in Köslin, wo das Grenadierbataillon Koeller und 50 Husaren als Reserve postiert waren[314].

Totleben zog sich aus Mangel an Lebensmitteln und Fourage bis Mitte Dezember ganz aus Hinterpommern zurück. Lediglich einige Kosaken- und Husarenkommandos blieben in Stolp, Bütow, Rummelsburg und Neustettin stehen. Damit schienen auch auf diesem Kriegsschauplatz die Kampfhandlungen beendet zu sein. Der Generalmajor v. Werner hatte inzwischen vom König den Befehl erhalten, mit dem Grenadierbataillon Schwerin, 5 Eskadrons Plettenberg, den 150 Dragonern von Bayreuth und 5 Eskadrons seiner eigenen

---

[311] Vgl. HStA Stuttgart, G 236, Nr. 9, 1760 St. 22, Meldung des Prinzen von Württemberg an den König vom 24. Nov. 1760, sowie ebd., G 236, Nr. 21a, St. 117, Journal des Korps' Werner vom 24. Nov.-3. Dez. 1760. — Die Werner-Husaren formierten jetzt wieder 10 Eskadrons.

[312] Sulicki S. 378.

[313] Vgl. ebd. S. 378 f. — Werner nennt in seiner Meldung vom 4. Dez. 1760 den Major v. Owstien als kommandierenden Offizier, HStA Stuttgart, G 236, Nr. 22, St. 28.

[314] Vgl. HStA Stuttgart, G 236, Nr. 22, St. 85, Liste der Postierungsquartiere vom 11. Dez. 1760.

Husaren über Stettin nach Vorpommern zu marschieren, um den Postierungs-Kordon des Prinzen von Württemberg an der Peene, Trebel und Reckenitz zu verstärken[315].

Am 11. Dezember brach der Generalmajor von Köslin auf und marschierte über Treptow, Greifenberg, Golnow, Stargard und Stettin auf Pasewalk, wo er am 30. eintraf. Von hier aus wurde das Dragonerregiment Plettenberg an den Prinzen von Württemberg abgesandt, der ihm im Mecklenburgischen Winterquartiere zuwies. Werner erreichte am 4. Januar Demmin, wo seine Truppen längs der Peene ebenfalls feste Quartiere bezogen. Mit den Schweden kam eine Konvention über die Einhaltung der Winterruhe zustande[316].

c) Der Winterkrieg in Hinterpommern bis zum Abschluß des Waffenstillstandes

Die Zarin Elisabeth war mit dem Ausgang des Feldzuges und den Leistungen der russischen Truppen im höchsten Maße unzufrieden. Insbesondere mißfiel ihr der gegen ihren ausdrücklichen Wunsch durchgeführte vollständige Rückzug aus Hinterpommern. Sie befahl daher noch im Dezember 1760 die umgehende Rückkehr des Korps' Totleben in diese Provinz. Der Kosakenführer sollte zum einen den Preußen den Zugriff auf die dortigen Rekruten und andere Ressourcen verwehren und zum anderen durch die Anlage von Magazinen und die Sicherung wichtiger Landungshäfen den kommenden Feldzug und eine Belagerung von Kolberg vorbereiten. Zur Durchführung dieser Aufträge wurde ihm eine ausreichende Verstärkung mit Infanterie und Artillerie zugesagt[317].

Ohne diese zusätzlichen Kräfte abzuwarten, ging Totleben noch Ende Dezember mit seinen leichten Reitern bis an die Stolpe vor und nahm den Kleinen Krieg mit Courbières Truppen wieder auf. Dabei gelang es am 2. Januar dem Rittmeister v. Pfeil mit einer Eskadron Werner-Husaren bei Neustettin, eine Abteilung Kosaken aufzuheben und den kommandierenden Major mit 9 Mann gefangenzunehmen[318].

Nachdem dann ein erstes Dragonerregiment bei ihm eingetroffen war, fühlte Totleben sich stark genug, den preußischen Kordon anzugreifen. Mit mehr als 4000 Reitern ging er in mehreren Kolonnen gegen Schlawe, Pollnow und Schivelbein vor, um am 13. Januar Courbières Truppen gleichzeitig in der Front und in der rechten Flanke zu attackieren und dann konzentrisch auf Belgard

---

[315] Vgl. Gaudi 1760 II, S. 724. — Die Not des ausgeplünderten Landes belegt ein Schreiben des Kreises Stolp an Buturlin vom 15. Dez. 1760, abgedruckt in der Kriegs-Canzley 1760 II, Nr. 167, S. 879-881.

[316] Vgl. HStA Stuttgart, G 236, Nr. 21a, St. 117, Journal des Korps' Werner vom 11. Dez. 1760-4. Jan. 1761, sowie Gaudi 1760 II, S. 724f.

[317] Vgl. Sulicki S. 383f.

[318] Vgl. Gaudi 1761 I, S. 2.

vorzurücken. Der Oberstleutnant kam ihm jedoch zuvor und zog in der Nacht zum 14. sein kleines Korps bei Köslin und Belgard zusammen. Totleben folgte ihm unverzüglich und griff am 17. Belgard mit starkem Artilleriefeuer an. Dieser Vorfall und unzutreffende Meldungen über die gewaltige Stärke des russischen Korps' bewogen Courbière, seine Truppen bei Köslin zu vereinigen und sich in schnellen Märschen über Roman bis an die Rega zurückzuziehen, wo er am 20. Plathe, Greifenberg und Regenwalde besetzte. Trotz der energischen Verfolgung durch die Russen ging dieser Rückzug geordnet und ohne Verluste vonstatten.

Am 21. Januar griff Totleben mit etwa 3000 Kosaken, Husaren und Dragonern die preußische Stellung an. Greifenberg und Regenwalde wurden durch kleinere Abteilungen alarmiert, während sich der Hauptstoß gegen Plathe richtete. Noch vor Tagesanbruch war es etwa 1000 Reitern unter Oberst Krasnotschkow gelungen, eine ungenügend gesicherte Brücke über die Rega zu überschreiten und gegen den Ort vorzudringen. Trotz eines heftigen Artilleriebeschusses setzten sich die Preußen aber so energisch zur Wehr, daß die Abteilung sich bald zurückziehen mußte. Südlich von Plathe durchschritt sie den eistreibenden Fluß wieder, wobei eine Anzahl Reiter ertrank.

Das Artillerieduell dauerte noch bis zum Nachmittag an, doch der Angriff war erfolgreich abgeschlagen. Obwohl das Gefecht fast zwölf Stunden dauerte, scheinen die Verluste auf beiden Seiten nicht sehr groß gewesen zu sein, die Angaben schwanken zwischen jeweils 10 und 30 Mann. Totleben zog sich nach der mißglückten Attacke nach Körlin und Belgard zurück. Ein Vorposten von etwa 100 Mann besetzte Treptow an der Rega und hielt den Russen einen Übergang über diesen Fluß offen. Eine starke Abteilung von je 2 Kosaken- und 2 Husarenregimentern flankierte schließlich die preußische Stellung im Süden, die somit sehr schwach und bedroht blieb[319].

Inzwischen näherte sich Courbières Truppen aber bereits eine bedeutende Verstärkung. Nachdem der König am 20. Januar von den erneuten Aktivitäten der Russen in Hinterpommern erfahren hatte, wies er den Prinzen von Württemberg an, den Generalmajor v. Werner mit einem Korps, zu dem auch Garnisontruppen aus Stettin stoßen sollten, dorthin zu entsenden[320]. Diesem Befehl war der Prinz bereits am 22. zuvorgekommen, und am folgenden Tag brach Werner mit dem Grenadierbataillon Schwerin, den 2. Bataillonen von Dohna und Lehwald und 5 Eskadrons seiner eigenen Husaren in die gefährdete

---

[319] Vgl. Gaudi 1761 I, S. 2 - 5 sowie Sulicki S. 384 - 388. — Die Meldungen über Verluste schwanken zwischen 10 und über 100 Mann, so daß eine genaue Angabe nicht möglich ist. Totleben gab in seinem Bericht 100 preußische Gefangene und 3 erbeutete Kanonen bei einem Verlust von 10 Mann an (Sulicki S. 387), Gaudi 1761 I, S. 4 nennt nur 8 preußische Verwundete und „verschiedene Leute" beim Gegner. Der Prinz von Württemberg schließlich meldete dem König am 27. Jan. 1761 einen Verlust von 15 preußischen Gefangenen, HStA Stuttgart, G 236, Nr. 9, 1761, St. 10.

[320] Vgl. PC XX, Nr. 12639 und 12642, S. 194 und 196f., Der König an den Prinzen von Württemberg am 20. und 23. Jan. 1761.

Provinz auf. Sein Marsch ging über Friedland, Pasewalk, Löcknitz und Stettin nach Stargard, wo er am 31. Januar eintraf[321].

Durch Berichte über erneute Verstärkungen der Russen beunruhigt, befahl der König am 29. die Entsendung weiterer Truppen aus Mecklenburg und aus Stettin, die unter dem persönlichen Kommando des Herzogs von Bevern vor allem Kolberg schützen sollten. Dieser Befehl wurde jedoch schon zwei Tage später wieder aufgehoben, und von den zusätzlich in Marsch gesetzten Truppen, den 1. Bataillonen von Dohna und Lehwald, dem 2. Bataillon Kanitz und dem Dragonerregiment Plettenberg sowie einiger Artillerie, wurden die beiden ersteren in Treptow an der Tollense als Reserve angehalten, der Rest zunächst nach Stettin gezogen, um dann später dem Korps Werner zu folgen[322]. Dieses brach am 4. Februar von Stargard auf und vereinigte sich am 6. bei Plathe mit Courbière, der noch immer die bekannte Stellung an der Rega behauptete. Ihre Gesamtstärke betrug nunmehr 7 Bataillone, 2 Kompanien und 12 Eskadrons Husaren[323].

Die Russen hatten sich nach dem Gefecht an der Rega an der Persante verschanzt. Die inzwischen nachgerückten 6 Bataillone Infanterie standen bei Köslin, Zanow und Rügenwalde. Die Festung Kolberg war eingeschlossen. Werner zog sein Korps am 7. bei Greifenberg zusammen und marschierte über Treptow am 10. auf Kolberg, die russischen Vorposten vor sich hertreibend. Jetzt war es Totleben, der die Stärke der preußischen Truppen viel zu hoch ansetzte. Er glaubte, die Stellung an der Persante nicht mehr halten zu können und zog sich mit seinem gesamten Korps nach Köslin zurück[324].

Werner blieb zunächst bei Kolberg stehen und versorgte seine Truppen. Dann rückte er am 14. Februar in einem Gewaltmarsch gegen Köslin vor und griff noch am Abend die russischen Stellungen mit Artillerie an. Ein einsetzender dichter Schneefall ließ das Feuer jedoch bald unwirksam werden. Dennoch sah sich Totleben genötigt, auch Köslin aufzugeben, und unter dem Schutz der katastrophalen Witterung ging er über Rügenwalde am 19. bis hinter die Wipper zurück[325].

Die Preußen waren nach den Strapazen des Marsches zu einer sofortigen Verfolgung nicht imstande. Erst am 16. brach Courbière mit 4 Bataillonen, 2 Kompanien und 11 Eskadrons dazu auf. Werner hielt die Teilung des Korps' für notwendig, weil sonst seine Versorgung in dem völlig ausgeplünderten Land

---

[321] Vgl. HStA Stuttgart, G 236, Nr. 21a, St. 117, Journal des Korps' Werner vom 23.-31. Jan. 1761.

[322] Vgl. PC XX, Nr. 12649 und 12655, S. 201 f. und 208, Der König an den Prinzen von Württemberg am 29. und 31. Jan. 1761, sowie HStA Stuttgart, G 236, Nr. 9, 1761, St. 11 und 12, Meldungen des Prinzen an den König vom 2. und 6. Febr. 1761.

[323] Vgl. Sulicki S. 389.

[324] Vgl. ebd. S. 389 f. sowie Gaudi 1761 I, S. 8 f.

[325] Vgl. HStA Stuttgart, G 236, Nr. 21a, St. 117, Journal des Korps' Werner vom 11.-14. Febr. 1761.

nicht mehr möglich gewesen wäre. Er selbst blieb mit seiner Leib-Eskadron und dem Rest der Infanterie in Köslin zurück, wo am 20. das 2. Bataillon Kanitz und die Plettenberg-Dragoner aus Stettin eintrafen, und nur das Bataillon von Lehwald wurde nach Zanow vorgeschoben[326].

Jetzt erzwang endlich die Natur das Ende der Kampfhandlungen in Hinterpommern. Schon Totleben war bei seinem Rückzug durch Schnee und Hochwasser erheblich aufgehalten worden, und Courbière brauchte nicht weniger als sieben Tage, bis er die Grabow passieren und am 23. Februar auf Schlawe vorrücken konnte, wo ihn das nächste Hindernis erwartete. Sulicki beschreibt die notwendige Entschlußfassung: „Die Unmöglichkeit über die Wipper zu gelangen, deren Brücke bei Rügenwalde die Russen zerstört hatten, machte der weiteren Verfolgung ein Ende. Die überall ausgetretenen Gewässer, der das Land bedeckende tiefe Schnee und die rauhe Jahreszeit setzten der Fortführung der Feindseligkeiten materielle Hindernisse entgegen. Alle diese Schwierigkeiten im Vereine mit derjenigen der Subsistenz brachten Werner zu dem Entschlusse, den weiteren Vormarsch einzustellen."[327]

Schon am 25. Februar kam eine Konvention über einen Waffenstillstand bis zum 12. Mai zustande, die später sogar noch bis zum 27. Mai verlängert wurde. Darin wurde die Wipper als Grenze der beiderseitigen Postierungen festgelegt[328], die Gaudi und Sulicki nennen: „Das Corps des General-Majors v. Werner bezog nunmehr in Hinter-Pommern folgende Quartiere; in Rügenwalde eine Compagnie des Frey-Bataillons Courbière und 1 Escadron Werner, in Schlawe vier Compagnien von Courbière und 1 Escadron Werner, in Polnow die beyde Stettinsche Frey-Compagnien und 2 Escadrons Provinzial-Husaren; in Bublitz das Frey-Bataillon Wunsch und 2 Escadrons Werner; in Beerwalde das Grenadier-Bataillon Ingersleben und 2 Escadrons Werner; in Belgard das 2. Bataillon Dohna und 2 Escadrons Werner; in Cörlin das 2. Bataillon Canitz und 1 Escadron Werner; in Cöslin die Grenadier-Bataillons Schwerin und Rothkirch (nach dem Tode des Majors v. Koeller hatte Hauptmann v. Rothkirch am 14. Februar dessen Bataillon übernommen, d. Verf.) nebst 1 Escadron Werner; in Zanow das 2. Bataillon Lehwald, und in denen Dörffern auf der linken Seite der Persante hinter Cörlin und Belgard die Dragoner von Plettenberg."[329]

„Auf der russischen Seite gab wie gewöhnlich die leichte Kavalerie die Vorposten. Die Linie derselben reichte von Stolp über Bütow und dann längs der Grenze bis zur Küdde. Die Russen behielten also nur einen kleinen Strich des

---

[326] Vgl. HStA Stuttgart, G 236, Nr. 21a, St. 117, Journal des Korps' Werner vom 15.-16. Febr. 1761, Gaudi 1761 I, S. 11 sowie Sulicki S. 390. — Courbières Detachement bestand aus den GrenBtl Koeller und Ingersleben, den FreiBtl Wunsch und Courbière, 9 Esk Werner- und 2 Esk Provinzial-Husaren.

[327] Sulicki S. 391.

[328] Die Konvention ist abgedruckt in den Danziger Beiträgen XII, S. 330f.

[329] Gaudi 1761 I, S. 12.

preußischen Landes in ihrer Gewalt und ließen von den mehrgenannten Flußhäfen den wichtigsten, Rügenwalde, in derjenigen der Preußen. Die Infanterie kantonnirte zwischen Stolp, dem Hauptquartiere, und Lauenburg; die Dragoner lagen in dem an Heu reichen Amte Schmolsin."[330]

10. Betrachtungen über den Ausgang des Feldzuges 1760 auf den östlichen Kriegsschauplätzen

Mit der Besetzung Berlins durch russische und österreichische Truppen im Oktober 1760 war für den König der Tiefpunkt des diesjährigen Feldzuges erreicht. Sachsen war in der Hand der Reichsarmee, Schlesien mußte wegen der Bedrohung der Hauptstadt und der Mark bis auf die Festungen aufgegeben werden, und in Pommern stand weit südlich der Peene nur noch eine Handvoll leichter Truppen gegen die schwedische Übermacht. Es drohte die Vereinigung der Gegner, der Österreicher, der Russen, der Schweden und der Reichstruppen, vielleicht sogar noch unter Beteiligung der Franzosen, in und um Berlin, im Herzen des Königreiches Preußen. Ein koordiniertes Zusammenwirken dieser Armeen zu diesem Zeitpunkt und an diesem Ort hätte den Alliierten ohne Zweifel den so lange erhofften Sieg gebracht. Vermutlich noch vor dem Ende des Jahres wäre dann Sachsen wieder sächsisch, Schlesien österreichisch und Ostpreußen russisch gewesen.

Der König mußte also alles wagen, um eine solche Vereinigung seiner Gegner zu verhindern und um Berlin und Sachsen wieder in seine Hand zu bekommen, denn ohne diese Positionen war eine erfolgversprechende Fortsetzung des Krieges nicht mehr möglich. Er gab den ergebnislosen Gebirgskrieg gegen Daun in Schlesien auf und wandte sich mit der Armee den bedrohten Provinzen zu. Jetzt zeigte der Ruf des Siegers von Liegnitz seine größte Wirkung.

Auf die bloße Nachricht vom Anmarsch des Königs hin räumten die Russen nicht nur die preußische Hauptstadt, sondern zogen sich ohne erkennbaren Grund mit ihrer ganzen Armee bis hinter die Warthe zurück. Sie fühlten sich offensichtlich weder stark genug, den preußischen Waffen zu widerstehen, noch waren sie bereit, zum Nutzen ihrer Alliierten auch nur das geringste Risiko einzugehen. Da am politischen Willen der Zarin zu einer effektiven Kriegführung gegen den König nicht gezweifelt werden kann, fällt die Verantwortung für diesen in jeder Hinsicht blamablen Rückzug auf die russische Armeeführung zurück.

Seit ihrem Vorstoß nach Schlesien im August war die Armee untätig geblieben, obwohl ihr den ganzen September über nur das Korps Goltz gegenüberstand, dem sie mehr als vierfach überlegen war. Die Russen nutzten die Zeit weder zur Vorbereitung oder gar Durchführung einer größeren Offensive, noch sorgten sie ausreichend für den kommenden Winter vor. Ihre

---

[330] Sulicki S. 392.

beiden größten Operationen während des Feldzuges, die Belagerung von Kolberg und die Besetzung Berlins, bestätigen dieses negative Bild. Beide waren zu klein angelegt, um eine wirkliche Entscheidung zu erzwingen, aber doch groß genug, um im Falle ihres ungünstigen Ausgangs die ganze Armee in Mitleidenschaft zu ziehen.

Die Unternehmung auf Berlin zeigte zudem, wie es tatsächlich um das Verhältnis der Alliierten untereinander bestellt war, kam es doch in der Stadt zu offenen Feindseligkeiten zwischen Russen und Österreichern. Die Durchführung des Rückzuges entsprach schließlich den vorausgegangenen Leistungen. Die Truppen wurden aus übergroßer Furcht so schnell zurückgetrieben, daß sie hinter der Warthe wie eine geschlagene Armee eintrafen, geschlagen von der eigenen Führung.

Der König konnte sich jetzt mit seiner gesamten Macht, die durch die Korps des Prinzen von Württemberg und Hülsens noch ansehnlich gewachsen war, der Wiedereroberung Sachsens zuwenden. Hier bewährte sich der bloße Ruf der preußischen Waffen erneut, denn die Reichsarmee und das Korps des Herzogs von Württemberg räumten nahezu kampflos das Feld. Von den württembergischen Truppen war nichts anderes zu erwarten gewesen, hatte doch dieses von Frankreich finanzierte Kontingent bereits den ganzen Feldzug über die Eintreibung von Kontributionen und Brandschatzungsgeldern für wichtiger angesehen als die Beförderung der gemeinsamen Sache. So war es jetzt nur folgerichtig, daß der Herzog angesichts einer so ernsthaften Gefahr mit seinen wertvollen, aber wenig schlagkräftigen Truppen das Kriegsgebiet auf dem schnellsten Wege verließ.

Auch die Reichsarmee gab kein wesentlich besseres Bild ab. Mit der Eroberung Sachsens und der Einnahme von Wittenberg waren ihr zwar bedeutende Erfolge gelungen, doch innerhalb weniger Tage ließ sie sich diese Vorteile wieder aus der Hand nehmen. Ähnlich wie bei den Russen ist auch bei der Reichsarmee die Verantwortung dafür der entschlußlosen und schwachen Führung zuzuweisen. Die rasche Aufgabe der Stellungen an der Elbe und der Rückzug nach Leipzig zeigten deutlich, daß dem Prinzen von Zweibrücken die Erhaltung seiner Truppen und die eigene Sicherheit weit wichtiger waren, als die konstruktive Mitwirkung an der gemeinsamen Sache. Die Tatsache, daß die Kampfkraft der aus vielen verschiedenen Kontingenten zusammengestellten Reichstruppen nicht mit derjenigen der anderen Armeen gleichgesetzt werden kann, ändert an dieser Feststellung nur wenig. Die kampflose Räumung von Leipzig und später auch von Chemnitz vervollständigt dann nur noch das oben skizzierte Bild.

Feldmarschall Daun fühlte sich mit einigem Recht bei der Verfolgung des Königs nach Sachsen sicher genug, um Laudon mit einem Korps von fast 40 000 Mann in Schlesien zurücklassen zu können. Doch durch den vorzeitigen Rückzug aller Verbündeten sah er sich unvermittelt in der Lage, die er das ganze Jahr über hatte vermeiden wollen: Er stand mit annähernd gleichen Kräften dem

König zur Entscheidungsschlacht gegenüber. Es war dann fast eine nachträgliche Bestätigung von Dauns vorsichtiger Kriegführung, daß er trotz seiner hervorragenden Stellung und trotz der zahlreichen Friktionen und Fehler bei den Preußen in dieser Schlacht unterlag.

Die Österreicher hatten die Hauptlast des Feldzuges auf seiten der antipreußischen Koalition getragen und waren im entscheidenden Augenblick von den Verbündeten im Stich gelassen worden. Ihre militärischen Leistungen verdienen deshalb auch angesichts der verlorenen Schlacht bei Torgau hohe Anerkennung. Sie führten ihren Rückzug mit der geschlagenen Armee nicht nur in bester Ordnung und ohne weitere Verluste aus, sondern machten dem preußischen Vordringen in Sachsen durch die Zusammenziehung ihrer Kräfte bei Dresden und hinter dem Plauenschen Grund rasch ein Ende. Bereits nach fünf Tagen konnte der König seinen Erfolg bei Torgau nicht weiter ausnutzen.

Trotz des fluchtartigen Ausweichens des Herzogs von Württemberg und der Reichsarmee kam Daun damit dem Haltebefehl Maria Theresias in Sachsen weitgehend nach, was die Krisenlage des kommenden Feldzuges für die Preußen nicht wenig verschärfte. Dieses Ergebnis war zum einen der hohen Kampfkraft und Disziplin der österreichischen Armee zu verdanken, zum anderen aber auch ihrer gerade in diesen Wochen entschiedenen Führung durch den Feldmarschall Daun, der zudem bei Torgau höchste persönliche Tapferkeit bewiesen hatte.

Weit weniger erfolgreich agierte Laudon in Schlesien. Sein erster Mißerfolg bei Kosel ist allerdings weniger ihm selbst als den praxisfernen österreichischen Befehlsstrukturen und den schleppenden Entscheidungen des Hofkriegsrates in Wien anzulasten. Es ist aber zu fragen, ob Mitte Oktober eine Belagerung überhaupt noch mit der Aussicht auf Erfolg begonnen werden konnte. Hier schien offensichtlich sowohl Laudon als auch dem Hofkriegsrat der klare Blick durch die Erinnerung an die Einnahme von Glatz getrübt worden zu sein.

Der Mißerfolg vor der kleinen Oderfestung nahm dem Feldzeugmeister allen Offensivgeist. Obwohl das Korps Goltz ein Gegner war, mit dem er sich durchaus hätte messen können, zog er es vor, durch immer neue Detachierungen einzelne Positionen zu sichern, wodurch seine Streitmacht insgesamt immer schwächer wurde. Diese Chance nutzte Goltz zu eigener Initiative aus. Er verstärkte sich aus Breslau und Schweidnitz, konzentrierte sein Korps am entscheidenden Punkt und vertrieb mit dieser örtlichen Überlegenheit die Österreicher aus dem gesamten Gebirgskreis. Diese Positionen, die nach der Einnahme von Glatz und Landeshut fest in österreichischer Hand gewesen waren, mußten im folgenden Feldzug zunächst mit Mühe zurückgewonnen werden.

Wenig Glanz hatte auch der Abschluß des Feldzuges durch die Schweden. Obwohl sie zunächst durchaus erfolgreich waren, hatte ihr Vormarsch Anfang September bei Pasewalk und Prenzlau sein Ende gefunden. Hier warteten sie die weitere Entwicklung in Ruhe ab, ohne jedoch die zunehmend kritische Lage der

Preußen für sich auszunutzen. Ähnlich wie die Russen waren sie nicht bereit, auch nur das geringste Risiko für die gemeinsame Sache der antipreußischen Koalition einzugehen.

Obwohl sie nach dem Abzug des Prinzen von Württemberg nach Berlin ihrem direkten Gegner mindestens vierfach überlegen waren, nahmen sie weder an einer größeren Offensive in der Uckermark teil, wie es Lacy ihnen vorgeschlagen hatte, noch wagten sie es, Belling oder Werner anzugreifen. Bei aller Bravour, die sie immer wieder in den verschiedenen Gefechten bewiesen, führten die Schweden den Krieg insgesamt ohne große Energie, ohne taktische Ideen, ohne den Willen zum Erfolg. Ihr rascher und unspektakulärer Rückzug hinter Peene und Trebel beendete ihren diesjährigen Feldzug dann ganz in diesem Sinne.

Völlig anders war dagegen die Kriegführung ihrer direkten Gegner, des Generalmajors v. Werner und des Obersten v. Belling. Sie glichen ihre hoffnungslose Unterlegenheit durch Unternehmungsgeist, Schnelligkeit, Überraschung und nicht zuletzt durch List und Täuschung immer wieder aus. Sie überließen den Schweden niemals das Gesetz des Handelns, sondern setzten sie vielmehr durch ihre rastlose Tätigkeit beständig unter Druck. Und Werners Zug nach Rostock oder die dreisten Unternehmungen des Majors v. Knobelsdorff verfehlten ihre Wirkung auf die zögerliche schwedische Armeeführung nicht. Einer solchen Kriegführung, die ständig höchste Wachsamkeit und äußerste Anstrengungen von der Truppe forderte, fühlte sie sich nicht lange gewachsen. Als der Weg nach Berlin offenstand, bereiteten die schwedischen Generale schon den Marsch in die Winterquartiere vor.

Unternehmungsgeist, Schnelligkeit, Überraschung, List und Täuschung wiesen auch den anderen Teilen der preußischen Armee den Weg zum Erfolg. Das gilt für die Operationsarmee des Königs ebenso wie für die Korps des Prinzen von Württemberg und Hülsens, Werners und Courbières sowie in besonderem Maße für dasjenige des Freiherrn v.d. Goltz. Ohne noch einmal auf ihre in den vorangegangenen Kapiteln detailliert beschriebenen Operationen genauer einzugehen, läßt sich feststellen, daß sie den Krieg auf eine andere und neue Art führten[331].

Das wesentliche Kennzeichen dieser neuen Kriegführung war der unbedingte Wille zum Erfolg, dem hergebrachte Grundsätze immer wieder geopfert wurden. So nahm der Gewaltmarsch des Königs von Schlesien nach Sachsen, etwa 250 km in nur zehn Tagen, wenig Rücksicht auf die Schonung der wertvollen Truppen. Doch überall zeigte dieses schnelle Vorrücken das ge-

---

[331] Kunisch, Mirakel S. 82, der dem König attestiert, „daß er keinem neuen, das Erscheinungsbild bewaffneter Konflikte grundlegend veränderndem Prinzip gefolgt ist", ist zwar zuzustimmen, doch rechtfertigt die Vielfalt der taktischen Neuerungen durchaus, von einer neuen und anderen Art des Krieges zu sprechen. Eine herausragende Rolle spielt dabei das Führen durch Aufträge, das Offizieren wie v.d. Goltz oder Belling erst den notwendigen Handlungsspielraum eröffnete. Vgl. dazu auch Uhle-Wettler, Franz: Auftragstaktik. In: Truppenpraxis 36. 1992. S. 131-135.

wünschte Resultat: Innerhalb weniger Tage gewann er die Initiative zurück und drängte die Allianz der Gegner in die Defensive, denn durch die hohe Beweglichkeit seiner Armee fühlten sie sich alle gleichzeitig bedroht.

Jetzt konnte er die Korps des Prinzen von Württemberg und Hülsens heranziehen und zum entscheidenden Schlag gegen den Hauptgegner Daun ausholen, nachdem auch die Reichsarmee und die Truppen des Herzogs von Württemberg durch einen schnellen und völlig überraschenden Vorstoß vertrieben worden waren. Diese Operationen in den Vortagen der Schlacht bei Torgau sind durch hohe Dynamik gekennzeichnet, wie sie nur bei konsequenter Anwendung des Führens durch Aufträge denkbar ist. Sie sind ein Beleg für die geistige Beweglichkeit und taktische Schulung der Führer gerade auch auf der mittleren und unteren Ebene.

Mit dieser Armee durfte der König den kühnen Angriff auf die Süptitzer Höhen wagen. Anlage und Verlauf dieser Schlacht verließen wiederum die gewohnten Bahnen. Die Teilung der Armee, der weite Umgehungsmarsch, die Intensität und Rücksichtslosigkeit der einzelnen Angriffe und vor allem die Fortsetzung des Kampfes bis weit in die Dunkelheit waren taktische Neuerungen, die erst Friedrich der Große zum Kriegsalltag machte. Daß sein Sieg bei Torgau ihn solche Mühe kostete und daß er die geschlagenen Österreicher nur bis Dresden zurückdrängen konnte, lag dann nicht zum wenigsten daran, daß gerade sie ihm schon am weitesten auf den neuen Wegen gefolgt waren.

Diese moderne Kriegführung war in der preußischen Armee nicht mehr allein auf den Roi-Connétable beschränkt, der zweifellos durch seine vollkommene Eigenverantwortlichkeit schneller und gegebenenfalls auch risikofreudiger entscheiden konnte als seine Gegner. Auch fähige Unterführer praktizierten sie, und gerade die Operationen des Generalleutnants v.d. Goltz in Schlesien im Herbst 1760 liefern davon ein Beispiel. Er hatte vom König nur einen weitgefaßten Auftrag bekommen, für die Durchführung aber alle Freiheiten.

Schon sein Gewaltmarsch in die bedrohte Provinz zeigte mit der Aufhebung der Belagerung von Kosel eine imponierende Wirkung. Als sich dann nach der Schlacht bei Torgau die Gesamtlage für die Preußen entscheidend verbessert hatte, ging Goltz ohne Zögern zur Offensive über. Während Laudon offensichtlich konzeptionslos sein Korps immer mehr zersplittert hatte, zog der Generalleutnant seine Truppen in kürzester Zeit zusammen, verschaffte sich die örtliche Überlegenheit und konnte so das Korps Wolfersdorff aus dem schlesischen Gebirgskreis vertreiben. Wieder waren es Unternehmungsgeist, Schnelligkeit und Überraschung, die hier den Erfolg gebracht hatten.

Hinter diesen Begriffen standen dabei stets größte Anstrengungen und Disziplin der Truppe und höchste Führungsleistung und der Mut zur Verantwortung der Kommandeure. Diesen Qualitäten, die wesentlich auf die taktische Schulung der Armee durch den König zurückgingen, hatten die Gegner noch nichts Gleichwertiges entgegenzusetzen. Ihre konsequente Anwendung führte

Preußen 1760 aus der tiefsten Krise seit der Schlacht bei Kunersdorf. Jihn resümiert kurz und treffend: „Die im Laufe des Feldzuges von Österreich und seinen Verbündeten errungenen Vortheile waren am Schlusse desselben auf ein Minimum reducirt, und die militärische Lage des Königs von Preussen hatte sich ganz entschieden verbessert."[332]

Zum Jubeln gab es dennoch keinen Anlaß, denn wie am Ende des Jahres 1759 stand der König wiederum vor dem fast unlösbaren Problem, den nächsten Feldzug vorzubereiten. Er würde ihn ohne die 250 Offiziere und die Tausende von erfahrenen Grenadieren und Musketieren zu führen haben, die ihn allein der Tag von Torgau gekostet hatte, und er würde wieder gegen eine erdrückend überlegene Koalition von Gegnern bestehen müssen. Daß ihm das 1761 ebenso wie 1762 gelungen ist, hat man als das „Mirakel des Hauses Brandenburg" bezeichnet. Die Schlacht bei Torgau und der Abschluß des Feldzuges 1760 auf den Kriegsschauplätzen im Osten und Norden haben dieses Mirakel erst möglich gemacht.

---

[332] Jihn S. 152.

IV. Die Ereignisse auf dem westlichen Kriegsschauplatz

1. Der Feldzug 1760
bis zum Gefecht beim Kloster Kamp

Frankreich hatte im abgelaufenen Jahr 1759 eine Reihe schwerer Niederlagen hinnehmen müssen. In Nordamerika hatten die Engländer Fort Niagara und Quebec eingenommen. Eine geplante Invasion in England war nach dem Verlust der Mittelmeer- und der Atlantikflotte in den Seeschlachten vor Lagos und in der Bucht von Quiberon vollständig fehlgeschlagen.

In Deutschland nahm der Krieg nach dem Erfolg bei Bergen zunächst einen günstigen Verlauf. Der folgende Vormarsch fand jedoch ein Ende, als Herzog Ferdinand den Franzosen bei Minden eine schwere Niederlage bereitete und damit den Feldzug für die Alliierte Armee entschied. Trotz dieser Mißerfolge ging Frankreich auf englische Friedensangebote nicht ein, wobei allerdings auf beiden Seiten die Rücksichtnahme auf die jeweiligen Bündnispartner für das Scheitern der Verhandlungen eine wesentliche Rolle spielte.

1760 konzentrierten die Franzosen dann ihre Anstrengungen auf den deutschen Kriegsschauplatz, wo allein noch Erfolge zu erhoffen waren. Etwa 130000 Mann boten sie und ihre Verbündeten für diesen Feldzug auf, um durch eine Offensive in Hessen einen Zugang zu den hannoverschen Landen zu gewinnen. Die Alliierte Armee des Herzogs Ferdinand hatte dagegen zu Beginn des Feldzuges nur eine Stärke von 74700 Mann, die bis Ende Juni durch englische Verstärkungen auf wenig mehr als 80000 Mann anstieg[1].

Schon Mitte Mai beendeten die Alliierten die Winterruhe. Das Gros, etwa 30500 Mann unter Herzog Ferdinand, bezog eine Stellung bei Fritzlar. Der hannoversche General v. Spörcken lagerte mit einem Korps von 23100 Mann bei Dülmen und Coesfeld. Ein weiteres Detachement von etwa 7900 Mann unter dem braunschweigischen Generalleutnant v. Imhoff stand bei Kirchhain, 5350 Mann unter dem hannoverschen Generalmajor v. Luckner waren bei Amöneburg und 7900 Mann unter dem hessischen Generalleutnant v. Gilsa bei Hersfeld postiert.

Im Juni versammelten sich auch die gegnerischen Streitkräfte. Die Masse seiner Truppen ließ Marschall Victor François Herzog von Broglie zwischen Hanau, Frankfurt und Friedberg aufmarschieren. Generalleutnant Prinz Xaver

---

[1] Zahlenangaben nach Waddington IV, S. 170 sowie Großer Generalstab, Der Siebenjährige Krieg XII, S. 24 und 230. Der französische Kriegsplan ebd. S. 227 f.

von Sachsen deckte mit einem kleinen Korps zwischen Lohr und Gemünden die rechte Flanke, und Generalleutnant Graf von Saint Germain bildete mit einem weiteren Korps bei Düsseldorf die „Reserve des Niederrheins".

Bis in den Juni hinein kam es nur zu kleineren Gefechten und Vorstößen, bei denen sich vor allem der äußerst aktive Luckner hervortat. Am 21. Juni bezog Broglie ein Lager zwischen Butzbach und Hungen. Am folgenden Tag erreichten seine Truppen Grünberg, und am 24. Juni stand die französische Hauptarmee zwischen Amöneburg und Homberg auf dem Westufer der Ohm. Hinter der Ohmlinie war zunächst nur das Detachement Imhoff postiert. Zu ihm stieß am 24. Juni noch das Korps Gilsa, das inzwischen vom Generalleutnant Erbprinz Karl Wilhelm Ferdinand von Braunschweig übernommen worden war. Gegen die große Übermacht der Franzosen sahen beide Befehlshaber keine Möglichkeit eines erfolgreichen Widerstandes. Homberg wurde den Franzosen überlassen, während der Erbprinz und Imhoff sich hinter Kirchhain zurückzogen.

Herzog Ferdinand war am 24. mit der Hauptarmee ebenfalls zur Ohm aufgebrochen. Als er jedoch vom Verlust von Homberg und Amöneburg erfuhr, ließ er am 25. die Armee zurückmarschieren, um eine sichere Stellung hinter der Schwalm zu beziehen. Am 26. lagerte er zwischen Treysa und Ziegenhain, der Erbprinz sicherte bei Obergrenzebach die linke und Imhoff bei Sebbeterode die rechte Flanke. Imhoff selbst wurde am 27. durch den hannoverschen Generalleutnant Graf Kielmansegg ersetzt.

Broglie hatte am 24. Juni die Ohm überschritten und folgte bis zum 27. der Alliierten Armee bis Neustadt. Prinz Xaver war der Hauptarmee nachgerückt und deckte bei Willingshausen die rechte Flanke. Weitere französische Abteilungen schlossen Marburg und Dillenburg ein. Marburg ergab sich bereits am 30. Juni, während Dillenburg erst nach heftiger Gegenwehr am 16. Juli kapitulierte.

Auch das französische Korps Saint Germain befand sich auf dem Vormarsch und erreichte am 20. Juni Dortmund. Spörcken hatte seine Truppen daraufhin bei Dülmen und Werne zusammengezogen. Am 27. rückte er mit etwa der Hälfte des Korps' von Dülmen bis nördlich von Lünen vor. Die restlichen Truppen blieben zunächst bei Werne unter dem hannoverschen Generalleutnant v. Hardenberg stehen. Zwischen den französischen Befehlshabern kam es inzwischen zu heftigen Differenzen über das weitere Vorgehen.

Saint Germain weigerte sich, Broglies Aufforderung nachzukommen, auf Lippstadt zu marschieren. Statt dessen behielt er seine Stellung fast zwei Wochen bei, und erst nach dringenden Befehlen des Marschalls Broglie setzte er sich am 4. Juli wieder in Marsch, um bei Korbach eine Verbindung mit der Hauptarmee zu gewinnen. Ein größeres Detachement unter dem Maréchal de camp d'Auvet blieb allerdings bei Hagen stehen. Bis zum 6. Juli hatte Saint Germain Meschede erreicht, während Spörcken am 7. bis Hamm und Hardenberg am 8. bis Soest vorrückten[2].

Um die Verbindung mit Saint Germain aufzunehmen, marschierte Broglie am 8. Juli nach Frankenberg und am 9. weiter bis Immighausen, wo die Armee ein Lager bezog. Herzog Ferdinand war über die französischen Pläne unterrichtet und versuchte, ihnen bei Korbach zuvorzukommen. Mit der Hauptarmee gelangte er am 9. Juli bis Wildungen, die Korps Kielmanseggs, des englischen Generalmajors Griffin und des Erbprinzen wurden vereinigt und erreichten am 9. Sachsenhausen, während Luckner bis Meineringhausen gelangte.

Am frühen Morgen des 10. Juli marschierte der Erbprinz mit seinen Truppen nach Korbach weiter und bezog eine Stellung zwischen Meineringhausen und dem Korbacher Wald. Broglie war über den Aufmarsch des Erbprinzen gut informiert und setzte seine Kräfte gegen dessen rechten Flügel an. Bis zum Nachmittag gelang ihm dort eine vollständige Umfassung, so daß der Erbprinz gezwungen war, sich auf das inzwischen bis Sachsenhausen vorgerückte Gros der Armee zurückzuziehen. Seine Verluste bei diesem Gefecht betrugen 8 Offiziere und 171 Mann an Toten sowie 19 Offiziere und 626 Mann an Verwundeten und Vermißten. Dazu gingen 16 Geschütze verloren. Die französischen Verluste betrugen etwa 600 bis 700 Mann[3].

Nach dem Treffen ließ Broglie die Armee ein Lager ostwärts von Korbach beziehen, während die Alliierte Armee bei Sachsenhausen stehenblieb. Dort traf am 13. Juli auch das von Soest heranbeorderte Korps Spörcken ein. Weder Broglie noch dem Herzog erschien zu dieser Zeit ein direkter Angriff auf den jeweiligen Gegner ratsam. Der französische Oberbefehlshaber beschränkte sich darauf, durch starke Entsendungen den rechten Flügel der alliierten Aufstellung und damit die Verbindung des Herzogs mit Westfalen zu bedrohen, während dieser seinerseits den Erbprinzen gegen Marburg vorgehen ließ. Bei dieser Unternehmung kam es am 16. Juli bei Emsdorf zu einem Waldgefecht, bei dem die Truppen des Erbprinzen ohne nennenswerte Eigenverluste über 2500 Mann des Gegners gefangennahmen.

Broglie dehnte unterdessen seine Aufstellung immer weiter nach Norden aus. Auch der Herzog verlängerte seine Front allmählich in diese Richtung, so daß sein rechter Flügel am 24. Juli bei Volkmarsen, der linke französische bei Marsberg stand. An diesem Tag erfolgte der so lange erwartete Angriff Broglies. Die Franzosen gingen auf der ganzen Frontbreite vor, um die Alliierte Armee zu binden, während die Korps der Generale Graf Chabo und du Muy, letzterer hatte Saint Germain abgelöst, bei Volkmarsen das Korps Spörcken zu umgehen versuchten.

Dieser bedrohlichen Situation entzog sich der Herzog durch einen Rückzug auf Wolfhagen, das die Armee am 25. Juli erreichte. Kielmansegg rückte mit

---

[2] Zum Feldzugsbeginn vgl. Großer Generalstab, Der Siebenjährige Krieg XII, S. 229-239.

[3] Zum Gefecht bei Korbach vgl. Großer Generalstab, Der Siebenjährige Krieg XII, S. 241-248.

einem kleinen Korps nach Kassel. Da der Herzog noch immer um seine Verbindungen mit Westfalen fürchten mußte, schob er sich allmählich näher an die Diemel heran. Broglie folgte nur langsam. Am 27. Juli ging er bis Balhorn vor, und am 30. bezog er ein Lager zwischen Ehlen und Zierenberg. Das Korps du Muy stand vorgeschoben bei Warburg. Es hatte ebenso wie die Korps Spörckens und des Erbprinzen, die bei Körbecke standen, am 29. die Diemel überschritten.

Herzog Ferdinand entschloß sich in dieser Lage, mit der Hauptarmee ebenfalls über den Fluß vorzugehen und gemeinsam mit dem Erbprinzen du Muy anzugreifen. Am 31. Juli umging der Erbprinz mit seinen Truppen die französische Stellung im Norden, während die Hauptarmee von Körbecke aus direkt auf Warburg marschierte. Die Überraschung der Franzosen gelang jedoch so vollständig, daß von der Hauptarmee nur noch einige englische Kavallerieeinheiten ins Gefecht kamen, bevor du Muys Truppen die Flucht ergriffen. Die Alliierte Armee hatte einen vollständigen Sieg errungen. Sie verlor 8 Offiziere und 194 Mann an Toten sowie 58 Offiziere und 979 Mann an Verwundeten und Vermißten. Die französischen Verluste betrugen 4 203 Mann. Ebenfalls am 31. Juli ging jedoch Kassel verloren, das Generalleutnant Graf Kielmansegg vor den überlegenen Truppen des Prinzen Xaver räumen mußte[4].

Herzog Ferdinand bezog nach dem Treffen ein gut gesichertes Lager bei Warburg. Seine rechte Flanke deckte zwischen Essentho und Meerhof ein Korps unter dem hessischen Generalleutnant v. Wutginau, während Kielmansegg, der am 12. August durch den hannoverschen Generalleutnant v. Wangenheim abgelöst wurde, bei Beverungen die linke Flanke sicherte. Du Muy war auf Marsberg zurückgegangen, und Broglie stand mit der französischen Haupt-armee zwischen Breuna und Niederlistingen. Wegen zunehmender Verpfle-gungsschwierigkeiten verlegte der französische Oberbefehlshaber am 22. August sein Lager in das Gebiet zwischen Hohenkirchen und Mariendorf. Seine linke Flanke deckte das Korps du Muy, mit dem er sich am selben Tag wieder vereinigte. Bis Mitte September lagen sich beide Armeen in diesen Stellungen gegenüber und beschränkten sich auf den Kleinen Krieg.

Die Alliierte Armee nutzte die Zeit zur Vorbereitung einer Operation gegen den linken Flügel der Franzosen bei Dörnberg. Als Angriffstag war der 15. September vorgesehen. Broglie ging jedoch am 12. und 13. bis auf eine Linie westlich von Kassel zurück und zog auch das Korps des Prinzen Xaver von Esebeck nach Deiderode heran[5]. Herzog Ferdinand überschritt daraufhin mit der Hauptarmee die Diemel und rückte zunächst bis Immenhausen vor. Das Korps Wangenheim, das seit Mitte August bei Uslar stand, marschierte nach Löwenhagen. Dort wurde es von den Truppen des Prinzen Xaver überrascht, die

---

[4] Zu den Ereignissen im Juli und zum Gefecht bei Warburg vgl. Großer Generalstab, Der Siebenjährige Krieg XII, S. 248 - 268.

[5] Dabei ist anzunehmen, daß Broglie über den bevorstehenden Angriff der Alliierten informiert war, ohne daß sich jedoch Belege dafür finden lassen.

Broglie kurzfristig erheblich verstärkt hatte und persönlich anführte. Nur unter bedeutenden Verlusten gelang es Wangenheim, sich dem Gegner zu entziehen. Am 22. September bezog er wieder seine alte Stellung bei Uslar, und auch die Truppen des Prinzen Xaver kehrten in ihr Lager zurück. Nach diesem Mißerfolg wechselte auch die alliierte Hauptarmee am 25. wieder auf das Nordufer der Diemel herüber[6].

Die Kriegslage war damit seit fast zwei Monaten konstant: Herzog Ferdinand behauptete die Diemellinie, während Broglie Hessen kontrollierte und mit dem Korps des Prinzen Xaver den Zugang nach Hannover bedrohte. In dieser Situation entschloß sich der Herzog, den schon seit längerer Zeit vorbereiteten Plan in die Tat umzusetzen, durch eine Unternehmung gegen Wesel Broglie zu starken Detachierungen oder sogar zum Rückzug aus Nordhessen zu veranlassen.

Am 23. September verließ ein Korps von 22 Bataillonen und 20 Eskadrons das Lager des Herzogs. Bei Hamm übernahm der Erbprinz das Kommando über diese Truppen, die aus Nienburg und Hameln Belagerungsgerät erhielten und aus Münster durch ein weiteres Detachement verstärkt wurden. Bereits am 30. September erreichte das Korps Wesel. Die völlige Überraschung der Besatzung wurde jedoch nicht ausgenutzt, und schon bald bestand kaum noch Hoffnung auf eine rasche Einnahme der Festung. Die bei Duisburg auf das linke Rheinufer herübergegangenen Detachements des Oberstleutnants v. Jeanneret und des Kapitäns v. Wintzingerode hatten zwar Erfolge im Kleinen Krieg, konnten aber auch von Westen her nichts gegen die Festung ausrichten. Das aus Münster heranmarschierte Korps des Obersten v. Ditfurth ging bei Rees über den Rhein, konnte am 3. Oktober Kleve einnehmen und traf am 4. vor Wesel ein.

Die Festung befand sich in einem guten Zustand, und die kleine Besatzung hatte in dem Schweizer General de Castella einen hervorragenden Kommandanten. Die Belagerung leitete Graf Wilhelm zu Schaumburg-Lippe. Wegen der völlig unzureichenden Vorbereitungen und katastrophaler Wetterverhältnisse gingen die Arbeiten kaum voran. Auch das Eintreffen der Belagerungsgeschütze verzögerte sich. Castella störte die Arbeiten durch mehrere Ausfälle und unterhielt ein wirkungsvolles Feuer mit den Wallgeschützen.

Sobald Broglie die Bedrohung der Festung erkannt hatte, befahl er dem Generalleutnant Marquis de Castries, der sich zur Übernahme neuer Truppen aus Frankreich in Köln aufhielt, zum Entsatz von Wesel aufzubrechen. Schon am 13. Oktober hatte Castries ein Korps von über 19 000 Mann gesammelt, das sich aus den französischen Ersatztruppen und einem Detachement von Broglies Hauptarmee, das dieser zur Sicherung Hessens bis Hachenburg vorgeschoben hatte, zusammensetzte. Der Erbprinz wurde am 12. Oktober durch 14 Bataillone und 8 Eskadrons unter Generalleutnant Waldegrave und Generalmajor

---

[6] Zu den Ereignissen im August und September vgl. Großer Generalstab, Der Siebenjährige Krieg XIII, S. 306-319 sowie Savory S. 244-259.

Howard verstärkt, denen am 16. noch ein Korps von 9 Bataillonen und 4 Eskadrons unter Kielmansegg folgte. Die Belagerung machte unterdessen kaum Fortschritte.

Castries erreichte am 14. Moers und konnte schon am 15. Oktober eine Abteilung von 700 Mann nach Wesel hereinbringen. Mit einem Großteil seiner Truppen war der Erbprinz am 14. auf das linke Rheinufer hinübergegangen, um das französische Entsatzkorps abzuwehren. Am Abend des 15. stand er mit etwa 17 500 Mann bei Ossenberg, Castries mit einer annähernd gleichstarken Macht bei Rheinberg. In den frühen Morgenstunden des 16. Oktobers griff der Erbprinz die französische Stellung an.

Zunächst verlief der Angriff recht erfolgreich, dann aber stockte der Vormarsch beim Ort Kamperbruch. Die Franzosen leisteten hier heftigen Widerstand, der den Erbprinzen bald zum Rückzug in seine Ausgangsstellung zwang. Die Verluste dieses Gefechts waren auf beiden Seiten hoch. Der Erbprinz verlor 10 Offiziere und 237 Mann an Toten, 71 Offiziere und 855 Mann an Verwundeten sowie 7 Offiziere und 435 Mann an Gefangenen und Vermißten. Darüber hinaus gingen eine Standarte, eine Kanone und 14 Munitionswagen verloren. Erheblich höher waren die Verluste der Franzosen, die 106 Offiziere und 815 Mann an Toten, 161 Offiziere und 1640 Mann an Verwundeten sowie 1 General und 400 Mann an Gefangenen einbüßten.

Die Niederlage beim Kloster Kamp bedeutete auch das Ende der Belagerung von Wesel. Am 18. zog sich der Erbprinz wieder über den Rhein zurück und führte seine Truppen nach Brünen, wo sie ein Lager bezogen. Am selben Tag wurde auch die Belagerung aufgehoben. Die schwere Artillerie, die überhaupt nicht zum Einsatz gekommen war, wurde nach Münster geschickt, während die restlichen Belagerungstruppen und das Korps Kielmansegg nach Dorsten zurückgingen und dort ein Lager bezogen. Castries rückte noch am 18. in Wesel ein[7]. Da er jedoch nicht weiter nach Westfalen vorstieß, blieb die Gesamtlage auf dem westlichen Kriegsschauplatz zunächst unverändert.

2. Der Ausgang des Kriegsjahres 1760 an Diemel und Weser, Leine und Lippe

a) Die Lage auf dem hessischen Kriegsschauplatz während der Belagerung von Wesel

Auch nach dem Abmarsch des Erbprinzen zum Niederrhein blieb die Kriegslage in Hessen zunächst unverändert. Marschall Herzog von Broglie lagerte mit der französischen Hauptarmee unmittelbar westlich von Kassel. Ein

---

[7] Zur Belagerung von Wesel und zum Gefecht beim Kloster Kamp vgl. Großer Generalstab, Der Siebenjährige Krieg XIII, S. 319-345 sowie die Verlustliste ebd. in Anlage 19.

Korps von 10 Bataillonen und 14 Eskadrons unter Generalleutnant Graf Stainville stand bei Wildungen und sicherte die Verbindungen mit Frankfurt. Generalleutnant Prinz von Croy deckte mit 18 Bataillonen die Fulda zwischen Kassel und Münden. Prinz Xaver von Sachsen schließlich stand mit 25 Bataillonen und 40 Eskadrons zwischen Witzenhausen und Göttingen. Die Alliierte Armee behauptete die Diemellinie mit zahlreichen Lagern, die sich zwischen Marsberg und Herstelle verteilten. Generalleutnant v. Wangenheim stand mit 5 Bataillonen und 8 Eskadrons jenseits der Weser bei Uslar, um das Korps des Prinzen Xaver zu beobachten. Herzog Ferdinand hatte sein Hauptquartier in Übelngönne[8].

Der Feldzug in Hessen hatte zu diesem Zeitpunkt allen Glanz verloren. Das Land glich einer Wüste, und obwohl gerade Erntezeit gewesen war, fehlte es an Fourage in jeder Form. Heu, Stroh und Futtergetreide waren kaum noch aufzutreiben, und wenn sich doch noch etwas fand, fehlten die Fahrzeuge zum Transport. Größere Truppenbewegungen waren unter diesen Umständen nur nach langwierigen Vorbereitungen möglich[9].

Die gewaltige Zahl von 137 Bataillonen und 150 Eskadrons, die Marschall Broglie zu Gebote standen, täuschte erheblich über die tatsächliche Stärke der französischen Armee. Kommandierungen, Krankheiten, Desertionen und andere Verluste hatten die Iststärke in manchen Kompanien auf bescheidene 20 Mann absinken lassen, so daß die Gesamtzahl der Dienstfähigen kaum 80 000 Mann überstieg. Mit einer solchen Armee waren nur schwerlich entscheidende Schläge zu führen. Bei den Alliierten war die Lage insgesamt günstiger. Nachdem noch Ende August Verstärkungen aus England eingetroffen waren, betrug die Gefechtsstärke der Armee etwa 73 000 Mann (einschließlich der nach Wesel entsandten Kräfte), wobei die einzelnen Einheiten und Verbände in weit besserer Verfassung waren als bei den Franzosen[10].

Das in mehrfacher Hinsicht überzogene und letztlich gescheiterte Unternehmen gegen Wesel ist jedoch der deutlichste Beweis dafür, daß auch Herzog Ferdinand unter den gegebenen Umständen eine wirklich erfolgversprechende operative Idee oder gar Planung fehlte. Zudem entwickelte die Diversion gegen den Niederrhein rasch eine Eigengesetzlichkeit, die das gesamte Geschehen auf dem westdeutschen Kriegsschauplatz bestimmte und nicht zuletzt sogar Auswirkungen auf die Operationsführung des Generalleutnants v. Hülsen in Sachsen zeitigte[11].

---

[8] Vgl. Westphalen IV, S. 462 f., Herzog Ferdinand an den König am 29. Sept. 1760, sowie Savory S. 256 f. — Sofern nicht anders angemerkt, ist auch in diesem Teil der vorliegenden Arbeit mit „der König" stets Friedrich der Große gemeint.

[9] Vgl. Westphalen IV, S. 463, Herzog Ferdinand an den König am 29. Sept. 1760.

[10] Vgl. Waddington IV, S. 242 f. sowie Großer Generalstab, Der Siebenjährige Krieg XIII, S. 311.

[11] So hatte der König Herzog Ferdinand aufgefordert, eine Diversion nach Sachsen zur Unterstützung des Korps' Hülsen zu unternehmen (PC XIX, Nr. 12366, S. 584 f., Der

Die unerwartet großen Verstärkungen, die Broglie ohne Verzug nach Wesel entsandte, nötigten auch Herzog Ferdinand, immer mehr Truppen an den Erbprinzen abzugeben. Nacheinander gingen Detachements unter Generalleutnant Waldegrave, Generalmajor Howard und Generalleutnant Graf Kielmansegg, zusammen 23 Bataillone und 12 Eskadrons, zum Belagerungskorps ab, so daß der Herzog selbst am 7. Oktober nur noch 15 Bataillone und 12 Eskadrons unmittelbar zur Verfügung hatte[12].

Die militärische Tätigkeit der dezimierten Armeen in Hessen beschränkte sich in dieser Zeit wesentlich auf die Bereiche Sicherung und Versorgung. Herzog Ferdinand ließ aus Norddeutschland Getreide und andere Lebensmittel herbeischaffen, um an der Diemel ein größeres Depot anzulegen. Die französische Armee nutzte dagegen ihre örtliche Überlegenheit und die für sie günstige Entwicklung der Kriegslage in Sachsen zu kleinen offensiven Vorstößen, die allerdings weniger militärischen als vielmehr den Charakter reiner Beutezüge hatten. So dehnte Prinz Xaver seine Fouragierungen bis Northeim, Heiligenstadt und Duderstadt aus und versorgte sich aus dem Eichsfeld mit Lebensmitteln.

Generalleutnant Graf Stainville überschritt mit einem mehrere tausend Mann starken Korps leichter Truppen am 12. Oktober die Werra und drang ins Halberstädtische und Braunschweigische vor, um Kontributionen einzutreiben und gleichzeitig die Aufmerksamkeit des Herzogs Ferdinand auf sich zu ziehen. Zu seiner Unterstützung entsandte Marschall Broglie am gleichen Tag den Generalmajor Graf d'Espies mit einem Detachement von 1 300 Mann Infanterie und 2 700 Mann Kavallerie nach Northeim, wo es in der Folge zu einigen kleineren Gefechten mit den vorgeschobenen Sicherungen des Generalmajors v. Luckner kam[13].

Die Operationen Stainvilles wurden durch das gleichzeitige Vordringen der Reichsarmee und des Herzogs von Württemberg in Sachsen begünstigt. Ungestört brandschatzten seine Abteilungen Halberstadt, Aschersleben und Quedlinburg und erpreßten erhebliche Geldbeträge. Bei Harzgerode wurden zwei alliierte Patrouillen aufgehoben. Am 18. Oktober stieß ein größeres Detachement unter Oberst Graf Schomberg bei Endorf auf etwa 500 Mann der Alliierten, die sich nach einem hitzigen Gefecht zurückziehen mußten, nachdem sie über 150 Tote, Verwundete und Gefangene sowie zwei Kanonen verloren hatten. In der Nähe von Halberstadt gelang es den Franzosen, mehrere Kuriere der alliierten und der preußischen Armee abzufangen, deren Depeschen Marschall Broglie unter anderem über den tatsächlichen Charakter der

---

König an Herzog Ferdinand am 18. Sept. 1760), was dieser jedoch mit Hinweis auf die Unternehmung gegen Wesel ablehnte (Westphalen IV, S. 469, Herzog Ferdinand an Hülsen am 3. Okt. 1760).

[12] Vgl. Renouard II, S. 645 f.

[13] Vgl. Westphalen IV, S. 475 sowie Journal Heyne 1760/61, S. 82.

Expedition gegen den Niederrhein informierten. Nach diesen Erfolgen kehrte Graf Stainville am 7. November mit seinem Korps wieder zur Hauptarmee zurück[14].

Nachdem Herzog Ferdinand von der Detachierung des Grafen d'Espies gegen Northeim erfahren hatte, ließ er am 16. Oktober Beverungen durch eine Abteilung von 4 Bataillonen und 7 Eskadrons unter den Generalmajoren v. Mansberg (Braunschweig) und v. Hanstein (Hessen) besetzen. Diese Truppen sollten das Korps Wangenheim aufnehmen, wenn es sich, entsprechend seiner Instruktion, von Uslar auf Hameln hätte zurückziehen müssen. Generalleutnant v. Wangenheim war jedoch schon am 15. von Uslar nach Dassel marschiert, hatte Northeim besetzen lassen und Luckner mit 2 Bataillonen und 8 Eskadrons bei Einbeck postiert. Mansberg und Hanstein besetzten daraufhin die verlassene Stellung bei Uslar, wohin bis zum 25. Oktober auch das Korps Wangenheim zurückkehrte. Luckner beobachtete weiterhin mit 3 Bataillonen und 10 Eskadrons in der Gegend um Göttingen[15].

Wegen anhaltenden Regenwetters wurde die Kavallerie nach und nach in Kantonierungsquartiere gelegt, und die übrigen Truppen begannen mit dem Bau von Holzhütten. Den Sicherungsdienst übernahm eine dünne Vorpostenkette entlang der Diemel. Eine 500 Mann starke Infanterieabteilung besetzte Wünnenberg, das Dragonerregiment Elliot den Ort Fürstenberg. In Gottsbüren stand das Scharfschützenbataillon Stockhausen, das Freibataillon Trümbach und eine Abteilung hessischer Jäger, verstärkt durch braunschweigische und hessische Kavallerie. Sababurg war mit 120 Mann besetzt, darunter 40 hessische Husaren unter dem Rittmeister v. Riedesel.

Diese Posten hielten enge Verbindung mit Generalleutnant v. Gilsa, der mit 5 Bataillonen und 6 Eskadrons bei Trendelburg stand und den Auftrag hatte, einen gegnerischen Angriff im Bereich des Reinhardswaldes und der Sababurg unverzüglich abzuwehren oder zumindest zu verzögern. Das Korps Kielmansegg, auf 13 Bataillone und 8 Eskadrons verstärkt, war zu diesem Zeitpunkt von Dorsten aus wieder bis in die Nähe von Lippstadt zurückmarschiert und stand somit Herzog Ferdinand wieder unmittelbar zur Verfügung[16].

---

[14] Vgl. Renouard II, S. 674f.

[15] Vgl. ebd. S. 676f. Das Korps Wangenheim bestand jetzt aus den InfRgt Bischhausen (2 Btl, He), Laffert, Rhöden, Plessen (je 1 Btl, Han) und Kutzleben (1 Btl, He), den KürRgt Karabiniers (3 Esk, Bra) und Veltheim (2 Esk, Han), 4 Esk Leibdragoner (He) sowie 1 Brigade hess. Jäger. — Luckners Korps bestand aus den InfRgt Halberstadt, Dreves und Schulenburg (je 1 Btl, Han), den KürRgt Grotthaus, Hodenberg und Heyse (je 2 Esk, Han) sowie 4 Esk Luckner-Husaren (Han).

[16] Zur Aufstellung an der Diemel vgl. Renouard II, S. 676-678. Zur Stärke des Korps' Gilsa vgl. StA Marburg, 4h, Nr. 3085, Journal und Relationes von der Alliierten Armee 1760 II, Bl. 251v sowie Westphalen IV, S. 456. Zum Korps Kielmansegg vgl. Großer Generalstab, Der Siebenjährige Krieg XIII, S. 345.

b) Vom geplanten Angriff auf Kassel
zur Blockade von Göttingen

Am 21. Oktober war die Meldung von dem Gefecht beim Kloster Kamp, dem anschließenden Rückzug des Erbprinzen über den Rhein und von der Aufhebung der Belagerung von Wesel im Hauptquartier Herzog Ferdinands in Übelngönne eingegangen[17]. Schlagartig hatte sich seine Lage dramatisch verschlechtert: Der vordergründige Zweck der Unternehmung am Niederrhein, die Einnahme von Wesel, war gescheitert, und das Kräfteverhältnis in Hessen hatte sich eher zu Ungunsten der Alliierten Armee verändert. Der Erbprinz stand mit einer geschlagenen Armee im Lager bei Brünen, noch immer bedroht von den Truppen des Marquis de Castries, und weitere erhebliche Verstärkungen für die Franzosen waren bereits im Anmarsch durch Lothringen. Die Ziele des Feldzuges, die Vertreibung Broglies aus Hessen und die Erhaltung Westfalens, waren unter den gegebenen Umständen kaum noch zu erreichen[18].

Die französische Armee war zahlenmäßig deutlich überlegen und hielt zudem außerordentlich vorteilhafte Stellungen besetzt. Am rechten Flügel stand das Korps des Prinzen Xaver mit 32 Bataillonen rechts der Werra im Lager bei Deiderode. Bei Stockhausen, nördlich von Göttingen, war ein vorgeschobenes Lager zur Sicherung angelegt, hinter dem die mehr als 40 Eskadrons starke Kavallerie des Prinzen kantonierte. Göttingen selbst hatte eine Besatzung von etwa 3000 Mann. Das Lager bei Deiderode war stark befestigt und aufgrund der Geländebeschaffenheit nur auf dem linken Flügel angreifbar, wobei der Gegner jedoch gezwungen war, eng an der Werra entlang zu marschieren, ohne seine Flanken schützen zu können.

Südlich von Münden standen 12 Grenadierbataillone zwischen Fulda und Werra, 6 Bataillone französischer und Schweizer Garden kantonierten in Bettenhausen und Sandershausen bei Kassel. Die 44 Bataillone starke französische Hauptarmee lagerte zwischen Kassel und Weißenstein in einer gut ausgebauten Stellung, während die Kavallerie weiter zurück längs der Fulda Quartiere bezogen hatte. Kleinere Posten bei Lohre (etwa 6 km ostwärts von Fritzlar), Wildungen und Marburg sicherten die Nachschublinien zum Main. Die Alliierten standen mit 6 Bataillonen und 9 Eskadrons unter Wangenheim bei Uslar und 3 Bataillonen und 10 Eskadrons unter Luckner bei Moringen unweit von Northeim. Die Hauptarmee stand mit 44 Bataillonen und 38 Eskadrons hinter der Diemel[19].

---

[17] Das Schreiben des Erbprinzen ist datiert Brünen, den 19. Okt. 1760, 7 Uhr morgens; Knesebeck 1760, Nr. 66, S. 152.

[18] Die Sicherheit, mit der Herzog Ferdinand diese Pläne in einem Schreiben an Lord Holdernesse noch am 22. Okt. nannte, schien wohl vor allem auf diplomatischen Rücksichten zu gründen. In einem Brief an den König am gleichen Tag äußerte sich der Herzog wesentlich skeptischer über den weiteren Verlauf des Feldzuges; Knesebeck 1760, Nr. 66, S. 150 f. und Nr. 67, S. 156-158; der Brief an den König im frz. Original bei Westphalen IV, S. 493.

Trotz der ungünstigen Gesamtlage war Herzog Ferdinand fest entschlossen, weiterhin offensiv zu operieren, um noch vor dem Jahresende einen möglichst entscheidenden Erfolg in Hessen zu erzielen. Der Angriffsplan, den er dazu Ende Oktober entwickelte, ist vor allem deshalb von Interesse, weil in ihm bereits wesentliche Elemente des späteren Winterfeldzuges gedanklich vorweggenommen wurden. Herzog Ferdinand sah zwei Möglichkeiten, gegen die Aufstellung der Franzosen vorzugehen, entweder das Lager des Prinzen Xaver bei Deiderode oder die Hauptarmee bei Kassel anzugreifen.

Ein Angriff auf das Lager bei Deiderode war wenig erfolgversprechend. Die Alliierte Armee mußte dazu von Warburg aus vier Tage marschieren, und eine solche Bewegung ließ sich nicht geheimhalten. Da Broglie von Kassel aber nur etwa sieben Stunden bis Deiderode brauchte, mußten die Alliierten bei ihrem Eintreffen dort mit der gesamten französischen Armee rechnen, der zudem selbst bei einer Niederlage jederzeit der Rückzug über die Werra in ihre Ausgangsstellung offenstand. Siegten die Franzosen jedoch, dann waren die Folgen für die Alliierte Armee katastrophal: Westfalen wäre verloren gewesen, Herzog Ferdinand hätte sich bis auf Minden oder noch weiter zurückziehen müssen, und das Tor nach Hannover hätte offengestanden.

Angesichts dieser offensichtlichen Nachteile und Gefahren sprach sich der Herzog deutlich für die zweite Möglichkeit aus, den Angriff auf das große Lager bei Kassel: „Le second parti, de marcher sur Cassel, me semble donc valoir mieux; si je bats le maréchal de Broglie, Cassel et toute la Hesse seront degagées, si je suis batû, pour peu que je ne le sois pas totalement, je puis toujours réprendre ma position derrière le Dymel, et les affaires en resteront à peu prés dans la même situation, où elles se trouvent à présent."[20]

Der Plan sah vor, falls Broglie nicht bis zum 15. November Kassel freiwillig geräumt hatte, an diesem Tag mit der Alliierten Armee über Wolfhagen gegen Weißenstein (die heutige Wilhelmshöhe) vorzurücken und mit dem linken Flügel die linke Flanke der Franzosen mit Artillerie anzugreifen. Das Zentrum und der rechte Flügel sollten zunächst nicht ins Gefecht gebracht werden. Ein kleines Korps dieser Truppen wollte Herzog Ferdinand in eine Stellung im Rücken der Franzosen vorschieben. Weitere Detachements sollten die Posten in Lohre, Wildungen und Marburg angreifen, leichte Truppen die Verbindungen und Nachschublinien der Franzosen im Eichsfeld, bei Melsungen und bei Ziegenhain unterbrechen.

---

[19] Lagefeststellung nach einem Brief des Herzogs Ferdinand an den König vom 27. Okt. 1760, Westphalen IV, S. 497. Vgl. dazu auch Renouard II, S. 678 f. — Über die geringe Zahl der Dienstfähigen in vielen französischen Einheiten, die die Kampfkraft der Armee erheblich einschränkte, konnte der Herzog natürlich keine Kenntnis haben.

[20] Westphalen IV, S. 498, Herzog Ferdinand an den König am 27. Okt. 1760. — In diesem Brief wird nach der Lagefeststellung (Vgl. Anm. 19) der gesamte Angriffsplan entwickelt.

Ferdinand hoffte durch das Abschneiden der Versorgung und den Druck auf die linke Flanke, Marschall Broglie dazu zu nötigen, seine kaum angreifbare Stellung zu verlassen und sich zu einer Schlacht zu stellen. Zur Ausführung dieser Operation sollte die Alliierte Armee durch 13 Bataillone und 6 Eskadrons aus Westfalen verstärkt und möglichst konzentriert werden. Die Gesamtstärke betrug dann — ohne die leichten Truppen — 66 Bataillone und 58 Eskadrons.

Angesichts einer bald absehbaren Veränderung der Gesamtlage kam der Plan jedoch nicht zur Ausführung. Zunächst hatten die Alliierten große Probleme, in ausreichendem Maße Verpflegung und vor allem Fourage für eine derartige Angriffsoperation bereitzustellen[21]. Dies allein führte bereits zu Abänderungen des ursprünglichen Vorhabens. Zudem zeigten sich die Franzosen merkwürdig untätig, und verschiedene Anzeichen deuteten auf ihren bevorstehenden Rückzug in die Winterquartiere[22].

In Sachsen aufgefangene Briefe französischer Offiziere, die der König Herzog Ferdinand zukommen ließ, bestätigten diese Vermutungen weitgehend und gaben zudem Aufschluß über die weiteren Pläne der Franzosen: Das nördliche Hessen und der weit vorgeschobene Posten Göttingen sollten den Winter über gehalten werden. Die Besatzung dieser Stadt sollte dazu erheblich verstärkt und ihre Befestigungsanlagen instandgesetzt und ausgebaut werden. Nach Abschluß dieser Arbeiten, etwa Ende November, war die Verlegung der Armee in die Winterquartiere vorgesehen[23].

Diese Nachrichten lenkten das Interesse des Herzogs nunmehr verstärkt auf den rechten Flügel der französischen Armee, zumal er am 9. November auch die Meldung vom Sieg der Preußen bei Torgau erhalten hatte[24], der ebenfalls diesen Teil der französischen Aufstellung unmittelbar betraf. Denn mit dem erfolgreichen Vordringen des Königs in Sachsen war die Anlehnung des rechten Flügels an die Reichsarmee verlorengegangen und das Korps des Prinzen Xaver sowie die Besatzung von Göttingen erheblich exponiert. Dies galt insbesondere dann,

---

[21] Der Nachschub traf nur sehr schleppend bei der Armee ein, und zeitweise beabsichtigte der Herzog sogar, die täglichen Rationen zugunsten der Anlage von Magazinen zu kürzen. Vgl. Westphalen IV, S. 516, Herzog Ferdinand an den König am 12. Nov. 1760.

[22] Vgl. StA Marburg, 4h, Nr. 3085, Journal und Relationes von der Alliierten Armee 1760 II, Bl. 277r und 291v sowie Renouard II, S. 681. — Die Inaktivität der Franzosen war sicherlich auch durch die erheblichen Spannungen innerhalb der Armeeführung begründet. Der Streit mit Saint-Germain (vgl. S. 132 dieser Arbeit), die unberechtigte Kritik vieler anderer Neider und die fehlende Rückendeckung aus Paris hatten Marschall Broglie schließlich so zermürbt, daß er am 25. Oktober um seinen Abschied bat, der ihm jedoch verweigert wurde. Vgl. Waddington IV, S. 274-276.

[23] Vgl. Westphalen IV, S. 513f., Der König an Herzog Ferdinand am 8. Nov. 1760, sowie ebd. den aufgefangenen Brief des Obersten O'Flannagan an Daun, datiert Kassel, den 3. Nov. 1760.

[24] Vgl. Westphalen IV, S. 513, Herzog Ferdinand an den König am 9. Nov. 1760.

wenn preußische Kräfte für ein Zusammenwirken mit der Alliierten Armee freigemacht werden konnten.

c) Stabilisierung der Lage in Westfalen und Schwerpunktbildung rechts der Weser

Von wesentlicher Bedeutung für die weitere Planung war zunächst die Entwicklung der Lage am Niederrhein und in Westfalen nach dem Rückzug des Erbprinzen über den Rhein und der Aufhebung der Belagerung von Wesel. Entschloß sich der Marquis de Castries zu einer hartnäckigen Verfolgung des Erbprinzen, so blieben dessen starke Kräfte noch für längere Zeit gebunden, denn die weit vorgeschobenen Stellungen in Westfalen sollten in keinem Falle aufgegeben werden. Doch der französische General hegte keine Angriffsabsichten, und gar die Belagerung von Münster, die Marschall Broglie ihm antrug, wies er als unmöglich zurück, weil dafür Stärke und Ausbildungsstand seiner Truppen angeblich nicht ausreichten[25].

So stand der Erbprinz bis zum 27. Oktober unbehelligt bei Brünen, dann verlegte er sein Lager nach Klein-Reken, westlich von Haltern, wo er den gesamten November über dem Korps Castries' gegenüberlag, der sich am 6. November bei Drevenack an der Lippe postiert hatte. Zu Gefechtshandlungen kam es nur um den vorgeschobenen Posten bei Schermbeck, wo eine Abteilung unter dem hannoverschen Generalmajor v. Scheither sicherte. Diese wurde am 28. Oktober von der Brigade Boisclaireau vertrieben, doch der hannoversche Generalmajor v. Breidenbach trat von Dorsten aus mit starken Kräften unmittelbar zum Gegenstoß an und drängte die Franzosen unter erheblichen Verlusten wieder über die Lippe zurück[26].

Hier drohte also keine unmittelbare Gefahr mehr, so daß mit dem Abzug der ersten Truppen näher an die alliierte Hauptarmee heran begonnen werden konnte, wobei, wie oben erwähnt, das Korps Kielmansegg in den ersten Novembertagen den Anfang machte[27]. Unterdessen verstärkten die Franzosen den rechten Flügel ihrer Front. Graf Stainville, der am 7. November von seiner

---

[25] Vgl. Großer Generalstab, Der Siebenjährige Krieg XIII, S. 345. — Castries scheute offensichtlich das Risiko einer weiteren Schlacht, bei der er den Ruhm des Siegers von Kloster Kamp aufs Spiel gesetzt hätte. Denn sein Korps umfaßte inzwischen 55 Bataillone und 56 Eskadrons, deren Gefechtsstärke er allerdings nur mit 12 000 Mann angab. Ausbildungsdefizite konnte es nur bei den Ersatzeinheiten aus Frankreich geben, der größere Teil seines Korps' bestand ja aus erfahrenen Soldaten, die aus Hessen zu ihm kommandiert waren.

[26] Vgl. Großer Generalstab, Der Siebenjährige Krieg XIII, S. 345. — Vgl. zum Gefecht bei Schermbeck auch den Bericht Breidenbachs mit Verlustliste, datiert Dorsten, 30. Okt. 1760, im StA Hannover, Hann. 38 A, Nr. 164, Bl. 13-16.

[27] Vgl. dazu auch StA Marburg, 4h, Nr. 3085, Journal und Relationes von der Alliierten Armee 1760 II, Bl. 298v-310v. — Demnach ist das Korps Kielmansegg am 2. Nov. zwischen Lippstadt und Paderborn in Kantonierungsquartiere eingerückt.

Unternehmung auf Halberstadt zur Hauptarmee zurückgekehrt war, bekam den Befehl, im Eichsfeld bei Duderstadt die rechte Flanke des Prinzen Xaver zu sichern und Fouragetransporte aus dieser Gegend zu decken[28].

Göttingen war dem Generalleutnant Graf Vaux unterstellt worden, einem in der Belagerungskriegführung besonders erfahrenen Offizier[29]. Unter seiner energischen Leitung wurden Ende Oktober die Befestigungswerke der Stadt instandgesetzt und verstärkt, wovon das Heyne-Journal anschaulich berichtet: „Den 27sten October kamen einige französische Ingenieurs, ingleichen Zimmerleute und Arbeiter mit Schanzzeuge, von der Reserve, in Göttingen an, diesen folgten den 29sten, Zimmerleute und Arbeiter von der Armee, es wurden im Walde Pallisaden gehauen, und Facinen gemacht; Außerhalb dem Glacis waren seit einiger Zeit neue Werke in Forme von Demilunes aufgeworffen, welche nunmehro so, wie der bedeckte Weg um die Stadt, verpallisadiret, und mit Sturmpfählen beleget wurden."[30]

Diese Maßnahmen zeigten, wie sehr die Franzosen bemüht waren, die weit vorgeschobene Position ihres rechten Flügels den kommenden Winter über zu halten. Zusammen mit den schier unüberwindlichen Schwierigkeiten, rechtzeitig und in ausreichender Menge Fourage für eine großangelegte Angriffsoperation gegen Kassel bereitzustellen, führten sie dazu, daß Herzog Ferdinand ganz offensichtlich schon am 12. November über eine Aktion gegen Göttingen oder das Korps des Prinzen Xaver als Alternativen zu diesem Vorhaben nachdachte. Der Tod des englischen Königs Georgs II. am 25. Oktober und die damit möglichen personellen und politischen Veränderungen in London hatten zunächst keinen Einfluß auf seine Operationsführung. In einem Brief an den König äußerte er die feste Absicht, „de risquer plustôt une Bataille, que de laisser à Mr. de Broglie la Hesse."[31] In jedem Fall aber sollte der Hebel zur Vertreibung der Franzosen zunächst rechts der Weser angesetzt werden[32].

---

[28] Vgl. Renouard II, S. 681 f. — Nach Bourcet I, S. 345 f. bekam er den Befehl bereits am 6. Nov.. Möglicherweise hat er zunächst ein oder zwei Ruhetage eingelegt.

[29] Bei Renouard II, S. 683, Anm. 1 heißt es über ihn: „General Vaux war ein Greis und hatte bereits achtzehn Belagerungen beigewohnt. An den Armen und Schenkeln durch Wunden gelähmt, zeigte er dennoch in seinen Anstalten zur nachmaligen Vertheidigung seines Postens alle Energie."

[30] Journal Heyne 1760/61, S. 83.

[31] Westphalen IV, S. 516, Herzog Ferdinand an den König am 12. Nov. 1760.

[32] Renouard II, S. 683 gibt an, daß erst der Rückzug des Prinzen Xaver hinter die Werra, beginnend am 16. Nov., Herzog Ferdinand veranlaßt habe, den Plan zum Angriff auf Kassel aufzugeben. Er kann sich dabei auch auf eine entsprechende Äußerung des Herzogs in einem Brief an den König vom 21. Nov. 1760 stützen (Westphalen IV, S. 518 f.). Dieser Rückzug hat jedoch m. E. nur einen bereits gefaßten Entschluß des Herzogs bestätigt, den Hauptstoß rechts der Weser zu führen. Dafür sprechen nicht nur die Äußerungen in seinem Brief an den König vom 12. Nov., sondern vor allem auch die unten noch genauer beschriebenen Truppenverschiebungen über den Fluß, die am 11. Nov. begannen und mit der persönlichen Übernahme des Kommandos in Uslar durch den Herzog am 15. ihren vorläufigen Abschluß fanden.

Generalleutnant Graf Kielmansegg verließ am 11. November mit seinen Truppen die Quartiere zwischen Lippstadt und Paderborn, ging bei Beverungen über die Weser und erreichte am 13. das Lager bei Uslar, von wo Generalleutnant v. Wangenheim mit seinem Korps ebenfalls am 11. nach Moringen aufgebrochen war[33]. Das Korps Luckner hatte seinerseits diese Stellung verlassen und betrieb kampfstarke Gefechtsaufklärung zwischen Northeim, Göttingen und Duderstadt. Dabei kam es am 12. November bei Gieboldehausen zu einem Gefecht mit einer vorgeschobenen Abteilung des Korps' Stainville, bei dem die französischen Dragoner unter Oberst Marquis Pons fast 100 Mann an Toten und Gefangenen verloren und sich auf Duderstadt zurückziehen mußten[34].

Am 15. November verließ Herzog Ferdinand sein bisheriges Hauptquartier in Übelngönne und übernahm persönlich den Befehl über die Truppen rechts der Weser, während er General v. Spörcken das Kommando an der Diemel übertrug. Mit ihm marschierten 2 Bataillone hannoversche Garde, das braunschweigische Leibregiment sowie 8 12-Pfdr. und 4 Haubitzen von Granbys Reserve über Beverungen nach Uslar, wo dem Korps Kielmansegg bereits 6 Eskadrons als Verstärkung zugegangen waren[35].

Wohl nicht zuletzt wegen dieser umfangreichen alliierten Truppenverschiebungen erhielt Graf Stainville am 16. November den Befehl, sich von seiner Stellung bei Duderstadt aus in Richtung auf die Werra zurückzuziehen. Am gleichen Tag begann das Korps des Prinzen Xaver mit der Aufgabe des Lagers bei Deiderode. Ein beträchtlicher Teil dieser Truppen verstärkte unter dem Kommando des Brigadiers Vicomte de Belsunce die Besatzung von Göttingen, während die Masse des Korps' zunächst Stellungen bei Hebenshausen und Friedland bezog[36]. Am 19. brachen die Truppen von dort auf und marschierten über Wanfried nach Creuzburg. Das Hauptquartier und drei Regimenter blieben in diesem Ort, während der Rest des Korps' entlang der Werra weitläufige Kantonierungsquartiere bezog, wobei der rechte Flügel bis Treffurt, der linke bis Vacha reichte.

Graf Stainville besetzte Gotha mit dem Schweizer Regiment Castella und sicherte die Quartiere weit vorgeschoben rechts der Werra mit den Dragonerregimentern Du Roi, La Ferronaye und Schoemberg sowie einigen leichten Truppen. Seine Vorpostenkette hatte Verbindung mit dem linken Flügel der

---

[33] Vgl. StA Hannover, Hann. 38 A, Nr. 164, Bl. 115r/v, Journal Kielmansegg vom 11.-15. Nov. 1760.

[34] Vgl. Journal Heyne 1760/61, S. 83 sowie Renouard II, S. 682.

[35] Vgl. StA Hannover, Hann 38 A, Nr. 163, Bl. 48r-53v, Bericht Spörckens an den engl. König vom 16. Nov. 1760, sowie Renouard II, S. 682. — Die erste Verstärkung des Korps Kielmansegg bestand aus je 2 Esk engl. Karabiniers und Honneywood-Dragoner sowie je 1 Esk hann. Garde du Corps und Grenadiere zu Pferde.

[36] Vgl. Renouard II, S. 682, Journal Heyne 1760/61, S. 84f. sowie Correspondance inédite III, Nr. 49, S. 157, Broglie an Prinz Xaver am 15. Nov. 1760.

Reichsarmee, dessen Quartiere sich bis Saalfeld erstreckten[37]. Die Befestigung von Göttingen war zu diesem Zeitpunkt abgeschlossen. Generalleutnant Graf Vaux verfügte über eine Besatzung von etwa 5000 Mann und 40 Geschütze und hatte die Stadt in jeder Hinsicht auf einen Angriff oder auch eine längere Belagerung vorbereitet[38].

d) Die Blockade von Göttingen

Der Besitz von Göttingen war für die Franzosen in mehrfacher Hinsicht außerordentlich vorteilhaft. Stark befestigt und mit einer kampfkräftigen Besatzung versehen, trug es erheblich zur Sicherung der Quartiere an der Werra bei. Zudem konnten von der Festung aus alliierte Posten, Transporte und Truppenbewegungen entlang der Weser und bis in den Harz hinein beobachtet und bekämpft werden. Schließlich bot Göttingen für den Feldzug des kommenden Jahres einen günstigen Ausgangspunkt für offensive Operationen, sei es ein Vorstoß in die hannoverschen Lande, sei es ein Eingreifen auf dem östlichen Kriegsschauplatz.

Herzog Ferdinand sah dagegen zunächst nur das taktisch Naheliegendste, die weit vorgeschobene und isolierte Lage der Stadt. Sie schien ihm eine erfolgversprechende Möglichkeit zu bieten, doch noch vor dem Ende des Feldzuges zu einer Entscheidung auf dem hessischen Kriegsschauplatz zu kommen. Entweder gelang es, die Stadt rasch zu nehmen, oder Marschall Broglie mußte zu ihrem Entsatz über die Werra vorrücken, wobei Herzog Ferdinand auf eine günstige Gelegenheit zur Schlacht hoffte. Das eigentliche Angriffsziel blieb jedoch Kassel, denn sobald es die Lage rechts der Weser zuließ, wollte der Herzog den Fluß erneut passieren, sich mit den Truppen an der Diemel vereinigen und gegen diese Stadt vorstoßen, während gleichzeitig ein größeres Detachement die Nachschub- und Verbindungslinien der Franzosen unterbrechen sollte. Im besten Falle konnten so Hessen und Göttingen auf einmal befreit werden, wogegen bei einem Mißerfolg jederzeit der Rückzug hinter die starke Diemellinie offenstand[39].

Zur Unterstützung dieses Vorhabens trafen am 19. November 6 weitere Bataillone vom Korps des Erbprinzen an der Diemel ein und bezogen Stellungen bei Warburg und Lippoldsberg[40]. Am gleichen Tag setzte sich auch das Korps

---

[37] Vgl. Journal Heyne 1760/61, S. 85-89 sowie Renouard II, S. 682. — Aus den Quellen geht nicht hervor, ob Stainville sämtliche Eskadrons der genannten Dragonerregimenter im Vorpostendienst eingesetzt hat. Auch die genaue Zusammensetzung der leichten Truppen läßt sich nicht ermitteln.

[38] Vgl. Journal Heyne 1760/61, S. 84 sowie Renouard II, S. 683. — Ein Bericht aus Göttingen vom 20. Nov. 1760 gibt an, daß man meinte, die Stadt werde sich mindestens drei Wochen halten können (Danziger Beiträge XIV, S. 529).

[39] Vgl. StA Hannover, Hann 9e, Nr. 1062, Bl. 463r/v, Herzog Ferdinand an den engl. König am 24. Nov. 1760 (in deutscher Übers. bei Knesebeck 1760, Nr. 77, S. 179f.).

Gilsa in Marsch und rückte von Deisel (nördlich von Trendelburg) nach Sababurg vor[41]. Die Blockadetruppen bestanden aus den Korps Kielmansegg, Wangenheim und Luckner, zusammen 26 Bataillone und 41 Eskadrons, davon etwa 2500 Mann leichte Truppen, im wesentlichen Husaren[42].

Diese hatten schon seit Mitte November immer wieder die Besatzung von Göttingen alarmiert. Nachdem nun Herzog Ferdinand am 20. sein Hauptquartier nach Hardegsen verlegt und die Truppen rechts der Weser zwischen Moringen, Harste und Bovenden zusammengezogen hatte, waren es wiederum Husaren und Jäger, die energisch bis vor die Tore der Festung vordrangen, das Feuer auf Arbeitsleute und Wachsoldaten eröffneten und damit den Angriff auf Göttingen einleiteten[43].

Schon bald wurde der Ring um die Stadt enger gezogen. Bis zum 25. November bezog die Infanterie Stellungen zwischen Bühren und Esebeck, die Kavallerie kantonierte in den Dörfern nahe Göttingen, und Herzog Ferdinand verlegte sein Hauptquartier nach Harste. Vor allem die Infanterie litt dabei unter anhaltendem Regenwetter, das auch die Versorgung der Truppe außerordentlich erschwerte. Auf den grundlosen Wegen war es fast unmöglich, Nachschub in ausreichender Menge zu transportieren, und Proviant und Fourage verdarben rasch durch die Nässe[44].

Durch diese Versorgungsprobleme geriet Herzog Ferdinand unter erheblichen Zeit- und Erfolgsdruck. Hunger, Kälte und Erschöpfung ließen die Kampfkraft seiner Truppen Tag für Tag weiter sinken. Doch gerade jetzt war er gezwungen, die weitere Entwicklung der Lage weitgehend passiv abzuwarten. Für einen Angriff und eine regelrechte Belagerung von Göttingen fehlten in jeder Hinsicht die Kräfte und Mittel. Zudem waren als nächstes die Franzosen am Zug, denn von ihrer Reaktion auf die Blockade der Stadt hing das weitere operative Vorgehen der Alliierten ab.

Schließlich war am 24. November ein Schreiben des Königs eingegangen, in dem ihm dieser die Entsendung von drei Kürassierregimentern über die Saale in

---

[40] Vgl. Renouard II, S. 683f. — Die GrenBtl Wersebe (Han), Bückeburg (Bü) und Blume (He) sowie das Btl Wrede (Han) stießen zunächst zu Granbys Reserve nach Warburg, die Btl Stockhausen (Légion Britannique, Han) und Wurmb (He) gingen bis zur Weser vor.

[41] Vgl. StA Marburg, 4h, Nr. 3085, Journal und Relationes von der Alliierten Armee 1760 II, Bl. 330v. Ebd. 4h, Nr. 3094, Relationes von der Alliierten Armee im 7jährigen Kriege, Supplement Bd. 4, 1760, Bl. 199r/v, auch der detaillierte Befehl Herzog Ferdinands an Gilsa vom 17. Nov. 1760 aus Uslar.

[42] Vgl. StA Hannover, Hann. 38 A, Nr. 164, Bl. 120 und 164, Dispositionsliste der Alliierten Armee vom 17. Nov. und Quartierliste der alliierten Truppen rechts der Weser vom 22. Nov. 1760.

[43] Vgl. Westphalen IV, S. 518f., Herzog Ferdinand an den König am 21. Nov. 1760, sowie Kriegs-Canzley 1760 II, Nr. 173, S. 1046, Franz. Tagebuch während der Einschließung von Göttingen, auch abgedruckt in den Danziger Beiträgen XIV, S. 529f.

[44] Vgl. Renouard II, S. 688.

die Gegend von Duderstadt ankündigte[45]. Auch den Einsatz dieser Truppen wollte der Herzog von den Gegenmaßnahmen der Franzosen abhängig machen: „Le bon moment de faire agir les Troupes aux quelles V.M. fait passer la Sale, seroit celuy, que les François se rassembleront pour venir à moi. Si alors un détachement se portat sur Eisenach et sur la haute Werre pour détruire les Magazins, que les François y ont établi et pour leurs couper les livraisons de fourage, qu'ils tirent de la Thuringe, ce seroit ce qui me soulageroit le plus."[46]

Die erwartete Reaktion des Gegners blieb jedoch aus. Offensichtlich hatte Herzog Ferdinand seinen Gegenüber genau richtig eingeschätzt, als er im gleichen Brief an den König über ihn schrieb: „Il faut que le Maréchal de Broglie compte beaucoup sur la saison, sur les chemins rompùs, et sur la difficulté d'avancer dans une pais mangé et ruiné."[47] Göttingen war zur Verteidigung bereit, und die Besatzung ließ sich durch die Blockade nicht beunruhigen, selbst als das Korps Kielmansegg am 26. November die unmittelbar vor der Stadt gelegenen Orte Rosdorf und Grone besetzte. Ohne Unterbrechung wurden die Befestigungsarbeiten fortgesetzt, und der Brigadier Vicomte de Belsunce fand Gelegenheit, die Stellungen und Kantonierungen der Alliierten zu rekognoszieren[48].

Herzog Ferdinand aber hoffte noch immer auf das Gelingen seines umfassenden Operationsplanes und war keineswegs gewillt, dem Gegner die Initiative zu überlassen. Bereits am 21. war das Korps Gilsa von Sababurg bis zur Tillyschanze nahe Münden vorgerückt und hatte begonnen, die alte Befestigungsanlage herzurichten. In dieser weit vorgeschobenen Stellung stand es nicht nur bereit, einen französischen Entsatzangriff unverzüglich zu melden und gegebenenfalls zu bekämpfen, sondern auch so bedrohlich nahe an den Quartieren des Prinzen Xaver an der Werra, daß es eben solche Gegenmaßnahmen selbst herausforderte[49].

In ähnlicher Weise ist der Doppelangriff auf die französischen Vorposten in Hedemünden und Arnstein am 28. November zu bewerten. Gegen ersteren Ort setzte Herzog Ferdinand ein starkes Detachement von 4 Bataillonen und

---

[45] Vgl. PC XX, Nr. 12523, S. 102, Der König an Herzog Ferdinand am 21. Nov. 1760, sowie Westphalen IV, S. 519f. — Zusätzlich wurde vereinbart, das Gerücht zu verbreiten, ein Korps von 10000 Mann unter Generalleutnant v. Forcade sei in Marsch gesetzt worden, um in der gleichen Gegend gegen Franzosen und Sachsen vorzugehen.

[46] Westphalen IV, S. 520, Herzog Ferdinand an den König am 25. Nov. 1760 (in deutscher Übers. bei Knesebeck 1760, Nr. 78, S. 180f.).

[47] Ebd.

[48] Vgl. Kriegs-Canzley 1760 II, Nr. 173, S. 1047, Franz. Tagebuch während der Einschließung von Göttingen, auch abgedruckt in den Danziger Beiträgen XIV, S. 530f.

[49] Vgl. Renouard II, S. 687f. sowie Westphalen IV, S. 522, Herzog Ferdinand an den König am 26. Nov. 1760. — Am 30. Nov. rückte die Jägerbrigade unter Kapitän v. Linsingen (2 Kp, Han) bis Jühnde nahe Dransfeld vor. Ihr Abgang beim Korps Gilsa wurde durch das GrenBtl Wersebe (Han) und eine Abteilung braunschweigischer leichter Truppen ersetzt.

4 Eskadrons sowie 2 6-Pfdrn. unter Generalmajor v. Breidenbach an[50]. Dieser griff am Abend des 28. im Schutze dichten Nebels die Stadt an, und es gelang ihm zunächst, die etwa 400 Mann starke Besatzung zu vertreiben. Der französische Kommandeur Montfort führte den Rückzug jedoch außerordentlich geschickt. Während sich die Masse seiner Truppen auf der Werra einschiffte, ließ er 60 Mann eine vorbereitete Stellung am Ufer dieses Flusses beziehen, die zusammen mit einer weiteren Abteilung von etwa 50 Mann unter seiner eigenen Führung die Absetzbewegung sicherten. Zudem marschierte am linken Werraufer das Regiment Durfort zur Deckung auf. Gegen diese enorme Feuerkraft gelang es Breidenbach weder, die Verfolgung fortzusetzen, noch konnte er die kleine Feldbefestigung nehmen. Nachdem er über 150 Mann an Toten und Verwundeten verloren hatte und ihm selbst ein Pferd unter dem Leib erschossen worden war, zog er sich noch am gleichen Abend wieder nach Dransfeld zurück[51].

Ähnlich erfolglos verlief der Angriff auf Schloß Arnstein, den Luckner führte. Er ließ am 28. zunächst die Anlage mit Artilleriefeuer belegen und forderte dann den Kommandanten Verteuil zur Übergabe auf, was dieser jedoch ablehnte. Zwei Versuche, das Schloß am folgenden Tag zu stürmen, mißlangen, und nachdem seine Soldaten sich völlig verschossen hatten, mußte Luckner sich in der Nacht zum 30. mit wenigen Gefangenen nach Friedland zurückziehen[52].

Marschall Broglie war über die tadellose Haltung der beiden Platzkommandanten und ihrer Soldaten im höchsten Maße erfreut: „Voilà deux petites actions qui font beaucoup d'honneur à la bravoure de nos troupes, et peu à la vigueur de celles des ennemis."[53] Die Abwehrerfolge bestätigten ihn darin, die Entwicklung der Lage weiterhin abzuwarten. Lediglich das 4 Bataillone starke Infanterieregiment Navarre unter dem Brigadier Dûchatelet wurde am 28. November bis in die Nähe von Witzenhausen vorgeschoben[54].

Währenddessen ging die Besatzung von Göttingen zu einer zunehmend aktiven Verteidigung über. Am Morgen des 30. Novembers unternahm der Brigadier Vicomte de Belsunce einen ersten starken Ausfall mit 12 Grenadierkompanien, 120 Mann leichter Infanterie und 650 Reitern aus dem Groner Tor. Das Dorf Grone und ein Posten bei der nahegelegenen Fabrikmühle wurden

---

[50] Das Detachement bestand aus je 800 Mann hannoversche Garde und braunschweigisches Leibregiment sowie den KürRgt Bremer und Waldhausen (je 2 Esk, Han).

[51] Vgl. StA Marburg, 4h, Nr. 3085, Journal und Relationes von der Alliierten Armee 1760 II, Bl. 362r, Renouard II, S. 688f., Reden II, S. 223f. sowie Sichart III.2, S. 174f. — Sichart, der den Bericht Breidenbachs vom 30. Nov. 1760 als Quelle angibt, nennt als Besatzung von Hedemünden die Freiwilligen von Austrasien unter de Vignolles.

[52] Vgl. Westphalen IV, S. 522f. sowie Renouard II, S. 690. — Genauere Angaben zu Stärke und Zusammensetzung von Angreifern und Verteidigern sind in den Quellen nicht zu finden.

[53] Correspondance inédite III, Nr. 75, S. 233f., Marschall Broglie an Prinz Xaver am 30. Nov. 1760.

[54] Vgl. ebd. sowie Westphalen IV, S. 523.

gleichzeitig angegriffen, wobei die Alliierten fast 100 Mann an Gefangenen verloren. Dazu büßten sie einige Pferde sowie zahlreiche Kühe und Schweine ein, was angesichts der kritischen Versorgungslage ein bedeutender Verlust war. Auch ein zweiter Ausfall in Richtung auf die sogenannte Grätzelsche Walkmühle war erfolgreich. Der dort gelegene Posten konnte aufgehoben werden, und mehr als 50 alliierte Soldaten gerieten in Gefangenschaft[55].

Das Blockadekorps mußte sich dagegen mit kleinen Aufklärungsunternehmen und Aktionen gegen die Befestigungsanlagen der Stadt begnügen[56]. Immer deutlicher zeichnete sich ein Mißerfolg der gesamten Operation ab. Das seit drei Monaten anhaltende Regenwetter war durch starken Schneefall abgelöst worden. Auf den völlig ruinierten Wegen konnte kaum noch Nachschub herangeführt werden, so daß neben Kälte und Nässe bald auch Hunger den Soldaten zusetzte. An die Anlage von Magazinen an der Diemel, eine Grundvoraussetzung der geplanten Offensive gegen Kassel, war unter diesen Umständen nicht zu denken[57].

Auch die Blockade der Stadt Göttingen zeigte keinerlei Wirkung. Der Ausbau der Befestigungsanlagen machte im Gegenteil ständig Fortschritte, und der äußerst tätige Belsunce unternahm fast täglich erfolgreiche Ausfälle, während bei den Blockadetruppen Hunger, Not und Krankheiten um sich griffen[58]. Die Lage wurde schließlich unhaltbar, und am 7. Dezember faßte Herzog Ferdinand den Entschluß, die Quartiere des Blockadekorps' zurückzuverlegen. Am 9. wurde das Gepäck nach Northeim und Moringen abgefahren, und am 11. und 12. Dezember zogen sich die Truppen auf eine Linie zwischen Uslar, wohin auch das Hauptquartier kam, Hardegsen und Moringen zurück, wobei sie auf dem Marsch erneut von Belsunce mit Erfolg angegriffen wurden.

Göttingen blieb damit noch immer weiträumig von allen Zufuhren abgeschnitten, die Aufhebung der engen Blockade der Stadt bedeutete aber dennoch das vorläufige Ende der alliierten Offensive, ohne daß eine Fortsetzung absehbar war; Herzog Ferdinand mußte sich zunächst geschlagen geben: „Je ferai tout mon possible, pour recommencer bientôt mes operations, mais je ne puis cacher à V.M. que je rencontre des difficultés, qui paroissent insurmontables", schrieb er an den König[59].

---

[55] Vgl. Kriegs-Canzley 1760 II, Nr. 173, S. 1047f., Franz. Tagebuch während der Einschließung von Göttingen, auch abgedruckt in den Danziger Beiträgen XIV, S. 531, sowie Renouard II, S. 690. — Die 12 GrenKp werden von Renouard nicht erwähnt. Ohne diese Einheiten erscheint jedoch die Infanteriestärke des ausfallenden Detachements als zu gering.

[56] Vgl. ebd. — So wurden etwa am 1. Dez. der Wasserzulauf der Stadtmühle und eine Leine-Schleuse zerstört.

[57] Vgl. Westphalen IV, S. 526, Herzog Ferdinand an den König am 7. Dez. 1760.

[58] Vgl. Kriegs-Canzley 1760 II, Nr. 173, S. 1048f., Franz. Tagebuch während der Einschließung von Göttingen, auch abgedruckt in den Danziger Beiträgen XIV, S. 531-533.

Dieser verschloß sich jedoch den Argumenten des Herzogs und war mit dessen Haltung und Maßnahmen im höchsten Maße unzufrieden. So wies er ihn schon am 10. Dezember in scharfen Formulierungen auf die nachteiligen Folgen seiner „malheureuse inaction" hin[60]. Noch ohne Kenntnis dieses Schreibens legte Herzog Ferdinand am 12. dem König in einem weiteren Brief noch einmal alle Gründe dar, die ihn zu einer vorläufigen Einstellung seiner Operationen veranlaßt hatten. Unter anderem sprach er dabei auch an, daß die Verbindung mit dem preußischen Korps unter Oberst v. Lölhöffel nicht zustande gekommen war, obwohl alliierte Patrouillen bis weit nach Thüringen hinein vorgestoßen waren[61].

Am folgenden Tag traf das erwähnte Schreiben des Königs in Uslar ein, und in seiner offensichtlich sofort abgefaßten Entgegnung fand auch Herzog Ferdinand zu einer deutlichen Sprache: „V.M. exige l'impossible; je ne suis pas assez habile, pour agir sans en avoir les moyens. L'impatience que V.M. marque, ne change ni la saison, ni ne me fait avoir des subsistances."[62] Auch die Beurteilung der preußischen Unterstützung wandelte sich nun erheblich: Unumwunden warf der Herzog dem König vor, daß er das Korps Lölhöffel nicht weit genug habe vorrücken lassen, um die Franzosen ernsthaft zu beunruhigen. Damit hatten sich beide Briefschreiber von einer sachlichen Beurteilung der Lage mehr oder weniger weit entfernt.

Die Antwort des Königs vom 17. Dezember brachte schließlich den Tiefpunkt der unerfreulichen Kontroverse. Noch einmal warf er dem Herzog in scharfem Ton seine angeblichen Verfehlungen vor und zog sich dann zum Schluß auf die Position des gekränkten Philosophen zurück: „Quant à moi, je suspends volontiers mon jugement là-dessus, d'autant plus que Votre Altesse ne m'a point donné une idée claire des raisons de Ses démarches, de façon que je n'en ai point pû comprendre le but."[63]

Angesichts dieser ungerechtfertigten Vorwürfe, die noch dazu mit verletzender Schärfe formuliert waren, zeigte Herzog Ferdinand Charakterstärke. In der Sache blieb er — zum Wohl der Alliierten Armee — fest, doch nahm er es auf sich, dem König in einem weiteren Schreiben noch einmal sachlich seinen Standpunkt darzustellen. Der Schluß dieses Briefes weist den Herzog als wirklichen Edelmann aus: „Je ne touche pas le reste de ce qu'il a plü à V.M. de me

---

[59] Westphalen IV, S. 527, Herzog Ferdinand an den König am 7. Dez. 1760. — Vgl. auch Renouard II, S. 694.

[60] Vgl. PC XX, Nr. 12580, S. 145, Der König an Herzog Ferdinand am 10. Dez. 1760 (in deutscher Übers. auch bei Knesebeck 1760, Nr. 80, S. 183).

[61] Vgl. Westphalen IV, S. 528f., Herzog Ferdinand an den König am 12. Dez. 1760 (in deutscher Übers. auch bei Knesebeck 1760, Nr. 81, S. 184-186).

[62] Westphalen IV, S. 530, Herzog Ferdinand an den König am 13. Dez. 1760 (in deutscher Übers. auch bei Knesebeck 1760, Nr. 82, S. 186f.).

[63] PC XX, Nr. 12595, S. 155, Der König an Herzog Ferdinand am 17. Dez. 1760 (in deutscher Übers. auch bei Knesebeck 1760, Nr. 84, S. 188f.).

marquer; J'ose me flatter d'un sentiment plus favorable de Sa part, si Elle veut bien ne consulter que la nature de la chose même."[64]

e) Vorläufiger Abschluß des Feldzuges — Winterquartiere

Die Aufhebung der engen Blockade Göttingens markierte den Abschluß des Feldzuges in Hessen und Hannover. Am Niederrhein und in Westfalen war der Übergang in die Winterruhe zu diesem Zeitpunkt bereits weitgehend vollzogen. Marquis de Castries hatte sich am 28. November von Drevenack wieder über den Rhein zurückgezogen, da ihm aus Versailles mögliche englische Truppenanlandungen in den österreichischen Niederlanden gemeldet wurden. Einige seiner Regimenter wurden sogar nach Flandern vorgeschoben. Rechts des Rheines blieben lediglich noch die Freikorps Fischer und Cambefort stehen[65].

Das Korps des Erbprinzen zog sich daraufhin bis zum 1. Dezember in Kantonierungsquartiere in der Gegend von Coesfeld, Dülmen und Haltern zurück[66]. Herzog Ferdinand wollte Westfalen noch nicht sofort wieder von Truppen entblößen, da er trotz der fortgeschrittenen Jahreszeit noch eine Unternehmung der Franzosen gegen Münster für möglich hielt. Allerdings wurden nach und nach immer mehr Einheiten und Verbände zur Hauptarmee abgezogen. Den Anfang machte dabei — wie erwähnt — das Korps Kielmansegg, dann folgten das hessische Garnisonregiment Wurmb sowie das Bataillon Stockhausen von der Légion Britannique, und schließlich wurden am 5. Dezember weitere 10 Bataillone und 10 Eskadrons unter den hannoverschen Generalmajoren v. Bock und v. Halberstadt nach Rüthen, südlich von Lippstadt, in Marsch gesetzt[67].

Eine Woche später bezogen die wenigen Truppen, die dem Erbprinzen noch verblieben waren, ebenfalls 10 Bataillone und 10 Eskadrons, im Bistum Münster die Winterquartiere. 5 britische Bataillone verstärkten die Besatzung von Münster, wohin der Erbprinz auch das Hauptquartier des Korps' verlegte[68]. Er

---

[64] Westphalen IV, S. 534, Herzog Ferdinand an den König am 23. Dez. 1760 (in deutscher Übers. auch bei Knesebeck 1760, Nr. 86, S. 190f.).

[65] Vgl. Großer Generalstab, Der Siebenjährige Krieg XIII, S. 345f.

[66] Vgl. StA Marburg, 4h, Nr. 3085, Journal und Relationes von der Alliierten Armee 1760 II, Bl. 362v sowie ebd. Bl. 379r/v, die Quartierliste des Korps' Erbprinz.

[67] Vgl. Großer Generalstab, Der Siebenjährige Krieg XIII, S. 346. — Das Korps bestand aus den GrenBtl Mirbach, Rückersfeld und Pappenheim (He), den InfRgt Marschall, Block und Monroy (je 1 Btl, Han), Erbprinz und 2. Garde (je 2 Btl, He), dem Leibregiment (2 Esk, Han) sowie den DragRgt Breidenbach und Bock (je 4 Esk, Han). — Das hessische Journal der Alliierten Armee 1760 II vom 16. Dez. 1760 berichtet, daß auch diese Bewegungen durch den katastrophalen Zustand der Wege und Straßen erheblich behindert wurden (StA Marburg, 4h, Nr. 3085, Bl. 408r).

[68] Vgl. Großer Generalstab, Der Siebenjährige Krieg XIII, S. 347. — Die brit. Truppen in Münster waren die GrenBtl Lennox und Maxwell sowie die InfRgt Home, Kingsley und Welsh-Fusiliers (je 1 Btl).

selbst begab sich kurz darauf nach Brilon, um Herzog Ferdinand näher zu sein. Renouard gibt die Lage der Winterquartiere an, die eine Sicherungslinie mit der Front gegen den Niederrhein bildeten: „Der Cordon unter dem hessischen Generalmajor v. Wolff, welcher von den Truppen des Erbprinzen zwischen Münster und Wesel gebildet wurde, zog sich von Vreden über Stadtlohn, Gescher, Coesfeld, Lette, Dülmen, Hiddingsel, Seppenrade und Olfen bis an die Lippe. Von den hessischen Truppen befanden sich bei diesem Cordon die Cav.-Regtr. Erbprinz, Prinz Friedrich Dragoner, Prüschenk und das Inf.-Regt. 3. Garde. Südlohn, Ramsdorf, Velen, Groß-Reckum und Dorsten waren von den leichten Truppen besetzt und zwar von 4 Bat. und 4 Esc. der britischen Legion, 4 Esc. hessischen Husaren, 1 Esc. bückeburgischen Carabiniers und 1 Esc. hannoverschen Jägern. Das Scheither'sche Corps stand in Dortmund."[69]

Unmittelbar nach dem Rückzug aus den Stellungen vor Göttingen bezogen auch die anderen Korps der Alliierten Armee die Winterquartiere. Nach der außerordentlichen Beanspruchung der Soldaten und der Pferde in den vorhergegangenen Wochen, die zu erheblichen Ausfällen durch Krankheiten geführt hatten, war eine Erholungspause in festen Quartieren zu einem Gebot der Selbsterhaltung geworden. Renouard gibt einen Überblick über die Dislozierung der Armee: „Hiernach stand General Kielmansegge mit seinen Truppen rechts der Leine, hatte sein Hauptquartier in Lindau und bezog seine Subsistenzmittel aus dem Braunschweig'schen. Dagegen kantonirte General Wangenheim zwischen Leine und Weser, von Eimbeck und Nordheim aus bis Beverungen. Sein Hauptquartier befand sich in Moringen und seine Bedürfnisse lieferte Hannover. General Sporken hatte sein Hauptquartier in Warburg; seine Truppen lagen im Paderbornschen und bezogen ihre Bedürfnisse aus der Grafschaft Lippe und den in Hameln und Minden befindlichen Dépots. Dasselbe war auch der Fall bei den Truppen Gilsa's, welche am 11. December in die Quartiere an der Nieder-Diemel zogen."[70]

Mitte Dezember begannen auch die Franzosen mit der Verlegung der Truppen in die Winterquartiere. Zwischen dem 13. und dem 16. marschierten die ersten Regimenter von Kassel und Fritzlar nach Frankfurt a.M., Hanau und Fulda. Renouard gibt einen Eindruck von der weitläufigen Verteilung der Armee: „Die Carabiniers erhielten ihre Quartiere in Limburg an der Lahn und Umgegend; Prinz Xaver blieb in Eisenach, Graf Stainville in Gotha; die übrigen Truppen

---

[69] Renouard II, S. 697. — Die übrigen Truppenteile lassen sich aus den Quellen nicht zweifelsfrei ermitteln, zumal unklar bleibt, inwieweit jeweils die leichten Truppen bei den Angaben berücksichtigt wurden.

[70] Renouard II, S. 696. — Eine genauere Aufstellung der Winterquartiere findet sich in den Quellen merkwürdigerweise nicht, mit Ausnahme einer „Liste der Winterquartiere in Hessen" im StA Marburg, 4h, Nr. 3085, Journal und Relationes von der Alliierten Armee 1760 II, Bl. 437v-444r. Möglicherweise ist dies darauf zurückzuführen, daß schon frühzeitig klar war, daß es sich nur um eine vorübergehende Unterbringung der Truppen handelte.

kantonirten an der Werra und Fulda und zwischen diesen Flüssen; das Hauptquartier Broglio's befand sich in Cassel."[71]

Auffällig ist die höchst unterschiedliche Ausdehnung der Quartiere: Die Alliierte Armee war im wesentlichen konzentriert zwischen Diemel, Weser und Leine untergebracht, während sich die französischen Winterquartiere weit zurück, zwischen Frankfurt a.M. und dem thüringischen Mühlhausen erstreckten und einige Verbände sogar an Sieg, Lahn und Rhein disloziert waren. Ganz offensichtlich rechnete Marschall Broglie in nächster Zukunft nicht mit größeren Operationen seines Gegners, so daß er zur Erleichterung der Unterbringung und Versorgung seine Truppen weiträumig verteilte.

Noch waren die Kampfhandlungen jedoch nicht vollständig erloschen. Vor allem rechts der Werra führten die leichten Truppen den Kleinen Krieg fort. Dabei wurde am 18. Dezember eine Abteilung des in und bei Heiligenstadt kantonierenden Korps' Luckner von französischen Freiwilligen angegriffen, denen einige Gefangene in die Hände fielen[72]. Dieser Angriff diente jedoch nur zur Aufklärung im Zuge der Vorbereitungen zu einer größeren Unternehmung gegen diesen am weitesten nach Osten exponierten Posten der Alliierten[73]. Am 19. erteilte Marschall Broglie die Befehle zur Sammlung eines etwa 8 500 Mann starken Korps, das den Auftrag hatte, Luckner in Heiligenstadt zu überfallen und die Stadt in Besitz zu nehmen. Dazu wurden Truppen aus Göttingen, Münden, Hedemünden, Witzenhausen, Allendorf, Eschwege, Wanfried und Treffurt unter dem Kommando des Generalleutnants Graf von Broglie, dem jüngeren Bruder des Marschalls, zusammengezogen.

Am Morgen des 23. Dezembers gegen halb vier Uhr traf der Graf mit etwa der Hälfte seines Korps' vor Heiligenstadt ein. Da er Luckners Stärke erheblich überschätzte, wagte er nicht, die Möglichkeit eines Überraschungsangriffes zu nutzen, sondern erwartete zunächst das Eintreffen der übrigen Marschkolonnen. Als es hell wurde, fanden sich die alliierten Truppen von allen Seiten eingeschlossen. Der Zufall wollte es, daß Generalmajor v. Luckner an ebendiesem Morgen mit einer kleinen Abteilung nach Mühlhausen marschieren wollte. Dadurch erhielt er zum frühestmöglichen Zeitpunkt Kenntnis von der bedrohlichen Lage. Ohne Zögern alarmierte und formierte er daraufhin seine Truppen und verließ die Stadt auf der Straße nach Leinefelde[74].

---

[71] Renouard II, S. 695. — Eine genaue Aufstellung der Quartiere am 30. Dez. 1760 bei Pajol S. 114, die Quartiere des sächsischen Korps' detailliert im Journal Heyne 1760/61, S. 88 f.

[72] Vgl. Renouard II, S. 695.

[73] Dafür spricht neben der tatsächlichen Abfolge der Ereignisse eine Bemerkung Broglies in einem Brief an Prinz Xaver vom 18. Dez. 1760, worin er diesem bedeutete, daß man in einigen Tagen größere Klarheit über die Lage in Heiligenstadt haben werde (Correspondance inédite III, Nr. 95, S. 303).

[74] Über die Richtung dieses Rückzugsmarsches machen die Quellen widersprüchliche Angaben: Renouard II, S. 699, Anm. 1 u. 2, führt selbst die „Mémoires pour servir à l'histoire de notre temps" an, die von einem Rückzug in Richtung Worbis berichten, hält

Mit diesem unerwarteten Entschluß überraschte er nun seinerseits die Franzosen, die ihm Zeit ließen, unweit von Heiligenstadt eine vorteilhafte Stellung auf einer Anhöhe zu gewinnen. Von dort aus eröffnete seine Artillerie ein lebhaftes Feuer, unter dessen Schutz das Gepäck nach Scharfenstein abziehen konnte. Wenig später gelang es Luckner, sich ohne jeden Verlust auch mit den Kampftruppen dorthin zurückzuziehen. Lediglich ein Zug Milizsoldaten hatte in Heiligenstadt den Anschluß verloren und geriet in französische Gefangenschaft. Graf von Broglie, den das Unternehmen über 300 Mann, vor allem durch Desertion während des Nachtmarsches, gekostet hatte, hielt die Besetzung Heiligenstadts in unmittelbarer Nähe des Korps' Luckner für wenig ratsam und entließ seine Truppen am 23. und 24. wieder in ihre Quartiere, während die Stadt erneut von den Alliierten besetzt wurde[75].

Der Überfall auf das Korps Luckner bei Heiligenstadt war die letzte größere Operation des Kriegsjahres 1760 auf dem westlichen Kriegsschauplatz. Die französischen leichten Truppen blieben jedoch ungewöhnlich aktiv. Noch vor dem Jahreswechsel wurde bei Beberbeck am Reinhardswald ein alliierter Posten überfallen, bei Thamsbrück unweit von Langensalza kam es zu einem Begegnungsgefecht mit preußischen Truppen, und bei Immenhausen und Zierenberg zeigten sich größere Abteilungen[76]. Dies waren deutliche Anzeichen dafür, daß auch die Franzosen nicht gewillt waren, die weitere Entwicklung der Lage ruhig in ihren Winterquartieren abzuwarten.

f) Betrachtungen über den Ausgang des Kriegsjahres 1760 auf dem westlichen Kriegsschauplatz

Nach der mißglückten Belagerung von Wesel und dem Gefecht beim Kloster Kamp stellte sich die Lage gegenüber den Verhältnissen des Spätsommers kaum verändert dar. Die Alliierte Armee behauptete die Diemellinie, während sich die Franzosen in den Besitz des größten Teiles von Hessen gesetzt hatten, unter Einschluß der festen Plätze Dillenburg, Marburg, Fritzlar und Kassel. Ihren

---

jedoch ein Schreiben des Herzogs Ferdinand an Lord Holdernesse vom 29. Dez. 1760 für den Beleg, daß sich Luckner in Richtung Witzenhausen zurückzog. Tatsächlich heißt es aber in dem Brief (Knesebeck 1760, Nr. 88, S. 193, das frz. Original im StA Hannover, Hann 9e, Nr. 1085, Bl. 132r/v) lediglich, daß der General die Straße von Witzenhausen einschlug. Zudem erscheint es wenig wahrscheinlich, daß die nach Osten abziehenden Gepäckwagen von einer Stellung westlich von Heiligenstadt gedeckt werden konnten. Schließlich ist auch in den französischen Quellen (siehe Anm. 75) nur die Rede von Absetzbewegungen der Alliierten in Richtung Duderstadt und später in Richtung Worbis.

[75] Zum Überfall auf das Korps Luckner bei Heiligenstadt vgl. StA Marburg, 4h, Nr. 3085, Journal und Relationes von der Alliierten Armee 1760 II, Bl. 420r, Renouard II, S. 698-700, Knesebeck 1760, Nr. 88, S. 193, Herzog Ferdinand an Lord Holdernesse am 29. Dez. 1760, sowie Correspondance inédite III, Nr. 102, S. 328-338, Marschall Broglie an Prinz Xaver am 24. Dez. 1760, dabei das offizielle Bulletin über die Unternehmung sowie die Berichte des Generalmajors de Soupire und des Majors de Laborde.

[76] Vgl. Renouard II, S. 700.

rechten Flügel hatten sie sogar bis weit ins thüringische Eichsfeld vorgeschoben, und der Besitz von Göttingen ermöglichte ihnen die direkte Bedrohung hannoverschen Territoriums.

Viel hatte die Alliierte Armee der Untätigkeit des Marquis de Castries zu verdanken. Eine energische Verfolgung in den Tagen nach dem Gefecht beim Kloster Kamp hätte ihm nicht nur die Zerschlagung des alliierten Belagerungskorps' und der Truppen des Erbprinzen ermöglicht, sondern auch die Gelegenheit zu einem erfolgversprechenden Angriff auf Münster oder Lippstadt eröffnet, mit unabsehbaren Folgen für den Ausgang des Feldzuges. So blieb es jedoch bei einem bescheidenen taktischen Erfolg.

Das Geschehen auf dem hessischen Kriegsschauplatz wurde unterdessen immer mehr von der zunehmend schwieriger werdenden Versorgung und katastrophalen Witterungsbedingungen bestimmt. Die Soldaten litten unter Hunger, Kälte und Nässe, und jeder weitere Tag in den Stellungen schwächte die Kampfkraft der Armeen. An die für jede größere Operation notwendige Anlage von Depots war unter diesen Umständen nicht zu denken. Wagen konnten auf den ruinierten Wegen kaum bewegt werden, und vor allem die Fourage verdarb durch die Nässe in kürzester Zeit.

Diese mißlichen Verhältnisse belasteten in erster Linie Herzog Ferdinand. Im Gegensatz zu Marschall Broglie, der seine gute Ausgangsposition für das kommende Feldzugsjahr lediglich zu halten brauchte, wollte er unbedingt noch im laufenden Jahr einen entscheidenden Schlag führen, um Hessen wieder möglichst weitgehend in die Hand zu bekommen. Dies war nicht zuletzt auch wegen der sich bis Mitte Oktober sehr ungünstig entwickelnden Lage in Sachsen geboten.

Es gelang jedoch nicht, die notwendigen Mittel für die geplante große Offensive bereitzustellen. Die nach dem preußischen Erfolg bei Torgau schließlich unternommene Blockade von Göttingen geriet dann gleich in mehrfacher Hinsicht zu einem Fehlschlag. Wie bei der Unternehmung gegen Wesel gelang es auch diesmal nicht, Broglie aus seiner sicheren Stellung bei Kassel herauszulocken, und während die Einschließung selbst völlig wirkungslos blieb, dezimierten die äußerst aktiven Verteidiger der Festung und vor allem Mangel und Krankheiten das alliierte Belagerungskorps nicht unerheblich.

So sah sich Herzog Ferdinand Mitte Dezember gezwungen, die Operation abzubrechen und seine Truppen vorerst in die Winterquartiere einrücken zu lassen. Doch auch wenn sich die Lage insgesamt am Ende des Jahres als wenig erfreulich darstellte, war die harte Kritik, die der König an den Maßnahmen des Herzogs übte, ungerechtfertigt. Dieser hatte es trotz der zahlenmäßigen Unterlegenheit der Alliierten Armee und aller Unzulänglichkeiten und Probleme stets verstanden, die Initiative in der Hand zu behalten. Von wenigen Streifzügen abgesehen, blieben die Franzosen gezwungen, auf die Operationsführung des Herzogs zu reagieren, ohne selbst eigene Planungen realisieren zu können.

Das Ausbleiben der erwarteten französischen Reaktion auf die Blockade von Göttingen und das Scheitern dieser Unternehmung durch Kälte, Dauerregen, Krankheiten und den Zusammenbruch der Versorgung dürfen Herzog Ferdinand nicht angelastet werden. Hier muß vielmehr der Grundsatz gelten, daß Untätigkeit den militärischen Führer schwerer belastet als ein Fehlgreifen in der Wahl der Mittel[77], zumal in der gegebenen Lage eine solche Wahlmöglichkeit kaum bestand.

Vor allem aber bedeutete das Einrücken in die Winterquartiere nicht die Aufgabe des Vorhabens, die Franzosen zum nächstmöglichen Zeitpunkt offensiv aus Hessen zu vertreiben. Die Quartiere der Alliierten waren auf verhältnismäßig engem Raum konzentriert, was ohne Zweifel für die Soldaten manche Unbequemlichkeiten mit sich brachte. So aber konnte die Armee in kürzester Frist wieder zusammengezogen und formiert werden. Das Jahr war beendet, der Feldzug für Herzog Ferdinand jedoch nur unterbrochen.

3. Unruhige Winterquartiere

a) Die politische Lage um die Jahreswende 1760/61

Die Zeit der militärischen Winterruhe war üblicherweise eine Phase erhöhter diplomatischer Aktivität. Dies gilt grundsätzlich auch für den Winter 1760/61, doch die verschiedenen politischen Ereignisse und Initiativen in diesem Zeitraum wirkten sich zunächst nicht spürbar auf die im Rahmen der vorliegenden Arbeit behandelten militärischen Operationen aus.

In London war am 25. Oktober 1760 König Georg II. gestorben. Er hatte sich seit Beginn des Krieges als ein zuverlässiger Bundesgenosse Preußens erwiesen und war ein energischer Befürworter des britischen Engagements auf dem Kontinent gewesen. Neuer König von Großbritannien und Irland wurde sein Enkel Georg III.. Zunächst brachte der Thronwechsel keine gravierenden Änderungen im Verhältnis zwischen England und Preußen mit sich. Die Subsidien für die deutschen Verbündeten und die Aufwendungen für die Alliierte Armee wurden vom Parlament auch für das Jahr 1761 anstandslos bewilligt[78]. Langfristig mußte jedoch mit einem Kurswechsel in der englischen Außenpolitik gerechnet werden. Der kostspielige Krieg auf dem Kontinent

---

[77] In wechselnden Formulierungen erläutert dieser Grundsatz die Forderung nach Entschlossenheit in den Führungsvorschriften der deutschen Armeen seit dem 19. Jahrhundert. Vgl. dazu Gyldenfeld, Christian von: Entschlossenheit. Gedanken zu Geschichte und Bedeutung einer Führungsforderung. In: Truppenpraxis 35. 1991. S. 26-29.

[78] Zu den spezifisch britischen Problemen bei Personalersatz und Finanzierung der Alliierten Armee vgl. Hayter, Tony: England, Hannover, Preußen. Gesellschaftliche und wirtschaftliche Grundlagen der britischen Beteiligung an Operationen auf dem Kontinent während des Siebenjährigen Krieges. In: Kroener, Europa im Zeitalter Friedrichs des Großen S. 171-192.

wurde in Großbritannien immer unpopulärer, und dieser Stimmung entzog sich auch der junge König nicht. Ein erstes Anzeichen für den kommenden Wandel war die Ablösung von Lord Holdernesse als dem für diesen Kriegsschauplatz zuständigen Staatssekretär des Auswärtigen durch Lord Bute, der das besondere Vertrauen Georgs III. genoß[79].

Vernehmlicher als bisher üblich wurde im Winter 1760/61 eine ganze Reihe von Friedensinitiativen diskutiert. Bereits im Dezember wies der König Herzog Ferdinand auf die zunehmende Bereitschaft des britischen Ministeriums hin, in Friedensverhandlungen mit Frankreich einzutreten, von denen er aus sicherer Quelle wisse[80]. Diese „sichere Quelle" waren wohl in erster Linie die Hoffnungen des Königs selbst, der sich von einem Sonderfrieden zwischen London und Paris die Herauslösung Frankreichs aus der Allianz seiner Gegner versprach. Die preußischen Vorstellungen und Vorschläge sahen dazu eine Reduktion der französischen Truppen in Deutschland auf die in dem Verteidigungsbündnis von 1756 dem Wiener Hof zugesagte Stärke von 24 000 Mann sowie die Einstellung der französischen Subsidienzahlungen vor. Großbritannien sollte dagegen mindestens 30 000 Mann von der Alliierten an die preußische Armee abgeben und weiter finanzieren[81]. Diese Vorschläge verloren allerdings schon bald ihre Grundlage, da die Verhandlungen zwischen London und Paris ergebnislos blieben. Auf die gleichzeitigen militärischen Operationen hatten diese Vorgänge ohnehin keinen Einfluß[82].

Die grundsätzliche Frage nach einer Beendigung des Krieges spielte auch in den Beziehungen zwischen Wien und Paris bereits seit dem Sommer 1760 eine zunehmend wichtige Rolle. Die französische Haltung stand dabei ganz offensichtlich in direkter Abhängigkeit von der jeweiligen militärischen Lage: Jeder preußische Erfolg auf dem östlichen Kriegsschauplatz steigerte die Bereitschaft des französischen Außenministers Herzog von Choiseul zu einem baldigen Friedensschluß. Vor allem die Nachricht von der unerwarteten Niederlage in der Schlacht bei Liegnitz hatte nachhaltige diplomatische Folgen, wie es Alfred von Arneth lebendig beschreibt: „Kaum war dieselbe nach Paris gelangt, als schon Choiseul unter bitteren Bemerkungen über die österreichische Kriegführung dem Grafen Starhemberg (der öster. Geschäftsträger in Paris, d. Verf.) erklärte, der König von Frankreich sei fest entschlossen, den gegenwärtigen Feldzug den letzten sein zu lassen. Wohlmeinend rathe er dem Wiener Hofe, auf die baldige

---

[79] Vgl. Koser, Friedrich der Große III, S. 101-104, sowie Knesebeck 1761, S. 270.

[80] Vgl. PC XX, Nr. 12606, S. 165, Der König an Herzog Ferdinand am 26. Dez. 1760.

[81] Vgl. Koser, Friedrich der Große III, S. 104, sowie PC XX, Nr. 12608, S. 167f., Der König an Legationsrat Baron von Knyphausen in London am 28. Dez. 1760.

[82] Der König nahm lediglich in seinem bereits erwähnten Schreiben an Herzog Ferdinand vom 26. Dez. 1760 (vgl. Anm. 80) die angebliche Friedensbereitschaft in England und Frankreich zum Anlaß, den Oberbefehlshaber der Alliierten Armee zu drängen, durch rasche militärische Schläge die Verhandlungsbereitschaft der Franzosen zu steigern und gleichzeitig ihre Position zu schwächen.

Zustandebringung des Friedens bedacht zu sein, denn Frankreich werde alle Mittel ergreifen, um je eher desto besser zu demselben zu gelangen."[83]

Mitte September ließ Choiseul daraufhin in Wien eine Denkschrift überreichen, die auf der Grundlage einer sehr ungünstigen Beurteilung sowohl der politischen als auch der militärischen Lage erneut die rasche Beendigung des Krieges nahelegte. Der österreichische Staatskanzler Graf Kaunitz zweifelte nicht an der Ernsthaftigkeit dieses französischen Vorstoßes. Um einen Aufschub in dieser Angelegenheit zu erreichen, machte der Wiener Hof zunächst auf die unabsehbaren Schwierigkeiten aufmerksam, die einer friedlichen Einigung der europäischen Mächte entgegenstanden und brachte die Idee eines allgemeinen Kongresses ins Gespräch. Gleichzeitig ließ Kaunitz jedoch auch keinen Zweifel daran, daß Österreich derzeit nur unter günstigen und ehrenvollen Bedingungen zu einem Friedensschluß bereit war[84].

Der preußische Sieg bei Torgau mußte auf den französischen Außenminister wie eine Bestätigung seiner Auffassungen wirken. So wandte er sich im Dezember 1760 mit weiteren Denkschriften an die Höfe in Wien, Petersburg, Stockholm und Warschau, in denen er erneut die Notwendigkeit eines baldigen Friedens hervorhob. In Überschätzung seiner Position verstieg sich der Herzog von Choiseul dabei zu Verfahrensvorschlägen, die für die anderen Mächte unannehmbar waren. Statt eines allgemeinen Kongresses sollten die beiden „hauptkriegführenden Mächte" Frankreich und Großbritannien bilaterale Friedensverhandlungen führen, bei denen sie die Interessen ihrer jeweiligen Bündnispartner entsprechend vorherigen Absprachen vertraten.

Erwartungsgemäß scheiterte dieser Vorstoß schon im Ansatz an der entschiedenen Ablehnung Österreichs und Rußlands. In Petersburg, Warschau und Stockholm wollte man allenfalls dem von Kaunitz favorisierten Kongreß zustimmen, der in Augsburg zusammengerufen werden sollte. Die Verhandlungen zwischen den Alliierten machten jedoch keine erkennbaren Fortschritte. Vor allem die Frage eines sechsmonatigen Waffenstillstandes, den Frankreich mit Nachdruck als Bedingung für seine Teilnahme an dem geplanten Friedenskongreß nannte, führte zu langwierigen diplomatischen Aktivitäten, da Rußland, Schweden und auch Österreich eine solche Waffenruhe strikt ablehnten[85].

Trotz allem gelang es schließlich, sich in den strittigen Fragen soweit zu einigen, daß der Herzog von Choiseul in Paris zusammen mit den Gesandten der verbündeten Mächte für Anfang Juli die Eröffnung der Friedenskonferenz in Augsburg vorsehen konnte. Inzwischen war es jedoch Ende April geworden, und die militärischen Vorbereitungen für den kommenden Feldzug waren bereits weit gediehen. Noch immer hielt man auf allen Seiten die Fortführung des Krieges für das beste Mittel, den Gegner zum Frieden bereit zu machen und

---

[83] Arneth S. 193.
[84] Vgl. ebd. S. 196-203.
[85] Vgl. ebd. S. 206-223 sowie Koser, Friedrich der Große III, S. 99f.

gleichzeitig durch mögliche Erfolge die eigene Verhandlungsposition zu stärken. Die diplomatischen Bemühungen um den Frieden blieben ihrerseits ohne Einfluß auf den Fortgang der Operationen und scheiterten schließlich im Verlaufe des Sommers 1761[86].

b) Das Gefecht bei Duderstadt
am 2. und 3. Januar 1761

In der rauheren Umgebung der sich gegenüberliegenden Armeen entwickelten sich die Ereignisse ungleich dynamischer und dramatischer. Gleich zu Beginn des neuen Jahres machten die Franzosen deutlich, wie sehr sie noch immer an einer besseren Sicherung und Versorgung des rechten Flügels ihrer Winterquartiere und insbesondere des exponierten Vorpostens in Göttingen interessiert waren. Zu Recht empfand Marschall Broglie die im nördlichen Eichsfeld stehenden Abteilungen der Alliierten Armee als besondere Bedrohung für diesen Teil seiner Aufstellung. Ein starkes Korps von 8400 Mann Infanterie und Kavallerie unter dem Kommando seines Bruders, des Generalleutnants Graf von Broglie, sollte deshalb am 2. Januar Duderstadt und Worbis angreifen, um den Gegner aus dieser Gegend zu vertreiben[87].

Die Besatzung von Duderstadt bestand aus den hannoverschen Infanterieregimentern (zu je einem Bataillon) Halberstadt und Rhöden sowie den zwei Bataillonen des hessischen Infanterieregiments Mansbach und stand unter dem Kommando des braunschweigischen Generalmajors v. Mansberg. In unmittelbarer Nähe, bei Mingerode und Immingerode, lagen das braunschweigische Garnisonregiment Zweydorff und das hessische Leibdragonerregiment in Quartieren. In und bei Worbis stand Generalmajor v. Luckner mit 4 Eskadrons seiner eigenen und 3 Eskadrons preußischen Ruesch-Husaren, dem hessischen Bataillon Kutzleben und 2 Jägerbrigaden[88].

Der geplante Angriff der Franzosen konzentrierte sich auf Duderstadt. Ein Detachement von 1000 Mann Infanterie und 1200 Mann Kavallerie unter den Brigadiers Graf Lameth und Marquis Lostanges sollte das Korps Luckner überfallen und seine Verbindung mit Mansberg abschneiden. Mit 2400 Mann Infanterie und 600 Mann Kavallerie der Besatzung von Göttingen sollte der Brigadier Vicomte de Belsunce Duderstadt von Nordwesten und Norden abriegeln. Den eigentlichen Angriff führte Graf Broglie selbst mit weiteren 3200 Mann aus den Quartieren bei Witzenhausen, Eschwege und Allendorf[89].

---

[86] Vgl. Arneth S. 225.

[87] Vgl. Renouard III, S. 39 f. sowie Correspondance inédite III, Nr. 110, S. 356-361, Marschall Broglie an Prinz Xaver am 3. Jan. 1761.

[88] Vgl. Knesebeck 1761, Nr. 3, S. 204-208, Relation über den Angriff auf Duderstadt des hannoverschen Majors du Plat vom 7. Jan. 1761, sowie Renouard III, S. 40.

[89] Vgl. Renouard III, S. 40.

Am Morgen des 2. Januars wurde Generalmajor v. Mansberg gegen acht Uhr gemeldet, daß einige seiner vorgeschobenen Sicherungen angegriffen worden seien. Der General brach daraufhin sofort auf, um sich vor der Stadt ein Bild der Lage zu verschaffen. Dort waren inzwischen die Truppen des Grafen Broglie und des Vicomte de Belsunce auf den Höhen unmittelbar westlich und südwestlich von Duderstadt aufmarschiert.

Mansberg bezog mit der Besatzung eine Stellung auf dem Suhlberg, nördlich der Stadt, in der nur einige Kompanien zur Sicherung der Tore unter Major Hausmann zurückblieben. Das Gepäck wurde vorsorglich in Richtung Rhumspringe in Marsch gesetzt. Das hessische Leibdragonerregiment unter Generalmajor v. Hanstein und das Bataillon Zweydorff verstärkten Mansberg auf dem Suhlberg. Gleichzeitig wurden die Korps Kielmansegg und Luckner bei Lindau und Worbis alarmiert.

Die Franzosen rückten unterdessen weiter über Tiftlingerode und Westerode ins Tal der Hahle vor, während ihre Kavallerie Duderstadt im Süden umging und das abziehende Gepäck ebenso wie die linke Flanke von Mansbergs Stellung bedrohte. Dieser Angriff wurde jedoch durch ein 200 Mann starkes alliiertes Detachement auf den Höhen von Herbigshagen zurückgeschlagen. Auch die Versuche der Franzosen, bei Westerode und Mingerode die Hahle zu überschreiten, scheiterten am hartnäckigen Widerstand von Mansbergs Truppen.

Duderstadt selbst konnte allerdings gegen elf Uhr von ihnen besetzt werden, wobei Major Hausmann mit 90 Mann in Gefangenschaft geriet. Der Besitz der Stadt war aber nur von geringem taktischem Nutzen, da sie im Wirkungsbereich der alliierten Artillerie lag und General Mansberg sich zudem mit seinem gesamten Korps in die starke Stellung bei Herbigshagen zurückgezogen hatte. Dort war als weitere Verstärkung auch das aus Kommandierten der Magdeburger Garnison bestehende preußische Bataillon Tresckow aufmarschiert[90].

Von einem weiteren Angriff sah Graf Broglie unter diesen Umständen zunächst ab, zumal seine Soldaten nach dem Marsch und den zahlreichen Gefechten unter widrigsten Witterungsbedingungen — es regnete seit dem 1. Januar ununterbrochen — völlig erschöpft waren. Während sich die Franzosen in der Stadt sowie hart westlich davon einrichteten, trafen bei den Alliierten erhebliche Verstärkungen ein. Zunächst erreichte noch am Nachmittag der Generalleutnant Graf Kielmansegg mit seinem eigenen und dem Bataillon Dreves den bedrohten Posten. Mit nunmehr 8 Bataillonen und 4 Eskadrons wurde daraufhin die Stellung auf dem Suhlberg wieder besetzt. Gegen Mitter-

---

[90] Der Grund für das unvermutete Auftauchen des preußischen Bataillons geht aus den vorliegenden Quellen nicht hervor. Vermutlich gehörte es zeitweise zum Korps des Oberst v. Lölhöffel, der am 3. Jan. nicht sehr weit entfernt bei Sondershausen stand. Vgl. dazu GStA Merseburg, Rep. 96, Geheimes Zivilkabinett, Nr. 88, N, Bl. 28r, Lölhöffel an den König am 3. Jan. 1761.

nacht traf Generalmajor v. Hodenberg mit je 2 Eskadrons seines eigenen und des Kürassierregiments Grotthaus bei den Alliierten ein[91].

Ohne jeden Schutz vor Kälte und Nässe mußten die Soldaten die feuchtkalte Januarnacht im Freien verbringen. Mit Tagesanbruch ließ Graf Kielmansegg das Feuer der Alliierten erheblich verstärken. Seine Artillerie beschoß die Stadttore, während Freiwillige die auf den Wällen und zwischen den Hecken postierten Franzosen angriffen. Etwa zu diesem Zeitpunkt traf schließlich auch das Korps Luckner bei Duderstadt ein, das dem Angriff des Grafen Lameth durch eine weit nach Osten ausholende Marschbewegung ausgewichen war. Mit dieser weiteren Verstärkung änderte sich am Morgen des 3. Januars die Gefechtslage endgültig zugunsten der Alliierten. Während Luckner die Stadt im Osten umging, verstärkte Kielmansegg die frontal angreifenden Freiwilligen um 2 Bataillone und ließ weitere 3 Bataillone und 8 Eskadrons Duderstadt westlich umgehen. 2 Bataillone schließlich sicherten als Reserve die Stellung auf dem Suhlberg.

Diesem Druck und der drohenden Umfassung konnte Generalleutnant Graf Broglie nicht standhalten und zog sich mit seinen Truppen aus der Stadt zunächst auf die Höhen von Tiftlingerode zurück. 3 Grenadierkompanien unter dem Oberstleutnant de la Borde verblieben als Nachhut in Duderstadt, um den Rückzug zu decken. Diese etwa 600 Mann verteidigten die Wälle und Stadttore mit äußerster Hartnäckigkeit.

Erst nachdem die alliierte Artillerie die Tore zusammengeschossen hatte und die Freiwilligen nach dem Durchwaten der Stadtgräben auf die Wälle vorgedrungen waren, wichen sie in die Stadt selbst zurück. Dort richteten sie sich in einigen Häusern erneut zur Verteidigung ein, bis sie schließlich durch das Eintreffen der ersten alliierten Geschütze innerhalb der Mauern zum endgülti- gen Rückzug gezwungen wurden. 130 Mann dieser tapferen Truppe, darunter ihr Kommandeur de la Borde, gerieten bei dieser Absetzbewegung in Gefangenschaft.

Graf Broglie setzte unterdessen seinen Rückmarsch weiter in Richtung Heiligenstadt fort. Kavallerie und Husaren der Korps' Kielmansegg und Luckner verfolgten ihn noch bis auf die Höhe von Böseckendorf. Über Bischhausen marschierten die Franzosen nach Witzenhausen zurück, von wo aus die einzelnen Kontingente des Korps' wieder in ihre vorherigen Standorte rückten. Generalleutnant Graf Kielmansegg bezog seinerseits mit den alliierten Truppen in und um Duderstadt Quartiere[92].

---

[91] Vgl. Knesebeck 1761, Nr. 3, S. 206, Relation über den Angriff auf Duderstadt des hannoverschen Majors du Plat vom 7. Jan. 1761, sowie Renouard III, S. 43 f.

[92] Zum Verlauf des Gefechts bei Duderstadt vgl. Knesebeck 1761, Nr. 3, S. 204-208, Relation des hannoverschen Majors du Plat vom 7. Jan. 1761, StA Marburg, 4h, Nr. 3086, Journal und Relationes von der Alliierten Armee 1761 I, Bl. 34r-35v, ebd. 4h, Nr. 3095, Relationes von der Alliierten Armee im 7jährigen Kriege, Supplement Bd. 5, 1761, Bl. 1r-3r, Renouard III, S. 44-46 sowie Correspondance inédite III, Nr. 110, S. 362-364,

Das vollständig fehlgeschlagene Unternehmen kostete die französische Armee erhebliche Verluste. Mehrere hundert Deserteure meldeten sich im Laufe des 4. Januars bei den Alliierten und zeugten von der schlechten Kampfmoral von Teilen der angreifenden Verbände. Insgesamt verloren die Franzosen sicher mehr als 700 Mann. Die Verluste der Alliierten betrugen 2 Offiziere und 56 Mann an Toten und Verwundeten sowie 4 Offiziere und 144 Mann an Gefangenen[93].

c) Versorgungsprobleme beider Armeen und die Verproviantierung von Göttingen am 13. und 14. Januar 1761

Die Hitzigkeit des Gefechtes bei Duderstadt stand in einem deutlichen Gegensatz zu der sonst eher erbärmlichen Lage, in der sich vor allem die Alliierte Armee zu dieser Zeit befand. Wesentlich enger als ihre französischen Gegner konzentriert, hausten die Soldaten in überfüllten Quartieren und bei Wirten, deren ursprüngliche Gutwilligkeit längst einer zum Teil offenen Feindseligkeit gewichen war. Und mehr denn je stand die Lösung des Versorgungsproblems im Mittelpunkt aller operativen Überlegungen, ja sie war für Herzog Ferdinand zu einer Frage des militärischen Überlebens geworden: „L'interruption de la Navigation du Weser, joint à une saison affreuse et à des chemins absolument inpracticables m'ont fait désesperer plus d'une fois, de me soutenir sur la Dymel et aux environs de Goettingue; et j'ay vû aprocher pendant les derniers sept semaines plus d'une fois de fort près la nécessité de dissoudre tout à fait l'armée faute de subsistances."[94]

Der preußische König zeigte jedoch weiterhin kein Verständnis für diese Lage, und ließ sich auch nicht durch den gescheiterten Angriff der Franzosen auf Duderstadt belehren, dessen Fehlschlagen nicht zuletzt auf mangelnde Versorgung und Reserven des Grafen Broglie zurückzuführen war. Statt dessen tadelte er ungerecht und mit schneidender Schärfe das seiner Ansicht nach unverantwortliche Zögern des Herzogs und versagte ihm zunächst jede erbetene Unterstützung[95]. Angesichts des vom König angeschlagenen Tones zeugt es von dem außerordentlich feinen Charakter des Herzogs, wenn er diese Korrespondenz in einem Brief an seinen Bruder Karl mit den Worten beschrieb: „Elle est

---

Bulletin de l'entreprise sur Duderstadt et Stadtworbe. Ein weiterer, zur Veröffentlichung bestimmter Bericht über das Gefecht bei Duderstadt aus alliierter Sicht bei Westphalen V, S. 22-25.

[93] Vgl. Renouard III, S. 46. — Die Franzosen führten ihre Toten und Verwundeten auf dem Rückzug mit sich. Ihre eigenen Angaben von 80 Gefallenen und Verwundeten erscheinen sehr niedrig angesetzt. Rechnet man etwa 400 Deserteure und mindestens 150 Gefangene hinzu, so dürfte ein Gesamtverlust von etwa 700 Mann zutreffen.

[94] Westphalen V, S. 29, Herzog Ferdinand an den König am 16. Jan. 1761, in deutscher Übers. bei Knesebeck 1761, Nr. 4, S. 208-212.

[95] Vgl. dazu PC XX, Nr. 12621, 12625 und 12638, S. 178-180, 183f. und 192f., Der König an Herzog Ferdinand am 6., 9. und 20. Jan. 1761.

toujours dans le Stile, ou quelque nuance de mauvaise humeur contre moi Se manifeste."[96]

Auch große Teile der französischen Armee hatten unter der allgemein schwierigen Versorgungslage zu leiden, vor allem der bis nach Thüringen hinein vorgeschobene rechte Flügel und die Besatzung von Göttingen. Gerade diese Festungsstadt mußte aber über einen ausreichenden Lebensmittelvorrat verfügen, denn sie stand unter der ständigen Bedrohung, von der Alliierten Armee erneut blockiert oder sogar förmlich belagert zu werden.

Aus diesem Grunde setzte Marschall Broglie ein größeres Unternehmen zur Verproviantierung Göttingens an. Dazu galt es zunächst, Transportpferde in ausreichender Anzahl zusammenzubringen, eine Leistung, zu der das ausgebeutete Land völlig außerstande war. So sahen sich die Franzosen gezwungen, die benötigten 4000 Tiere von der Artillerie und Kavallerie zu nehmen, ergänzt durch die freiwillige Abgabe von Offizierpferden, von der sich auch Marschall Broglie nicht ausschloß. Insgesamt sollten 5000 Sack Mehl von Eschwege, Allendorf und Witzenhausen nach Göttingen transportiert werden, gedeckt durch umfangreiche Sicherungen.

Am 13. Januar marschierte Oberst Vignolles mit den beiden leichten Regimentern Volontairs d'Austrasie und d'Haynaut sowie den Grenadieren und Jägern von Picardie in eine Stellung zwischen Dingelstädt und Wingerode. Oberst Ritter Jaucourt bezog am gleichen Tag mit den Volontairs de Flandre, 10 Grenadierkompanien le Roi und 50 Pferden Posten bei Uder, Rustenberg und Rustenfelde. Kleinere Abteilungen standen in Arenshausen, Schloß Besenhausen, Geismar und Reinhausen. Links der Leine bildete der Brigadier Marquis de Rochechouart mit 10 Grenadierkompanien de France, den Grenadieren und Jägern von Aquitaine und der Besatzung von Hedemünden eine Postenkette von Münden über Dransfeld, Imbsen und Esebeck bis Rosdorf. Im Schutze dieses Kordons gelangten am 13. und 14. Januar die vorgesehenen Lieferungen unbehelligt nach Göttingen, so daß diese Stadt nun für etwa fünf bis sechs Monate ausreichend mit Lebensmitteln versorgt war[97].

d) Weitere französische Unternehmungen in Thüringen und Westfalen vom 25. bis 29. Januar 1761

Zwei weitere Vorstöße der Franzosen sollten ebenfalls in erster Linie dazu dienen, die Versorgungslage der Armee zu verbessern. Marschall Broglie richtete seine Aufmerksamkeit dabei auf Thüringen und das südliche Westfalen,

---

[96] StA Wolfenbüttel, 1 Alt 22, Nr. 567/1, Bl. 19r, Herzog Ferdinand an seinen Bruder, den regierenden Herzog Karl I. von Braunschweig-Lüneburg, am 13. Jan. 1761.

[97] Zur Verproviantierung von Göttingen vgl. Kriegs-Canzley 1761 I, Nr. 15, S. 110-112, Tagebuch der französischen Armee vom 8. bis 31. Jan., Danziger Beiträge XIV, S. 540-543, Nachrichten von den französischen Hülfsvölkern in Deutschland, Renouard III, S. 47-49 sowie Tempelhoff V, S. 7-9.

die anders als große Teile Hessens noch nicht so sehr unter dem Krieg gelitten hatten[98]. In Thüringen stand nur ein kleineres preußisches Korps von 3 Bataillonen und 15 Eskadrons unter Oberst v. Lölhöffel[99].

Tempelhoff beschreibt in knappen Worten seine Position: „Er nahm seine Stellung so, daß seine rechte Flanke durch das Korps unter dem General Luckner gedeckt wurde, welches im Eichsfelde stand; besetzte Nordhausen mit dem Freibataillon Lüderitz; Ebeleben mit dem Freibataillon Wunsch und Kindelbrück mit dem Freibataillon Colignon. Seine Reuterei legte er hinter die Wipper, zog eine Kette von Reutereiposten längst der Helbe zwischen dem Freibataillon in Ebeleben und Kindelbrück, und wies seinem Korps die Höhen bei Frankenhausen zum Sammelplatz an, bei einem feindlichen Angriffe."[100] Im südlichen Westfalen kantonierte Generalmajor v. Bock mit einem Korps von 10 Bataillonen und 10 Eskadrons im Gebiet zwischen Rüthen, Anröchte und Büren, teilweise an das Nordufer der Möhne angelehnt[101].

Die Angriffsziele der Franzosen waren in beiden Fällen empfindliche Nahtstellen in der alliierten Aufstellung. Im Westen bildete das Korps Bock den äußersten rechten Flügel der entlang der Diemel postierten Truppen, in der Flanke nur noch gedeckt durch einzelne Sicherungen und das weit zurück kantonierende Korps des Erbprinzen. Im Osten sollte der französische Vorstoß die Verbindungsstelle zwischen der Alliierten und der preußischen Armee treffen.

Für beide Unternehmungen war die taktische Ausgangslage daher außergewöhnlich günstig. Generalleutnant Graf Stainville führte den Angriff in Thüringen mit einem Korps von mehr als 2 500 Mann Infanterie und 1 800 Mann Kavallerie. Die Infanterie bestand ausschließlich aus sächsischen Verbänden, die Kavallerie aus französischen, mit Ausnahme des Ansbachschen Dragonerregiments von der Reichsarmee, mit dem Feldmarschalleutnant v. Hadik das Unternehmen unterstützte. Dieser ließ zudem auf Ersuchen Marschall Broglies Erfurt stark besetzen. Generalleutnant Graf Vaux und Oberst Ritter Monet hatten den Auftrag, die alliierten Kräfte an der Rhume und in der Grafschaft Hohenstein, ostwärts von Heiligenstadt, zu binden und vor allem das Korps Luckner an einem Entlastungsangriff zu hindern[102].

---

[98] Vgl. Correspondance inédite III, Nr. 124 und 132, S. 414-420 und 438-441, Marschall Broglie an Prinz Xaver am 21. und 28. Jan. 1761.

[99] Lölhöffels Korps bestand nach Gaudi 1761 I, S. 14, aus den FreiBtl Wunsch, Collignon und Lüderitz, den KürRgt Seydlitz und Leibregiment (je 5 Esk) sowie 5 Esk Zieten-Husaren. — Renouard III, S. 50 nennt noch je 1 Esk Karabiniers und Prinz Heinrich-Kürassiere, wobei er sich auf Tempelhoff, S. 10 stützt.

[100] Tempelhoff V, S. 10.

[101] Zur genauen Zusammensetzung des Korps' vgl. Anm. IV, 67.

[102] Vgl. Gaudi 1761 I, S. 15, Correspondance inédite III, Nr. 128, S. 430, Marschall Broglie an Prinz Xaver am 24. Jan. 1761, sowie Tempelhoff V, S. 10f. — Die Stärkeangaben über Stainvilles Korps schwanken erheblich, und die genaue Zusammen-

Am 25. Januar setzte sich Stainvilles Korps in vier Kolonnen nach Thüringen in Marsch. Der Graf selbst ging mit den zwei Kolonnen des rechten Flügels, 1 600 Mann Infanterie und 1 200 Mann Kavallerie, bis an die Unstrut vor und kantonierte in den Dörfern Werningshausen, Haßleben und Kranichborn (damals Kranichsdorf) südlich von Straußfurt. Am nächsten Morgen überschritten die Truppen den Fluß und rückten rasch gegen den befestigten Ort Kindelbrück vor, den das etwa 200 Mann starke Freibataillon Collignon besetzt hielt. Nachdem die Tore aufgeschossen worden waren, kam es zu einem kurzen und für die Preußen außerordentlich verlustreichen Gefecht, bevor sich die Reste des Bataillons nach Frankenhausen zurückzogen[103]. Nach diesem bescheidenen Erfolg kantonierte Stainville zunächst in der Stadt und den umliegenden Dörfern.

Die beiden Kolonnen des linken Flügels, 900 Mann Infanterie und 600 Mann Kavallerie, standen unter dem Kommando des sächsischen Generalmajors v. Klingenberg. Er war am 25. Januar mit 4 Bataillonen und der gesamten Kavallerie von Eisenach nach Langensalza und Thamsbrück vorgerückt, um am folgenden Tag das preußische Freibataillon Wunsch in Ebeleben anzugreifen. Oberst Vignolles deckte mit den Volontaires d'Austrasie und 240 Mann der sächsischen Regimenter Lobomirsky und Prinz Clemens zwischen Mühlhausen und Keula seine linke Flanke.

Der Überfall auf Ebeleben am Morgen des 26. wurde ein voller Erfolg. Klingenbergs Truppen hatten bei dichtem Nebel die Stadt bereits umringt, als das preußische Freibataillon alarmiert wurde. In dieser aussichtslosen Lage leisteten nur zwei Kompanien kurzzeitig Widerstand, bevor der kommandierende Major Bremer mit 9 Offizieren und über 200 Mann die Waffen streckte. Lediglich die in der Nähe befindliche Kavallerie entging dem Überfall und konnte sich nach Frankenhausen zurückziehen, von wo Oberst v. Lölhöffel noch am gleichen Tag mit seinem gesamten Korps nach Kelbra marschierte[104].

Generalmajor v. Klingenberg stieß nach diesem Erfolg noch weiter bis nach Sondershausen vor, zog sich dann aber wie Stainville schon am 29. Januar wieder über die Unstrut zurück. Luckners Korps war durch die vielfältigen Aktivitäten des Gegners alarmiert worden. Es marschierte am gleichen Tag nach Nordhausen und stieß von dort weiter über Sondershausen in Richtung

---

setzung geht aus den Quellen nicht hervor. Das Journal Heyne 1760/61, S. 92 nennt die sächsischen InfRgt Prinz Xaver, Kurprinzessin (je 2 Btl) und Brühl (1 Btl), 240 Mann der sächsischen InfRgt Prinz Clemens und Lubomirsky, die DragRgt La Ferronaye (4 Esk), Du Roi (2 Esk) und Schönberg (3 Esk) sowie 300 Reiter des DragRgt Ansbach. Diese Aufzählung ist jedoch unvollständig. Die o.a. Stärke des Korps Stainville stützt sich auf Gaudi, Tempelhoff und Renouard III, S. 51. Das alte Generalstabswerk V.1, S. 74 nennt dagegen 4 600 Mann Infanterie und 2 000 Mann Kavallerie, wobei vermutlich die Truppen des Grafen Vaux und des Ritters Monet mit einbezogen wurden.

[103] Nach Gaudi 1761 I, S. 15 verlor das FreiBtl bei diesem Gefecht 24 Mann an Toten und Verwundeten sowie 1 Offizier und 62 Mann an Gefangenen.

[104] Vgl. Gaudi 1761 I, S. 15f. sowie Journal Heyne 1760/61, S. 92-95.

Mühlhausen vor, konnte jedoch lediglich bei Schlotheim 26 Mann einer sächsischen Infanterieabteilung zu Gefangenen machen. Da sich die Preußen inzwischen ebenso zurückgezogen hatten wie die Sachsen und Franzosen, marschierte Luckner seinerseits über Worbis nach Duderstadt. Hier erhielt er die Meldung, daß ein größeres Detachement unter dem Kommando des Brigadiers Vicomte de Belsunce von Göttingen aus in diese Gegend vorgestoßen war. Luckner nahm unverzüglich die Verfolgung dieses bereits abrückenden Verbandes auf, konnte jedoch in dem waldigen Gelände den Gegner nicht zum Gefecht stellen und brach das Unternehmen bei Sattenhausen ab[105].

Die Vorstöße nach Thüringen hinein waren damit aus französischer Sicht durchaus erfolgreich verlaufen. Innerhalb weniger Tage waren erhebliche Vorräte an Lebensmitteln und Fourage erbeutet worden, und der nur schwache preußische und alliierte Widerstand gab Anlaß, die Quartiere des rechten Armeeflügels noch weiter nach Osten, bis an die Unstrut, auszudehnen. Die erste Linie stand nunmehr in einem Bogen, der von Eschwege über Mühlhausen, Langensalza und Gräfentonna bis nach Gotha reichte, wo Generalleutnant Graf Stainville Quartier nahm. Erfurt blieb weiterhin von der Reichsarmee besetzt. Das Hauptquartier des rechten französischen Flügels befand sich in Eisenach[106].

Den Angriff gegen die alliierten Quartiere im südlichen Westfalen führte Generalleutnant Ritter Meaupou. Sein Ziel war die Einnahme der Posten Arnsberg, Meschede und Rüthen[107]. Oberst Vicomte de Narbonne hatte den Auftrag, mit 1400 Mann Infanterie, dem Bataillon Volontaires de Saint-Victor und 400 Mann Kavallerie seine rechte Flanke zu decken und das in Marsberg kantonierende Bataillon de Laune der Légion Britannique anzugreifen.

Generalmajor v. Bock erhielt am 26. Januar von seinen vorgeschobenen Sicherungen übereinstimmende Meldungen, daß sich in der Gegend von Winterberg und Arnsberg stärkerer Feind im Anmarsch befände. Er zog daraufhin in der folgenden Nacht seine Verbände auf der Höhe von Rüthen zusammen. Gleichzeitig erfuhr er, daß das Scheithersche Korps von Suttrop (bei Warstein) bis über die Möhne zurückgedrängt worden war und ein Angriff auf den kleinen alliierten Posten bei Kallenhardt stattgefunden hatte. An eine Überraschung war nun nicht mehr zu denken, und als Meaupou Bocks tatsächliche Gefechtsbereitschaft erkannte, brach er sein Unternehmen ab. Lediglich das zwei Bataillone starke Schweizer-Regiment Reding blieb noch bis zum 30. Januar als Nachhut in Arnsberg, das Gros des Korps' marschierte

---

[105] Vgl. Kriegs-Canzley 1761 I, Nr. 15, S. 108 f., Tagebuch der französischen Armee vom 8. bis 31. Jan. sowie Renouard III, S. 51 f.

[106] Das Journal Heyne 1760/61, S. 97 f. gibt eine genaue Aufstellung der Quartierstände.

[107] Vgl. Correspondance inédite III, Nr. 132, S. 439 f., Marschall Broglie an Prinz Xaver am 28. Jan. 1761.

bereits zwei Tage vorher über Medebach in die Quartiere im Siegerland zurück[108].

Erheblich erfolgreicher verlief das Unternehmen des kleinen Korps' Narbonne. Sein Angriff auf das in Marsberg liegende Bataillon der Légion Britannique wurde durch grobe Nachlässigkeiten der Besatzung begünstigt. So hatte der Bataillonskommandeur, der englische Major de Laune, weder die Stadttore durch zusätzliche Befestigungen verstärken lassen, noch eine ausreichende Wache befohlen. Selbst als ihm in der Nacht auf den 27. Januar französische Truppen in beunruhigender Nähe gemeldet wurden, traf er keine weitergehenden Maßnahmen.

So gelang es den Franzosen nur wenige Stunden später, unbemerkt große Teile der Stadt zu besetzen. Lediglich eine Kompanie kam noch dazu, für kurze Zeit bewaffneten Widerstand zu leisten, der Rest des Bataillons wurde in den Quartieren gefangengenommen. Major de Laune widersetzte sich und wurde in seinem Zimmer erschossen. Die Legion verlor bei diesem Überfall 30 Tote und Verwundete sowie 11 Offiziere und 189 Mann an Gefangenen. Zudem erbeuteten die Franzosen zwei Kanonen und die gesamte Ausrüstung des Bataillons[109]. Nach dem geglückten Überfall zog sich auch Narbonne rasch wieder in seine Quartiere in der Gegend von Kassel zurück.

Nach Abschluß dieser beiden Angriffsunternehmen hatten die französischen Winterquartiere Anfang Februar 1761 eine ungeheure Ausdehnung bekommen. Sie reichten in einem weitgeschwungenen Bogen von Wesel am Niederrhein über Köln, das Siegerland und das nördliche Hessen bis nach Gotha, Mühlhausen und Langensalza in Thüringen. Durch diese weiträumige Aufstellung konnte zwar die Versorgung insgesamt besser sichergestellt werden, doch auch für die große französische Armee wurde bei dieser Ausdehnung die Frontlinie an vielen Stellen bedrohlich dünn oder wies sogar erhebliche Lücken auf.

---

[108] Vgl. StA Marburg, 4h, Nr. 3086, Journal und Relationes von der Alliierten Armee 1761 I, Bl. 51v sowie Renouard III, S. 53 f.

[109] Vgl. die ausführliche Darstellung des Überfalls bei Sichart III.2, S. 189 f. sowie StA Marburg, 4h, Nr. 3086, Journal und Relationes von der Alliierten Armee 1761 I, Bl. 50v. — Bemerkenswert ist, daß die Gefangenen mit wenigen Ausnahmen bereits am 30. Januar wieder ausgeliefert wurden, obwohl ein nicht geringer Teil von ihnen ehemals französische Deserteure waren. — Weiterführend zur Légion Britannique: Pentz von Schlichtegroll, Karl August: Die Legion Britannique. Leipzig 1931. (Flugschriften für Familiengeschichte, Heft 20).

4. Der Winterfeldzug 1761 in Hessen bis zum Gefecht bei Langensalza

a) Ausgangslage und Planung

Herzog Ferdinand setzte auch nach der Jahreswende alles daran, den bereits seit November vorgesehenen Winterfeldzug zur Vertreibung der Franzosen aus Hessen vorzubereiten. Bis über die Mitte des Januars hinaus schienen die Schwierigkeiten jedoch nahezu unüberwindlich zu sein. Die Masse des Nachschubs für die Alliierte Armee mußte aus dem Kurfürstentum Hannover sowie dem Herzogtum Braunschweig beschafft und vor allem über oft weite Strecken transportiert werden. Dafür standen bei weitem nicht genug Wagen zur Verfügung, zumal auf den grundlosen Wegen jeden Tag weitere Fuhrwerke zu Bruch gingen[110]. Zudem hintertrieb das hannoversche Ministerium trotz schärfster Befehle aus London immer wieder die pünktliche und vollständige Belieferung der Armee. Unter solchen Umständen war es schwierig genug, allein den Tagesbedarf an Lebensmitteln und Fourage sicherzustellen.

Um den 20. Januar herum wendete sich diese Lage jedoch entschieden zum Besseren. Herzog Ferdinand berichtete hocherfreut darüber nach London: „Nachdem ein heftiger Frost die Straßen fahrbar gemacht, können die Transporte anlangen, und da Jedermann gegenwärtig die Nothwendigkeit zu erkennen scheint, die Armee mit Transportmitteln zu unterstützen, so habe ich allen Grund zu hoffen, daß jetzt gewissermaßen Ueberfluß an die Stelle des äußersten Mangels treten werde. Wenn nicht ein unvorhergesehener Unfall meine Maßregeln von neuem stört, so werde ich mit Beginn des künftigen Monats ein ziemlich bedeutendes Depot an der Diemel besitzen, um meine Operationen wieder zu beginnen und den Plan in Ausführung zu bringen, welchen ich bereits seiner Majestät vorzulegen die Ehre hatte."[111]

Tatsächlich drängte die Zeit, diesen Operationsplan in die Tat umzusetzen, denn handfeste politische und militärische Gründe sprachen dafür, daß die Lage Herzog Ferdinands und der Alliierten Armee bereits jetzt, spätestens aber mit Beginn des kommenden Feldzuges, aufs höchste gefährdet war. Zunächst galt es da, die schwankende Bündnistreue des Landgrafen von Hessen-Kassel zu bedenken. Er wurde von den Franzosen beständig mit glänzenden Versprechungen umworben, die Seiten zu wechseln, und dabei war es sicher nicht das

---

[110] Der Wagenbestand des Provianttrains der Alliierten Armee war Mitte Januar von zuvor 900 auf ganze 127 Fahrzeuge zusammengeschmolzen. Da auch in Hannover und Braunschweig keine Wagen zu beschaffen waren, sah sich Herzog Ferdinand genötigt, den König um die Überlassung von Transportmitteln durch die Domänenkammer in Halberstadt zu bitten, was dieser jedoch ablehnte. Vgl. Westphalen V, S. 29 f., Herzog Ferdinand an den König am 16. Jan. 1761 (in deutscher Übers. bei Knesebeck 1761, Nr. 4, S. 208-212).

[111] Knesebeck 1761, Nr. 7, S. 215, Herzog Ferdinand an Lord Holdernesse am 22. Jan. 1761 (in deutscher Übers.).

schwächste Argument, daß der größte Teil seines Landes sich sowieso bereits in ihrer Hand befand.

Zum zweiten nötigte auch die Aussicht auf englisch-französische Friedensverhandlungen zu einer energischen Offensive der Alliierten Armee. Die derzeitigen Stellungen der Franzosen, die die Alliierten auf beiden Flanken weiträumig überflügelten, hätten die Engländer auch diplomatisch sofort in eine unterlegene Position gedrängt. Drittens bedeutete jeder weitere Tag, um den der Angriff aufgeschoben wurde, für die Franzosen die Möglichkeit, eben diese Stellungen weiter auszubauen und zu sichern. Viertens war die gedrängte Aufstellung der Alliierten im gleichen Maße unvorteilhaft, so daß mit Beginn des nächsten Feldzuges, beim Antreten gegen aufgefrischte und zahlenmäßig weit überlegene französische Truppen, kaum noch eine Aussicht auf operative Erfolge bestand[112].

Schließlich mußten auch die Nachrichten beunruhigen, daß der Wiener Hof den Franzosen direkte militärische Unterstützung zugesagt und die Reichsarmee bereits ihren Kordon mit dem der französischen Truppen in Thüringen verbunden habe[113]. Herzog Ferdinand war sich dieser drängenden Lage durchaus bewußt und legte bereits am 21. Januar den Termin für den geplanten Angriff auf den 9. Februar fest. Sein Operationsplan orientierte sich wesentlich an den Ideen, die er schon im Spätherbst zur Vertreibung der Franzosen aus Hessen entwickelt hatte[114], allerdings mit erheblichen Veränderungen in einigen Details.

Noch immer stand im Mittelpunkt seiner Überlegungen ein Angriff auf Kassel, den Dreh- und Angelpunkt der gesamten französischen Aufstellung. Dort boten die Geländeverhältnisse Marschall Broglie jedoch gleich mehrere nahezu uneinnehmbare Stellungen an. Der direkte Angriff auf Kassel mußte deshalb durch die gleichzeitige Unterbrechung der französischen Nachschublinien unterstützt werden. Wenn die wichtigsten Hilfsquellen seiner Armee, der Main mit der Wetterau und die Werra mit Thüringen und Franken, versiegten, war Broglie schon nach kurzer Zeit zum Ausweichen gezwungen und konnte dann möglicherweise in einem günstigeren Gelände zur Schlacht gestellt werden.

---

[112] Vgl. PC XX, Nr. 12621, S. 178-180, Der König an Herzog Ferdinand am 6. Jan. 1761.

[113] Vgl. dazu die Schreiben Herzog Ferdinands vom 21. Jan. 1761 an den König (Westphalen V, S. 30 f.) und vom 22. Jan. 1761 an Lord Holdernesse (Knesebeck 1761, Nr. 7, S. 215 f.). Im letztgenannten Brief schreibt der Herzog auch, daß der König ihm die Verstärkung der Reichsarmee um jeweils vier Infanterie- und Kavallerieregimenter mitgeteilt habe. Diese Meldung war allerdings gleich in zweifacher Hinsicht unzutreffend: Zum einen hatte der König in einem Schreiben vom 31. Dez. 1760 an den Herzog lediglich von einer sicheren Nachricht gesprochen, daß vier österreichische Kavallerieregimenter zum Korps des Prinzen Xaver detachiert worden seien (PC XX, Nr. 12616, S. 173), und zum anderen stellte sich später heraus, daß es sich dabei um eine Falschmeldung handelte (PC XX, Nr. 12638, S. 193, Der König an Herzog Ferdinand am 20. Jan. 1761).

[114] Vgl. S. 141 f. dieser Arbeit.

Entgegen den ursprünglichen Planungen wollte Herzog Ferdinand für die Unternehmungen gegen die Versorgungswege der Franzosen nunmehr größere Korps einsetzen und nicht nur schwache Detachements leichter Truppen. Das entsprach nicht allein der enormen Bedeutung dieser Nebenangriffe, sondern erleichterte auch in erheblichem Maße die Versorgung der Alliierten Armee. Den Verlust an Stoßkraft durch die Aufteilung seiner Truppen sah er dadurch aufgewogen, daß in diesem Fall auch Marschall Broglie nicht seine gesamten Streitkräfte bei Kassel zusammenziehen konnte.

Bei dem bevorstehenden Angriff wurde die Alliierte Armee in drei großen, getrennt voneinander operierenden Abteilungen eingesetzt. 20 Bataillone und 22 Eskadrons aus den Quartieren im Bistum Münster sollten unter dem Kommando des Erbprinzen am 9. Februar in Brilon und Marsberg eintreffen. Das Gros der Armee, 50 Bataillone und 38 Eskadrons, die in den Bistümern Paderborn und Osnabrück einquartiert waren, hatte sich unter der persönlichen Führung des Herzogs am gleichen Tag an der Diemel zu sammeln. Schließlich sollte eine dritte Abteilung von 17 Bataillonen, 20 Eskadrons, 1 Husarenregiment, 2 Jägerbrigaden und 24 schweren Geschützen aus den Quartieren rechts der Weser und im Eichsfeld ebenfalls am 9. unter dem Kommando des Generals v. Spörcken zwischen Duderstadt und Mühlhausen zusammengezogen werden.

Der Erbprinz hatte den Auftrag, die Franzosen entlang der Eder anzugreifen und dabei das Zentrum ihrer Winterquartiere zu durchbrechen. Ein Teil seines Korps' sollte unter Generalleutnant v. Breidenbach gegen Marburg vorrücken, während er selbst mit den verbleibenden Truppen die zwischen Fulda und Werra stehenden gegnerischen Verbände vom Main abzuschneiden hatte. Herzog Ferdinand beabsichtigte, mit dem Gros der Alliierten Armee direkt gegen Kassel zu marschieren, um Marschall Broglie zunächst an einer Unterstützung der angegriffenen Quartiere zu hindern und ihn schließlich aus seiner außerordentlich starken Stellung zu vertreiben. Spörcken endlich sollte mit seinem Korps die Sachsen und Franzosen in Thüringen angreifen, anschließend die Werra überschreiten und gegen Hersfeld vorrücken. Für diesen Teil der Operation bat der Herzog den König dringend um Unterstützung durch das Korps Lölhöffel[115].

Solche Hilfe war schon deshalb notwendig, weil die Stärke der meisten Verbände der Alliierten Armee weit unter dem Soll lag. Die hohe Beanspruchung bis in den Winter hinein, Mangel und Krankheiten hatten die Armee erheblich zusammenschmelzen lassen. Dies machte der Herzog in deutlichen Worten dem König klar: „V.M. verra par ce détail, que j'ay un assez grande nombre de Bataillons, mais ces Bataillons sont foibles, il y en a qui ne font que

---

[115] Der Operationsplan für den Winterfeldzug nach Westphalen V, S. 34-37, Herzog Ferdinand an den König am 28. Jan. 1761 (in deutscher Übers. bei Knesebeck 1761, Nr. 8, S. 217-221). Vgl. auch Renouard III, S. 62-65. — Bei den Stärkeangaben in Bataillonen und Eskadrons sind jeweils die leichten Truppen nicht berücksichtigt.

cent hommes effectifs, d'autres deux ou trois cents; et je n'en ay que peu qui viennent au nombre de cinq cent hommes effectifs."[116]

Zudem hatte Herzog Ferdinand gerade von dem rechten Flügel der Franzosen in Thüringen ernsthaften Widerstand zu erwarten, denn die dortigen Truppen waren nach dem Vorstoß Stainvilles Ende Januar noch in gefechtsmäßiger Gliederung. In den übrigen Quartieren — sieht man einmal von Kassel ab — lagen die Franzosen weit auseinandergezogen, und der größte Teil der Kavallerie überwinterte weit zurück in den Bistümern Fulda und Würzburg.

Manches an diesem Operationsplan erinnert an den Ausgang des Feldzuges 1760 auf dem östlichen Kriegsschauplatz, den Eilmarsch des Königs von Schlesien nach Sachsen und die dadurch herbeigeführte Schlacht bei Torgau. Auch Herzog Ferdinand beabsichtigte, mit einem letzten großen Schlag den Feldzug von 1760 noch zu seinen Gunsten zu entscheiden, nachdem er im abgelaufenen Jahr zwar keine schwere Niederlage hatte hinnehmen müssen, sich aber dennoch ein deutliches und für die Zukunft bedrohliches Übergewicht des Gegners ergeben hatte. Und wie der König wählte er dazu ein überraschendes und für den Gegner völlig unerwartetes Mittel: Eine großangelegte Offensive mitten im Winter.

b) Breidenbachs Angriff auf Marburg

Herzog Ferdinand verließ Uslar am 9. Februar und begab sich nach Hofgeismar, wo am folgenden Tag die Befehlsausgabe an die Generale der Alliierten Armee stattfand. Vorab hatte er sich bereits mit dem Erbprinzen über den Einsatz des Generalleutnants v. Breidenbach gegen Marburg verständigt, der sich am 10. bereits mit einem starken Korps von Brilon aus in Marsch setzte und damit die Winteroffensive eröffnete. Seine Abteilung bestand aus 7 Bataillonen, 14 Eskadrons, dem leichten Korps Scheither sowie 8 Mörsern und 6 12-Pfdrn.[117]

Schon am Nachmittag des 10. Februars kam es bei Küstelberg, nordostwärts von Winterberg, zu einem kurzen Gefecht zwischen den hessischen Husaren und einer französischen Patrouille der Besatzung von Frankenberg. Dabei gerieten zwar 1 Offizier und etwa 30 Turpin-Husaren in Gefangenschaft, doch da einige Reiter entkommen konnten, war der Gegner nun alarmiert[118]. Breidenbach

---

[116] Zitat aus dem in der vorigen Anm. gen. Brief.

[117] Breidenbachs Korps bestand aus den InfRgt 2. Garde und Erbprinz (je 2 Btl, He), Block, Craushaar und Monroy (je 1 Btl, Han), dem KürRgt Leibregiment (2 Esk, Han), den DragRgt Bock und Breidenbach (je 4 Esk, Han) sowie 4 Esk hessischer Husaren. Scheithers Korps war eine aus leichter Infanterie und Kavallerie zusammengesetzte hannoversche Truppe, deren Stärke zu dieser Zeit etwa 400 Mann betrug. Die Gesamtstärke des Korps' Breidenbach belief sich auf etwa 2000 Mann Infanterie und 1500 Mann Kavallerie.

[118] Vgl. Sichart III.2, S. 195f. — Renouard III, S. 65f. spricht von zwei erfolgreichen Gefechten mit französischen Patrouillen, doch scheint es unwahrscheinlich, daß Sichart,

hoffte dennoch auch weiterhin auf den entscheidenden Vorteil der Überraschung und setzte den Marsch mit unverminderter Geschwindigkeit fort. Den Soldaten und ihren Pferden wurden bei Tagesetappen von rund 30 Kilometern durch das tiefverschneite, waldreiche Hochsauerland außerordentliche Leistungen abgefordert.

Am 11. Februar erreichte das Korps die Gegend von Battenberg[119]. In der folgenden Nacht ließ Breidenbach die Truppen bereits um ein Uhr früh erneut antreten, um die Besatzung von Frankenberg, die etwa 600 Mann stark sein sollte, zu überfallen. Die Franzosen zogen sich jedoch zur gleichen Zeit auf Rosenthal zurück, so daß die Alliierten den Ort verlassen vorfanden. Der Vormarsch wurde daraufhin unverzüglich bis nach Münchhausen fortgesetzt, um am kommenden Morgen den zurückweichenden Gegner in Rosenthal überraschend anzugreifen.

Erneut bewährte sich jedoch die gut organisierte Außensicherung dieser kleinen französischen Abteilung. Major v. Scheither, der mit seinen Truppen südostwärts in den Burgwald detachiert worden war, um den Franzosen in Rosenthal den Rückzug zu verlegen, traf auf eine gegnerische Dragonerpatrouille. Diese konnte zwar geworfen und größtenteils gefangengenommen werden, doch es entkamen genügend Reiter, um die rechtzeitige Räumung Rosenthals zu veranlassen und somit eine Überraschung erneut zu vereiteln. Breidenbach fielen allerdings bei seinem Einmarsch in den Ort am 13. Februar ein unzerstörtes Magazin mit 40000 Fourage-Rationen und das Gepäck der Franzosen in die Hände[120].

Noch am gleichen Nachmittag marschierte das Korps weiter nach Wetter, wo der vorausgeschickte Generalmajor v. Halberstadt bereits mit 3 Bataillonen und 6 Eskadrons Quartiere bezogen hatte. Scheither gelang es währenddessen tatsächlich, den Franzosen den Rückzug nach Marburg zu verlegen. Unter beständiger Verfolgung drängte er sie über Rauschenberg, Kirchhain und Amöneburg bis nach Homberg an der Ohm ab[121]. In Wetter erfuhr Breidenbach, daß der Lahnübergang bei Goßfelden noch vom Gegner besetzt wäre und ließ das gesamte Korps erneut aufbrechen. Doch auch von hier hatten sich die Franzosen rechtzeitig zurückgezogen. Die alliierten Truppen setzten ihren Marsch daraufhin noch bis Wehrda fort, wo sie am Abend ein Biwak bezogen.

---

der sich auf einen Bericht des beteiligten Generalmajors v. Halberstadt stützt, eine solche positive Meldung unterschlagen hätte.

[119] Sichart III.2, S. 195 nennt Fürstenberg als Etappenziel, doch hier kann es sich nur um einen Irrtum handeln. Aus der weiteren Schilderung ergibt sich, daß Battenberg gemeint sein muß.

[120] Vgl. Sichart III.2, S. 195 f. — Renouard III, S. 66 und Tempelhoff V, S. 16 f. datieren die Ereignisse nicht zutreffend. Beide übergehen für Breidenbachs Korps den 12. Februar und setzen alle weiteren Ereignisse einen Tag zu spät an. Herzog Ferdinand bestätigt selbst Sicharts Datierung: „Le général Breidenbach est arrivé le treize de Fevr. à Marbourg", Westphalen V, S. 58, Herzog Ferdinand an den König am 15. Febr. 1761.

[121] Vgl. Sichart III.2, S. 195 f. sowie Renouard III, S. 66.

Als Verstärkung stießen hier das hannoversche Dragonerregiment Busch, das hessische Grenadierbataillon Blume sowie die zwei Bataillone der 3. hessischen Garde mit einem weiteren Artilleriepark von 4 Mörsern zu ihnen[122].

Durch die zahlreichen Gefechtsberührungen ihrer weit vorgeschobenen Sicherungskräfte waren die Franzosen in Marburg über die Annäherung des Korps' Breidenbach gut orientiert. Die Besatzung unter dem Kommando des Generalleutnants Marquis de Rougé war von Gießen aus um 3 auf nunmehr 5 Bataillone irischer Infanterie[123] verstärkt und die Verteidigung der Stadt nach Norden hin zweckmäßig vorbereitet worden. Rougé wurde dabei durch die Geländeverhältnisse erheblich begünstigt, denn der Weg von Wehrda nach Marburg führt zwischen steilen, bewaldeten Berghängen und der Lahn hindurch und bietet einem Angreifer keine Möglichkeit zur Entfaltung seiner Front. Eine wenige hundert Meter vor dem Stadttor gelegene Mühle konnte zudem als befestigter Vorposten genutzt werden.

Am Morgen des 14. Februars gegen vier Uhr trat Generalleutnant v. Breidenbach mit 5 Infanteriebataillonen zum Angriff auf Marburg an[124]. Gleichzeitig hatte er befohlen, Batterien für acht Geschütze vorzubereiten, um nach der raschen Einnahme der Stadt das Schloß beschießen zu können. Der geplante Überraschungsangriff scheiterte jedoch vollständig. Als Breidenbach sich an der Spitze seiner 3 Regimenter dem Kasseler Tor näherte, empfing ihn zunächst heftiges Gewehrfeuer aus der angesprochenen Mühle. Der hier eingesetzte starke Infanterieposten führte ein kurzes Verzögerungsgefecht und zog sich dann auf das Stadttor zurück. Beim weiteren Vordringen gelang es den Alliierten, dieses Tor mit den Regimentsgeschützen in Trümmer zu schießen, doch bis in die Stadt kamen sie nicht. Von zwei Seiten durch die Iren unter Feuer genommen — frontal aus der Stadt und flankierend von den Hängen herunter — blieb ihr Angriff liegen.

Breidenbach selbst wurde gleich zu Beginn tödlich getroffen. Unter Zurücklassung von 3 Geschützen zogen sich die Alliierten schließlich über die Lahn bis nach Wetter zurück. Neben dem General waren 3 weitere Offiziere und 14 Mann gefallen, 1 Offizier und 50 Mann waren verwundet worden, und 3 Soldaten wurden vermißt. Breidenbachs Tod war für Herzog Ferdinand und die Alliierte Armee ein schwerer Schlag: „Der Tod dieses vorzüglichen Generals schmerzt mich ungemein, und ich rechne ihn unter die Zahl derjenigen Verluste, welche sich nicht wieder ersetzen lassen", schrieb er an Lord Holdernesse nach London[125].

---

[122] Vgl. Sichart III.2, S. 196, Anm. 1. — Westphalen V, S. 54 nennt auch das hess. GrenBtl Müller als Teil dieser Verstärkung. Es ist jedoch nicht zu klären, wo genau das Bataillon zu diesem Zeitpunkt eingesetzt war.

[123] Die Besatzung bestand aus den InfRgt Dillon und Bulkley, verstärkt durch die InfRgt Berwick, Clare und Rooth. — Tempelhoff V, S. 17 nennt zusätzlich noch „einige Schweizer".

[124] InfRgt 3. Garde und Erbprinz (je 2 Btl, He) sowie InfRgt Block (1 Btl, Han).

c) Der Vorstoß des Erbprinzen nach Fritzlar

Der Erbprinz von Braunschweig war mit seinen Truppen befehlsgemäß am 9. Februar in Marsberg eingetroffen. Nach der Entsendung Breidenbachs war die Stärke seines Korps' zunächst auf 13 Bataillone und 13 Eskadrons abgesunken, es wurde jedoch von der Hauptarmee wieder um 7 Bataillone und 12 Eskadrons verstärkt[126]. Erster Angriffspunkt des Erbprinzen war Fritzlar, das für die Franzosen als leicht befestigter Posten vor allem zur Sicherung der Verbindung zwischen Marburg und Kassel von Bedeutung war. Die Stadt war durch eine starke Mauer geschützt und wurde von 1 Bataillon Grenadiers royaux sowie 7 kleineren Abteilungen irischer Regimenter unter dem Kommando des Obersten Vicomte de Narbonne verteidigt.

Am 11. Februar brach der Erbprinz mit seinem Korps auf und marschierte über Mengeringhausen und Freienhagen nach Sand, wenige Kilometer nördlich von Fritzlar. Um das Überraschungsmoment auszunutzen, griff er die Stadt bereits am folgenden Morgen an, obwohl seine schwere Artillerie noch nicht zur Stelle war. Der Versuch, mit den hessischen Grenadierbataillonen Mirbach, Pappenheim und Rückersfeld sowie dem hannoverschen Bataillon Maydell das Haddamarer Tor zu erstürmen, schlug jedoch fehl. Die beiden mitgeführten 3-Pfdr.-Regimentsgeschütze erzielten kaum eine Wirkung, und der Infanterieangriff brach im gut geführten Gewehrfeuer der Verteidiger zusammen, wobei etwa 75 Mann getötet oder verwundet wurden. Major v. Maydell fiel an der Spitze seines Bataillons[127].

Der Erbprinz zog sich daraufhin zunächst nach Haddamar zurück, um das Eintreffen der Artillerie abzuwarten. Nachdem am 13. Februar 6 englische 12-Pfdr. und 12 hessische 6-Pfdr. angekommen waren, wurden am 14. das Haddamarer und das Werkeler Tor fünf Stunden lang beschossen, ohne jedoch den Vicomte de Narbonne zur Kapitulation zu bewegen. Am Abend trafen weitere 12 schwere Geschütze ein, und nach zwei heftigen Kanonaden kapitulierte der Kommandant am Nachmittag des 15. Februars auf freien Abzug mit dem Ehrenwort, während dieses Feldzuges nicht mehr zu dienen.

---

[125] Knesebeck 1761, Nr. 11, S. 226, Herzog Ferdinand an Lord Holdernesse am 16. Febr. 1761 (in deutscher Übers.). — Zum Angriff auf Marburg vgl. Renouard III, S. 67f., Sichart III.2, S. 197f. sowie Correspondance inédite III, Nr. 148, S. 490–493, Marschall Broglie an den Generalleutnant Marquis de Saint Pern am 15. Febr. 1761. Diesem Brief ist ein Bericht über die Ereignisse in Marburg beigefügt.

[126] Vgl Renouard III, S. 65 und 71, sowie Westphalen V, S. 55. — Das Korps des Erbprinzen bestand aus den GrenBtl Rückersfeld, Pappenheim, Müller, Blume und Mirbach (He), den InfRgt Alt-Zastrow, Jung-Zastrow, Post, Scheele, Scheither, Behr, Maydell (je 1 Btl, Han), Brüdenel, Griffin (je 1 Btl, Engl), Mansberg, Zastrow (je 2 Btl, Bra) und 3. Garde (2 Btl, He), den KürRgt Gensdarmes, Erbprinz Wilhelm und Prüschenck (je 2 Esk, He), den DragRgt Inniskilling, Mordaunt, Greyhorses, Waldegrave, Ancram (je 2 Esk, Engl) und Prinz Friedrich (4 Esk, He) sowie 3 Esk Ruesch- und 2 Esk Malachowsky-Husaren (Pr).

[127] Vgl. Renouard III, S. 71 f. sowie Sichart III.2, S. 201 f.

Noch am gleichen Abend verließ Narbonne mit seinen Iren, 965 königlichen Grenadieren und 105 Verwundeten und Kranken die Stadt. Der Erbprinz erbeutete in Fritzlar ein Magazin mit 60000 Fourage-Rationen. Bereits am folgenden Tag setzte er seinen Vormarsch in Richtung auf Melsungen fort, nachdem er die Bataillone Mirbach und Rückersfeld unter Oberst v. Rückersfeld in der Stadt als Besatzung zurückgelassen hatte[128].

d) Spörckens Vormarsch in Thüringen bis zum Gefecht bei Eigenrieden

General v. Spörcken hatte den Auftrag, den rechten Flügel der französischen Stellungen an der empfindlichen Nahtstelle zu den Quartieren der Reichsarmee anzugreifen. Er hatte dazu ein etwa 11000 Mann starkes Korps von 17 Bataillonen, 24 Eskadrons, 2 leichten Jägerbrigaden und 24 Geschützen bei Duderstadt zusammengezogen. Seine Truppen waren in zwei Kolonnen unter den Generalleutnants Graf Kielmansegg und v. Wangenheim sowie eine Avantgarde unter dem Generalmajor v. Luckner eingeteilt[129]. Diese rückte am 9. Februar bis Heiligenstadt vor, während Kielmansegg nach Beuren und Wangenheim nach Worbis marschierten. Nach einem Rasttag ging Luckner am 11. bis Küllstedt vor, die beiden Kolonnen des Gros' erreichten eine Linie zwischen Helmsdorf und Beberstedt.

Marschall Broglie hatte bereits am 9. erste Meldungen von den Truppenbewegungen der Alliierten vor seinem rechten Flügel durch den Generalleutnant Marquis de Saint Pern aus Eschwege erhalten[130]. Dieser war seit der Abreise des Prinzen Xaver nach Paris am 7. Februar Kommandeur der Reserve des rechten Flügels der französischen Armee. Saint Pern erhielt noch am 9. den Auftrag, nach Mühlhausen vorzurücken und das sächsische Korps des Generalleutnants Graf Solms sowie das Korps des Generalleutnants Graf Stainville unter seinem

---

[128] Vgl. Westphalen V, S. 58 f., Herzog Ferdinand an den König am 15. Febr. 1761, Knesebeck 1761, Nr. 11, S. 226 f., Herzog Ferdinand an Lord Holdernesse am 16. Febr. 1761, ebd. die Beilage zu Nr. 12, S. 228, Tagebuch der Winteroffensive der Alliierten Armee, StA Marburg, 4h, Nr. 3086, Journal und Relationes von der Alliierten Armee 1761 I, Bl. 88 r/v sowie Renouard III, S. 72 f.

[129] Die rechte Kolonne unter Kielmansegg bestand aus den InfRgt Halberstadt, Rhöden, Kielmansegg, Dreves, Schulenburg, Laffert (je 1 Btl, Han) und Mansbach (2 Btl, He), den KürRgt Hodenberg und Bremer (je 2 Esk, Han), dem hess. Leib-Dragonerregiment (4 Esk) sowie 1 engl. ArtBrig; die linke Kolonne unter Wangenheim aus den GrenBtl Balke und Hilgenbach (He), den InfRgt Ahlefeld, Plessen (je 1 Btl, Han), Kutzleben (1 Btl, He) und Bischhausen (2 Btl, He), den KürRgt Veltheim und Waldhausen (je 2 Esk, Han), dem DragRgt Reden (4 Esk, Han) sowie 1 hann. ArtBrig; Luckners Avantgarde aus den GrenBtl Schlotheim und Stirn (He), den KürRgt Grotthaus und Heyse (je 2 Esk, Han), 4 Esk Luckner-Husaren (Han) sowie den 2 hann. Jägerbrigaden.

[130] Vgl. Renouard III, S. 76 sowie Pajol S. 140. — Wenig später wies Marschall Broglie Saint Pern in scharfem Ton an, ihm genauere Meldungen über die Position des Gegners, aber auch seine eigenen Absichten zu machen; Correspondance inédite III, Nr. 146, S. 485-488, Marschall Broglie an den Marquis de Saint Pern am 13. Febr. 1761.

Kommando zu vereinigen. Die Besatzung von Göttingen wurde angewiesen, mit dem Korps Spörcken Fühlung zu halten. Der Vicomte de Belsunce sollte mit einem starken Detachement Duderstadt angreifen und nach Möglichkeit diesen wichtigen Posten im Rücken der Alliierten wegnehmen. Schließlich befahl Broglie auch der Besatzung von Marburg und den Quartieren entlang der Eder erhöhte Verteidigungsbereitschaft[131].

Saint Pern brach am 10. mit je 4 Bataillonen Grenadiers de France, Grenadiers royaux Picardie und Champagne, etwa 400 Volontaires d'Haynaut und d'Austrasie und 50 Reitern der Kompanie Monet auf und bezog am Abend Kantonierungsquartiere in der Nähe von Mühlhausen. Solms rückte am gleichen Tag in eine Stellung entlang der Unstrut von Bollstedt bis Langensalza, während Stainville seine Truppen südlich dieser Stadt bis Gotha aufstellte und Eisenach sowie die Verbindung dorthin deckte. Bei einem Aufklärungsritt nach entsprechenden Meldungen der Vorposten fand General v. Spörcken bereits am Abend des 11. Februars die Höhen bei Dörna, nordwestlich von Mühlhausen, von 4 Grenadierbataillonen de France besetzt vor sowie weitere 10 Bataillone, die im heutigen Mühlhausener Stadtwald die Verbindungen Saint Perns nach Eschwege und Langensalza deckten[132].

Ebenfalls am 11. erschien der Brigadier Vicomte de Belsunce mit 3000 Mann und zahlreicher Artillerie vor Duderstadt. Nachdem er den Kommandanten, Oberstleutnant v. Rehborn, dreimal vergeblich zur Übergabe aufgefordert hatte, eröffnete er das Feuer auf die Stadttore. Als sich jedoch nach dreistündiger Beschießung noch immer kein Erfolg einstellte, brach Belsunce das Unternehmen ab und zog sich wieder nach Göttingen zurück[133].

Spörcken hatte nach seinem Rekognoszierungsritt dem Generalmajor v. Luckner für den folgenden Tag eine Aufklärung durch Kampf befohlen und dessen Avantgarde dazu um 4 Bataillone und fast die gesamte Kavallerie seines Korps' verstärkt. Mit dem größten Teil dieser Truppen, 4 Bataillonen, 14 Eskadrons und den beiden Jägerbrigaden, trat Luckner daraufhin am 12. Februar von Büttstedt und Bickenriede aus in südlicher Richtung gegen Saint Pern zum Angriff an[134]. Nachdem seine Vorposten, französische und schweizerische Grenadiere, rasch vertrieben worden waren, fürchtete der französische Generalleutnant, bei Dörna abgeschnitten zu werden, und zog sich

---

[131] Vgl. Renouard III, S. 76, Pajol S. 140 f. sowie Tempelhoff V, S. 19.

[132] Vgl. die Zusammensetzung des Korps' Saint Pern in der Correspondance inédite III, S. 485 f., Anm. 1. — Zu den Bewegungen vgl. Renouard III, S. 76 f., Tempelhoff V, S. 19 f. sowie Journal Heyne 1760/61, S. 100 f.

[133] Vgl. Westphalen V, S. 82, Rélation autentique de l'Expedition du Corps sous les ordres de Mr. le Général de Spörken, in deutscher Übers. bei Knesebeck 1761, Beilage zu Nr. 12, S. 231, Tagebuch der gegenwärtigen Expedition.

[134] Vgl. Renouard III, S. 77 sowie Tempelhoff V, S. 20. — Die genaue Zusammensetzung der Angriffstruppen geht aus den Quellen nicht hervor, es ist jedoch zu vermuten, daß die Verstärkungen mit Masse zur Kolonne Kielmanseggs gehörten, die bei Dingelstedt und Helmsdorf in unmittelbarer Nähe lagerte.

auf die Höhe bei Eigenrieden an der Straße zwischen Mühlhausen und Wanfried zurück. Solms und Stainville erhielten den Befehl, ihm Verstärkungen zukommen zu lassen.

Luckners Vorausabteilung, je 1 Eskadron Hodenberg- und Bremer-Kürassiere sowie 2 Eskadrons hessischer Leibdragoner, hielten ständige Fühlung mit dem Gegner und erschienen als erste vor Eigenrieden. Gegen diese starke Stellung, die zudem durch einen Verhau gesichert war, konnten sie jedoch nichts ausrichten, so daß sich das Gefecht hier auf ein anhaltendes Artillerieduell beschränkte. Da Luckner seinen Aufklärungsauftrag erfüllt und zudem von den heranrückenden Verstärkungen erfahren hatte, brach er am frühen Nachmittag das Unternehmen ab und zog sich in seine Ausgangsstellung zurück. Die Franzosen hatten über 100 Mann an Toten und Verwundeten sowie 4 Offiziere und etwa 50 Mann an Gefangenen verloren. Die Alliierten kostete der Vorstoß etwa 40 Tote und Verwundete. Saint Pern schob nach Luckners Abmarsch erneut starke Sicherungen bis unmittelbar an Bickenriede heran vor. Die Verstärkungen von Solms und Stainville kehrten zu ihren Korps zurück[135].

Marschall Broglie war unterdessen zu einer grundlegend veränderten Beurteilung der Gesamtlage gekommen. Absicht und Schwerpunkt des vierfachen alliierten Vormarsches waren ihm zunächst unklar gewesen. Spätestens nach dem energischen Angriff des Erbprinzen auf Fritzlar im Zusammenhang mit den anderen Marschbewegungen der Alliierten Armee hatte er jedoch den Operationsplan des Herzogs Ferdinand in seinen wesentlichen Zügen erkannt. Die größte Gefahr drohte ihm demnach durch ein frühzeitiges Abschneiden seiner Verbindungslinien zum Main, der Schwerpunkt seiner Abwehr mußte deshalb beweglich zwischen Werra, Fulda und Eder liegen.

Den aus dieser Lagebeurteilung erwachsenden Entschluß hat Renouard in beispielhafter Knappheit formuliert: „1. Die Franzosen beziehen südlich von Cassel eine starke Stellung und überlassen diese mit einer starken Besatzung zu versehene Festung ihrem Schicksal; 2. General Meaupeou hat die Quartiere an der Edder zu unterstützen; 3. die Besatzungen von Münden und Witzenhausen verstärken die Casseler Besatzung, und 4. der Marquis von St. Pern tritt mit seinem Corps und der Besatzung von Mühlhausen den Rückzug nach Sontra an; dahin wenden sich ebenwohl die Truppen unter den Grafen Solms und Stainville."[136]

---

[135] Zum Gefecht bei Eigenrieden vgl. Westphalen V, S. 82, Rélation autentique de l'Expedition du Corps sous les ordres de Mr. le Général de Spörken, in deutscher Übers. bei Knesebeck 1761, Beilage zu Nr. 12, S. 231 f., Journal Heyne 1760/61, S. 101 f. sowie Renouard III, S. 77 f. — Der Klio-Gefechtskalender S. 119 erwähnt fälschlicherweise für den 12. Februar 1761 ein weiteres Gefecht Luckners bei Eickenrode. Der Fehler geht vermutlich auf Tempelhoff V, S. 20 zurück, der in seiner Darstellung vom Gefecht bei Eichenrode schreibt und die Orte Eigenrieden und Eigenrode (etwa 10 km nördlich von Mühlhausen) offensichtlich verwechselt hat.

[136] Renouard III, S. 79.

e) Das Gefecht bei Langensalza am 15. Februar 1761

Marschall Broglies Entschluß und die daraufhin erteilten Befehle — so richtig sie grundsätzlich waren — hatten für den äußerst rechten Flügel der französischen Armee verhängnisvolle Folgen. Generalleutnant Saint Pern war nach dem verlustreichen Gefecht bei Eigenrieden nur allzu bereit, dem Rückzugsbefehl nachzukommen. Er löste sich rasch und unbemerkt vom Gegner und erreichte noch am 13. Februar wieder das linke Werraufer.

General v. Spörcken rechnete dagegen damit, daß Saint Pern in der Nacht seine Aufstellung noch weiter verstärkt hätte. Er ließ daher sein gesamtes Korps am frühen Morgen des 13. auf dem Eisberg, hart nördlich von Bickenriede, in Schlachtordnung aufmarschieren, um auf jede mögliche Entwicklung der Lage vorbereitet zu sein. Ein Vorstoß leichter französischer Truppen auf Dörna und der Aufmarsch sächsischer Infanterie bei Eigenrieden schienen Spörckens Vermutungen zu bestätigen, daß das vor ihm liegende Waldgelände von starken gegnerischen Kräften besetzt war[137].

Da er mit seinem kavalleriestarken Korps hier wenig ausrichten konnte, entschloß er sich, zunächst die Verbindung mit dem preußischen General Syburg zu suchen. Ein Zusammenwirken mit Teilen der preußischen Armee war von Beginn an ein wesentlicher Bestandteil von Herzog Ferdinands Operationsplan, der offensichtlich vom König auch in dieser Form gebilligt wurde[138]. Zunächst war dabei an das Korps des Obersten v. Lölhöffel gedacht worden, doch nach Stainvilles Vorstoß in Thüringen und dem Überfall des sächsischen Generals Klingenberg auf das Freibataillon Wunsch hatte sich der König entschlossen, diese Truppen erheblich zu verstärken und die aufgegebenen Stellungen zurückzugewinnen.

Dazu wurden bereits am 27. Januar die in Torgau stehenden Grenadierbataillone Lossow, Natalis und Heilsberg in Marsch gesetzt. Das Kommando führte Generalmajor v. Syburg, unterstützt durch Kapitän v. Anhalt, einen Flügeladjutanten des Königs[139]. Der Marsch ging zunächst über Leipzig, wo dem Korps

---

[137] Vgl. Renouard III, S. 79f., Journal Heyne 1760/61, S. 102 sowie Tempelhoff V, S. 21f.

[138] Nach Westphalen V, S. 37 fehlte zwar bereits zu seiner Zeit ein entsprechendes Schreiben des Königs in den Akten, doch ein leeres Kuvert mit der Aufschrift „Pres: par le Cap. Wintzingerode le 1 de Février 1761 le soir à 6 heures", (Wintzingerode war als Ordonnanzoffizier eingesetzt) deutete für ihn ebenso darauf hin, daß es einen solchen Brief gegeben hat, wie die Antwort Herzog Ferdinands an den König vom 6. Febr. 1761 (ebd.), in der bereits auf die preußische Unterstützung Bezug genommen wird.

[139] Nach Gaudi 1761 I, S. 16 war Kapitän v. Anhalt hier als Führergehilfe in einer echten Generalstabsverwendung eingesetzt. Seine tatsächlichen Befugnisse gingen jedoch noch weit darüber hinaus. Er war mit der königlichen Befehlsgewalt bevollmächtigt und hatte für die Durchführung des Unternehmens im Sinne des alliierten Operationsplanes Sorge zu tragen, den ihm der König mit der Auflage striktester Geheimhaltung Anfang Februar übermittelte (PC XX, Nr. 12658, S. 209-211, Der König an Kapitän v. Anhalt am 2. Febr. 1761).

4 12-Pfdr.- und 6 6-Pfdr.-Geschütze zugeteilt wurden, nach Weißenfels, wo am 30. die Kürassierregimenter Prinz Heinrich und Karabiniers dazustießen. Vergleichsweise langsam und mit zahlreichen Ruhetagen marschierte Syburg dann über Freyburg, Bibra, Wiehe, Kölleda und Sömmerda nach Straußfurt, wo er sich am 14. Februar mit dem Korps Lölhöffel vereinigte, das nach seinem Rückzug auf Kelbra über Heldrungen und Weissensee wieder bis hierher vorgerückt war. Der Generalmajor verfügte nunmehr über 5 Bataillone und 25 Eskadrons, zusammen etwa 4000 Mann[140].

Erst nach dem Beginn des alliierten Angriffs am 9. Februar begannen die Preußen, Verbindung mit General v. Spörcken aufzunehmen. Dieses im Rahmen einer gemeinsamen Operationsführung wenig erfolgversprechende Verhalten ging sicher nicht zuletzt auf die außerordentlich reservierte Haltung des Königs zurück, dem an einem allzu starken Engagement seiner Truppen nicht gelegen war. So versicherte er Herzog Ferdinand auf dessen Drängen hin am 8. zwar, daß er Kapitän v. Anhalt nun unverzüglich die Verbindungsaufnahme mit dem Korps Spörcken befehlen wolle und stellte sogar in Aussicht, sich selbst nach Weissenfels zu begeben, um gegebenenfalls persönlich rasch eingreifen zu können, doch eine andere Stelle des gleichen Briefes zeigt in Ton und Inhalt deutlich, wie weit der König tatsächlich zur Unterstützung bereit war: „Il faut que vous n'ayez pas asséz remarqué ce que je vous ai déjà écrit par mes lettres antérieures à l'égard de mon corps de troupes, savoir que je le ferai avancer jusques vers Eisenach (...)."[141]

Spörcken wußte am Morgen des 13. Februars zumindest, daß das Korps Syburg bereits bis nach Sömmerda herangekommen war. Um sich diesem nun rasch zu nähern, brach er die Vorpostengefechte ab, löste sich vom Gegner, ging bei Horsmar und Silberhausen über die Unstrut und bezog am Nachmittag eine Stellung zwischen Kaisershagen und Menteroda. Das Hauptquartier des Generals lag weit vorgeschoben in Schlotheim. Syburg wurde von dieser Bewegung unterrichtet, und Spörcken kam im weiteren mit ihm überein, daß das alliierte Korps bei Thamsbrück und das preußische bei Merxleben die Unstrut überschreiten sollten, um dann gemeinsam die französischen und sächsischen Truppen bei Langensalza anzugreifen[142].

---

[140] Vgl. Gaudi 1761 I, S. 16-18, die Stärkeangabe nach Tempelhoff V, S. 22. — Syburgs Korps bestand aus den GrenBtl Lossow, Natalis und Heilsberg, den FreiBtl Collignon und Lüderitz, den KürRgt Prinz Heinrich, Karabiniers, Seydlitz und Leibregiment (je 5 Esk) sowie 5 Esk Zieten-Husaren. Dazu kamen die Reste des FreiBtl Wunsch.

[141] PC XX, Nr. 12666, S. 216, Der König an Herzog Ferdinand am 8. Febr. 1761. — Vgl. auch die Schreiben des Herzogs an den König vom 6. und 8. Febr. 1761, Westphalen V, S. 37 und 40, sowie Gaudi 1761 I, S. 18. — In seinen Briefen an Kapitän v. Anhalt betont der König zwar sein Interesse an einem guten Ausgang des alliierten Winterfeldzuges, zeigt jedoch auch hier keine Bereitschaft zu weitergehender Unterstützung. Vgl. dazu PC XX, Nr. 12658, 12662 und 12665, S. 209-215, Der König an Kapitän v. Anhalt am 2., 4. und 8. Febr. 1761.

Nachdem Generalmajor v. Syburg sich am 14. Februar mit Lölhöffels Truppen vereinigt hatte, marschierte er über Tennstedt nach Merxleben, wo er am Mittag des gleichen Tages eintraf. Ein Kavallerieposten vor der Ortschaft wurde von den als Avantgarde eingesetzten Zieten-Husaren vertrieben, wobei 1 Offizier und 21 Mann gefangengenommen wurden. Die Brücke über die Unstrut und der Torturm konnten jedoch von sächsischer Infanterie zunächst gehalten werden. Sie zog sich erst zurück, nachdem die Preußen ihre schwere Artillerie auf einer Höhe oberhalb der Brücke in Stellung gebracht hatten und das Freibataillon Lüderitz gegen den Ort zum Angriff vorrückte. Am Abend bezog das preußische Korps Quartiere in Sundhausen, Klettstedt, Nägelstedt und Merxleben[143].

General v. Spörcken ließ seine Truppen am 14. bis ans Nordufer der Unstrut vorrücken. Thamsbrück wurde besetzt, Altengottern und Bollstedt von kleinen Detachements überwacht. Am Abend und in der Nacht wurden die vom Gegner zerstörten Brücken wieder instandgesetzt, während die Befehlshaber beider Korps' die Disposition für den Angriff am folgenden Tag vereinbarten. Sie sah vor, daß zunächst die Preußen bei Merxleben die Unstrut überschreiten und den Gegner von den Höhen zwischen dem Fluß und Langensalza herabdrängen sollten. Anschließend erfolgte der Hauptstoß in die rechte Flanke des zurückweichenden Gegners. Die Alliierten sollten bei Thamsbrück über die Unstrut gehen und nach Angriffsbeginn den Sachsen und Franzosen in den Rücken und die linke Flanke fallen. Luckner hatte mit der Avantgarde nach Bollstedt zu rücken, um entsprechend der Lage die rückwärtigen Verbindungen zu sichern oder für einen schnellen Stoß in die tiefe Flanke des Gegners bereitzustehen[144].

Zu diesem Zeitpunkt herrschte bei den Franzosen und Sachsen auf der Gegenseite noch größtmögliche Unklarheit über die bedrohliche Entwicklung der Lage. Erst am 14. Februar erfuhr Generalleutnant Graf Solms, daß das Korps Saint Pern, auf dessen Rückhalt er fest gerechnet hatte, bereits wieder hinter die Werra zurückgegangen war. Marschall Broglies Rückzugsbefehl für seine und Stainvilles Truppen war jedoch noch nicht in Langensalza eingetroffen, so daß beide vor der schwierigen Aufgabe standen, nur auf sich gestellt ihren exponierten Posten halten zu müssen[145]. In einer nächtlichen Lagebesprechung

[142] Vgl. Westphalen V, S. 82f., Rélation autentique de l'Expedition du Corps sous les ordres de Mr. le Général de Spörken, in deutscher Übers. bei Knesebeck 1761, Beilage zu Nr. 12, S. 232, Journal Heyne 1760/61, S. 102, Gaudi 1761 I, S. 18 sowie Tempelhoff V, S. 22.

[143] Vgl. GStA Merseburg, Rep. 96, Geheimes Zivilkabinett, Nr. 90, X, Bl. 106r, Syburg an den König am 14. Febr. 1761, Gaudi 1761 I, S. 18f. sowie Journal Heyne 1760/61, S. 102f.

[144] Vgl. Westphalen V, S. 82f., Rélation autentique de l'Expedition du Corps sous les ordres de Mr. le Général de Spörken, in deutscher Übers. bei Knesebeck 1761, Beilage zu Nr. 12, S. 232, Gaudi 1761 I, S. 20 sowie Renouard III, S. 81.

[145] Vgl. Tempelhoff V, S. 23 sowie Renouard III, S. 81. — Saint Pern hatte sich demnach nicht nur überaus rasch, sondern auch ohne Rücksicht auf das weitere Schicksal

stimmten sie ihre Dispositionen für den am kommenden Morgen erwarteten preußisch-alliierten Angriff ab. Gleichzeitig ergingen Befehle an die Quartiere, daß die Truppen noch vor Tagesanbruch bei Langensalza versammelt sein sollten[146].

Am Morgen des 15. Februars hatte Generalleutnant Graf Solms mit 7 Bataillonen und 4 Eskadrons, zusammen etwa 3 500 Mann, eine Stellung auf den Höhen nordwestlich von Langensalza bezogen. Der linke Flügel lehnte sich an den Sum-Bach, der rechte an die morastige Salza-Niederung bei Ufhoven an. Die Stellung des etwa 4 500 Mann starken Korps' unter Generalleutnant Graf Stainville schloß sich in südostwärtiger Richtung an. Sie war rechts an das Dorf Illeben und links ebenfalls an Ufhoven angelehnt, so daß die beiden Korps durch die kaum zu überschreitenden Sumpfwiesen entlang der Salza getrennt waren. Sicherungen standen in Langensalza und bei Kloster Homburg. Das sächsische Regiment Prinz Anton hatte die Hauptstellung nicht mehr rechtzeitig erreicht und bei Schönstedt Aufstellung genommen.

Die Stellung hatte Langensalza und die hoch angeschwollene Unstrut vor der Front. Nach Tauwetter und heftigen Schnee- und Regenfällen war dieser Fluß überall über die Ufer getreten und hatte an einigen Stellen das Gelände auf einer Breite von bis zu 800 Metern unter Wasser gesetzt. Diesen Vorteilen stand jedoch die fehlende Verbindung bei Ufhoven als schwerwiegender Nachteil gegenüber. Zudem fehlte es dem Korps Solms in dem leicht durchschnittenen, aber völlig offenen Gelände an ausreichender Kavallerie[147].

Etwa um sieben Uhr morgens traten die Korps Spörcken und Syburg zum Angriff an. Nachdem die Unstrutbrücke bei Thamsbrück notdürftig wiederhergestellt worden war, ließ der hannoversche General zunächst seine Jäger und hinter ihnen je 2 Eskadrons Hodenberg- und Bremer-Kürassiere sowie 4 Eskadrons Reden-Dragoner unter dem Kommando der Generalleutnants v. Hodenberg und v. Reden über den Fluß gehen. Ihnen folgten noch 4 Eskadrons hessische Leib-Dragoner. Währenddessen stieg die Unstrut weiter an, so daß die Pferde teilweise bis zum Bauch durch das eiskalte Wasser waten mußten. Schließlich riß die Flut große Teile der soeben instandgesetzten Brücke wieder mit sich und machte ein Nachführen der Infanterie unmöglich.

---

der ihm unterstellten Korps Solms und Stainville hinter die Werra zurückgezogen. Dieses Verhalten war ein klarer Verstoß gegen den Befehl des Marschalls Broglie, der ihm noch am 13. Febr. geschrieben hatte: „Le salut de la garnison de Mühlhausen est le premier objet digne de votre attention", Correspondance inédite III, Nr. 146, S. 487.

[146] Vgl. Correspondance inédite III, Nr. 149, Anm. 1, S. 495, Graf Solms an Kurfürst Friedrich Christian von Sachsen am 16. Febr. 1761, sowie Journal Heyne 1760/61, S. 103.

[147] Vgl. Tempelhoff V, S. 24, Gaudi 1761 I, S. 20 sowie Renouard III, S. 82. — Graf Solms verfügte zunächst nur über 10 Husaren. Erst auf dringende Bitten sandte Stainville ihm am Morgen des 15. noch 4 Esk Schönberg-Dragoner, etwa 250 Reiter. Vgl. dazu Correspondance inédite III, Appendice III, S. 637, Relation de la journée du 15 février 1761.

Sobald Generalmajor v. Syburg das Vordringen der Alliierten jenseits der Unstrut erkannt hatte, begann er auch seinerseits, den Fluß zu überschreiten. Bei Merxleben waren gleichfalls alle ufernahen Dämme und Wege überflutet, doch es gelang, nach und nach die Zieten-Husaren, die Freibataillone Collignon und Lüderitz sowie die Kürassierregimenter Karabiniers und Seydlitz herüberzuführen. Sächsische Sicherungen auf den Höhen vor Langensalza wurden rasch vertrieben, und nachdem man dort eine eigene Batterie aufgefahren und das Feuer auf vorgeschobene Kavallerie des Korps' Stainville eröffnet hatte, zog auch diese sich bald zurück. Die preußischen Kavallerieverbände begannen daraufhin, rechts um die Stadt herum, gegen die gegnerische Stellung vorzudringen[148].

Zu diesem Zeitpunkt entschied sich das weitere Schicksal des sächsischen Korps'. Solms hatte seine bedrohte Lage rasch erkannt und bei Stainville um Unterstützung nachgesucht. Dieser befand sich jedoch bereits im Abmarsch begriffen, denn kurz vorher war bei ihm der Rückzugsbefehl des Marschalls Broglie eingetroffen, dem er unter den gegebenen Umständen nur allzu gern nachkam. Bei Solms traf diese wichtige Meldung erst erheblich später, etwa gegen neun Uhr ein. Tempelhoffs Schilderung des unverantwortlichen Verhaltens des dazu eingesetzten Ordonnanzoffiziers, Vicomte de Gréaulme, erscheint dabei durchaus glaubwürdig: „Dieser aber, der vielleicht glaubte, daß er doch noch allemahl zur rechten Zeit kommen würde, schoß sich erst zum Vergnügen mit den Plänkern von der Kavallerie der Alliirten herum; und nicht eher, als bis er dieser militärischen Lustbarkeit müde war, eilte er zum Befehlshaber der Sachsen, sich seines Auftrages zu entledigen."[149]

Generalleutnant Graf Solms mußte somit allein dem alliierten und preußischen Angriff standhalten, denn inzwischen waren die gegnerischen Truppen an seinen Flanken bereits weit vorangekommen. Er entschloß sich, kämpfend durch die Defileen von Waldstedt und Alterstedt zurückzugehen, um den Langensalzaer Stadtwald oder entsprechend der Lage auch den Wald nördlich von Zimmern zu gewinnen, der ihm Schutz vor der Übermacht der gegnerischen Kavallerie gewährte. Der Rückzug begann jedoch zu spät und wurde zusätzlich durch einen Fehler des Kapitäns v. Orb von den Nassau-Husaren aufgehalten, der die sächsische Infanterie mitten in die Sumpfwiesen bei Ufhoven führte[150].

In diesem kritischen Moment erfolgte der Angriff der preußischen Kavallerie. Nachdem eine erste Attacke der Leib-Eskadron der Karabiniers unter Major v. Kleist abgewiesen wurde, faßte Oberst v. Lölhöffel seine Kräfte scharf zusammen. Mit den Seydlitz-Kürassieren rechts, den Zieten-Husaren jenseits der Salza-Niederung links umfassend und den Karabiniers frontal griff er die

---

[148] Vgl. Gaudi 1761 I, S. 20 f.

[149] Tempelhoff V, S. 25. Vgl. dazu auch Correspondance inédite III, Appendice III, S. 637, Relation de la journée du 15 février 1761.

[150] Vgl. ebd. S. 637 f. sowie Tempelhoff V, S. 25.

Arrièregarde der sächsischen Infanterie an. Die gut vorbereitete Attacke erfaßte die drei Bataillone Leibgarde, Prinz Xaver und Prinz Friedrich, die sich sogleich von allen Seiten umringt sahen, geworfen und zum größten Teil gefangengenommen wurden. Der morastige Boden erwies sich für die Sachsen nun doch noch als günstig, denn er lähmte nicht nur den Angriffsschwung der preußischen Reiter, sondern verhinderte auch die Verfolgung der Entkommenen[151].

Inzwischen war auch die alliierte Kavallerie bis auf Höhe der Straße zwischen Schönstedt und Langensalza vorgedrungen[152], und Generalleutnant v. Hodenberg griff nun mit seinen Eskadrons die Regimenter Prinz Karl und Prinz Anton an. Seine erste Attacke konnte von der Infanterie, die Karrees formiert hatte, abgewiesen werden. Dann brach jedoch das hessische Leib-Dragonerregiment eines der Bataillonskarrees des Regiments Prinz Karl auf und nahm diesen Verband mitsamt seinen Kanonen und der Fahne gefangen.

Dieser Erfolg spornte Hodenberg an, nun seinerseits das zweite Bataillon dieses Regiments erneut anzugreifen. Kaum hatte er sich aber mit seinen beiden eigenen und einer Eskadron Bremer in Trab gesetzt, als das von Stainville zurückgesandte Dragonerregiment La Ferronaye in seine rechte Flanke einbrach, die Angreifer zerstreute und den hannoverschen General sowie eine Anzahl weiterer Offiziere zu Gefangenen machte.

Das Bataillon von Prinz Karl entkam. Währenddessen hatte der braunschweigische Major v. Falkenstein mit der anderen Eskadron von Bremer das Regiment Prinz Anton durch beständige Attacken so lange aufgehalten, bis Generalleutnant v. Reden mit seinem Dragonerregiment heran war, die Sachsen umzingelte und das gesamte Bataillon gefangennehmen konnte[153].

Major v. Prittwitz hatte sich mit den Zieten-Husaren zu Beginn des Gefechts gegen das Korps Stainville orientiert und war später südlich der Salza-Niederung vorgegangen. Nach dem Rückzug der Franzosen suchte er nun nach einer Übergangsmöglichkeit, um in das Gefecht gegen die Sachsen eingreifen zu können. Endlich fand er bei der Mühle von Golke eine kleine Brücke, auf der er mit 4 Eskadrons die Salza überschritt.

Sofort trat er mit diesen Kräften zum Angriff an, überritt eine Batterie von 6 Geschützen, die die Sachsen gegen ihn in Stellung gebracht hatten, und brach dann in die Regimenter Garde und Kurprinzessin ein, von denen er größere Teile

---

[151] Vgl. Gaudi 1761 I, S. 22.

[152] Tempelhoff V, S. 24f. spricht davon, daß bei Altengottern einige Eskadrons Kavallerie unter den Generalen Hodenberg und Hanstein über die Unstrut gingen. Diese Nachricht, die im Widerspruch zu Gaudis Darstellung steht, trifft im Kern wohl nicht zu. Es erscheint aber durchaus möglich, daß im Laufe des Morgens noch weitere Kavallerieeinheiten hier über den Fluß gegangen sind, ohne daß deren Eingreifen ins Gefecht in den Quellen nachweisbar wäre.

[153] Vgl. Tempelhoff V, S. 25f. sowie Renouard III, S. 84. — Sichart III.2, S. 211 spricht von einer Eskadron von Luckners Avantgarde, die das Regiment Prinz Anton aufgehalten habe, steht damit aber im Widerspruch zu allen anderen Quellen.

gefangennahm. Einige Kompanien versuchten, über die von Prittwitz benutzte Brücke hinter die Salza auszuweichen, fielen dort jedoch der fünften Eskadron Zieten-Husaren in die Hände, die etwas nachhing und erst jetzt bei der Brücke eingetroffen war. Zur gleichen Zeit traten auch die Kürassierregimenter Seydlitz und Karabiniers unter Major v. Appenburg noch einmal zum Angriff an, brachen erneut in die Front der sächsischen Infanterie ein und machten eine Anzahl Gefangene[154].

Damit endete gegen Mittag das Gefecht bei Langensalza, nachdem sich die Reste des sächsischen Korps' an Waldstedt und Zimmern vorbei in den Wald nördlich der Straße nach Eisenach durchgeschlagen hatten. An eine Verfolgung war mit der völlig erschöpften Kavallerie nicht zu denken. Lediglich die Abteilung des Generalmajors v. Luckner sowie die preußischen Kürassierregimenter Prinz Heinrich und Leibregiment unter Oberst v. Biedersen, die im Laufe des Vormittages bei Thamsbrück und Merxleben doch noch über die Unstrut gelangten, zogen den Sachsen bis auf die Höhe von Behringen nach, ohne daß es hierbei jedoch noch zu größeren Kampfhandlungen kam. Die preußischen Grenadierbataillone und die erste Linie der alliierten Infanterie überschritten ebenfalls den Fluß. Erstere marschierten aber nur gegen die bereits abziehende französische Kavallerie auf, letztere kam gar nicht mehr ins Gefecht[155].

General v. Spörcken zog sich am Nachmittag mit seinem Korps wieder über die Unstrut zurück und bezog die gleichen Quartiere wie am Vortag. Nur Luckner blieb mit seinen Truppen in Mülverstedt und Schönstedt stehen. Generalmajor v. Syburg rückte mit seiner Infanterie in Langensalza ein. Seine Kavallerie kantonierte in den Vorstädten und den umliegenden Dörfern. Das französische Korps Stainville erreichte noch am Nachmittag unbeschadet Eisenach, wo am späten Abend und im Laufe der Nacht auch die Reste der sächsischen Truppen eintrafen[156].

Die Verlustzahlen machen das Ausmaß der Niederlage des Korps' Solms deutlich, auch wenn die folgenden Angaben aufgrund der in diesem Punkt außerordentlich widersprüchlichen Quellen keinen Anspruch auf Genauigkeit machen können. Die Sachsen verloren 300 Mann an Toten und Verwundeten sowie etwa 80 Offiziere und 2000 Mann an Gefangenen, wovon 50 Offiziere und 700 Mann in alliierte, 30 Offiziere und 1300 Mann in preußische Hände fielen, die überdies 1 Fahne und 3 Kanonen erbeuteten. Die Alliierten brachten 4 Fahnen und 2 Kanonen ein. Der Verlust beider Korps' an Toten und Verwundeten betrug etwa 150 Mann. 4 Offiziere und 30 Mann waren in französische Gefangenschaft geraten, darunter der hannoversche Generalleutnant v. Hodenberg[157].

---

[154] Vgl. Tempelhoff V, S. 26f. sowie Renouard III, S. 84f.

[155] Vgl. Gaudi 1761 I, S. 22f. sowie Renouard III, S. 86.

[156] Vgl. Gaudi 1761 I, S. 23f, Correspondance inédite III, Nr. 150, S. 498, Graf Solms an Marschall Broglie am 16. Febr. 1761, sowie Renouard III, S. 86.

5. Broglies Rückzug an den Main

a) Vormarsch der alliierten Hauptarmee und erste französische Gegenmaßnahmen

Herzog Ferdinand hatte am 9. Februar das Gros der Alliierten Armee zwischen Warburg und Trendelburg am Nordufer der Diemel versammelt. Nach Abgabe der Verstärkung für das Korps des Erbprinzen standen damit 43 Bataillone und 26 Eskadrons zu seiner unmittelbaren Verfügung. Mit diesen Truppen beabsichtigte er zunächst, Broglie daran zu hindern, seine Armee zwischen Kassel und dem Weißenstein zu formieren. Gelang dies nicht, wollte der Herzog am 13. eine Stellung in der Flanke des französischen Lagers gewinnen, während der Erbprinz sich im Rücken desselben postierte. Daraufhin sollte der Weißenstein genommen und die Franzosen von dort mit starkem Artilleriefeuer beschossen werden.

Falls Broglie auf das rechte Fuldaufer auswich, sollte entsprechend der Entwicklung der Gesamtlage über einen Angriff entschieden werden. Dabei rechnete der Herzog jedoch damit, daß die französische Armee diese Stellung nicht lange halten konnte, weil die Magazine in Kassel eine ausreichende Versorgung nicht gewährleisteten und das Korps Spörcken alsbald auch die Lieferungen von der Werra unterbinden würde. Wenn Broglie sich dann von Kassel zurückzog und in der Stadt nur eine Besatzung beließ, wollte Herzog Ferdinand ihm mit der Armee folgen und ein Belagerungskorps bei der Festung zurücklassen, für das bereits ein schwerer Artillerie-Train an der Diemel bereitstand[158].

---

[157] Die Verlustangaben sind kombiniert aus den Zahlen, die Tempelhoff V, S. 27 und Gaudi 1761 I, S. 24 nennen. Sie werden durch einen in der Correspondance inédite III, S. 497 erwähnten Brief des Herzogs Ferdinand an Marschall Broglie gestützt, in dem von insgesamt 702 Gefangenen in alliiertem Gewahrsam die Rede ist. Syburgs Meldung an den König vom 15. Febr. 1761 aus Langensalza setzt die Zahl der Gefangenen mit insgesamt 3000 viel zu hoch, die der eigenen Verluste mit 33 Mann zu niedrig an. Eine diese Meldung ergänzende Gefangenenliste vom 19. Febr. 1761 korrigiert diese Zahlen nur wenig nach unten und nennt 1650 Gefangene für die Preußen, 930 für die Alliierten (GStA Mcrseburg, Rep. 96, Geheimes Zivilkabinett, Nr. 90, X, Bl. 120r und 163r). Spörckens weit übertriebene Schätzung, daß der Verlust des Gegners etwa 5000 Mann betrug, muß der Euphorie des Siegers zugeschrieben werden (Westphalen V, S. 83, Rélation authentique de l'Expedition du Corps sous les ordres de Mr. le Général de Spörken, in deutscher Übers. bei Knesebeck 1761, Beilage zu Nr. 12, S. 233). — Spörcken machte später dem Generalmajor v. Syburg einen Prozeß anhängig, weil dieser ihm angeblich 200 sächsische Gefangene abgenommen hatte. Der König war über dieses Vorgehen sehr unwillig, erklärte Herzog Ferdinand aber gleichzeitig, daß es sich bei diesen Sachsen um preußische Deserteure gehandelt habe. Vgl. dazu Renouard III, S. 85f., Anm. 1 sowie PC XX, Nr. 12794, S. 310, Der König an Herzog Ferdinand am 5. April 1761.

[158] Vgl. zu den Details des Operationsplanes Westphalen V, S. 36, Herzog Ferdinand an den König am 28. Jan. 1761 (in deutscher Übers. bei Knesebeck 1761, Nr. 8, S. 219f.).

Nachdem die Alliierte Armee am 10. Februar Rasttag hatte und für neun Tage mit Brot und für vier Tage mit Fourage versorgt worden war, überschritt sie am 11. in vier Kolonnen unter den Generalen v. Wutginau, v. Oheim, Prinz von Anhalt und Mostyn bei Warburg, Liebenau, Sielen und Trendelburg die Diemel und marschierte bis in die Gegend von Westuffeln, westlich von Grebenstein. Jeder Kolonne ging eine Avantgarde voraus, die aus Abgaben der einzelnen Verbände bestand, die zu besonderen Bataillonen und Eskadrons zusammengefaßt worden waren. Das Korps Gilsa wurde als eine weitere starke Avantgarde bis Calden vorgeschoben. Am 12. erreichte die Armee eine Linie auf der Höhe von Zierenberg, während Gilsa bis Dörnberg vorrückte.

Die Avantgarden der vier Kolonnen wurden noch durch einige Kavallerieeinheiten verstärkt und zu einem Korps unter dem Kommando von Generalleutnant Lord Granby, dem Oberbefehlshaber der britischen Truppen, zusammengefaßt. Er bezog am 12. eine Stellung bei Ehlen und betrieb kampfstarke Gefechtsaufklärung bis in die Nähe des Weißensteins. Vorausabteilungen des Korps' Gilsa stießen ostwärts von Kassel bis Wolfsanger vor. Eine Abteilung unter Oberst Heister sicherte bei Immenhausen die linke Flanke der Alliierten Armee und versuchte, die Verbindung zwischen Kassel und Münden zu unterbrechen. Am 13. setzte Herzog Ferdinand den Marsch bis in die Gegend von Niedenstein fort, wo die Armee Kantonierungsquartiere bezog. Gilsa und Heister blieben in ihren jeweiligen Stellungen stehen, während Granby mit der Avantgarde, die zusätzlich mit 4 12-Pfdrn. verstärkt wurde, bis Kirchberg und Metze (etwa 4 km südlich von Niedenstein) vorrückte[159].

Marschall Broglie blieb durch den alliierten Vormarsch zunächst unbeeindruckt und war fest entschlossen, seine Position zwischen Fulda und Werra zu halten. Als jedoch Herzog Ferdinand am 13. mit der Hauptarmee bereits tief in seine linke Flanke vorgedrungen war und der schnelle Vormarsch des Korps' Spörcken und vor allem des Erbprinzen seine Verbindungen und Nachschubwege ernsthaft bedrohte, wurden ihm Ausmaß und Zusammenhang der alliierten Gesamtoperation deutlich. Kernpunkte des oben bereits erwähnten Entschlusses, den Broglie nach einer erneuten Lagebeurteilung faßte, waren die Zusammenfassung der französischen Hauptarmee in einer starken Stellung südlich von Kassel und die Verstärkung der Besatzung dieser Stadt, die er dann für stark genug hielt, allein einem Angriff und einer Belagerung standzuhalten[160].

---

[159] Vgl. Westphalen V, S. 49 f., Lettre du Quartier-Général de S.A.S. le Duc Ferdinand de Brunswic à Niedenstein, le 16 Février, das inhaltlich übereinstimmende Schreiben des Herzogs Ferdinand an Lord Holdernesse ebenfalls vom 16. Febr. 1761 bei Knesebeck 1761, Nr. 11, S. 224-226, StA Marburg, 4h, Nr. 3086, Journal und Relationes von der Alliierten Armee 1761 I, Bl. 74v-77r sowie Renouard III, S. 74f. — Lord Granby war vor Beginn der Operation alles andere als von ihrem günstigen Ausgang überzeugt. Er rechnete mit harten Kämpfen, und in einem Brief, den er vor dem Abmarsch an den Herzog von Newcastle schrieb, empfahl er einige Freunde und Vertraute dessen weiterer Protektion, falls ihm in den kommenden Tagen etwas zustieße. Die Briefstelle ist abgedruckt bei Manners S. 185.

[160] Vgl. Waddington IV, S. 291 f. sowie Renouard III, S. 78 f.

Bereits am 13. Februar rückten die Besatzungen von Münden und Allendorf in die Festung ein, während Broglie sich am Abend des 14. nach Melsungen zurückzog. Durch eine Reihe von Meldungen alarmiert, die übereinstimmend von einem schnellen Vormarsch der Alliierten auf Fritzlar und Felsberg berichteten, und ohne sichere Nachrichten über das Geschehen jenseits der Werra, machte er sich ernsthafte Sorgen um die Aufrechterhaltung der Verbindungen zwischen den einzelnen Teilen seiner Armee. Schon war er bereit, die untere Werra aufzugeben und seine Truppen weit zurück bei Hersfeld zu versammeln: „J'avoue que c'était avec un regret bien grand que je me décidais à abandonner la Werra, mais le danger de faire battre l'armée en détail me paraissait le plus grand des malheurs."[161]

Am folgenden Tag schien sich die Lage jedoch zu stabilisieren: Fritzlar hielt sich noch, keines der in dieser Gegend gemeldeten alliierten Korps' hatte die Eder überschritten, und Breidenbachs Angriff auf Marburg war blutig abgeschlagen worden. Broglie entschloß sich daraufhin, zunächst bei Melsungen die weitere Entwicklung abzuwarten. An die Generale Saint Pern, Graf Solms und Graf Stainville, die er zuvor bereits nach Hersfeld beordert hatte, fertigte er Gegenbefehle aus, die sie anwiesen, nun doch zwischen Eisenach und Witzenhausen Stellungen entlang der Werra zu beziehen[162].

Die scheinbare Entspannung der Lage hatte indessen keine vierundzwanzig Stunden Bestand. Noch in der Nacht auf den 16. Februar traf die Meldung von der Einnahme Fritzlars und vom weiteren Vormarsch des Erbprinzen auf Melsungen im französischen Hauptquartier ein. Am Morgen überzeugte sich Marschall Broglie bei einem Aufklärungsritt davon, daß Eile geboten war, denn er konnte beobachten, wie die Kolonnen des Erbprinzen an mehreren Stellen bereits die Schwalm überschritten. Jetzt bestand nicht allein die Gefahr, daß Teile der französischen Armee abgeschnitten wurden, sondern auch der lebenswichtige Magazinort Hersfeld war bedroht. Broglie brach deshalb mit seinen Truppen sofort auf, um in jedem Fall vor den Alliierten diese Stadt zu erreichen. Sie bot sich zudem für eine längere Verteidigung an, weil der Brigadier Lambert, der zweite Befehlshaber der Ingenieure bei den Franzosen, dort eine Reihe von gut ausgebauten Feldbefestigungen angelegt hatte[163].

An die ostwärts der Werra eingesetzten Korps ergingen wiederum veränderte Befehle, ebenfalls so schnell wie möglich nach Hersfeld zu marschieren. Broglies Schreiben an den Generalleutnant Graf Solms vermittelt die Dramatik der plötzlichen Lageänderung: „Je vous prie donc (...) de rappeler toutes les troupes saxonnes qui sont en avant de la Werra et de les faire rendre à Vacha d'où il

---

[161] Marschall Broglie an den Herzog von Choiseul am 15. Febr. 1761, abgedruckt bei Waddington IV, S. 294.

[162] Vgl. ebd. S. 294f., Renouard III, S. 79 sowie Correspondance inédite III, Nr. 148, S. 489-493, Marschall Broglie an Graf Solms am 15. Febr. 1761 (enthält auch eine Kopie von Broglies Brief an Saint Pern vom gleichen Tag).

[163] Vgl. Renouard III, S. 86f. sowie Tempelhoff V, S. 28.

faudra que vous les dirigiez sur Hersfeld pour s'y rendre avec la plus grande diligence, observant de détruire tous les magasins de manière qu'ils ne puissent être d'aucun secours aux ennemis. (...) Vous ne laisserez arrêter les troupes en chemin que le temps nécessaire pour manger, rien n'étant si pressé que d'arriver."[164]

Die im Laufe des 16. eingehenden Meldungen von der Niederlage bei Langensalza bestätigten Broglies Befürchtungen: Die beiden alliierten Flügel-korps drohten sich nach einer großangelegten Zangenoperation etwa auf der Höhe von Hersfeld zu vereinigen und damit große Teile der Mitte und des rechten Flügels der französischen Aufstellung von ihren Verbindungen abzu-schneiden. In dieser Notlage mußte der Marschall auch von dem gerade geschlagenen Solms und seinem Korps Außergewöhnliches fordern: „Comme les ennemis peuvent y arriver après-demain, il faut que vous fassiez l'impossible pour vous y rendre avec la plus grande promptitude avec tout le corps saxon et m'y rejoindre."[165]

b) Weiterer Vormarsch der Alliierten Armee und erste Umgliederungen

Die Alliierte Armee blieb zunächst bis zum 17. Februar in der Gegend von Niedenstein stehen. Tauwetter und erneuter Dauerregen hatten die gerade erst befahrbar gewordenen Wege wieder in grundlose Schlammpisten verwandelt, die jede Bewegung und vor allem den Nachschub für die Armee behinderten. Granby griff am 15. mit der Avantgarde Gudensberg an und konnte die Stadt und ein dort befindliches kleines Magazin in Besitz nehmen. Die etwa 300 Mann starke französische Besatzung zog sich nach kurzer Gegenwehr in die oberhalb des Ortes gelegene Burgruine zurück, mußte jedoch bereits am folgenden Tag wegen Munitions- und Verpflegungsmangels kapitulieren.

Das Korps des Erbprinzen drang unterdessen zügig weiter vor und besetzte am 17. Melsungen. Dabei fielen das dortige große Magazin sowie ein weiteres bei Altmorschen nahezu unzerstört in alliierte Hände. Zusammen mit den in Fritzlar erbeuteten trugen diese Vorräte erheblich zur Entspannung der Versorgungslage der Alliierten Armee bei. Der Erbprinz erreichte noch am gleichen Tag eine Stellung bei Falkenberg und ließ Homberg (Efze) von einer Husarenabteilung besetzen[166].

---

[164] Correspondance inédite III, Nr. 151, S. 499, Marschall Broglie an Graf Solms am 16. Febr. 1761.

[165] Correspondance inédite III, Nr. 152, S. 500, Marschall Broglie an Graf Solms am 16. Febr. 1761, Mitternacht. Vgl. auch Tempelhoff V, S. 28 f. sowie Renouard III, S. 87.

[166] Vgl. Westphalen V, S. 79 f., Lettre du Quartier-Général de S.A.S. Mgr. le Duc Ferdinand de Brunswick à Hausen, le 22 Février, in deutscher Übers. bei Knesebeck 1761, Beilage zu Nr. 12, S. 228 f., StA Marburg, 4h, Nr. 3086, Journal und Relationes von der Alliierten Armee 1761 I, Bl. 89a r, Tempelhoff V, S. 29 sowie Renouard III, S. 87.

Mit Broglies Rückzug nach Melsungen ergab sich zwingend die Belagerung von Kassel als wesentliche Teilaufgabe im Rahmen der Winteroffensive der Alliierten Armee. Zum einen stellte eine so stark vom Gegner besetzte Festung im Rücken des eigenen Operationsgebietes eine ständige Gefahr für die Nachschublinien dar, und zum anderen konnte das nördliche Hessen erst dann als befreit gelten, wenn mit Kassel das Hauptquartier und wichtigste Verbindungsglied zwischen dem Zentrum und dem rechten Flügel der französischen Stellungen dort wieder in alliierter Hand war. Herzog Ferdinand hatte bereits am 12. Februar Graf Wilhelm zu Schaumburg-Lippe, dem Artillerieführer der Alliierten Armee und hochbegabten Ingenieur, den Auftrag zur Belagerung von Kassel erteilt[167].

Jetzt galt es, das zunächst auf 21 Bataillone und 7 Eskadrons angelegte Belagerungskorps zusammenzustellen und die Armee entsprechend umzugliedern. Am 15. wurde das Korps des Generalleutnants v. Gilsa bei Dörnberg durch das braunschweigische Karabinierregiment sowie die hessischen Infanterieregimenter Leibregiment, Gilsa und Malsburg verstärkt und gab dafür die hannoversche Garde du Corps und die Grenadiere zu Pferde an die Hauptarmee ab. Zwei Tage später stießen die Infanterieregimenter Bock, La Chevallerie, Schaumburg-Lippe und Wutginau als weitere Verstärkung zum Korps Gilsa, das am gleichen Tag dem Grafen zu Schaumburg-Lippe unterstellt wurde[168].

Ebenfalls am 17. setzte die Hauptarmee ihren Vormarsch fort und erreichte Obervorschütz, südlich von Gudensberg. Auf dem Marsch fingen alliierte Husaren einen französischen Kurier ab, den die Generale Stainville und Solms an Marschall Broglie noch nach Melsungen geschickt hatten. Aus den Papieren in seiner Meldetasche erfuhr Herzog Ferdinand die ersten Nachrichten von Spörckens Erfolg bei Langensalza. Die Avantgarde besetzte wichtige Geländeabschnitte bei Felsberg, und eine Abteilung vom Korps des Erbprinzen unter dem braunschweigischen Generalmajor v. Zastrow rückte bis Niedermöllrich vor.

Dort und bei Felsberg ging die Armee am folgenden Tag über die Eder und die Schwalm und marschierte bis auf die Höhe von Homberg (Efze). Die Avantgarde unter Granby kantonierte am 18. in der Gegend von Frielendorf, und der Erbprinz rückte um einen Tagesmarsch weiter gegen Hersfeld vor. Am 19. Februar erreichte die Alliierte Armee schließlich Schwarzenborn, die Avantgarde Neukirchen und der Erbprinz Neuenstein-Obergeis, von wo aus er bereits kleinere Abteilungen bis Gittersdorf, unmittelbar nordwestlich von Hersfeld, vorschob[169].

---

[167] Vgl. Wilhelm Graf zu Schaumburg-Lippe, Militärische Schriften, Nr. 7, S. 18, Mémoire abrégé de ce qui s'est passé au siège de Kassel en 1761.

[168] Vgl. Renouard III, S. 88 sowie Westphalen V, S. 61, Pleinpouvoir für den Grafen von Bückeburg vom 17. Febr. 1761.

General v. Spörcken hatte am 16. mit seinem gesamten Korps bei Bollstedt die Unstrut überschritten und kantonierte mit der ersten Linie zwischen Oppershausen und Großengottern. Die zweite Linie bezog Quartiere in Mühlhausen, wobei noch 53 dort zurückgelassene Kranke als Gefangene in alliierte Hände fielen. Am folgenden Tag drang die Avantgarde unter Luckner bis nach Eisenach vor und erzwang die Übergabe der Stadt, die unmittelbar vor seinem Angriff von den Korps Stainville und Solms geräumt worden war. Bei kleineren Gefechten mit der Nachhut nahmen die Alliierten hier weitere 40 Mann und 2 sächsische Offiziere gefangen. Das Korps Spörcken marschierte am 17. in zwei Kolonnen nach Neukirchen und Stregda, hart nördlich von Eisenach[170].

Das Korps des preußischen Generalmajors v. Syburg hatte an den weiteren alliierten Operationen keinen Anteil mehr. Es lag noch bis zum 20. Februar in und bei Langensalza in Quartieren, bevor es aufbrach, um einem neuen Auftrag nachzukommen. Beispielhaft wird hier die Vielzahl von Aufgaben der einzelnen Verbände während der Winterruhe deutlich:

Der König hatte den bisherigen Befehl für das Korps dahingehend geändert, „dass das Leibregiment zu Pferde nach denen Gegenden von Querfurt, Laucha, Nebra, in einem von diesen Orten, wo es will, sich quartieren kann. Es muss solches aber bei solcher Gelegenheit demohnerachtet die committirte Ausschreibungen an Contribution und Magazinlieferungen beizutreiben continuiren, nämlich von denen Gegenden von Langensalze, auch Tennstädt und Mühlhausen und der Orten hin, da dann, wenn die gefoderte Magazinlieferungen nicht in natura vorhanden wären, solche in Gelde bezahlet und Mir (dem König, d. Verf.) berechnet werden müssen. Die andern Regimenter können bei Erfurt herum und vorbei marschiren und sich da verlegen; da sie dann sehen müssen, noch Rekruten vor Mich der Orten zu kriegen, auch, was an ausgeschriebenen Contributionen noch restiret, abzufordern. Darauf aber werden sich solche gegen Eckartsberg ziehen."[171]

---

[169] Vgl. Westphalen V, S. 79-81, Lettre du Quartier-Général de S.A.S. Mgr. le Duc Ferdinand de Brunswick à Hausen, le 22 Février, in deutscher Übers. bei Knesebeck 1761, Beilage zu Nr. 12, S. 228-230, sowie Renouard III, S. 88.

[170] Vgl. Knesebeck 1761, Beilage zu Nr. 12, S. 234, Fortsetzung des Tagebuchs des Armeecorps des Generals von Spoercken, sowie Westphalen V, S. 84, Rélation autentique de l'Expedition du Corps sous les ordres de Mr. le Général de Spörken. — Dabei ist bemerkenswert, daß die ansonsten nahezu identischen Quellentexte die Anzahl der Gefangenen bei Eisenach unterschiedlich angeben: Im Tagebuch Spoercken ist von „vierzig Mann" die Rede, in der Rélation autentique von „une cinquantaine de prisonniers".

[171] PC XX, Nr. 12689, S. 231 f., Der König an Kapitän v. Anhalt am 20. Febr. 1761. Vgl. auch Gaudi 1761 I, S. 25 sowie Westphalen V, S. 68 f., Briefwechsel zwischen Herzog Ferdinand und Generalmajor v. Syburg am 20. und 22. Febr. 1761. — Erste Erfolge bei der Rekrutierung konnte Syburg bereits am folgenden Tag aus Gotha melden, wo sich zahlreiche französische Deserteure bei den Preußen einfanden, die sogleich im FreiBtl Quintus eingestellt wurden; GStA Merseburg, Rep. 96, Geheimes Zivilkabinett, Nr. 90, X, Bl. 179r, Syburg an den König am 21. Febr. 1761.

c) Ausweichen der Franzosen bis in die Wetterau

Marschall Broglie hatte am frühen Morgen des 17. Februars Hersfeld erreicht und beabsichtigte, bis zum Eintreffen des Korps' Saint Pern bei Friedewald und der Truppen Stainvilles und Solms' bei Hünfeld in der befestigten Stadt stehenzubleiben. So sicherte er nicht nur das dortige Magazin, sondern er stand auch mit seinen nunmehr 15 Bataillonen als starke Eingreifreserve in einer günstigen Position, falls die Alliierten versuchten, eines der genannten Korps' jenseits der Fulda abzuschneiden.

Broglie übersah aber auch nicht die Gefahr, daß er selbst sehr schnell von den Korps des Erbprinzen und Spörckens, möglicherweise im Zusammenwirken mit Syburgs Preußen, überflügelt und eingekesselt werden konnte, zumal es ihm für Aufklärung, Sicherung und eine beweglich geführte Verteidigung an Kavallerie mangelte. Einen weiteren Rückzug und damit die Aufgabe des nördlichen Hessens hatte er deshalb in seine Planungen bereits einbezogen.

Wegen der zahlreichen und gut vorbereiteten festen Plätze in französischer Hand war er jedoch zuversichtlich, daß es sich nur um einen Verlust auf Zeit handeln würde: „J'ai écrit à MM. de Rougé, Dessalles, de Zuckmantel et Domgermain (Kommandeure in Marburg, Frankfurt, Ziegenhain und Hanau, d. Verf.) tout ce qu'ils ont à faire dans cette circonstance. Le château de Marbourg, Giessen, Ziegenhayn et Hanau, sont approvisionnés et ont des garnisons suffisantes pour une très bonne défense. (…) Gottingen est pourvu jusqu'au 1er juillet en farines, et Cassel l'est aussi pour le même temps."[172] Gleichzeitig ging ein Befehl an General du Muy, aus den am Niederrhein dislozierten Truppen ein Korps von 10 000 Mann zusammenzustellen, das über Köln nach Hachenburg marschieren und dann je nach Lageentwicklung weiter auf Marburg oder Limburg vorrücken sollte[173].

Unter großen Anstrengungen gelang es Stainville und Solms, sich der Verfolgung durch das Korps Spörcken zu entziehen. Nach einem Nachtmarsch gingen die französischen und sächsischen Truppen am frühen Morgen des 18. Februars bei Vacha über die Werra. Das Gros setzte den Marsch noch bis Mansbach fort, während die Arrièregarde des Korps' Stainville an der Brücke zurückblieb, den Übergang sperrte und sich dort zur Verteidigung einrichtete. Spörckens und Luckners Truppen hielten am 18. Rasttag, denn Wetter, Wege und die Anstrengungen der vergangenen Tage forderten auch von ihnen ihren Tribut. Mehr als 100 Deserteure, Sachsen und Schweizer, liefen an diesem Tage zu den Alliierten über.

Luckners Korps, verstärkt durch die Kürassierregimenter Veltheim und Bremer, griff am 19. den Werraübergang bei Vacha an. Die Franzosen

---

[172] Waddington IV, S. 299, Marschall Broglie an den Herzog von Choiseul am 17. Febr. 1761. — Vgl. auch Renouard III, S. 88 f. sowie Tempelhoff V, S. 28 f.

[173] Vgl. Waddington IV, S. 300 sowie Pajol S. 147-149.

verteidigten sich hartnäckig, doch gegen Mitternacht mußten sie ihre Stellungen vor und in der Stadt aufgeben und sich mit etwa 30 Verwundeten auf die Hauptkräfte bei Mansbach zurückziehen. Die Alliierten, die 6 Gefallene verloren hatten, bezogen eine Stellung auf dem rechten Werraufer, die leichten Truppen des Korps' besetzten Vacha. Die erste Linie des Korps' Spörcken rückte an diesem Tag bis nach Oberellen und Förtha (etwa 8 km südwestlich von Eisenach), die zweite bis nach Eisenach vor[174].

Inzwischen hatte Marschall Broglie durch eine starke Aufklärungsabteilung unter Brigadier Lameth erfahren, daß die Truppen des Erbprinzen bereits bedrohlich nahe vor Hersfeld standen. Etwa zur gleichen Zeit, gegen elf Uhr vormittags, ging eine Meldung von Generalleutnant Graf Stainville ein, daß der Gegner ihn mit starken Kräften angreifen würde und er sich nach Vacha auf das Korps Solms zurückziehen müsse.

Broglie sah sich nun drei möglichen Gefahren gegenüber: Zum einen waren er selbst und das Magazin in Hersfeld durch einen Angriff des Erbprinzen bedroht, zum zweiten konnte das bei Friedewald stehende Korps Saint Pern jederzeit abgeschnitten werden, und zum dritten war es schließlich auch denkbar, daß die Alliierten in weit ausholender Bewegung rasch auf Fulda vorstießen und das dortige große Magazin im Handstreich eroberten[175].

Die Stellung bei Hersfeld war unter diesen Umständen nicht zu halten, und der Marschall entschloß sich zum weiteren Rückzug auf Fulda. Seine Befehlsgebung an die kommandierenden Generale des rechten Flügels war dabei außerordentlich umsichtig, wie das entsprechende Schreiben an den Grafen Solms beispielhaft zeigt: „Il est essentiel que vous ne vous retiriez, ainsi que lui (Stainville, d. Verf.), de Mansbach que le plus lentement que vous le pourrez et que vous tàchiez d'y attendre la nuit avant d'en partir afin de ne pas découvrir M. de Saint-Pern qui est à Friedewalde et qui va se retirer aussi sur Hünfeld. Je partirai aussi dans la nuit pour me rendre à Hünfeld où nous nous rassemblerons tous demain pour aller de la à Fulde."[176]

Noch am Abend des 19. Februars brachen die genannten Korps nach Hünfeld auf. Marschall Broglie ließ vor seinem Abmarsch die Magazine in Hersfeld, in denen 80 000 Säcke Mehl, 50 000 Säcke Hafer und eine Million Rationen Fourage gelagert waren, in Brand setzen. Dabei wurde unter anderem die als Lagerraum genutzte romanische Stiftskirche ein Raub der Flammen. Nach der Vereinigung der französischen und sächsischen Korps zwischen Hünfeld und

---

[174] Vgl. Journal Heyne 1760/61, S. 108 f., Knesebeck 1761, Beilage zu Nr. 12, S. 234 f., Fortsetzung des Tagebuchs des Armeecorps des Generals von Spoercken, sowie Westphalen V, S. 84, Rélation autentique de l'Expedition du Corps sous les ordres de Mr. le Général de Spörken.

[175] Vgl. Tempelhoff V, S. 29 f. sowie Renouard III, S. 90.

[176] Correspondance inédite III, Nr. 160, S. 508 f., Marschall Broglie an Graf Solms am 19. Febr. 1761.

Mittelaschenbach (etwa 5 km ostwärts von Hünfeld), erreichten die Truppen nach einem weiteren Nachtmarsch am 21. Fulda.

Hier traf Broglie auf 16 Eskadrons Kavallerie unter Generalmajor Graf Soupire und Brigadier de Nanclas, die aus ihren Winterquartieren in den Bistümern Fulda und Würzburg zusammengezogen worden waren. Damit hatte sich der französische Oberbefehlshaber nicht nur sehr geschickt einer drohenden Umfassung entzogen, sondern auch wieder eine ansehnliche Streitmacht zur Hand[177].

Luckners Truppen mußten am 20. einen weiteren Rasttag einlegen, während Spörcken mit der ersten Linie bis Heringen und Kieselbach und der zweiten bis Fernbreitenbach (etwa 5 km ostwärts von Berka) und Frauensee (etwa 10 km ostwärts von Heringen) vorrückte. Am folgenden Tag marschierte Luckner bis Mansbach. Spörckens erste Linie ging bei Vacha und Lengers über die Werra und erreichte Friedewald und Heimboldshausen. Die zweite Linie bezog Quartiere in Heringen und Vacha. Die alliierte Hauptarmee hatte am 20. ebenfalls Rasttag. Der Erbprinz rückte dagegen in Hersfeld ein, und seine Soldaten konnten noch einige Vorräte aus den brennenden Magazinen retten, darunter eine bedeutende Menge Hafer. Am 21. Februar rückte die Hauptarmee bis Hausen und Oberaula, der Erbprinz bis Niederaula vor[178].

Zehn Tage nach Angriffsbeginn konnten nach den bisherigen Erfolgen und Mißerfolgen die ersten Schlüsse über den weiteren Verlauf der Operation gezogen werden. Dabei beunruhigten Herzog Ferdinand vor allem die 17 gegnerischen Bataillone in Kassel und die 5000 Mann in Göttingen, die ihm ein sicheres Indiz dafür waren, daß Marschall Broglie keinen Moment an eine Aufgabe dieser Festungen dachte, sondern lediglich zunächst seine Kräfte für ihre Befreiung zusammenfassen wollte.

Auch der Mißerfolg vor Marburg, die Bindung erheblicher Kräfte zur Belagerung von Kassel und die Meldungen über die Annäherung französischer Verstärkungen vom Rhein trugen nicht gerade zu einem günstigen Lagebild bei. Und angesichts des bisherigen geschickten Rückzuges der Franzosen bestand kaum Aussicht auf eine günstige Gelegenheit zu einer entscheidenden Schlacht, auf die Herzog Ferdinand einige Hoffnung gesetzt hatte. Seine Lagebeurteilung, die er in einem Schreiben an den König entwickelte, endete dementsprechend wenig zuversichtlich: „Si V.M. considère àprésent, que je suis à douze mille d'Allemagne de mes Magazins de la Dymel, que j'ay les forteresses de Cassel et

---

[177] Vgl. StA Marburg, 4h, Nr. 3086, Journal und Relationes von der Alliierten Armee 1761 I, Bl. 104v und 122r, Tempelhoff V, S. 30, Journal Heyne 1760/61, S. 109-111 sowie Renouard III, S. 90f.

[178] Vgl. Westphalen V, S. 81, Lettre du Quartier-Général de S.A.S. Mgr. le Duc Ferdinand de Brunswick à Hausen, le 22 Février, ebd. S. 84, Rélation autentique de l'Expedition du Corps sous les ordres de Mr. le Général de Spörken, in deutscher Übers. bei Knesebeck 1761, Beilage zu Nr. 12, S. 233-235, sowie Tempelhoff V, S. 30.

de Ziegenhayn à dos et Marbourg sur mon flanc; Elle trouvera, que je ne suis point dans une situation bien assurée."[179]

Herzog Ferdinand hatte damit zugleich die wichtigsten Aufgaben genannt, die zu einer erfolgreichen Fortsetzung seiner Winteroffensive gelöst werden mußten. Ganz obenan stand dabei die Rückeroberung von Kassel, ohne die auch die größten Geländegewinne nicht von Dauer sein konnten. Dazu kam im Zuge des raschen Vorrückens nach Süden nun eine nicht zu unterschätzende Bedrohung der rechten Flanke und der Nachschublinien durch die starken französischen Posten in Marburg und Ziegenhain, an denen vor allem auch die vom Rhein heranmarschierenden gegnerischen Kräfte unter General du Muy Rückhalt fanden.

Spörckens taktischer Erfolg bei Langensalza blieb dagegen bedeutungslos. Durch seinen raschen Rückzug war Marschall Broglie jetzt weder auf eine weiträumige Sicherung seiner rechten Flanke jenseits der Werra, noch auf die Nachschublieferungen aus Thüringen angewiesen. Gleichzeitig gewann er durch die erzwungene Zusammenfassung seiner Truppen erheblich an Schlagkraft. Für Herzog Ferdinand hing deshalb alles davon ab, Kassel und möglichst auch die beiden anderen festen Plätze in die Hand zu bekommen, bevor Broglie genügend Kräfte für einen Gegenstoß gesammelt hatte.

Das Korps Spörcken erreichte am 22. Februar Hersfeld und vereinigte sich wieder mit der alliierten Hauptarmee, die an diesem Tag erneut einen Rasttag einlegen mußte. 8 Infanteriebataillone dieses Verbandes wurden unter dem Kommando des hannoverschen Generalmajors v. Scheele unverzüglich nach Kassel in Marsch gesetzt, um die alliierten Belagerungstruppen zu verstärken[180]. Der Erbprinz marschierte am 22. nach Schlitz und schob Vorausabteilungen bis Salzschlirf vor. Lord Granby schloß mit dem Gros seiner Truppen die Festung

---

[179] Westphalen V, S. 76 f., Herzog Ferdinand an den König am 21. Febr. 1761 (in deutscher Übers. bei Knesebeck 1761, Nr. 13, S. 236-238). — Die Mißstimmung, die noch zu Beginn des Jahres die Korrespondenz der beiden Oberbefehlshaber bestimmt hatte, war beim König seit Eröffnung der alliierten Winteroffensive einem ebenso unberechtigten Überschwang gewichen, der durchaus im Gegensatz zu seiner tatsächlich eher zögerlichen Unterstützung dieses Unternehmens stand. So beendete er am 20. Febr. einen Brief an den Herzog mit: „Vive mon cher Ferdinand! Tout ira bien, et vous aurez beaucoup d'honneur de cette belle expédition." (PC XX, Nr. 12687, S. 230) Im gleichen Ton schrieb der König ihm am 23. Febr.: „Tout va à merveille, mon cher; je vous en félicite d'avance. Toutes les garnisons françaises sont perdues." (PC XX, Nr. 12697, S. 238) Die Reaktion auf die kritische Lagebeurteilung des Herzogs vom 21. Febr. war dementsprechend: „Je ne crois pas votre situation si mauvaise que vous la regardez." (PC XX, Nr. 12703, S. 242, Der König an Herzog Ferdinand am 27. Febr. 1761.) Noch immer zeigte sich der König hier also nicht bereit, die besonderen Gegebenheiten des westlichen Kriegsschauplatzes und das Führungskönnen Herzog Ferdinands vorbehaltlos zu akzeptieren.

[180] Vgl. Tempelhoff V, S. 30 sowie Westphalen V, S. 77. — Die Verstärkung bestand aus den InfRgt Dreves, Schulenburg, Plessen, Ahlefeld (je 1 Btl, Han), Mansbach und Bischhausen (je 2 Btl, He).

Ziegenhain ein. Ein Detachement unter dem hessischen Generalmajor v. Malsburg sandte er nach Grebenau[181].

Das unvermindert rasche Vordringen der Alliierten brachte nunmehr sogar Marschall Broglie selbst in Gefahr, abgeschnitten zu werden. Nachdem er vom Eintreffen erster gegnerischer Kräfte in Hünfeld und Salzschlirf erfahren hatte, fürchtete er zu Recht um seine Verbindungen mit den an Lahn und Sieg stehenden Truppen sowie mit Frankfurt, Gießen und dem großen Magazin in Friedberg. Broglie entschloß sich daher, auch Fulda aufzugeben und bis an den Main zurückzugehen.

Die Magazine in der Stadt wurden angezündet oder die dort gelagerten Vorräte unbrauchbar gemacht. Am Morgen des 23. Februars brach der französische Oberbefehlshaber dann mit 24 Bataillonen, den 16 Eskadrons unter Soupire und Nanclas sowie sämtlichen leichten Truppen auf und marschierte in einer Kolonne über Weidenau nach Birstein, wo die Soldaten am 24. Kantonierungsquartiere bezogen. Graf Stainville zog sich mit seinem Korps nach Salmünster, Graf Solms bis Gelnhausen zurück[182].

Generalmajor v. Luckner, dem zusätzlich noch die hessischen Grenadierbataillone Schlotheim und Stirn zugewiesen worden waren, nahm am 23. noch unmittelbar vor dem Abmarsch der Franzosen bei Lüdermünd (etwa 5 km nordwestlich von Fulda) eine Grenadierkompanie des Freiwilligenregiments Dauphin gefangen. Danach rückte er in Fulda ein, wo ihm trotz der französischen Zerstörungsmaßnahmen noch große Lebensmittel- und Fouragevorräte in die Hände fielen. Am 24. stieß Luckners Korps weiter auf das Kinzigtal vor.

Die erheblich verkleinerte Avantgarde unter Generalmajor v. Malsburg marschierte währenddessen nach Lauterbach, die alliierte Hauptarmee nach Grebenau und das Korps Spörcken nach Niederaula. Lord Granby ließ bei Ziegenhain den hessischen Generalmajor v. Schlüter mit einem starken Belagerungskorps von 6 Bataillonen und zahlreicher Artillerie zurück und rückte selbst nach Kirchhain vor. Dabei gelang es den hessischen Husaren unter Oberst v. Buttlar, den 50 Mann starken französischen Posten in Amöneburg zu überfallen und gefangenzunehmen. Der Erbprinz blieb bei Schlitz stehen, zog jedoch die hessischen Grenadierbataillone Balke und Buttlar unter Oberst v. Donop vom Korps Spörcken an sich[183].

Granby trat nun in Verbindung mit dem ehemaligen Korps Breidenbach, dessen Kommando am 16. Februar Generalleutnant v. Oheim übernommen

---

[181] Vgl. Renouard III, S. 91.

[182] Vgl. Correspondance inédite III, Nr. 164 und 165, S. 511-513, Marschall Broglie an Graf Solms am 22. Febr. 1761, Journal Heyne 1760/61, S. 111-114, Tempelhoff V, S. 30f. sowie Renouard III, S. 91f.

[183] Vgl. Westphalen V, S. 66-68, Herzog Ferdinand an Lord Granby am 20. Febr. 1761, StA Marburg, 4h, Nr. 3086, Journal und Relationes von der Alliierten Armee 1761 I, Bl. 132r, Tempelhoff V, S. 31, Renouard III, S. 92 sowie Manners S. 186.

hatte. Nach dem mißglückten Angriff auf Marburg waren diese Truppen zunächst von Generalmajor v. Halberstadt nach Wetter zurückgeführt worden. Hier erreichte sie ein Befehl Herzog Ferdinands, unverzüglich die bei Ober- und Niederweimar (etwa 5 km südwestlich von Marburg) stehenden gegnerischen Truppen anzugreifen.

In einem aufgefangenen Brief, als dessen Verfasser Generalleutnant Meaupou vermutet wurde, war für den 16. die Zusammenziehung von 14 französischen Bataillonen in der Nähe von Marburg erwähnt worden. Bereits am 11. hatte Marschall Broglie Meaupou die Unterstützung der bedrohten Quartiere an der Eder befohlen[184]. Der General sammelte rasch ein Detachement, mit dem er von Siegen über Berleburg auf Frankenberg vorrückte. Am 16. Februar erreichten die Vorausabteilungen, 890 Mann Infanterie vom Regiment Boccard, 260 berittene Jäger von Turpin, 80 Husaren sowie aus Battenberg 2 Grenadierkompanien und 150 Infanteristen vom Regiment Bourbonnois unter dem Grafen Valence, Röddenau an der Eder.

Nachdem Oheim von dieser Gefahr in seinem Rücken erfahren hatte, verzichtete er auf das Unternehmen gegen Ober- und Niederweimar und marschierte noch am 16. mit seinen Truppen nach Frankenberg, wo er Teile der dortigen Ederbrücke durch Hochwasser fortgerissen fand. Meaupous Avantgarde zerstörte daraufhin auch die Brücke bei Röddenau und zog sich in der Nacht auf Hallenberg und Sachsenberg zurück. Ein Teil der alliierten Kavallerie durchschwamm nun die Eder, besetzte die Höhen des jenseitigen Ufers und betrieb Gefechtsaufklärung bis vor die Tore der genannten Orte. Am 18. Februar griff Oheim Meaupous Stellung an.

Zwischen Sachsenberg und Neukirchen prallten die jeweiligen Vortruppen aufeinander. Den hessischen Husaren, dem Dragonerregiment Busch und der 3. hessischen Garde gelang es, das Husarenregiment Turpin zu werfen und auf die französische Infanterie zurückzudrängen. Generalleutnant Meaupou, 6 weitere Offiziere und 50 Mann gerieten dabei in alliierte Gefangenschaft, während die Angreifer 16 Mann verloren, darunter 2 Gefallene. Nach dem Gefecht zogen sich die Franzosen nach Hallenberg zurück.

Die Alliierten blieben bei Frankenberg stehen, um die weitere Entwicklung der Lage bei Marburg zu beobachten. Ebenfalls am 18. griff Major v. Scheither mit seinem Korps leichter Truppen und einem Teil des Regiments Block das befestigte Battenberger Schloß an. Nachdem der Kommandant, Oberstleutnant la Peronne, die Übergabe verweigert hatte, stürmten die Alliierten die Anlage und nahmen den Kommandanten, 5 Offiziere, 250 Schweizer und 10 Husaren gefangen. Dazu erbeuteten sie 4 Geschütze. Scheither verlor 17 Mann an Toten und Verwundeten[185].

---

[184] Vgl. Pajol S. 138, Marschall Broglie an den Herzog von Choiseul am 12. Febr. 1761.

[185] Vgl. Westphalen V, S. 80f., Lettre du Quartier-Général de S.A.S. le Duc Ferdinand de Brunswick à Hausen, le 22 Février, in deutscher Übers. bei Knesebeck 1761, Beilage zu

Nach dem Gefecht bei Sachsenberg faßte Generalleutnant Marquis de Rougé die französischen Truppen in dieser Gegend bei Marburg zusammen. Oheims Korps blieb somit bis zum Eintreffen weiterer alliierter Kräfte an der Ohm völlig unbehelligt zunächst bei Frankenberg und später bei Münchhausen stehen. Hier trafen am 23. Befehle Herzog Ferdinands ein, nach Kirchhain aufzubrechen und sich dort mit dem Korps Granby zu vereinigen. Nur einige leichte Truppen sollten an der Eder zurückbleiben und gegen Hallenberg beobachten. Am 24. Februar unterstellte Oheim seinen Verband weisungsgemäß dem britischen General[186].

Auf ihrem Marsch nach Kirchhain trieben vor allem die leichten Truppen unter Kapitän v. Wintzingerode eine Reihe von französischen Sicherungen nach Marburg zurück. Angesichts der bedrohlichen alliierten Kräftekonzentration in seiner Nähe fühlte sich Marquis de Rougé in der Stadt nun nicht mehr sicher genug. Er zog seine Truppen rasch zusammen und marschierte bis nach Butzbach zurück, wo die Soldaten Kantonierungsquartiere bezogen. Vorposten sicherten bei Lich und Hungen. In Marburg beließ der Generalleutnant lediglich eine Besatzung von 400 Mann unter dem irischen Oberst Sheldon, die mit dem Schloß über eine gut versorgte und praktisch uneinnehmbare Stellung verfügte[187].

Nach zwei Rasttagen marschierte die alliierte Hauptarmee am 26. Februar von Grebenau in die Gegend von Alsfeld. An den beiden folgenden Tagen rückten die Truppen noch näher an Kirchhain und Marburg heran und bezogen zwischen Ohm und Schwalm Kantonierungsquartiere. Herzog Ferdinand hielt sich bis zum 1. März in Kirtorf auf, ab dem 3. hatte er sein Hauptquartier in Schweinsberg. Die Einheiten der bisherigen Avantgarde unter Generalmajor v. Malsburg traten bis auf wenige hundert Mann, die in Homberg an der Ohm zusammengefaßt wurden, wieder in ihre jeweiligen Regimenter ein[188].

Nr. 12, Fortsetzung des Tagebuches der gegenwärtigen Expedition, S. 229 f., Westphalen V, S. 69-74, Kapitän v. Wintzingerode an Herzog Ferdinand am 18. und 20. Febr. 1761, sowie Renouard III, S. 69-71. — Lediglich Renouard billigt Scheither beim Sturm auf Battenberg die genannte hohe Zahl von Gefangenen zu. Die beiden anderen Berichte und auch Wintzingerode geben übereinstimmend nur etwa 150 Gefangene an.

[186] Vgl. Westphalen V, S. 78 f., Herzog Ferdinand an Kapitän v. Wintzingerode und an Generalleutnant v. Oheim am 22. Febr. 1761, Renouard III, S. 92 f. sowie Savory S. 290 f. — Das Verhältnis des Herzogs zu General Oheim scheint nicht ohne Spannungen gewesen zu sein. In dem genannten Schreiben werden Führungsentscheidungen kühl und deutlich kritisiert, wie etwa die Auswahl der leichten Truppen, die an der Eder zurückbleiben sollten: „Da Ew. Exc. die Hessischen Husaren anstatt des corps von Scheiter dazu genommen haben, so bin ich damit gar wohl zufrieden, doch hätte ich lieber gesehen, dass die Wahl auf das Scheittersche Corps gefallen wäre." Auch die intensive Korrespondenz des Herzogs mit Wintzingerode über operative Fragen spricht nicht gerade für ein großes Vertrauen in Oheims Führungsqualitäten.

[187] Vgl. Renouard III, S. 93.

[188] Vgl. Westphalen V, S. 89 f., Marschdisposition Herzog Ferdinands für die Alliierte Armee vom 25. Febr. 1761, ebd. S. 106, Lettre du Quartier-Général de S.A.S. Mgr. le Duc

Das Korps des Erbprinzen hatte am 25. Februar Lauterbach erreicht und rückte bis zum 27. weiter nach Grünberg vor. Es war durch eine starke Abteilung unter Generalleutnant Graf Kielmansegg verstärkt worden, die eine Stellung bei Laubach bezog[189]. Lord Granby ließ am 27. Marburg von 4 Bataillonen und einigen Eskadrons besetzen. Der General schloß mit Oberst Sheldon, der sich mit seinen Soldaten ins Schloß zurückgezogen hatte, eine Konvention über die beiderseitige Schonung der Stadt[190].

Marschall Broglie näherte sich unterdessen noch mehr dem Main und erreichte am 26. Büdingen. Seine Truppen bezogen Kantonierungsquartiere auf einer Linie zwischen Frankfurt und Salmünster, die durch eine Kette vorgeschobener Sicherungen zwischen Gießen und Steinau gedeckt wurden. Die Korps Stainville und Solms standen in der Gegend von Salmünster und Gelnhausen[191].

6. Operationen im März bis zum Gefecht bei Grünberg

a) Unternehmungen der Alliierten Armee aus den Stellungen zwischen Ohm und Schwalm

Die ersten zweieinhalb Wochen ihrer Winteroffensive brachten der Alliierten Armee staunenswerte Erfolge. Nacheinander waren Fritzlar, Mühlhausen, Hersfeld und Fulda mit nicht unbedeutenden Resten der dortigen französischen Magazine in ihre Hand gefallen. Marschall Broglies Truppen hatten nahezu fluchtartig die Winterquartiere an Werra, Fulda und Eder aufgegeben und sich vor den beständig nachdrängenden Alliierten bis an Main und Kinzig zurückgezogen. Bei Langensalza schließlich hatten die auf dem rechten französischen Flügel eingesetzten Sachsen einen empfindlichen Schlag einstecken müssen.

Ferdinand de Brunswick à Schweinsberg, le 4. Mars, sowie Renouard III, S. 93. — Mit der Konzentration seiner Armee zwischen Ohm und Schwalm und der Erteilung einer neuen Ordre de Bataille (Westphalen V, S. 89) bereitete sich Herzog Ferdinand frühzeitig auf die nächste Phase der Winteroffensive vor, die in irgendeiner Form einen Gegenschlag der Franzosen bringen mußte. Denn Marschall Broglie konnte weder hinter Main und Kinzig zurückgehen und damit seine eigene operative „Grundlinie" aufgeben, noch durfte er den Fall von Göttingen, Kassel oder Ziegenhain riskieren.

[189] Vgl. Savory S. 292. — Aus den vorliegenden Quellen geht nicht hervor, ob Kielmansegg zu diesem Zeitpunkt noch seine 8 Bataillone und 8 Eskadrons starke Kolonne führte, die ihm in Spörckens Korps unterstand (vgl. Anm. IV, 129). Nach der neuen Ordre de Bataille, die am 25. Febr. ausgefertigt wurde (Westphalen V, S. 89), sollte Kielmansegg das Kommando über eine starke Kavalleriebrigade übernehmen, die aus den hannoverschen Kürassierregimentern Waldhausen und Hodenberg (je 2 Esk), der Garde du Corps sowie den Grenadieren zu Pferde (je 1 Esk) bestand. Da aber nicht sicher ist, ob die veränderte Gefechtsgliederung schon eingenommen war, lassen sich über Stärke und Zusammensetzung der Abteilung bei Laubach keine Angaben machen.

[190] Vgl. Westphalen V, S. 99, Kapitän v. Wintzingerode an Herzog Ferdinand am 27. Febr. 1761, sowie ebd. S. 99f. die am Vortag abgeschlossene Konvention.

[191] Vgl. Renouard III, S. 94.

Diese Erfolgsbilanz war jedoch nur ein Teil der Wahrheit, wie Herzog Ferdinand am 1. März in einem Schreiben an den König ausführte: „Il s'en faut beaucoup, Sire, que les affaires soyent si bien établies icy, que V.M. paroit le suposer. Les François tiennent toutes les places fortes en Hesse; à Cassel se trouve toute une petite armée. Que V.M. considère, que nos Troupes, qui l'assiègent, se trouvent dans un pais absolument désert, que les chemins étant horribles, ni provision de bouche, ni fourage, ni artillerie ne peuvent arriver aussi vite et en si grande quantité qu'il falloit."[192]

Solange Kassel, Göttingen, Ziegenhain sowie die Schlösser von Waldeck und Marburg noch in französischer Hand waren, konnten alle bisherigen Erfolge nur als vorläufig angesehen werden. Diese festen Plätze bedrohten die Nachschublinien der Alliierten Armee so massiv, daß vor allem ohne die Eroberung Kassels ihre weit nach Süden vorgeschobene Stellung an der Ohm auf Dauer nicht zu halten war. Einmal mehr wurde die Versorgung zu einem entscheidenden Problem. Der rasche Vormarsch hatte die alliierten Truppen immer weiter von ihren Magazinen an der Diemel entfernt, und erneuter Dauerregen ruinierte die Wege und hemmte alle Transporte. Die erbeuteten Vorräte sowie Lieferungen aus dem Darmstädtischen konnten die Mangellage nicht ausgleichen, deren Folge hohe Ausfälle durch Krankheit und Erschöpfung waren.

Für Herzog Ferdinand kam nun alles darauf an, die Belagerungen in seinem Rücken bis zu deren Erfolg gegen Entsatzversuche abzuschirmen und den sicher erwarteten französischen Gegenangriff möglichst lange zu verzögern. Die größte Gefahr drohte dabei für ihn zunächst von den heranmarschierenden Truppen der Armee des Niederrheins, deren möglichem Flankenstoß er keine Kräfte mehr entgegenzusetzen hatte. Wiederholt bat er deshalb den König, das Korps Syburg bis zum Abschluß der Belagerung von Kassel in der Gegend zwischen Eisenach und Vacha zu belassen, was dieser jedoch unter Hinweis auf den Einsatz des Generals gegen die Reichsarmee ablehnte[193]. Zur Sicherung seiner rechten Flanke beauftragte Herzog Ferdinand den bei Münster stehenden Generalleutnant v. Hardenberg, an der oberen Lippe ein größeres Korps zu sammeln und auf Rüthen und Marsberg vorzurücken[194].

Um trotz dieser ungünstigen Lage seine Winteroffensive doch noch mit einem Erfolg oder zumindest mit einem Teilerfolg abschließen zu können, mußte der Oberbefehlshaber der Alliierten Armee nun operativ in die Defensive übergehen. Zum einen durfte er sich nicht noch weiter von den Belagerungskorps vor

---

[192] Westphalen V, S. 103, Herzog Ferdinand an den König am 1. März 1761 (in deutscher Übers. bei Knesebeck 1761, Nr. 16, S. 241).

[193] Vgl. Westphalen V, S. 92 f. und 103 f., Herzog Ferdinand an den König am 27. Febr. und 1. März 1761, sowie PC XX, Nr. 12714, S. 249 f., Der König an Herzog Ferdinand am 4. März 1761 (alle drei Schreiben in deutscher Übers. bei Knesebeck 1761, Nr. 15, 16 und 18, S. 240-251).

[194] Vgl. Westphalen V, S. 91, Herzog Ferdinand an den Generalleutnant v. Hardenberg am 25. Febr. 1761.

Ziegenhain und Kassel entfernen, wenn er diese Truppen nicht der Gefahr eines entschlossenen französischen Entsatzangriffes aussetzen wollte. Zum anderen zwang ihn die angespannte Versorgungslage, die Quartiere der Armee relativ weit auseinanderzuziehen, was ihre Schlagkraft und Reaktionsfähigkeit naturgemäß schwächte.

Drei Aufgaben stellten sich, um die eigene Lage zu stabilisieren und die Verteidigung der bisher erreichten Vorteile sicherzustellen: Zunächst mußten die erheblichen Ausfälle der Armee ausgeglichen werden, ferner galt es, das Verpflegungs- und Nachschubwesen effektiver zu organisieren, und schließlich sollte der Gegner pausenlos beunruhigt und alarmiert werden, um ständig über seine Aktivitäten unterrichtet zu sein und die eigenen Unternehmungen zu verschleiern. Zum ersten wurde dazu befohlen, daß sämtliche Einheiten und Verbände ihre in den Quartieren zurückgebliebenen Soldaten, die neuen Rekruten sowie ihre Remontepferde innerhalb von vier Wochen heranziehen mußten. Zum zweiten sollten die in den jetzigen Quartieren vorhandenen Verpflegungs- und Fouragebestände in einem Magazin in Homberg an der Ohm zentral zusammengefaßt werden[195].

Die Besetzung der Stellung zwischen Ohm und Schwalm stellte einen Kompromiß zwischen einer hinreichenden Verteidigungsfähigkeit und einer möglichst problemlosen Verpflegung sowie einer passablen Unterbringung der Truppen dar. Das Gros der Alliierten Armee bestand am 2. März aus 37 Bataillonen und 40 Eskadrons, deren Stärke zum Teil jedoch bedenklich abgesunken war[196]. Die Kavallerie des rechten Flügels, 24 englische Eskadrons, lag zwischen Schweinsberg, Homberg und Kirtorf in Quartieren, 16 hannoversche und hessische Eskadrons, die Kavallerie des linken Flügels, in den Dörfern südlich von Alsfeld. Die 37 Infanteriebataillone, davon 21 im ersten und 16 im zweiten Treffen, kantonierten in den Ortschaften zwischen den Quartieren der Kavallerie. Etwa 4 km ostwärts von Homberg war, weil nur wenige Regimenter mit Zelten ausgestattet waren, ein Hüttenlager eingerichtet worden. Jeweils 4 Bataillone und 4 Eskadrons taten dort im Wechsel für 24 Stunden Dienst als Alarmverband[197].

---

[195] Vgl. StA Marburg, 4h, Nr. 3086, Journal und Relationes von der Alliierten Armee 1761 I, Bl. 133r sowie Renouard III, S. 103.

[196] Vgl. StA Hannover, Hann. 38 A, Nr. 107 I, Bl. 303, Kantonnementliste der Alliierten Armee vom 2. März 1761. — In einem Schreiben an Lord Holdernesse vom 30. März 1761 beschrieb Herzog Ferdinand in deutlichen Worten die Schwäche seiner Einheiten und Verbände: „Die Ursache dieser großen Ungleichheit rührt offenbar von dem ungewöhnlich zerrütteten Zustande her, in welchem sich ein großer Theil unserer Schwadronen, sowie unserer Bataillone, welche fast zu nichts zusammengeschmolzen sind, befinden. Acht Bataillone, deren Stärke gegen siebentausend Mann betragen sollte, zählten zusammengenommen deren nicht einmal siebenhundert; obgleich vollkommen wahr, so scheint dies dennoch um so unglaublicher, als dieselben nicht einen einzigen Mann vor dem Feinde verloren haben." (Knesebeck 1761, Nr. 27, S. 273 f. — in deutscher Übers. —).

[197] Vgl. Sichart III.2, S. 218 f.

Aufklärung und Sicherung wurden offensiv durch eine Reihe von couragierten Vorstößen betrieben. Am 2. März ging der Erbprinz nach Büdingen vor und vertrieb ein Detachement des Korps' Stainville. Oberst v. Estorf marschierte am folgenden Tag mit 4 Bataillonen und 6 Eskadrons über Grünberg nach Hungen und verdrängte eine Abteilung unter Oberst Vignolles aus der Stadt, wobei etwa 200 Franzosen in alliierte Gefangenschaft gerieten[198]. Ebenfalls am 3. griff Generalleutnant Graf Kielmansegg mit einem weiteren Detachement Nidda an, dessen Besatzung unter dem Kommando des Obersten Graf Elva sich nach Florstadt zurückzog. Generalleutnant Prinz von Anhalt besetzte in der Folge Grünberg mit den hessischen Infanterieregimentern Prinz Karl und Prinz Anhalt, verstärkte Kielmanseggs Truppen um weitere 200 Mann Infanterie und 200 Reiter und zog die gleichfalls hessischen Gensdarmes und Leibdragoner unter den Generalen Oheim und Wolff an sich. Graf Kielmansegg schob daraufhin am 6. März seine Quartiere bis auf eine Linie zwischen Bingenheim und Staden vor[199].

Diese energischen Vorstöße der Alliierten versetzten den französischen Kommandanten von Friedberg in derartige Unruhe, daß er voreilig und eigenmächtig die großen Heu- und Strohmagazine der Stadt in Brand setzen ließ[200]. Darüber hinaus änderte sich an der Gesamtlage zunächst wenig. Solange die entscheidenden Verstärkungen von der Armee des Niederrheins nicht eingetroffen waren, beschränkte sich Marschall Broglie weiterhin auf die Verteidigung unter möglichster Schonung seiner Truppen.

Vor den nachdrängenden Verbänden Luckners und des Erbprinzen hatte er am 27. Februar sein Hauptquartier von Büdingen nach Marienborn und am folgenden Tag weiter nach Windecken zurückverlegt. Der Marschall beabsichtigte, sich in der bereits 1759 bewährten starken Stellung bei Bergen, nordostwärts von Frankfurt, diesseits des Mains zu behaupten. Dazu ließ er das dortige Gelände durch Feldbefestigungen verstärken und nahm am 2. März sein Hauptquartier im nahegelegenen Ort Vilbel[201].

---

[198] Vgl. Renouard III, S. 103. — Es handelte sich um die InfRgt Estorf, Hardenberg und Meding (je 1 Btl, Han), das 2. Btl Imhoff (Bra) sowie die KürRgt Erbprinz Wilhelm, Prüschenck (je 2 Esk, He) und Waldhausen (2 Esk, Han). Renouard nennt ein Bataillon Harding, doch einen Verband dieses Namens gab es in der Alliierten Armee nicht. Hier ist mit Sicherheit das Bataillon Hardenberg gemeint, das zu dieser Zeit auch zur Brigade des Obersten v. Estorf gehörte.

[199] Vgl. Renouard III, S. 103 f. sowie Tempelhoff V, S. 35.

[200] Vgl. Westphalen V, S. 113 f., Herzog Ferdinand an den König am 5. März 1761 (in deutscher Übers. bei Knesebeck 1761, Nr. 19, S. 251). — Herzog Ferdinand schreibt in diesem Brief, daß die Überreaktion des Kommandanten von Friedberg durch das Vorgehen alliierter Detachements gegen die Kinzig ausgelöst worden sei. Diese etwas irreführende Formulierung bezieht sich entweder auf die allgemein südliche Richtung der Vorstöße, oder die Flüsse Kinzig und Nidda sind hier verwechselt worden.

[201] Vgl. Tempelhoff V, S. 36 f. sowie Journal Heyne 1760/61, S. 115. — Heyne nennt den 3. März als Datum für die Verlegung des französischen Hauptquartiers nach Vilbel, Renouard III, S. 105 den 1. März. Aus den Datierungen zweier Briefe des Marschalls

Die Quartiere der französischen Armee wurden zwischen Hanau, Frankfurt, Vilbel und Windecken enger zusammengezogen. Das ehemalige Korps Meaupou, dessen Kommando der Brigadier Graf Valence übernommen hatte, war unterdessen aus der Gegend zwischen Berleburg und Siegen, wohin es sich nach dem Gefecht bei Sachsenberg zurückgezogen hatte, nach Weilburg vorgerückt. Am 4. März marschierten diese Verbände weiter nach Homburg, um gegebenenfalls rasch das Korps Rougé bei Friedberg unterstützen zu können. Zwischen Weilburg und Usingen blieben leichte Truppen zur Deckung und Aufnahme der Verstärkungen vom Rhein stehen[202].

Generalleutnant Graf Kielmansegg griff am Abend des 6. die Truppen des Grafen Elva bei Florstadt und Wickstadt mehrmals an, die sich daraufhin nach Bruchenbrücken, unmittelbar südlich von Friedberg, zurückzogen, jedoch Sicherungen links der Wetter zurückließen. Schon in der folgenden Nacht trat der Brigadier Baron Closen, der die Vorposten des Korps' Rougé befehligte, zum Gegenstoß an und ließ die alliierten Truppen in Wickstadt durch eine Abteilung unter Oberst Vignolles attackieren. Mit einem Verlust von etwa 40 Toten, Verwundeten und Vermißten mußte sich Kielmansegg nach hartnäckigem Widerstand schließlich in seine vorherige Stellung zurückziehen[203].

b) Marschall Broglie tritt zum Gegenangriff an

Der erfolgreiche Gegenangriff bei Florstadt war ein erstes Anzeichen dafür, daß sich die Gesamtlage nun spürbar zugunsten der Franzosen zu verändern begann. Bereits am 8. März traf die erste Division du Muys in Höchst ein, während die anderen Truppen vom Niederrhein Königstein und Kronberg erreichten. Die vorgeschobenen Abteilungen der Alliierten unter Graf Kielmansegg und dem Prinzen von Anhalt zogen sich daraufhin rasch in die Gegend zwischen Laubach und Grünberg zurück. Der Erbprinz gab am 9. seine Stellung bei Büdingen auf und marschierte ebenfalls nach Grünberg. Luckner verließ Gelnhausen und bezog erneut einen vorgeschobenen Posten bei Hungen[204].

Für Marschall Broglie war nun der Moment gekommen, von der Abwehr zum Angriff überzugehen. Am 10. und 11. März gruppierte er seine Truppen um und ließ sie weiter vorwärts neue Stellungen und Quartiere beziehen. Generalleutnant Graf Stainville erhielt das Kommando über den rechten Flügel. Sein Korps kantonierte zwischen Assenheim (bei Niddatal) und Staden (bei Florstadt).

Broglie an Prinz Xaver geht dagegen das korrekte Datum hervor, denn der erste ist noch in Windecken, der zweite bereits in Vilbel jeweils am 2. März ausgefertigt worden (Correspondance inédite III, Nr. 174 und 175, S. 523).

[202] Vgl. Renouard III, S. 105.

[203] Vgl. Westphalen V, S. 118 f. und 126 f., Graf Kielmansegg an Herzog Ferdinand am 8. und 9. März 1761, sowie Renouard III, S. 105.

[204] Vgl. Westphalen V, S. 119, Tempelhoff V, S. 37, Pajol S. 153 sowie Renouard III, S. 106.

Vorposten standen in Nidda und Ortenberg. Die Truppen des Marquis de Rougé rückten von Friedberg in die Gegend zwischen den Flüßchen Wetter und Horloff vor. Ihre Vorposten bezogen Stellungen bei Butzbach, Münzenberg sowie in den Ortschaften Trais und Utphe, unmittelbar südlich von Hungen.

Die sächsischen Verbände, deren Führung der aus Paris zurückgekehrte Prinz Xaver wieder übernommen hatte, nahmen Quartiere in der Gegend zwischen Wöllstadt und Petterweil. Broglies Arrièregarde kantonierte entlang der Nidda zwischen Vilbel und Ilbenstadt. Die als künftige Avantgarde vorgesehenen Verstärkungen vom Niederrhein bezogen zunächst Stellungen nordwestlich und nördlich von Frankfurt: Das Korps unter General du Muy stand bei Homburg, ein weiteres unter Generalmajor Roquepine bei Nieder-Rosbach und ein drittes unter Generalmajor Coursay bei Ursel. Diese Verbände hatten zusammen eine Stärke von 20 Bataillonen und 40 Eskadrons. Die leichten Truppen des Korps' Fischer besetzten Grüningen und stellten so die Verbindung mit Gießen wieder her. Oberst Ritter d'Origny war zur Aufklärung und Sicherung mit dem Jägerbataillon des Regiments Turpin nach Garbenheim bei Wetzlar vorgeschoben worden[205].

Aufgrund dieser Umgruppierung und Konzentration der französischen Kräfte erhielt Lord Granby den Befehl, mit der Masse seines Korps' am 11. zur Beobachtung nach Lohra (südostwärts von Gladenbach) vorzurücken. Lediglich 4 Bataillone sollten in Marburg zurückbleiben[206]. Marschall Broglie verlegte sein Hauptquartier am 12. März nach Friedberg und am 14. bereits nach Butzbach, während der rechte Flügel der französischen Armee bis auf die Höhe von Hungen und der linke bis in die Gegend zwischen Wetzlar und Gießen vorrückte. Das bei Lich und Hungen postierte Korps Luckner wurde dabei von weit überlegenen Kräften vertrieben. Am 15. war Gießen wieder innerhalb der französischen Linien und konnte mit Lebensmitteln und anderen Nachschubgütern versorgt werden[207].

Herzog Ferdinand rechnete fest damit, daß Broglie ihn unverzüglich angreifen oder zumindest versuchen würde, ihm seine Nachschublinien abzuschneiden[208]. Er gab deshalb die notwendigen Befehle, sich auf den Höhen bei Homberg an der Ohm zur Verteidigung einzurichten. Unter anderem sollten alle Kranken und Genesenden wieder zu ihren Verbänden zurückkehren und die Bespannungen der Brot- und Fouragewagen sowie der Regimentsartillerie

---

[205] Vgl. Tempelhoff V, S. 37, Journal Heyne 1760/61, S. 115-117 sowie Renouard III, S. 106.

[206] Vgl. Westphalen V, S. 126, Lord Granby an Herzog Ferdinand am 9. März 1761 und Herzog Ferdinand an Lord Granby am gleichen Tag abends. — Tempelhoff V, S. 37 spricht nur von zwei in Marburg zurückgelassenen Bataillonen.

[207] Vgl. Tempelhoff V, S. 37 f., Journal Heyne 1760/61, S. 117 sowie Renouard III, S. 107.

[208] Vgl. Westphalen V, S. 163 f., Herzog Ferdinand an den König am 13. März 1761 (in deutscher Übers. bei Knesebeck 1761, Nr. 23, S. 264 f.).

soweit als möglich ergänzt werden. Überdies hatten die Truppen einen neuntägigen Vorrat an Brot und einen viertägigen an Fourage ständig beizubehalten[209]. Um den Nachschub zu sichern, wurde zusätzlich ein erneutes Durchkämmen der umliegenden Ortschaften nach Futtervorräten befohlen[210]. Am 14. März vereinigte sich das Korps Hardenberg, das aus 7 Bataillonen, 2 Eskadrons sowie den Karabiniers und Jägern von Bückeburg bestand, mit der alliierten Hauptarmee[211].

Der Erbprinz stand zu diesem Zeitpunkt noch immer in einer Stellung bei Grünberg. Zur Deckung seiner Rückzugslinie und als Reserve hatte er bei Gemünden die hessischen Infanterieregimenter Prinz Anhalt, Prinz Karl und Bartheld unter dem Kommando der Generalleutnants Prinz von Anhalt und v. Wutginau postiert. Das Korps Luckner hatte sich von Lich und Hungen auf Schotten zurückgezogen und ebenfalls Verbindung mit den Truppen des Erbprinzen aufgenommen. Um ein möglichst genaues Lagebild zu erhalten, betrieb dieser eine rege Aufklärungstätigkeit, wobei es zwischen dem 13. und 15. immer wieder zu Begegnungsgefechten mit gegnerischen Patrouillen kam.

Am 16. verstärkte Marschall Broglie den Druck auf den linken Flügel der Alliierten und ließ Stainville die Stellung des Erbprinzen bei Stangenrod, nördlich von Grünberg, angreifen. Die Franzosen mußten sich jedoch zunächst auf eine heftige Kanonade beschränken, da ein tief eingeschnittener Hohlweg vor der alliierten Linie ihre Absicht vereitelte, diese zu überflügeln und aus der Flanke zu attackieren. Das Geländehindernis erlaubte offenbar auch keine Beobachtung des Artilleriefeuers, so daß die Kanonade wirkungslos blieb und der Erbprinz sich vor der Übermacht in guter Ordnung hinter die Ohm zurückziehen konnte.

Hannoversche Jäger unter Oberstleutnant Friedrichs und Teile der preußischen Ruesch- und Malachowsky-Husaren unter Oberstleutnant Jeanneret deckten diesen Abzug als Arrièregarde mit großer Bravour. Sie konnten den Franzosen sogar noch 2 Offiziere und 24 Mann als Gefangene abnehmen, hatten jedoch auch selbst einige Verluste. Nach dem Übergang über den Fluß bezog das Korps Luckner mit 4 Grenadierbataillonen und 15 Eskadrons Quartiere in und bei Oberohmen. Der Erbprinz kantonierte mit 8 Bataillonen und 8 Eskadrons in den Ortschaften Elpenrod, Ruppertenrod, Groß-Felda und Kestrich. Sein Hauptquartier nahm er in Zeilbach[212].

---

[209] Vgl. Westphalen V, S. 150f., Befehle an die Chefs und Kommandeure der Regimenter der Alliierten Armee vom 13. März 1761.

[210] Vgl. ebd. S. 149f., Befehle an die „Herrn General-Lieutenants, so Cavallerie commandiren" vom 12. März 1761.

[211] Vgl. Renouard III, S. 107 sowie Westphalen V, S. 140, Aufteilung der Alliierten Armee am 11. März 1761.

[212] Vgl. Renouard III, S. 107f. sowie Tempelhoff V, S. 38. — Das Korps Luckner bestand zu diesem Zeitpunkt aus den hessischen GrenBtl Balke, Buttlar, Schlotheim und Stirn, den KürRgt Grotthaus und Veltheim (je 2 Esk, Han), dem HusRgt Luckner (4 Esk.

Noch am Nachmittag des 16. März rückte Generalleutnant Graf Stainville daraufhin in Stellungen in und bei Lich und Grünberg ein. Als Sicherung hatte er eine wesentlich aus leichten Truppen bestehende Avantgarde unter Brigadier Baron Closen vorgeschoben. Die Avantgarde der Hauptarmee, die der Brigadier Marquis Rochambeau kommandierte, ging an diesem Tag bis auf die Höhe von Buseck, ostwärts von Gießen, vor. Aufklärungsabteilungen des Korps' Fischer patrouillierten bis Stauffenberg und Allendorf. Generalmajor Coursay marschierte von Ursel nach Hohensolms, nördlich von Wetzlar, um Granby aus seiner Stellung bei Lohra zu vertreiben. Er wurde dabei von 800 Mann der Besatzung von Gießen unterstützt, die eine Stellung bei Krofdorf bezogen. Gleichzeitig ließen die Franzosen unterhalb dieser Festung drei Pontonbrücken über die Lahn schlagen[213].

Am 17. März zogen sich die Abteilungen Wutginaus und des Prinzen von Anhalt, die bereits die Nacht in Gefechtsbereitschaft zugebracht hatten, in die vorbereitete Stellung der Alliierten Armee zwischen Homberg an der Ohm und Maulbach zurück. Dort ließ Herzog Ferdinand, dessen Hauptquartier sich noch immer in Schweinsberg befand, gegen Mittag seine Truppen in zwei Treffen aufmarschieren. Eine Postenkette, die aus Entsendungen aller deutschen Regimenter der Armee gebildet wurde, sicherte entlang der Ohm, während Patrouillen vor allem in der Gegend um Gemünden Aufklärung betrieben. Rochambeau rückte an diesem Tag weiter bis Allendorf vor. Generalleutnant Marquis Poyanne besetzte mit der Brigade Auvergne und 10 Eskadrons Karabiniers dessen vorherige Stellung bei Buseck. Stainvilles Avantgarde unter Closen erreichte eine Linie zwischen Reiskirchen und Saasen, und General du Muy unterstützte Coursay bei Hohensolms durch eine starke Abteilung unter Oberst Courcy[214].

Auch am 18. setzten die Franzosen ihre druckvolle Vorwärtsbewegung fort. Du Muy überschritt mit seinem Korps an diesem Tag die Lahn und rückte bis an das Flüßchen Salzböde vor. Generalmajor Coursay stand bei Seelbach, südlich von Gladenbach, das von Ritter d'Origny besetzt wurde. Courcy hielt Hohensolms und Generalmajor Wurmser bildete mit den Nassau-Husaren und einer kleinen Infanterieabteilung eine Eingreifreserve bei Fronhausen. Jenseits der Lahn marschierte Poyanne am 18. bis Allendorf. Vor ihm standen jetzt das leichte Korps Fischer zwischen Erbenhausen und Hachborn sowie die Avantgarde unter Brigadier Rochambeau zwischen Fortbach und Ilschhausen. Die Stellung bei Buseck besetzte die Brigade Boccard. Baron Closen schließlich

---

Han), den preußischen Ruesch- (3 Esk) und Malachowsky-Husaren (2 Esk) sowie den 2 hannoverschen Jägerbrigaden. Das Korps des Erbprinzen bestand aus den InfRgt Leibregiment und Imhoff (je 2 Btl, Bra), Halberstadt, Kielmansegg, Laffert und Rhöden (je 1 Btl, Han) sowie den DragRgt Prinz Friedrich (4 Esk, He) und Reden (4 Esk, Han).

[213] Vgl. Tempelhoff V, S. 38, Renouard III, S. 108f. sowie Westphalen V, S. 175, Kapitän v. Wintzingerode an Herzog Ferdinand am 16. März 1761.

[214] Vgl. Renouard III, S. 109 sowie Tempelhoff V, S. 38.

drang mit der Avantgarde Stainvilles bis Londorf, ostwärts von Allendorf, vor, während der Graf selbst bei Grünberg stehenblieb[215].

Der Vormarsch der Franzosen nötigte Herzog Ferdinand nunmehr, die noch jenseits der Lahn bei Lohra stehenden Truppen unter Lord Granby, die Korps Scheither und Wangenheim, näher an die Hauptarmee heranzuziehen. Auf seinen Befehl gingen sie am 17. zunächst bis Wehrda, unmittelbar nördlich von Marburg, zurück. Scheither marschierte von dort weiter nach Wetter, während Wangenheim die Lahn überschritt und bei Schröck, Groß- und Kleinseelheim (bei Amöneburg) neue Quartiere bezog. Bis auf eine kleine Abteilung des hessischen Regiments Prinz Karl verließen Granbys Truppen auch Marburg, wobei sie vom Schloß aus mit Artillerie beschossen wurden, und die Verbände der ehemaligen Besatzung vereinigten sich bei Seelheim wieder mit dem Gros des Korps'[216].

Am 19. März überschritt du Muy die Salzböde und rückte weiter bis zum Allna-Bach vor. Coursay postierte sich in seiner linken Flanke, unmittelbar vor den Toren Marburgs, das von Wurmser besetzt wurde. Die leichten Truppen d'Orignys erreichten Wehrda. Bei Gisselberg wurden zwei Pontonbrücken über die Lahn geschlagen, über die Teile des Korps' Fischer auf das gegenüberliegende Ufer vordrangen. Sie richteten unter anderem einen Beobachtungsposten auf dem Frauenberg (etwa 4 km südlich von Marburg) ein, von dem aus alle operativen Bewegungen im Amöneburger Becken bis hin nach Kirchhain und Schweinsberg hervorragend aufgeklärt werden konnten[217].

Spätestens diese letzte Etappe des französischen Vormarsches bis über Marburg hinaus, bereits gefährlich tief in seiner rechten Flanke, machte Herzog Ferdinand deutlich, daß Marschall Broglie keineswegs die Absicht hatte, ihn in seiner vorteilhaften und gut ausgebauten Stellung auf den Höhen bei Homberg an der Ohm anzugreifen. Statt dessen forcierte der französische Oberbefehlshaber beide Flanken der alliierten Stellung und schnitt sie zudem von einer Reihe wichtiger Nachschublinien ab. Ohne selbst ein Risiko einzugehen, setzte er damit Herzog Ferdinand in Zugzwang, denn dieser durfte sich in keinem Falle der Gefahr aussetzen, überflügelt und von seinen rückwärtigen Verbindungen, vor allem aber von den Belagerungstruppen vor Kassel getrennt zu werden.

Der alliierte Oberbefehlshaber erkannte aber auch, daß die Franzosen nun zunächst auf ihrem linken Flügel bei Marburg einen klaren Schwerpunkt bildeten, der zwar einerseits seine Verbindungen mit Westfalen bedrohte, andererseits jedoch eine relative Schwäche des rechten französischen Flügels

---

[215] Vgl. Renouard III, S. 110 sowie Tempelhoff V, S. 38.

[216] Vgl. Westphalen V, S. 193f., Kapitän v. Wintzingerode an Herzog Ferdinand am 17. März 1761, sowie Renouard III, S. 110f. — Es ist nicht eindeutig zu klären, ob die bei Renouard erwähnte „Abteilung vom Regiment Prinz Karl" mit den 250 Mann unter Carpenter identisch ist, die nach Wintzingerodes Brief zunächst noch in Marburg zurückblieben. Am 18. verließ auch diese kleine Nachhut die Stadt.

[217] Vgl. Renouard III, S. 111 sowie Tempelhoff V, S. 39.

vermuten ließ. So entschloß er sich noch am Abend des 18., das Korps des Erbprinzen erneut gegen Grünberg vorrücken zu lassen, um durch einen überraschenden Einbruch in die gegnerischen Quartiere die Initiative wieder in die Hand zu bekommen[218].

Am Morgen des 19. griff Generalmajor v. Luckner bei Laubach die Kavallerie der Légion Royale an und trieb sie bis Hungen zurück. Gleichzeitig marschierte der Erbprinz bis in die Gegend von Stangenrod und schob Vorposten und Sicherungen nahe an Grünberg heran vor, fast ins Zentrum der Quartiere der Vorausabteilung des Brigadiers Baron Closen. Marschall Broglie ließ daraufhin am folgenden Tag zwei Kavalleriebrigaden nach Hungen und das Regiment Grenadiers de France und die Kavalleriebrigade Dauphin nach Lich marschieren, um Stainville zu unterstützen. Die Generale Rochambeau und Wurmser erhielten den Befehl, den Raum zwischen Lahn und Ohm zu überwachen und insgesamt näher an den letztgenannten Fluß heranzurücken[219].

Die Entscheidung über den Ausgang der alliierten Winteroffensive stand nun unmittelbar bevor. Die Stellung an der Ohm, durch die in erster Linie die langwierige Belagerung Kassels gedeckt wurde, war so nicht mehr zu halten. Beide Armeen standen tief ineinander verschachtelt und operierten an einzelnen Abschnitten bereits mit verkehrter Front[220]. Schlug Herzog Ferdinands Plan eines überraschenden Gegenstoßes fehl, dann mußte er seine Truppen rasch und weit zurückführen, wollte er nicht das Risiko einer militärischen Katastrophe sowohl für die Hauptarmee als auch für das Belagerungskorps unter dem Grafen zu Schaumburg-Lippe eingehen.

c) Das Gefecht bei Grünberg am 21. März 1761

Die zunächst erfolgreichen Vorstöße des Erbprinzen und Luckners nach Stangenrod und Laubach änderten nichts an der insgesamt wenig günstigen Lage der Alliierten Armee. Die beiden Generale hatten den Auftrag, die genaue Lage der gegnerischen Quartiere sowie geeignete Annäherungsmöglichkeiten für den geplanten Angriff der Hauptkräfte zu erkunden[221]. Ein Vorstoß gegen

---

[218] Vgl. Westphalen V, S. 197f., Herzog Ferdinand an Lord Granby am 18. März 1761, Knesebeck 1761, Nr. 27, S. 272f., Herzog Ferdinand an Lord Holdernesse am 30. März 1761, Tempelhoff V, S. 39 sowie Renouard III, S. 112f.

[219] Vgl. Tempelhoff V, S. 39 sowie Renouard III, S. 111f.

[220] Wie gefährlich unübersichtlich die Lage geworden war, erfuhr Herzog Ferdinand am 19. auf recht dramatische Weise. Gemeinsam mit Lord Granby und einigen Offizieren ihrer Stäbe befand er sich an diesem Tag westlich der Ohm in der Nähe des Frauenbergs auf einem Aufklärungsritt, als sie von etwa 40 bis 50 Reitern des Korps' Fischer unter dem Dragonerhauptmann de la Rosière, Aide de camp Marschall Broglies, überfallen wurden. Nur mit knapper Not konnten die alliierten Offiziere sich der Gefangennahme entziehen. Herzog Ferdinands Fernrohr, das am Ort des Überfalls zurückblieb, ließ Broglie noch am gleichen Abend seinem Gegner zurücksenden. Vgl. zu diesem Ereignis Waddington IV, S. 317 sowie Manners S. 189.

das Zentrum und den rechten Flügel der französischen Linien war angesichts des Stärkeverhältnisses und der Stellungen beider Armeen ein gewagtes Unternehmen. Herzog Ferdinand rechnete mit etwa 40 000 Franzosen auf der Gegenseite, denen er höchstens 23 000 Mann, davon 18 000 Mann Infanterie und 5 000 Mann Kavallerie entgegenstellen konnte[222].

Einmal mehr drängte auch die katastrophale Versorgungslage der Alliierten zu einer Entscheidung, wie es der Herzog in einem Brief an Lord Holdernesse erläuterte: „Sobald sich die feindliche Armee gegen Gießen und Marburg in Bewegung setzte, sah ich mich genöthigt, meine Truppen in engere Quartiere zu verlegen, wodurch die Fouragenoth, da man wegen Mangel an Transportmitteln nichts von der Weser heranzuziehen vermochte, bedeutend vergrößert wurde. Ich hatte keine anderen Hülfsquellen als diejenigen, welche sich in meinen Quartieren selbst vorfanden, und die durch den dortigen Aufenthalt der Armee, der über vierzehn Tage währte, bald versiegen mußten."[223]

Als Auswege aus der unhaltbaren Lage boten sich nur ein vollständiger Rückzug oder aber ein überraschender Gegenangriff an. Die bedrückenden Konsequenzen der einen wie auch die erheblichen Risiken der anderen Alternative wurden von Herzog Ferdinand klar gesehen: „En me répliant je dois le faire jusqu'a me mettre à portée du Weser, sans quoi tout doit périr de faim, vû que j'entre dans cette partie de la Hesse, qui n'est plus qu'un désert affreux. En attaquant l'ennemi, je ne puis le faire qu'en sortant de mes avantages, pour l'attaquer dans les siens. Il faut passer l'Ohme pour marcher sur Grimberg et Giessen, où le gros de l'armée françoise se trouve encore; pendant que j'execute ce mouvement, je me mets les Troupes du Bas-Rhin, qui sont à Marbourg et à Wetter, à dos; si je marche sur celles-çi, le Marechal passe l'Ohme et se met sur mon flanc. Si je suis battû, nous sommes absolument perdus sans ressource."[224]

Tatsächlich bereitete Broglie sich in der erwarteten Weise auf ein Gefecht vor. Bereits die am 20. in das Gebiet ostwärts von Marburg befohlenen Truppenverschiebungen verfolgten die Absicht, die alliierten Kräfte im Zentrum und auf dem rechten Flügel zu alarmieren und zu binden. Der französische Marschall plante, am 21. März das exponiert stehende Korps des Erbprinzen zwischen Stangenrod und Grünberg anzugreifen und über die Ohm zurückzutreiben, während gleichzeitig die alliierte Hauptarmee an jeder Hilfeleistung wirksam gehindert werden sollte.

---

[221] Vgl. Knesebeck 1761, Nr. 27, S. 273, Herzog Ferdinand an Lord Holdernesse am 30. März 1761.

[222] Vgl. Westphalen V, S. 220 f., Herzog Ferdinand an den König am 23. März 1761 (in deutscher Übers. bei Knesebeck 1761, Nr. 25, S. 268 f.). — Die im Brief genannte Infanteriestärke von 16 000 Mann mußte um 2000 Mann — die alliierten Verluste bei Grünberg — erhöht werden.

[223] Knesebeck 1761, Nr. 27, S. 272, Herzog Ferdinand an Lord Holdernesse am 30. März 1761 (in deutscher Übers.).

[224] Westphalen V, S. 220, Herzog Ferdinand an den König am 23. März 1761 (in deutscher Übers. bei Knesebeck 1761, Nr. 25, S. 268 f.).

Generalmajor Coursay bekam daher den Befehl, bis nach Goßfelden an der Lahn (etwa 7 km nördlich von Marburg) vorzurücken und von dort aus den Ritter d'Origny mit seiner Abteilung leichter Truppen und den Dragonern zum Angriff auf das Korps Scheither nach Wetter zu detachieren. Generalmajor Wurmser sollte mit seinen Husaren, einem Grenadierbataillon und den Jägern des Korps' du Muy nach Großseelheim (etwa 4 km westlich von Kirchhain) marschieren. De la Rosière hatte mit den Grenadieren und Jägern des Regiments Bretagne und 200 Mann des Fischerschen Korps' eine Stellung auf dem Frauenberg zu besetzen. Der Brigadier Rochambeau schließlich sollte nach Ebsdorf (etwa 8 km südostwärts von Marburg) vorgehen und von dort bis gegen Schweinsberg detachieren.

Der rechte französische Flügel unter Generalleutnant Graf Stainville führte den Hauptangriff gegen Laubach und Grünberg. Zu seiner Unterstützung sollte der Brigadier Baron Closen über Groß- und Klein-Lumda gegen Stangenrod vordringen. Dieser hatte zum einen den Auftrag, alliierte Verstärkungen aus Richtung Homberg an der Ohm zurückzuschlagen, und zum zweiten sollte er im Rücken der vorteilhaften Stellung bei Grünberg aufmarschieren, in die sich der Erbprinz möglicherweise zurückzog. Die Gefechtsstärke der Franzosen lag bei etwa 10000 Mann, gegenüber etwa 8000 Mann bei den Alliierten[225]. Zur weiteren Unterstützung des Angriffs hatten der Generalleutnant Marquis de Poyanne mit den Karabiniers und der Brigade Auvergne nach Londorf und Nordeck sowie die Brigade Boccard nach Allendorf zu rücken. Den Angriff gegen Laubach führte der Schweizer Brigadier Diesbach, der Hauptstoß gegen Grünberg, bei dem auch Marschall Broglie zugegen war, wurde von Stainville kommandiert[226].

Das Gelände, in dem das Gefecht bei Grünberg stattfand, hat Renouard knapp und präzise beschrieben: Es „breitet sich links der Ohm von Grünberg bis Burggemünden aus und gehört dem Flachgebirgslande an. Zwischen Stangenrod und dem südlich von Burggemünden in die Ohm mündenden Bache befand sich damals eine bedeutende Waldstrecke, welche bogenförmig das bei Bernsfeld und Atzenhain sich erhebende freie Plateau einschloß, das linke Ufer der Ohm von Merlau bis Niederohmen auf den dortigen ziemlich steilen Abfällen begrenzte, südwestlich jenes Baches aber zu lichteren Stellen resp. zu einem offenen waldfreien Gelände überging."[227]

Die zahlreichen Marschbewegungen des Gegners, die am frühen Morgen des 21. begannen, blieben der alliierten Aufklärung offensichtlich verborgen. Vor allem der Erbprinz selbst scheint trotz seiner weit vorgeschobenen Stellung die Eigensicherung recht nachlässig betrieben zu haben. So wurde der gegnerische

---

[225] Nach einer französischen Relation vom 27. März 1761; Westphalen V, S. 216f.

[226] Vgl. Correspondance inédite III, Nr. 190, S. 542, Anm. 1, Détail de la journée du 21 mars nach dem Journal de la réserve, Tempelhoff V, S. 39f. sowie Renouard III, S. 114f.

[227] Renouard III, S. 113f.

Angriff erst erkannt, als die Kolonnen Stainvilles, Diesbachs und Closens aus den Wäldern hervorkamen und aufmarschierten. Dem Schweizer Brigadier gelang bei Laubach gegen Mittag ein regelrechter Überfall auf das Korps Luckner, das seine Stellung rasch räumen mußte und sich auf Grünberg zurückzog, von Diesbachs Truppen zunächst energisch verfolgt[228].

Die Truppen des Erbprinzen wurden nun umgehend durch einen Kanonenschuß alarmiert und setzten sich in Richtung des befohlenen Sammelplatzes bei Atzenhain (etwa 5 km nördlich von Grünberg) in Marsch, um von dort möglicherweise noch ungestört über Burggemünden hinter die Ohm zurückzugehen. Stainville befand sich zu diesem Zeitpunkt bereits nördlich von Grünberg. Aus dem näherrückenden Gefechtslärm in südlicher Richtung konnte er den Erfolg des Angriffs auf Laubach schließen. Der Generalleutnant ließ daraufhin das Kürassierregiment Schoemberg und die Brigade deutscher Kavallerie[229] eine weiter rechts gelegene Höhe, vermutlich den sogenannten Warthof, ersteigen, um das zurückweichende Korps Luckner abzuschneiden. Der Brigadier Graf Secy Monbeillard erhielt den Auftrag, mit den Dragonerregimentern Le Roi und La Ferronaye gegen Stangenrod vorzurücken, während die Infanterie Grünberg angriff.

Als Secy aufmarschierte, bemerkte er weiter nördlich vor Atzenhain auch den Baron Closen mit den Dragonerregimentern Orleans und Caraman sowie einigen Freiwilligen von Austrasien, Hennegau, Clermont und Saint Victor. In diesem Dorf befand sich bereits ein großer Teil der alliierten Truppen unter dem persönlichen Kommando des Erbprinzen, die allerdings noch nicht zu einer taktischen Ordnung gefunden hatten. Closen nutzte aber die Möglichkeit zu einem durchaus erfolgversprechenden Überraschungsangriff nicht, sondern ließ zunächst seine Artillerie das Feuer auf die gegnerischen Vorposten eröffnen. Gleichzeitig begannen die Freiwilligen zu Fuß, Atzenhain im Norden zu umgehen, während die Dragoner und die Freiwilligen zu Pferd dies im Süden taten[230].

Der Erbprinz nutzte die dadurch entstehende Gefechtspause und faßte seine Verbände für einen Ausbruch aus dem Dorf in allgemein nordostwärtiger Richtung zur Ohm hin zusammen. Eine größere Infanterieabteilung sowie 2 Eskadrons Reden-Dragoner begannen daraufhin, zur Deckung des Unternehmens auf einer Höhe südlich von Atzenhain aufzumarschieren, was durch die französische Aufklärung rasch erkannt wurde. Sofort setzte sich Closen an die

---

[228] Vgl. Tempelhoff V, S. 40, Sichart III.2, S. 224 sowie Renouard III, S. 116. — Weitere Details über den Angriff Diesbachs gehen aus den Quellen nicht hervor, so daß es durchaus möglich ist, daß Luckner noch rechtzeitig einem regelrechten Gefecht mit dem überlegenen Gegner ausweichen konnte, denn auch auf etwaige Verluste seiner Abteilung finden sich keine Hinweise in den Quellen.

[229] Die Brigade deutscher Kavallerie bestand aus je 2 Esk der KürRgt Royal Allemand, Nassau und Württemberg.

[230] Vgl. Tempelhoff V, S. 40 f. sowie Renouard III, S. 116.

14*

Spitze des Regiments Caraman und griff mit diesen beiden Eskadrons, gefolgt von den Reitern von Orleans und den Freiwilligen zu Pferd, die alliierte Kavallerie an. Diese war noch nicht vollständig gefechtsbereit und zog sich noch vor dem Zusammenprall in das hinter ihr liegende Waldgelände zurück.

Die Franzosen warfen sich nunmehr auf die weiter links, ebenfalls noch nicht in Schlachtordnung stehende Infanterie. An eine geordnete Abwehr war in dieser Lage nicht zu denken. Schlecht geführt und zumeist auf viel zu weite Distanz wurden einige Schüsse abgegeben, bevor die Dragoner und Kürassiere in die alliierte Linie einbrachen. Dutzende Soldaten der braunschweigischen Regimenter Imhoff und Leibregiment sowie der hannoverschen Bataillone von Halberstadt, Laffert und Rhöden wurden niedergehauen, Hunderte gerieten in Gefangenschaft. Der geplante geordnete Rückzug aus Atzenhain in Richtung auf Burggemünden geriet jetzt mehr und mehr zu einer wilden Flucht[231].

Nördlich des Ortes war inzwischen auch Graf Secy mit seinen 4 Eskadrons Le Roi- und La Ferronaye-Dragonern eingetroffen, der Closen bei seiner unerbittlichen Verfolgung unterstützte. Eine Atempause hatten die Alliierten erst wieder, als sie auf der Höhe von Bernsfeld aus dem Wald heraustraten, denn beim Nachstoßen in diesem schwierigen Gelände hatte die französische Kavallerie nun ihrerseits die taktische Ordnung verloren. Das nutzten die Reden- und Prinz Friedrich-Dragoner zu einer erfolgreichen Attacke gegen die Verfolger, die weit zurück bis auf die zweite Eskadron von La Ferronaye geworfen wurden. Diese hielt jedoch dem Anprall stand, nahm die eigene Truppe auf und ging zum Gegenangriff über. Weiterer Widerstand gegen die von allen Seiten drängende, hoch überlegene französische Kavallerie war nun nicht mehr möglich. Die beherzte Attacke seiner Reiter hatte dem Erbprinzen jedoch genügend Zeit verschafft, doch noch große Teile seiner Truppen bei Burggemünden über die Ohm zu retten.

Hier war es schließlich dem Generalmajor v. Luckner zu verdanken, daß die Niederlage sich nicht zur Vernichtung des Korps' ausweitete. Die deutsche Kavalleriebrigade hatte den Auftrag bekommen, südostwärts an Atzenhain vorbei bis an die Ohm vorzudringen und dann nach Burggemünden zu rücken, um den zurückweichenden Truppen des Erbprinzen den Weg abzuschneiden. Kaum war dieser Verband jedoch auf der Höhe von Niederohmen aus dem Wald herausgetreten, als er auch schon durch heftiges Artilleriefeuer vom Korps Luckner hinter eine Anhöhe und mit Teilen wieder in den Schutz der Bäume zurückgedrängt wurde.

---

[231] Vgl. Tempelhoff V, S. 41 sowie Renouard III, S. 116f. — Savory S. 298 hat die Dramatik und das Chaos dieser Situation treffend dargestellt: „Some of the cavalry charged right along the length of the column, from front to rear, causing complete confusion. The scene can be imagined; men and horses; friend and foe. Control was impossible."

Der Generalmajor war nach dem kurzen Gefecht gegen Diesbach ostwärts an Grünberg und Atzenhain vorbeimarschiert, hatte die Ohm überschritten und nördlich von Niederohmen eine vorteilhafte Höhenstellung bezogen. Von hier aus gelang ihm dann nicht nur eine erste Abwehr der deutschen Kavalleriebrigade, sondern er konnte diese Kräfte sogar so lange binden, daß es ihnen nicht mehr gelang, ihren Auftrag auszuführen[232].

Doch auch so waren die Verluste für die Alliierten bedeutend genug. Über 2000 Mann waren tot, verwundet oder in französische Gefangenschaft geraten. Beide Bataillone Imhoff, ein Bataillon des braunschweigischen Leibregiments und das Regiment Rhöden waren praktisch aufgerieben worden. Generalleutnant v. Reden, der Chef des hannoverschen Dragonerregiments, war gefallen. 19 Fahnen und 11 Regimentsgeschütze fielen den Franzosen in die Hände, deren eigene Verluste etwa 200 Mann an Toten und Verwundeten betrugen[233].

Die am gleichen Tag ausgeführten Ablenkungsvorstöße gegen das Zentrum und den rechten Flügel der alliierten Stellungen blieben dagegen weitgehend wirkungslos. Generalmajor v. Scheither zog sich ohne Verluste vor dem Angriff d'Orignys aus Wetter zurück, Wurmser konnte lediglich einige Vorposten aus Groß- und Kleinseelheim vertreiben, und Rochambeaus Vormarsch löste bei der Alliierten Armee nur eine erhöhte Gefechtsbereitschaft aus[234].

7. Mißerfolge im Festungskrieg und Rückzug der Alliierten Armee hinter die Diemel

a) Rückzug aus der Ohmstellung und Aufgabe der Belagerung von Ziegenhain

Die Niederlage des Erbprinzen bei Grünberg war ein deutliches Zeichen dafür, daß nunmehr die Wende des Winterfeldzuges eingetreten und das Gesetz des Handelns an Marschall Broglie übergegangen war. Die Bedeutung dieses Gefechts lag dabei weniger in dem nahezu vollständigen Verlust von 4 Infanteriebataillonen, der zwar schmerzlich war, aber das Kräfteverhältnis zwischen beiden Armeen nicht wesentlich veränderte, als vielmehr in der Erkenntnis, daß nach diesem Fehlschlag keine operative Alternative mehr zu einem hinhaltenden Rückzug der Alliierten Armee aus ihrer Stellung hinter der

---

[232] Vgl. StA Hannover, Hann 38 A, Nr. 273, Bl. 18r-19r, Journal des Dragonerregiments Walthausen (bis 1761 Reden) vom 21. März 1761, Tempelhoff V, S. 41 f., Renouard III, S. 117 f. sowie Correspondance inédite III, Nr. 190, Anm. 1, S. 542 f., Détail de la journée du 21 mars nach dem Journal de la réserve.

[233] Die Verlustangaben nach Westphalen V, S. 215 sowie Correspondance inédite III, Nr. 190, Anm. 1, S. 542, Détail de la journée du 21 mars nach dem Journal de la réserve. Die Angaben über die Verluste der Franzosen nach der französischen Relation vom 27. März 1761 (Westphalen V, S. 217).

[234] Vgl. Tempelhoff V, S. 42 sowie Renouard III, S. 118 f.

Ohm bestand. Der Kulminationspunkt des Angriffs war überschritten, und jetzt galt es zu verhindern, was Clausewitz allgemeingültig über diese kritische Phase eines Feldzuges dargelegt hat: „Jenseits dieses Punktes liegt der Umschwung, der Rückschlag; die Gewalt eines solchen Rückschlages ist gewöhnlich viel größer, als die Kraft des Stoßes war."[235]

Schon die näheren Umstände der Niederlage bei Grünberg mußten Herzog Ferdinand um seine eigene Lage außerordentlich besorgt machen. In einem Brief an den König machte er zwar das angebliche Versagen der Kavallerie für die Verluste der Infanterie verantwortlich — was im übrigen den Leistungen der Reiter sicher nicht gerecht wurde —, doch dies konnte bestenfalls eine Teilerklärung sein[236]. Viel wesentlicher war dagegen die Tatsache, daß Luckner und der Erbprinz bei ihrem gewagten Aufklärungsvorstoß von den erheblich überlegenen französischen Kräften völlig überrascht wurden, so daß vor allem die weniger bewegliche Infanterie des Letzteren eigentlich von Beginn an in einer aussichtslosen Lage war.

Herzog Ferdinand hatte demnach ebenso wie die beiden Generale die Stärke des Zentrums und des rechten Flügels der gegnerischen Stellungen offensichtlich unterschätzt, auf die sich mithin schon aus diesem Grunde ein Angriff verbot. Dazu kam die weiterhin bestehende und durch die Angriffsbewegungen des 21. noch verstärkte Bedrohung seiner rechten Flanke durch die im Raum Marburg konzentrierten französischen Truppen. Schließlich trugen auch die immer schwierigere Versorgung der Armee und ihre zahlenmäßige Schwäche zu einem wenig erfreulichen Lagebild bei, nach dessen Beurteilung der Herzog den bitteren, aber unausweichlichen Entschluß faßte: „Dans cette situation je pense, que le meilleur est de me réplier à petits pas; peut-être gagnerai-je encore huit jours avant que l'ennemi pusse s'aprocher avec le gros de son armée de Cassel. Si en attendant la ville tombe, je pourrai me rélever; si elle ne tombe pas, mon Expédition est manquée."[237]

Noch am Abend des 21. März wurde das Gepäck der Armee nach Neustadt zurückgeschickt[238]. Die Kampftruppen blieben in Gefechtsbereitschaft und mußten in den kommenden Nächten biwakieren. Am 22. kam es im Laufe des Tages zu einer Reihe von kleineren Gefechten zwischen leichten Truppen des Erbprinzen, die noch links der Ohm standen, und den nachdrängenden französischen Freiwilligen, die erst mit dem Rückzug der Alliierten auf das jenseitige Ufer ihr Ende fanden. Bereits am folgenden Tag gingen jedoch starke französische Kräfte über die Ohm vor, darunter Teile der Avantgarden unter

---

[235] Clausewitz, Vom Kriege S. 879.

[236] Vgl. Westphalen V, S. 220 f., Herzog Ferdinand an den König am 23. März 1761 (in deutscher Übers. bei Knesebeck 1761, Nr. 25, S. 268-270).

[237] Westphalen V, S. 221, Herzog Ferdinand an den König am 23. März 1761 (in deutscher Übers. bei Knesebeck 1761, Nr. 25, S. 269).

[238] Vgl. Westphalen V, S. 217 f., Copia der Ordre Sr. Hochfürstl. Durchl. des Herzogs, den 21. Märtz 1761.

den Brigadiers Rochambeau und Montchénu, der den bei Grünberg verwundeten Baron Closen abgelöst hatte, sowie die Karabiniers und zwei Infanteriebrigaden unter Generalleutnant Poyanne[239].

Herzog Ferdinand erwartete noch bis zum 23. März den Angriff der französischen Hauptarmee in der Stellung hinter der Ohm[240]. Doch abgesehen vom langsamen Vorschieben der genannten Kräfte sowie weiterer Verbände von Stainvilles Flügel, das jedoch nicht den Charakter einer energischen Verfolgung hatte, verhielt sich Marschall Broglie völlig ruhig. Er brauchte das Risiko eines Angriffs auf die gut ausgebaute und befestigte Stellung seines Gegners nicht einzugehen, konnte er sich nach dem Erfolg von Grünberg doch sicher sein, daß der zunehmende Druck auf Front und Flanke in Verbindung mit den Versorgungsschwierigkeiten die Alliierten innerhalb kürzester Frist auch ohne eine Schlachtentscheidung zum Rückzug zwingen würde.

Am 23. März setzte sich die Alliierte Armee in Marsch. Um zehn Uhr morgens rückte die schwere Artillerie in drei Kolonnen ab, und fünf Stunden später folgten die übrigen Truppen, ebenfalls in drei Kolonnen gegliedert. 22 Eskadrons unter Generalleutnant v. Oheim marschierten über Erbenhausen und Gleimenhain, 17 Bataillone unter General v. Spörcken über Lehrbach sowie 4 Bataillone und 12 Eskadrons unter Generalleutnant Mostyn an Niederklein vorbei auf die Höhen zwischen Neustadt und Erksdorf. Der letztgenannten Kolonne folgte auch das Korps Hardenberg, während die Truppen unter Lord Granby zunächst zwischen Kirchhain und Langenstein stehenblieben. Der Erbprinz und Luckner bildeten mit 12 Bataillonen und 26 Eskadrons die Arrièregarde, die an diesem Tag bis nach Wahlen zwischen Kirtorf und Neustadt marschierte. Das Hauptquartier der Armee kam nach Erksdorf[241].

Mit der jetzt eingeleiteten Rückzugsbewegung endete auch die Einschließung und Belagerung von Ziegenhain durch ein Korps unter dem hessischen Generalmajor v. Schlüter. Genau einen Monat zuvor, am 23. Februar, hatte dieser erfahrene Artillerist mit dem hessischen 3. Garderegiment, den Grenadierbataillonen Blume und Müller, dem Garnisonregiment Kutzleben, ebenfalls hessischen Verbänden, sowie einem braunschweigischen Bataillon von Zastrow, 11 12-Pfdrn. und 16 weiteren Geschützen seinen Angriff auf die befestigte Stadt begonnen. Die Besatzung von Ziegenhain hatte eine Stärke von etwa 900 Mann,

---

[239] Vgl. StA Marburg, 4h, Nr. 3086, Journal und Relationes von der Alliierten Armee 1761 I, Bl. 186r sowie Renouard III, S. 126f. — Tempelhoff V, S. 42 und das Journal Heyne 1760/61, S. 120f. berichten von einem bereits am 22. März erfolgten Aufbruch der Alliierten Armee in Richtung auf Ziegenhain. Beide Quellen raffen jedoch die Ereignisse bis zum 25. sehr stark, so daß die Vermutung naheliegt, daß ihnen hierüber selbst keine sicheren Nachrichten vorlagen. Für Renouards Darstellung spricht dagegen die Datierung von Briefen Herzog Ferdinands vom 23. März aus Maulbach, 4 km ostwärts von Homberg an der Ohm.

[240] Vgl. Knesebeck 1761, Nr. 27, S. 273, Herzog Ferdinand an Lord Holdernesse am 30. März 1761.

[241] Vgl. Westphalen V, S. 221f. sowie Renouard III, S. 127f.

300 Grenadiere von Narbonne und 600 des deutschen Infanterieregiments von Nassau unter dem Kommando des Brigadiers Baron Zugmantel.

Schlüter beabsichtigte, zunächst die Vorstadt Weichhaus zu besetzen, um eine möglichst enge Einschließung der Stadt zu gewährleisten. Das Vorgelände in diesem Abschnitt hatten die Verteidiger jedoch bis zu einem Meter tief unter Wasser gesetzt. Am 28. Februar griffen die Alliierten dennoch, bis zum Bauch im eiskalten Wasser watend, die Vorstadt an. Ohne einen Schuß abzufeuern, überstiegen sie die Befestigungswerke und nahmen in einem kühnen Bajonettangriff alle französischen Stellungen in Weichhaus. Der hessische General verlor dabei 4 Gefallene und 9 Verwundete, während die Verluste der Franzosen 88 Mann betrugen, von denen der größte Teil in alliierte Gefangenschaft geriet.

Noch am gleichen Tag schlug Schlüter dem französischen Kommandanten den Abschluß einer Konvention vor, nach der die Belagerten sich verpflichten sollten, die Vorstadt Weichhaus nicht mit Artillerie zu beschießen, während die Alliierten zusicherten, Ziegenhain von dieser Seite nicht anzugreifen. Zugmantel lehnte diesen Vorschlag jedoch ab und unterstrich seine Haltung kurz darauf durch einige Schüsse der Festungskanonen. Um seine Truppen wie auch die Vorstadt zu schonen, zog Generalmajor v. Schlüter sich daraufhin wieder in seine vorherigen Stellungen zurück.

Nachdem die schweren Geschütze eingetroffen waren, wurde aus fünf Batterien ein lebhaftes Feuer auf die Festung eröffnet, das die Belagerten fast ebenso heftig erwiderten. Das Artillerieduell dauerte über zwei Wochen, in deren Verlauf die Stadt allmählich in ein Trümmerfeld verwandelt wurde, ohne daß die Bereitschaft Zugmantels zur Kapitulation auch nur im geringsten wuchs. Am 10. März unternahm er sogar einen energischen Ausfall unter seiner persönlichen Führung, der Schlüters Korps 56 Mann an Toten, Verwundeten und Vermißten kostete.

Schließlich waren die Munitionsvorräte der Belagerer derartig erschöpft, daß am 14. die Beschießung von Ziegenhain völlig eingestellt werden mußte. Nachschub konnte wegen des allgegenwärtigen Mangels an Fahrzeugen und der verdorbenen Wege und Straßen nicht herangeführt werden. Die Aktivitäten der Besatzung nahmen dagegen ständig zu. Die Vorstadt Weichhaus, in der ein alliierter Posten in Kompaniestärke Stellungen bezogen hatte, wurde jede Nacht angegriffen, bis Zugmantel sie schließlich niederbrennen ließ. Sein hartnäckiger Widerstand verhinderte nicht nur die Einnahme einer wichtigen Position im Rücken der Stellung bei Homberg an der Ohm, sondern band auch für einen ganzen Monat erhebliche Kräfte der Alliierten Armee[242].

Diese zog sich am 24. März in leicht veränderter Gliederung in vier Kolonnen weiter bis auf eine Linie zwischen den Ortschaften Dorheim und Frielendorf (etwa 7 km nördlich von Ziegenhain) zurück. Generalleutnant v. Hardenberg

---

[242] Vgl. StA Marburg, 4h, Nr. 3086, Journal und Relationes von der Alliierten Armee 1761 I, Bl. 131r/v sowie Renouard III, S. 124-126.

marschierte mit seinem Korps weiter westlich über Gilserberg und vereinigte sich mit Lord Granby, der zuvor die Truppen aus Kirchhain und Amöneburg an sich gezogen hatte, auf den Höhen bei Sebbeterode. Die Arrièregarde erreichte an diesem Tag Treysa und Dittershausen, heftig gedrängt von Rochambeaus Vorausabteilungen[243].

Marschall Broglie verlegte am 25. sein Hauptquartier von Gießen nach Schweinsberg und begab sich selbst zu Montchénus Avantgarde nach vorn. Diese erreichte und entsetzte am gleichen Tag die Festung Ziegenhain, von der sich das alliierte Belagerungskorps erst wenige Stunden zuvor zurückgezogen hatte. Mit den Orleans-Dragonern, den Reitern der Freiwilligenverbände und 200 Mann der Besatzung von Ziegenhain nahm der französische Brigadier sofort die Verfolgung auf und stellte Schlüters Truppen bei Leimsfeld zum Gefecht.

Gegen die schnelle und bewegliche Kavallerie kamen die abgekämpften Infanteristen, die zudem vermutlich in Marschformation überrascht worden waren, kaum zu einer organisierten Gegenwehr. Das ehemalige Belagerungskorps wurde vollständig aufgerieben. Die Generalmajore v. Schlüter und v. Zastrow, der hessische Oberst Hegemann und etwa 350 Mann gerieten in französische Gefangenschaft, der Rest der Abteilung wurde zerstreut. Darüber hinaus erbeuteten die Franzosen 3 Fahnen sowie 2 Regimentsgeschütze[244].

Nach einem Rasttag setzte die Alliierte Armee am 26. März ihren Rückzug fort, ging in fünf Kolonnen bei Schlierbach, Waltersbrück, Bischhausen und Römersberg über die Schwalm und erreichte die Höhen bei Braunau, südlich von Wildungen[245]. Generalleutnant v. Kielmansegg hatte bereits am 20. den Auftrag erhalten, mit einem Korps von 8 Bataillonen und 12 Eskadrons die rechte Flanke der Armee zu decken[246]. Nach seinem Befehl bezog er bis zum 24. eine Stellung bei Rauschenberg, um „1lich, kleine feindliche Corps abzuhalten, die Lahne zwischen Marburg und Lasphe zu passiren, und wenn solches geschieht, solche bald möglichst zurückzujagen. 2tens dem Lord Granby die rechte Flanke zu decken; 3tens, welches ein Hauptpunkt ist, auf die feindlichen mouvements, so gegen die Eder durch das Wittgensteinsche und Perleburgsche geschehen könnten, ein wachsames Auge zu haben."[247]

---

[243] Vgl. ebd. S. 128 sowie Westphalen V, S. 222.

[244] Vgl. Renouard III, S. 128 f. sowie Elster S. 290.

[245] Vgl. Westphalen V, S. 229-231, Marschdisposition und Marsch-Route für den 26. März, ausgefertigt in Waltersbrück am 25. März 1761, sowie ebd. S. 227 f., Herzog Ferdinand an den Generalmajor v. Luckner am 25. März 1761.

[246] Kielmanseggs Korps bestand zunächst aus den hessischen GrenBtl Mirbach und Schmidt, den ebenfalls hessischen InfRgt 3. Garde (vom Belagerungskorps vor Ziegenhain abgezogen) und Erbprinz (je 2 Btl), dem DragRgt Busche (4 Esk, Han), dem hessischen Leibdragonerregiment (4 Esk), dem hessischen Husarenregiment (4 Esk) sowie dem leichten Korps Scheither (Han).

[247] Westphalen V, S. 202, Herzog Ferdinand an den Generalleutnant v. Kielmansegg am 20. März 1761.

Gedrängt von etwa 3000 Mann französischer leichter Truppen, denen eine Kolonne von etwa 10000 Mann folgte (Avantgarde und Gros du Muys), zog Kielmansegg sich am 24. nach Gemünden und am 25. weiter nach Löhlbach zurück. Hierhin sandte ihm Herzog Ferdinand auch das 2. hessische Garderegiment vom Korps Granby, um dem hannoverschen General eine ausreichende Anzahl Truppen für seinen außerordentlich wichtigen Aufklärungs- und Sicherungsauftrag zur Verfügung zu stellen:

Gelang den Franzosen eine Umgehung des rechten Flügels der Alliierten Armee, dann drohte dieser eine militärische Katastrophe. Sie wäre dann nicht nur von den Belagerungstruppen vor Kassel und allen Nachschublinien abgeschnitten gewesen, sondern hätte sich möglicherweise auch an zwei Fronten einem zahlenmäßig etwa doppelt so starken Gegner zum Gefecht stellen müssen. Herzog Ferdinand betonte deshalb noch einmal die Bedeutung sicherer Aufklärungsergebnisse, wobei ihm in diesem besonderen Fall die Beobachtungen der leichten Truppen offenbar nicht zuverlässig genug waren: „V.E. fera tout son possible pour aprendre de bonnes et sures Nouvelles de la marche des Ennemis sur Frankenberg; je crois presque celles du Maj. Scheiter sont prématurées."[248]

Der Erbprinz marschierte am 26. März links der Schwalm nach Zwesten (etwa 5 km südostwärts von Braunau), Granby und Hardenberg nach Löhlbach und Kielmansegg von dort über Frankenau nach Fürstenberg[249]. Marschall Broglie ließ währenddessen die Alliierte Armee verfolgen, wobei sein linker Flügel unter General du Muy und die Avantgarden unter Poyanne, Rochambeau und Montchénu nahezu beständig Fühlung und Gefechtsberührungen mit dem Gegner hatten. Das Korps du Muy war am 26. bereits gefährlich weit bis Korbach vorgedrungen. Graf Kielmansegg gelang es an diesem Tag zwar, einen Teil von dessen Avantgarde bis in die Gegend von Winterberg zurückzutreiben[250], doch einen gleichzeitig ausgeführten Überfall auf die alliierten Belagerungstruppen vor Schloß Waldeck konnte er nicht verhindern.

Oberstleutnant Ritter d'Origny war mit einem etwa 600 Mann starken Detachement Kavallerie, das sich aus Abteilungen der Dragonerregimenter Royal und Thianges, der Turpin-Husaren sowie des Korps' Fischer zusammensetzte, am Morgen von Korbach aufgebrochen und marschierte über Sachsenhausen auf Netze, wo sich die Quartiere des Blockadekorps', des Bataillons Appelbaum und einer leichten Dragonereskadron, beide von der Légion Britannique, befanden. Ein 30 Mann starker Feldposten wurde rasch überwältigt, während ein Teil der französischen Kavallerie den Rückzugsweg nach Osten, in Richtung Naumburg abriegelte. Das eingeschlossene Bataillon wehrte

---

[248] Westphalen V, S. 225, Herzog Ferdinand an den Generalleutnant v. Kielmansegg am 25. März 1761.

[249] Vgl. Sichart III.2, S. 231.

[250] Vgl. ebd.

sich tapfer, doch nur den Dragonern gelang es noch mit Masse, sich aus der aussichtslosen Lage zu befreien. Die anderen, Major Appelbaum mit 12 Offizieren und etwa 420 Mann, gerieten in französische Gefangenschaft. Die Franzosen verloren bei dem Überfall 8 Gefallene und 24 Verwundete, darunter bei den letzteren auch d'Origny selbst[251].

Zwischen Treysa und Dittershausen kam es am Morgen des 26. auch zu einem Gefecht zwischen Vorausabteilungen Rochambeaus und Poyannes und der abziehenden Arrièregarde des Erbprinzen. Diese büßte dabei über 60 Mann an Toten, Verwundeten und Gefangenen ein, darunter den bewährten Husarenführer Oberstleutnant v. Jeanneret. Auch 3 Regimentsgeschütze fielen in französische Hände, von denen 2 jedoch von alliierter Kavallerie wieder zurückerobert werden konnten[252].

Das Korps Luckner hatte sich am 26. zunächst bis in die Nähe von Homberg (Efze) zurückgezogen, war dann anschließend bei Uttershausen über die Schwalm und bei Niedermöllrich über die Eder gegangen und besetzte eine Reihe von Ortschaften zwischen Fritzlar und Felsberg. Dabei wurde das hessische Grenadierbataillon Schlotheim, das diesen schnellen Rückzug gegen Verfolgung sicherte, in der Nähe von Uttershausen durch überlegene französische Kavallerie unter dem Brigadier Montchénu eingeholt. Luckner fühlte sich diesen Kräften offensichtlich nicht gewachsen und gewährte den Grenadieren keine Unterstützung.

Oberst v. Schlotheim ließ sein knapp 300 Mann starkes Bataillon ein Karree formieren und versuchte so, ein Waldstück bei dem Dorf Zennern zu erreichen. Ein erster Angriff der französischen Kavallerie wurde mit großer Tapferkeit, allein mit den Bajonetten abgewehrt. Auf diese Weise gelang es Schlotheim tatsächlich, den rettenden Wald zu gewinnen, doch Montchénus Reiter warteten nur darauf, die kleine Abteilung zu vernichten, sobald sie in Richtung auf die Eder auszubrechen versuchte. Zu diesem Zeitpunkt erschien jedoch Marschall Broglie auf dem Gefechtsfeld, dem die erstaunliche Haltung der hessischen Grenadiere gemeldet worden war, und untersagte jede weitere Verfolgung einer so tadellosen Truppe. So konnte sich Schlotheims Bataillon weiter in nördlicher Richtung zurückziehen, bei Fritzlar die Eder durchwaten und wieder zum Korps Luckner stoßen[253].

---

[251] Vgl. StA Marburg, 4h, Nr. 3086, Journal und Relationes von der Alliierten Armee 1761 I, Bl. 188r, Renouard III, S. 129 sowie Sichart III.2, S. 231f.

[252] Vgl. Renouard III, S. 131 sowie Sichart III.2, S. 230.

[253] Vgl. Renouard III, S. 129-131 sowie Sichart III.2, S. 232f. — Datum und Hergang dieses heldenhaften Rückzugs des Grenadierbataillons Schlotheim sind nicht unumstritten. Renouard, der ansonsten sehr zuverlässig ist, berichtet zwar ebenso detailliert wie ausführlich über dieses Ereignis, doch spielt hier möglicherweise auch hessischer Patriotismus eine Rolle. Sichart (S. 233, Anm. 1) macht dagegen zwei ernstzunehmende Einwände geltend: Zum einen fand er in den hannoverschen Akten keine Erwähnung des Vorfalls, und zum anderen bezweifelt er, daß Montchénu bzw. Broglie bereits am 26. so starke Kavallerieverbände bei Fritzlar zur Hand hatten, daß Luckner mit seinen immerhin 15

In der Nacht auf den 27. März brach die Alliierte Armee von Braunau auf und marschierte in vier Kolonnen nach Fritzlar. Dort überschritt sie die Eder und bezog mit der Infanterie und Artillerie Quartiere in zwei Linien zwischen Geismar und Obermöllrich sowie zwischen Lohne und Gudensberg. Die Kavallerie kantonierte weiter nördlich auf einer Linie zwischen Kirchberg, Gleichen und Wolfershausen. Luckner bezog mit seinem Korps Stellungen in Fritzlar, Niedermöllrich und Felsberg. Das Hauptquartier kam nach Werkel. Das Korps Granby war bereits in der Nacht bei Wega über die Eder gegangen und besetzte die Ortschaften zwischen Züschen und Naumburg, Kielmansegg marschierte nach Korbach weiter. Während die Hauptarmee am 28. einen Ruhetag einlegte, zog sich an diesem Tag auch der Erbprinz hinter die Eder zurück, so daß nunmehr die Masse der alliierten Truppen bei Fritzlar konzentriert war[254].

Die Franzosen rückten nur langsam weiter vor, konnten sie sich zu diesem Zeitpunkt ihres schließlichen Erfolges doch bereits ziemlich sicher sein. General du Muy stand bei Sachsenberg und ließ Aufklärungsabteilungen bis Winterberg, Medebach und Korbach vorgehen. Das Gros der französischen Armee kantonierte zwischen Marburg und Ziegenhain, die Avantgarden noch etwas vorgeschoben. Kleinere Abteilungen, die bis nahe Fritzlar vorgedrungen waren, hatte der Erbprinz wieder hinter die Schwalm zurückgedrängt. Andere Detachements waren jedoch bereits bis Melsungen vorgestoßen, von wo sie Verbindung mit der Besatzung von Kassel aufgenommen hatten[255].

b) Die Belagerung von Kassel im Februar und März 1761

Die Kontrolle von Kassel war für den Besitz des nördlichen Hessens von größter strategischer Bedeutung. Wichtige Verbindungsstraßen laufen hier zusammen. Im Süden sind dies die Wege nach Marburg, Frankfurt, Fulda und Eschwege, im Norden die nach Paderborn und damit weiter nach Westfalen sowie nach Münden, Göttingen und Hannover. Über die Fulda bestand zudem eine Anbindung an die Weserschiffahrt[256].

In der besonderen Lage des Frühjahrs 1761 kam Kassel zusätzlich erhebliche operative Bedeutung zu. Tief im Rücken der Alliierten Armee konnte eine tätige französische Besatzung von dieser Festung aus jederzeit die Nachschublinien

---

Eskadrons sich ihnen nicht gewachsen fühlte, denn dann sei der ungestörte weitere Rückzug der alliierten Hauptarmee am 27. über die Eder auf Fritzlar nicht zu erklären. Letzte Klarheit läßt sich hier nicht mehr gewinnen, doch angesichts der insgesamt wenig effektiven Aufklärung auf beiden Seiten kann nicht ausgeschlossen werden — was für Renouards Darstellung spricht —, daß der Marsch des alliierten Gros' am 27. beispielsweise einfach nicht rechtzeitig erkannt worden ist.

[254] Vgl. Westphalen V, S. 239, ebd. S. 239f, Herzog Ferdinand an den Grafen zu Schaumburg-Lippe am 27. März 1761, sowie Sichart III.2, S. 231 f.

[255] Vgl. ebd.

[256] Vgl. Albers S. 164f.

ihres Gegners angreifen und möglicherweise sogar völlig abschneiden. Denkbar war auch die Aufnahme von Verstärkungskräften, die, vom Rhein oder aus Thüringen (Reichstruppen) kommend, zur Abwehr der alliierten Winteroffensive eingesetzt werden sollten. In jedem Fall mußte Herzog Ferdinand also erhebliche Truppenkontingente einsetzen, um der Besatzung von Kassel derartige Operationen zu verwehren, und auf längere Sicht konnte er nur dann mit einem wirklichen Erfolg seines Angriffs in Hessen rechnen, wenn auch die Rückeroberung dieser Festung gelang.

Marschall Broglie hatte jedoch den Wert dieses starken Vorpostens, der zudem wichtiges Verbindungsglied und Rückhalt für das noch weiter exponierte Göttingen war, ebenso deutlich erkannt. Vor seinem Rückzug an den Main hatte er deshalb die Stadt mit einer außerordentlich starken Besatzung versehen, die zudem reichlich mit Artillerie und Munition sowie ausreichend mit Lebensmitteln versorgt war. Das Kommando führte sein Bruder, Generalleutnant Graf Broglie, ein Offizier von außergewöhnlicher militärischer Befähigung. Sein Besatzungskorps bestand aus 14 Bataillonen Infanterie, insgesamt 7 718 Mann stark, 375 Mann Kavallerie und leichten Truppen sowie 326 Soldaten des königlichen Artilleriekorps'[257].

Herzog Ferdinand gab den Auftrag zur Eroberung von Kassel einem ebenso talentierten Offizier, dem Grafen Wilhelm zu Schaumburg-Lippe, dem Artillerieführer der Alliierten Armee. Tempelhoff schildert seine militärischen Qualitäten mit der überzeugenden Bewunderung des Fachmanns: „Der Graf von der Lippe hatte den Ruf eines der besten Ingenieure und Artilleristen in Europa; hatte diesen durch sein Benehmen in den vorigen Feldzügen noch fester gegründet; und nun erwartete man von seinen großen militärischen Talenten und ausgebreiteten Kenntnissen mehr als etwas Gewöhnliches."[258]

Das allerdings war für einen Erfolg des Unternehmens auch unbedingt erforderlich, denn Auftrag und vorhandene Mittel standen in einem deutlichen Mißverhältnis, und von einer rechtzeitigen Planung und Vorbereitung konnte keine Rede sein, wie es der Graf zu Schaumburg-Lippe bereits am 14. Februar in einem Memorandum darlegte: „Il est vray que nous n'avons que peu de troupes, peu d'ingénieurs, point de sapeurs, peu de munitions; que nous manquons de voitures et de bien d'autres choses encore, ce qui joint à la mauvaise saison rend l'entreprise très difficile. Mais peut-être réussira-t-on si le moyens que nous avons étoient du moins employés à propos, préparés à tems et rangés avec ordre.

---

[257] Vgl. KA Wien, AFA 1761, Französische Armee, 13, 4, Journal du Siège de Cassel, Bl. 2f., Renouard III, S. 134f. sowie Sichart III.2, S. 235. — Die Besatzung (ohne die Artillerie) bestand aus den InfRgt Navarre, Belsunce (je 4 Btl), Aquitaine, Durfort und Condé (je 2 Btl), 300 Mann vom InfRgt Provence sowie Reitern und leichten Truppen der Regimenter Royal, Royal-Étrangères, Schomberg, Royal-Nassau und den Freiwilligen von St. Victor, Clermont und Austrasien.

[258] Tempelhoff V, S. 33. — Zur Erteilung des Auftrags an den Grafen zu Schaumburg-Lippe und zur Ausgliederung des Belagerungskorps' aus der Armee vgl. S. 190 dieser Arbeit.

Mais, n'étant informé de ce dessein qu'au moment de l'exécution, il faut que je forme le projet de siège, que j'en arrange les préparatifs et que j'exécute en même tems, ce qui est absolument au-dessus des forces humaines."[259]

Sein Belagerungskorps bestand am 19. Februar aus 21 Bataillonen, 7 Eskadrons und etwa 1000 Mann leichten Truppen. Am 26. Februar traf eine Verstärkung von 8 Bataillonen unter Generalmajor v. Scheele und am 12. März eine weitere von 4 Bataillonen unter Oberst Otto vor der Festung ein. Die Gesamtstärke des Korps' betrug zu Beginn der Belagerung etwa 8000 Mann Infanterie, 800 Mann Kavallerie und 1000 Mann leichte Truppen. Nach dem Eintreffen aller Verstärkungen stieg die Infanteriestärke auf etwa 10500 Mann. An schwerer Belagerungsartillerie standen 16 24-Pfdr., 12 12-Pfdr. und 12 Mörser zur Verfügung[260]. Dies war eine durchaus beachtliche Streitmacht, die anfangs etwa ein Viertel, später sogar fast ein Drittel der Gefechtsstärke der Alliierten Armee ausmachte. Sie war jedoch gegen eine Besatzung berechnet, deren Stärke Herzog Ferdinand noch am 13. Februar auf höchstens 3000 Mann schätzte[261]. Für die dreifache Aufgabe vor Kassel, die Belagerung der Festungswerke, die Blockade der Stadt und die Eigensicherung gegen einen nahezu gleichstarken Gegner, erwies sie sich dagegen von Beginn an als nicht ausreichend[262].

Die Befestigungsanlagen selbst waren nicht besonders stark. Sie stammten in wesentlichen Teilen noch aus dem 16. Jahrhundert und bestanden aus einem bastionierten Hauptwerk mit sechs bis neun Meter hohen gemauerten Escarpen, breitem Wassergraben und hohem Wall sowie starken, mit Gräben umgebenen Ravelinen. Graf Broglie hatte diese Anlagen erheblich ausbauen und verstärken lassen. So befanden sich im Februar 1761 im Süden von Kassel zusammenhängende, gut verpallisadierte Verschanzungen, im Norden, westlich der Ahne,

---

[259] Wilhelm zu Schaumburg-Lippe, Militärische Schriften, Nr. 4, S. 14f., Memoranda pour le siège de Kassel vom 14. Febr. 1761.

[260] Vgl. Renouard III, S. 135f. sowie Sichart III.2, S. 235-237. — Das Belagerungskorps bestand am 19. Febr. aus den GrenBtl Wangenheim (früher Geyso), Rieben (früher Wersebe), Walthausen (früher Bock) (alle Han), Redecker und Stammer (beide Bra), den InfRgt Bock, La Chevallerie (je 1 Btl, Han), Leibregiment, Gilsa, Malsburg, Wutginau (je 2 Btl, He) und Bückeburg (1 Btl, Bü), den InfBtl Wrede, Mecklenburg und Quernheim (IIan) dem Btl Stockhausen von der Légion Britannique, dem GarnBtl Wurmb (He), den KürRgt Jüngermann (2 Esk, Han), Einsiedel (2 Esk, He) und Karabiniers (3 Esk, Bra), der 2. Jägerbrigade unter Major v. Linsingen, dem Schützenkorps Stockhausen (beide Han) sowie dem hessischen Jägerkorps.
Die erste Verstärkung unter Generalmajor v. Scheele bestand aus den InfRgt Ahlefeld, Dreves, Plessen, Schulenburg (je 1 Btl, Han), Mansbach und Bischhausen (je 2 Btl, He).
Die zweite Verstärkung unter Oberst Otto bestand aus den InfRgt Post, Scheither, Jung-Zastrow und dem noch vakanten ehem. Alt-Zastrow (je 1 Btl, Han).

[261] Vgl. Westphalen V, S. 51, Herzog Ferdinand an den Grafen zu Schaumburg-Lippe am 13. Febr. 1761.

[262] Ortenburg, Waffe und Waffengebrauch S. 193, nennt als zeitgenössische Richtgröße für eine erfolgversprechende Belagerung ein Stärkeverhältnis von zwei zu eins von Angreifern und Verteidigern.

mehrere starke Feldbefestigungen sowie rechts der Fulda ein befestigter Brückenkopf, sämtlich mit zahlreichen Geschützen armiert. Nachteilig war für die Verteidiger dagegen, daß die Stadt von einer Reihe bedeutender Anhöhen beherrscht wird[263].

Am 19. Februar trafen die ersten 19 Bataillone und 7 Eskadrons der Alliierten vor Kassel ein. Das eigentliche Belagerungskorps bezog links der Fulda im Norden der Stadt Kantonierungsquartiere in Harleshausen, Ober- und Niedervellmar, Frommershausen und Ihringshausen. Eine kleine Abteilung wurde auf dem Weißenstein postiert. Die leichten Truppen des Oberstleutnants v. Stockhausen besetzten rechts des Flusses Landwehrhagen, Sandershausen und Heiligenrode. Sie hatten den Auftrag, durch Streifen und Patrouillieren die Festung auf der Ostseite abzuriegeln, da für eine vollständige Blockade die Kräfte nicht ausreichten. Das Hauptquartier des Grafen zu Schaumburg-Lippe befand sich in Obervellmar, ein Lebensmittelmagazin in Karlshafen[264].

Da zu diesem Zeitpunkt weder das Schanzzeug noch die schwere Artillerie vor der Festung eingetroffen waren, verzögerte sich der Beginn der eigentlichen Belagerung um wertvolle Tage. Graf Broglie nutzte diesen Aufschub zum weiteren Ausbau der Befestigungsanlagen, insbesondere dreier Lunetten auf dem Weg nach Wolfsanger, sowie für allgemeine Maßnahmen zur Sicherstellung der Verteidigungsbereitschaft, wie die Rationierung der Lebensmittel oder den Brandschutz[265].

Schon bald erkannte der Graf zu Schaumburg-Lippe, daß die weit auseinanderliegenden Quartiere bei möglichen Ausfällen der Besatzung ein rechtzeitiges Alarmieren und Sammeln seiner Truppen sehr erschwerten, zumal anhaltende Regenfälle die Straßen und Wege rund um die Festung nahezu unpassierbar machten. Die Infanterie bezog deshalb am 22. Februar zwei Lager zwischen Harleshausen und Obervellmar sowie bei Frommershausen. Am folgenden Tag wurden beide Lager dann zwischen Niedervellmar und Ihringshausen aufgeschlagen.

Die Franzosen unternahmen am 23. einen kleineren Ausfall mit 4 Grenadier- und Jägerkompanien sowie 200 Reitern, in dessen Schutz ihre Generalität die alliierten Stellungen rekognoszierte. Von den braunschweigischen Karabiniers und einem hessischen Bataillon wurden sie jedoch bald zurückgetrieben[266]. Am 24. wurde beim Kragenhof, etwa 4 km nördlich von Kassel, eine Brücke über die Fulda geschlagen, um eine Verbindung zwischen dem Belagerungskorps und

---

[263] Vgl. KA Wien, AFA 1761, Französische Armee, 13, 4, Journal du Siège de Cassel, Bl. 3 f., Klein S. 130 f. sowie Sichart III.2, S. 237.

[264] Vgl. Renouard III, S. 136 f., Sichart III.2, S. 237 f. sowie Westphalen V, S. 52, Der Graf zu Schaumburg-Lippe an Herzog Ferdinand am 14. Febr. 1761.

[265] Vgl. KA Wien, AFA 1761, Französische Armee, 13, 4, Journal du Siège de Cassel, Bl. 3 f. sowie Renouard III, S. 138.

[266] Vgl. StA Marburg, 4h, Nr. 4101, Journal von der Belagerung von Cassel 1761, Bl. 2r/v sowie Renouard III, S. 139.

den leichten Verbänden rechts des Flusses herzustellen. Diese Brücke und die Truppen des Oberstleutnants v. Stockhausen waren das Angriffsziel eines ersten größeren Ausfalls, den Graf Broglie in der Nacht vom 25. auf den 26. Februar unternehmen ließ.

20 Grenadierkompanien, die Nassau-Husaren, einige Dragoner von Schomberg, die Freiwilligen von St. Victor und eine Abteilung Brückenarbeiter unter dem Brigadier Rochechouart, Graf Broglies Stellvertreter, rückten am Abend gegen neun Uhr aus der Festung aus, um den Flußübergang zu zerstören, die bei Landwehrhagen stehenden alliierten Truppen anzugreifen und zudem dort Vieh und Lebensmittel zu beschaffen. Gleichzeitig verließ auch Oberst Ritter Jaucourt mit 2 Jägerkompanien, 100 Mann regulärer Infanterie, der Kavallerie der Brigade Royal sowie den Freiwilligen von Clermont und Austrasien die Stadt, um bei Niedervellmar und Frommershausen die Alliierten links der Fulda zu binden. Während er seinen Auftrag ohne nennenswerte Gefechte ausführen konnte, scheiterte der Angriff Rochechouarts bereits an der Hochwasser führenden Nieste, die sich nicht überschreiten ließ, so daß sein Detachement unverrichteter Dinge wieder in die Festung zurückkehren mußte[267].

Auch an den folgenden Tagen mußten sich die Alliierten mit allgemeinen Vorbereitungsarbeiten begnügen, weil Belagerungsgerät, Artillerie und Munition noch immer nicht in ausreichender Menge zur Hand waren. Es fehlte vor allem an Fahrzeugen und Pferden für den Transport, und der nahezu ohne Unterbrechung anhaltende Regen erschwerte die Lage zusätzlich[268]. Der Graf zu Schaumburg-Lippe verlegte sein Hauptquartier am 27. Februar nach Niedervellmar. Das mittlerweile zusammengefaßte Lager ließ er durch größere Abteilungen vor beiden Flügeln und eine Kette von Außensicherungen auf dem Weißenstein, bei Niedervellmar, Simmershausen und Wolfsanger schützen. Die Franzosen sandten in diesen Tagen mehrfach Detachements aus, die in den Dörfern der Umgebung Lebensmittel, Schlachtvieh, Bau- und Brennholz für die Festung requirierten. Zusätzlich zu diesen Belastungen hatte Graf Broglie sogar gedroht, Kassel anzünden zu lassen, wenn die wenig befestigte Neustadt von den Alliierten angegriffen würde[269].

---

[267] Vgl. StA Marburg, 4h, Nr. 4101, Journal von der Belagerung von Cassel 1761, Bl. 2v, KA Wien, AFA 1761, Französische Armee, 13, 4, Journal du Siège de Cassel, Bl. 4 sowie Renouard III, S. 139 f.

[268] Vgl. Westphalen V, S. 95 f., Der Graf zu Schaumburg-Lippe an Herzog Ferdinand am 26. und 27. Febr. 1761.

[269] Vgl. Renouard III, S. 140 f. — Nachdem der König von dieser Drohung erfahren hatte, reagierte er mit deutlichen Worten: „...ce ne sont que des gasconades de cet homme tout-à-fait frivole, que vous réprimerez bientôt, en lui faisant dire nettement que, s'il exécutait, soit contre la ville soit contre le château, un pareil dessein, contraire au devoir de tout officier honnête et à toutes les lois de la guerre, on s'en prendrait à lui, et, dés qu'on l'aurait pris, on le traiterait non comme un officier, mais comme un incendiaire et comme un criminel, sans aucune considération ni de sa naissance, ni de sa qualité." PC XX, Nr. 12728, S. 260, Der König an Herzog Ferdinand am 10. März 1761 (in deutscher Übers. bei Knesebeck 1761, Nr. 22, S. 261 f.).

In der Nacht vom 1. auf den 2. März konnte endlich mit dem Anlegen der Belagerungsgräben begonnen werden. Die erste Parallele entstand im Norden der Stadt, von der sogenannten Wachsbleiche auf die Ahne zu, etwa auf halbem Wege zwischen Wolfsanger und den Festungsmauern. 10 Bataillone unter Generalmajor v. Dreves sicherten die etwa 800 Arbeiter, die auch eine Batterie für 4 12-Pfdr. errichteten. 4 Bataillone rückten anschließend in den fertiggestellten Graben ein[270].

Auch in den folgenden Tagen machte die Belagerung nur langsam Fortschritte, obwohl die Franzosen sich im wesentlichen auf den Ausbau ihrer Befestigungsanlagen beschränkten und nur gelegentlich ihre Artillerie gegen die Alliierten einsetzten. Diese legten währenddessen eine ganze Reihe weiterer Batterien und Feldbefestigungen an. In der Nacht zum 5. März faßte der Graf zu Schaumburg-Lippe seine Infanterie, die inzwischen durch die 8 Bataillone unter Generalmajor v. Scheele verstärkt worden war, in einem neuen Lager zwischen Wolfsanger und der Ahne noch schärfer zusammen[271].

Kurz vor Tagesanbruch am 7. März ließ Graf Broglie erneut einen starken Ausfall unternehmen. Unter der Führung des Brigadiers Rochechouart griffen über 3000 Mann Infanterie und etwa 300 Mann Kavallerie in drei Kolonnen das Graben- und Befestigungssystem der Alliierten an. Jeder dieser Kolonnen folgten etwa 200 Arbeiter und einige Artilleristen, die Feldwerke, Batterien und Geschütze zerstören sollten. Die mittlere Angriffssäule, 3 Bataillone unter Rochechouarts persönlichem Kommando, drang rasch bis über die von 4 alliierten Bataillonen besetzte Parallele hinaus zu den Sammel- und Alarmplätzen sowie einer Batterie von 4 schweren Mörsern der Belagerer vor.

Im Zusammenwirken mit der 2 Bataillone starken rechten Flügelkolonne unter Oberstleutnant v. Gelb führte sie ihren Auftrag außerordentlich wirkungsvoll aus, wie es der Graf zu Schaumburg-Lippe selbst beschrieben hat: „Seine (des Feindes, d. Verf.) Hauptanstrengungen waren gegen den doppelten Allarmplatz gerichtet; er warf die dort aufgestellten Regimenter über den Haufen, vertrieb sämmtliche Truppen aus den Laufgräben, nahm die obengenannten 4 Mörser mit in die Stadt zurück und vernagelte eines der Geschütze von der aus 6 Zwölfpfündern bestehenden Batterie."[272]

Die linke Flügelkolonne, 2 Bataillone und die gesamte Kavallerie unter Oberst Ritter Jaucourt, zerstörte eine weitere große Batterie, wobei einige alliierte Verbände kampflos die Flucht ergriffen. Erst danach war der Graf zu Schaumburg-Lippe in der Lage, mit den inzwischen alarmierten Truppen des

---

[270] Vgl. StA Marburg, 4h, Nr. 4101, Journal von der Belagerung von Cassel 1761, Bl. 2v/3r sowie Renouard III, S. 142.

[271] Vgl. KA Wien, AFA 1761, Französische Armee, 13, 4, Journal du Siège de Cassel, Bl. 5f., StA Marburg, 4h, Nr. 4101, Journal von der Belagerung von Cassel 1761, Bl. 3r/v sowie Renouard III, S. 142f.

[272] Knesebeck 1761, Nr. 21, S. 259, Der Graf zu Schaumburg-Lippe an Herzog Ferdinand am 7. März 1761 (in deutscher Übers.).

Hauptlagers, die Franzosen zurückzudrängen. Diesen gelang es dabei noch, das Bombendepot in Brand zu setzen, dessen Explosion zahlreiche Opfer forderte und große Verwüstungen anrichtete. Insgesamt verloren die Belagerer an diesem Morgen über 200 Mann an Toten und Verwundeten sowie 2 Offiziere und 25 Mann an Gefangenen. Der Verlust der Franzosen betrug 3 Offiziere und 49 Mann an Toten sowie 6 Offiziere und 143 Mann an Verwundeten[273].

Der Graf zu Schaumburg-Lippe machte in erster Linie den Generalmajor v. Dreves, der zur Zeit des Angriffs das Kommando in den Gräben führte, für die empfindliche Niederlage verantwortlich[274]. Daneben aber beklagte er die schlechte Haltung der Truppe, deren Widerstandskraft bis in die Offiziersränge hinein erheblich nachgelassen hatte. Der Dienst vor der Festung war außergewöhnlich hart: Wache vor und in den nassen Gräben wechselte mit Bereitschaft im Zelt- und Hüttenlager. Gefechtsverluste und Krankheiten dezimierten die Bataillone[275]. Unter solchen Umständen war von der Truppe kaum mehr zu erwarten, zumal auch ein Teil der Offiziere seiner Führungsverantwortung nur ungenügend nachkam. Deren Verhalten geißelte der Graf zu Schaumburg-Lippe mit scharfen Worten: „Les lamentations sont sans fin de la part des Officiers des hauts grades; la vie et les commodités de la vie leur plaisent trop. Le commun soldat, qui souffre bien plus, ne crie pas tant."[276]

In der Nacht auf den 8. März verließ Ritter Jaucourt die Festung erneut und unternahm mit 8 Jäger- und Grenadierkompanien sowie 1 Kavallerieeskadron einen Aufklärungsvorstoß nach Gudensberg, von wo er Patrouillen bis nach Fritzlar und Felsberg entsandte. Dabei fielen 2 Offiziere und 21 Mann sowie Magazinvorräte der Alliierten in die Hände der Franzosen[277].

Nachdem am 10. März endlich die Batterien fertig- bzw. wiederhergestellt waren, begann noch am gleichen Tag die Beschießung der Festung. Das Feuer wurde in wechselnder Stärke bis zum 27. aufrechterhalten, von den Franzosen jedoch außerordentlich lebhaft erwidert. Unter anderem brachten die Alliierten

---

[273] Die Zahlen- und Stärkeangaben nach Renouard III, S. 143-146. Vgl. dazu auch KA Wien, AFA 1761, Französische Armee, 13, 4, Journal du Sičge de Cassel, Bl. 6f. sowie StA Marburg, 4h, Nr. 4101, Journal von der Belagerung von Cassel 1761, Bl. 3v/4r.

[274] Vgl. Knesebeck 1761, Nr. 21, S. 260, Der Graf zu Schaumburg-Lippe an Herzog Ferdinand am 7. März 1761. Die Verfehlungen Dreves' und auch des Generalmajors v. Scheele müssen erheblich gewesen sein, denn am 9. März schlug Westphalen Herzog Ferdinand vor, beide festzunehmen und vor ein Kriegsgericht zu stellen (Westphalen V, S. 128).

[275] Am 9. März hatte das Bataillon Ahlefeld eine Gefechtsstärke von 50, Wurmb von 114 und Quernheim von 78 Mann. Vgl. Westphalen V, S. 128, Der Graf zu Schaumburg-Lippe an Herzog Ferdinand am 9. März 1761. Zu den schlechten Bedingungen auf seiten der Belagerer vgl. Klein S. 132-134.

[276] Westphalen V, S. 128, Der Graf zu Schaumburg-Lippe an Herzog Ferdinand am 9. März 1761.

[277] Vgl. KA Wien, AFA 1761, Französische Armee, 13, 4, Journal du Sičge de Cassel, Bl. 7 sowie Renouard III, S. 146.

dabei je 2 50- und 100-pfdge. Mörser zum Einsatz. Ansonsten aber schritt die Arbeit der Belagerer nur sehr langsam fort, denn neben dem Wetter boten auch das schwierige Gelände und der felsige Boden schwerwiegende Probleme[278].

In der Nacht auf den 17. März unternahm Major Dassat mit 9 Grenadierkompanien, einigen Jägern und etwa 100 Arbeitern einen Ausfall gegen die am linken Fuldaufer gelegenen Feldbefestigungen der Alliierten. Es gelang ihm, die Verteidiger aus einigen Redouten zu vertreiben und die Werke zu zerstören. Sein anschließender Rückzug wurde durch 4 auf dem rechten Flußufer aufgestellte Regimentsgeschütze wirkungsvoll gedeckt. Der gleichzeitige Angriff einiger kleinerer Abteilungen gegen den rechten Flügel des Grabensystems konnte dagegen ebenso abgewehrt werden wie der Überfall auf ein Jäger- und Husarendetachement Stockhausens in Bettenhausen. Insgesamt sollen die Alliierten an diesem Tag nach französischen Angaben über 300 Mann an Toten und Verwundeten verloren haben, während die Besatzung etwa 100 Mann einbüßte, darunter vor allem die in Bettenhausen abgeschnittene und gefangene Abteilung[279].

In den folgenden Tagen und Nächten wurden die Schanzarbeiten auf beiden Seiten mit großer Energie fortgesetzt, und auch die Beschießung hielt an. Doch bereits Mitte März wurde deutlich, daß Zeit und Kräfte nicht ausreichten, um die Belagerung, die Eigensicherung und die Verbindung mit der Hauptarmee bis zum Fall der Festung aufrechtzuerhalten. Gerade jetzt aber verstärkte sich der Druck auf die Ohmstellung und die rückwärtigen Linien auf Kassel zu von Tag zu Tag, so daß Herzog Ferdinand den Graf zu Schaumburg-Lippe auffordern mußte, ein Detachement des Belagerungskorps' zur Sicherung dieser Verbindungen nach Fritzlar zu senden[280].

Die Antwort des Grafen offenbart beispielhaft das Hauptproblem der alliierten Operationsführung in der Schlußphase der Winteroffensive: „J'assiège ici 15 Batts. avec 25, dont la pluspart sont très foibles, et les choses restant dans l'État present, il faut un Excès d'Industrie pour prendre la place. Si Mr. le Maréchal de Broglie détache vers Fritzlar, ce sera surement un corps de 6, ou 8 Batts. avec de la Cavallerie à proportion; si j'envoye 2 ou 3 Batts. de ce coté-là ils seront écrasés d'autant plus surement, que la Garnison peut seconder avec assez de facilité les Entreprises du corps françois, qui agiroit de ce cote-là. Si j'envoye à Fritzlar 2 Batts. de plus que ce que viens de marquer, le Siège ne peut se continuer."[281]

---

[278] Vgl. StA Marburg, 4h, Nr. 4101, Journal von der Belagerung von Cassel 1761, Bl. 4v-5v sowie Renouard III, S. 146f.

[279] Vgl. KA Wien, AFA 1761, Französische Armee, 13, 4, Journal du Siège de Cassel, Bl. 10, Westphalen V, S. 189f., Der Graf zu Schaumburg-Lippe an Herzog Ferdinand am 17. März 1761 sowie Renouard III, S. 148f.

[280] Vgl. Westphalen V, S. 189f., Herzog Ferdinand in zwei Schreiben an den Grafen zu Schaumburg-Lippe am 17. März 1761.

[281] Westphalen V, S. 191, Der Graf zu Schaumburg-Lippe an Herzog Ferdinand am 17. März 1761.

In der Nacht auf den 22. März unternahmen 9 Kompanien Grenadiere, Jäger und Freiwillige unter den Kapitänen de Verthamont und de Milly, gefolgt von rund 250 Arbeitern, erneut einen Ausfall, der jedoch nach über zwei Stunden heftiger Gefechte noch vor dem Grabensystem zurückgeschlagen werden konnte[282]. Am 24. kam es zu einem zweistündigen Waffenstillstand, den beide Seiten vereinbart hatten, um ihre Toten zu sammeln und zu begraben. Dabei trafen auch die beiden Befehlshaber kurz zusammen, ohne jedoch mehr als ein paar Worte miteinander zu wechseln[283].

In der folgenden Nacht wurde die zweite Parallele etwa auf Höhe des sogenannten Schafhofes bis hinunter zur Fulda fertiggestellt. Zuvor aber hatte der Graf zu Schaumburg-Lippe Generalmajor v. Mansberg mit 2 Bataillonen nach Fritzlar detachiert, um die Aufnahme der näherrückenden alliierten Hauptarmee vorzubereiten[284]. Obwohl die Schanzarbeiten auch weiterhin fortgesetzt wurden, stand nun die Aufhebung der Belagerung unmittelbar bevor. Schon am 26. nahmen die leichten Truppen der französischen Avantgarden über Melsungen mit denen der Kasseler Besatzung Verbindung auf. Die wenigen alliierten Truppen rechts der Fulda waren nicht in der Lage, diese Bewegungen zu unterbinden[285].

Da sich die Blockade der Festung nicht mehr aufrechterhalten ließ, war auch die Belagerung bereits zu diesem Zeitpunkt faktisch gescheitert. Der Graf zu Schaumburg-Lippe ließ daher am 27. März das Bataillon Bock und 30 braunschweigische Karabiniers nach Trendelburg abrücken, um den dortigen Diemelübergang zu sichern, nachdem am Morgen auch der offizielle Befehl zum Abbruch des Unternehmens bei ihm eingetroffen war. Weiterhin wurden der Abzug eines Teils der schweren Artillerie vorbereitet, kleinere Detachements zur

---

[282] Vgl. KA Wien, AFA 1761, Französische Armee, 13, 4, Journal du Siège de Cassel, Bl. 12 sowie Renouard III, S. 149f. — Das französische Journal nennt als Datum des Ausfalls die Nacht vom 22. auf den 23., doch scheint es sich hier um einen Irrtum zu handeln, denn auch das alliierte Journal erwähnt wie Renouard nur einen Ausfall in der Nacht zum 22. (StA Marburg, 4h, Nr. 4101, Journal von der Belagerung von Cassel 1761, Bl. 8r).

[283] Vgl. KA Wien, AFA 1761, Französische Armee, 13, 4, Journal du Siège de Cassel, Bl. 13f. — Elster S. 289 hat das Treffen beider Generale sehr lebendig geschildert: „Graf Broglio, der Commandant von Cassel, kam mit einer großen Suite aus der Stadt und traf mit dem Grafen von Bückeburg zwischen den beiderseitigen Werken zusammen. Graf Broglio in einem eleganten, blausammtnen, mit reichen Goldtressen verzierten Rock, eine wohlfrisirte Perrücke auf dem Kopf, der Graf von Bückeburg so, wie er aus den Tranchéen kam, wo er sich Tag und Nacht aufhielt, in einem schlichten blauen Pelze, mit Erde beschmutzt, herunterhängenden Stiefeln, auf dem langen schwarzen Haar eine graue Mütze und mit langem schwarzen Barte. Die Verwunderung der feinen französischen Herren über das Aussehen des Grafen war sehr groß."

[284] Vgl. Westphalen V, S. 225f., Der Graf zu Schaumburg-Lippe an Herzog Ferdinand am 25. März 1761. — Renouard III, S. 151f. spricht dagegen von 5 Bataillonen und 2 Eskadrons.

[285] Vgl. KA Wien, AFA 1761, Französische Armee, 13, 4, Journal du Siège de Cassel, Bl. 15 sowie Renouard III, S. 152.

Beobachtung auf den Weißenstein und nach Burghasungen entsandt und erste Befehle zur allmählichen Räumung des Stellungssystems vor Kassel erteilt[286].

Bis zum Mittag des 28. März hatten die Alliierten die Belagerungsgräben vollständig geräumt, nachdem bereits in der Nacht die schweren Geschütze in Marsch gesetzt worden waren. Graf Broglie ließ die abziehenden Truppen heftig mit Artillerie beschießen und rückte selbst mit 4 Bataillonen, sämtlichen Grenadieren, Jägern und Freiwilligen sowie 9 Geschützen aus, um den Gegner zu verfolgen, wagte aber wegen der zunehmenden Entfernung von der Festung nicht, sich mit den überlegenen alliierten Kräften in ein Gefecht einzulassen. So beschränkte er sich darauf, die verlassenen Gräben der Belagerer zu besetzen, während der Graf zu Schaumburg-Lippe ein Lager zwischen Niedervellmar und Ihringshausen bezog. Die Bataillone Alt-Zastrow und Wurmb sollten zusammen mit den leichten Truppen Stockhausens links und rechts der Fulda den Schiffstransport von 6 24-Pfdrn. über Münden auf Hameln decken[287].

Das Belagerungskorps besetzte am 29. eine Stellung zwischen Obervellmar, Frommershausen und Ihringshausen. Am folgenden Tag wurde das Lager etwas zurück, auf die Höhen zwischen Frommershausen und Simmershausen verlegt. Die Brücke über die Fulda beim Kragenhof wurde abgebrochen und bei Specle, etwa auf der Höhe von Lutterberg, für kurze Zeit erneut geschlagen[288]. Am Abend des 29. war Marschall Broglie in Kassel eingetroffen. Mit 7 Bataillonen und 500 Mann Kavallerie führte er persönlich am nächsten Tag einen Aufklärungsvorstoß gegen das ehemalige Belagerungskorps.

Der Graf zu Schaumburg-Lippe ließ sich jedoch nicht auf ein Gefecht ein, sondern zog sich zunächst bis auf die Höhe von Hohenkirchen und in der Nacht bis nach Hofgeismar zurück. Dabei gelang es französischer Kavallerie, 5 Offiziere und über 200 Mann bei Ihringshausen abzuschneiden und gefangenzunehmen[289]. Am 1. April schließlich überschritt das Korps die Diemel und bezog zwischen Warburg und Herstelle Kantonierungsquartiere. Die wichtigste Unternehmung der alliierten Winteroffensive war gescheitert.

c) Rückzug der Alliierten hinter die Diemel — Winterquartiere

Mit der Aufhebung der Belagerung von Kassel bestand auch für die alliierte Hauptarmee kein Grund mehr, noch länger die gefährliche Position an der Eder

---

[286] Vgl. Wilhelm zu Schaumburg-Lippe, Militärische Schriften, Nr. 7, S. 26 f., Mémoire abrégé de ce qui s'est passé au siège de Kassel en 1761, StA Marburg, 4h, Nr. 4101, Journal von der Belagerung von Cassel 1761, Bl. 9 r / v sowie Renouard III, S. 152 f.

[287] Vgl. KA Wien, AFA 1761, Französische Armee, 13, 4, Journal du Siège de Cassel, Bl. 15 sowie Renouard III, S. 153 f.

[288] Vgl. StA Marburg, 4h, Nr. 4101, Journal von der Belagerung von Cassel 1761, Bl. 10v sowie Renouard III, S. 154-156.

[289] Vgl. KA Wien, AFA 1761, Französische Armee, 13, 4, Journal du Siège de Cassel, Bl. 15 f. sowie Renouard III, S. 155 f.

mit der nun wieder freien Besatzung von Kassel im Rücken beizubehalten[290]. Herzog Ferdinand brach deshalb am 29. mit sämtlichen Truppen von Fritzlar auf und marschierte über Balhorn auf Breuna, wo die Armee am 30. ein Lager bezog. Am folgenden Tag passierten die Alliierten in vier Kolonnen bei Germete, Warburg und Haueda die Diemel. Das Korps Kielmansegg ging bei Marsberg über den Fluß. Südlich davon blieb nur eine Arrièregarde unter Generalmajor v. Luckner, die Breuna, Ober- und Niederlistingen besetzt hielt. Die Franzosen, deren Abwehroperation mit Erfolg abgeschlossen war, behelligten die zurückgehenden Alliierten nicht[291]. Lediglich die Stockhausenschen Jäger wurden am 31. März von den Freiwilligen von Flandern unter dem Ritter Jaucourt aus Münden vertrieben, womit auch die Verbindung mit der französischen Besatzung in Göttingen wiederhergestellt war[292].

Diese rund 5000 Mann starke Truppe war zwar von der französischen Hauptarmee abgeschnitten, doch sie nutzte den Freiraum, den die Winteroffensive der Alliierten ihr verschaffte, zu einer Reihe erfolgreicher Streifzüge und Einzelunternehmungen. So konnten bereits am 18. Februar bei einem Überfall auf Hardegsen 2 Offiziere und 314 Mann, die dort krank zurückgeblieben waren, gefangengenommen werden. Am 22. Februar unternahm der Brigadier Vicomte de Belsunce mit 1500 Mann Infanterie, 550 Mann Kavallerie und einigen Geschützen einen erneuten Angriff auf Duderstadt, wo General v. Spörcken den Oberstleutnant Rehboom mit 300 Infanteristen, darunter eine Kompanie der Landmiliz, zurückgelassen hatte.

Diese Truppe leistete dem überlegenen Gegner hartnäckigen Widerstand, doch nachdem die Franzosen am 24. ein Tor gesprengt hatten und in die Stadt eingedrungen waren, mußte sich die Garnison ergeben. Bei einem Vorstoß nach Herzberg am 25. Februar erbeutete die Göttinger Besatzung mehrere Hundert Gewehre aus der dortigen Fabrik und zerstörte etwa 3000 Waffen an Ort und Stelle. Weitere Streifzüge richteten sich gegen Northeim und Moringen und dienten in erster Linie der Beschaffung von Lebensmitteln[293].

Nach dem Übergang über die Diemel stellte Herzog Ferdinand zunächst eine Sicherungslinie hinter diesem Fluß auf. Der Rest der Alliierten Armee wurde nach einem Rasttag in die Winterquartiere verlegt. Sein Hauptquartier richtete der Herzog seit dem 3. April in Neuhaus bei Paderborn ein. Den Kordon an der oberen Diemel bildete Generalleutnant v. Hardenberg mit 10 Bataillonen und 4 Eskadrons in der Gegend zwischen Scherfede, Warburg und Peckelsheim[294].

---

[290] Vgl. Knesebeck 1761, Nr. 27, S. 275, Herzog Ferdinand an Lord Holdernesse am 30. März 1761.

[291] Vgl. StA Marburg, 4h, Nr. 3086, Journal und Relationes von der Alliierten Armee 1761 I, Bl. 199r/v, Westphalen V, S. 254f., Marschdisposition der Alliierten Armee vom 30. März 1761, sowie Sichart III.2, S. 233.

[292] Vgl. Journal Heyne 1760/61, S. 122.

[293] Vgl. Renouard III, S. 157f. sowie Sichart III.2, S. 246.

Generalleutnant v. Wangenheim sicherte mit 10 Bataillonen und 4 Eskadrons an der unteren Diemel im Gebiet zwischen Liebenau, Trendelburg, Karlshafen und Natzungen[295]. Das Stockhausensche Schützenkorps besetzte Warburg, die 2. Jägerbrigade unter Major v. Linsingen Liebenau und die braunschweigischen Jäger und Husaren standen vorgeschoben bei Gieselwerder, Gottsbüren und Sababurg im nördlichen Reinhardswald. Generalmajor v. Luckner wurde mit 3 Bataillonen und 8 Eskadrons rechts der Weser zwischen Dassel und Einbeck postiert, um die Besatzung von Göttingen zu beobachten[296].

Das Gros der Alliierten Armee kantonierte weitläufig hinter diesem Kordon. 14 englische Infanteriebataillone lagen in Wiedenbrück, Rietberg, Paderborn, Driburg, Geseke, Salzkotten und Lippspringe, 6 hannoversche Bataillone in Delbrück, Boke, Bentfeld und Elsen, 8 hessische Bataillone in Nieheim, Vinsebeck und Sandebeck, nördlich von Driburg, 7 Bataillone braunschweigischer Infanterie in Lemgo, Blomberg und Schwalmberg und das Regiment Schaumburg-Lippe in Horn und Detmold.

29 Eskadrons englischer Kavallerie lagen weiträumig verteilt in den Dörfern nördlich von Pyrmont, zwischen Barntrup, Aerzen und Kirchohsen. 17 hannoversche, hessische und braunschweigische Eskadrons waren in Bodenwerder, Kemnade, Hehlen, Ottenstein, Polle, Vahlbruch und Neersen untergebracht. Das Korps des Erbprinzen kantonierte mit 6 hessischen Grenadierbataillonen in und bei Soest und Hamm, mit 8 hannoverschen Infanteriebataillonen in der Gegend von Rüthen, mit 12 hessischen Bataillonen bei Büren, mit 16 hannoverschen Eskadrons in zahlreichen Dörfern zwischen Hamm und Erwitte sowie mit 8 hessischen Eskadrons bei Stromberg[297].

Da in den engen Quartieren an der Diemel Krankheiten grassierten, wurde in der zweiten Aprilhälfte ein Teil der Truppen weiter zurück und weiträumiger untergebracht. Der Erbprinz stand danach zwischen Dülmen und Coesfeld, Wangenheim zwischen Soest und Marsberg. Marschall Broglie sandte das Korps du Muy an den Rhein zurück, ersetzte die Besatzungen von Kassel und

---

[294] Zu den Winterquartieren der Alliierten Armee vgl. Westphalen V, S. 264-266, Auszug aus dem Etat général de l'armée (alliée) et la Dislocation au mois d'Avril 1761, Sichart III.2, S. 247-250 sowie Renouard III, S. 162-167. — Hardenbergs Division bestand aus den GrenBtl Maxwell und Welsh (früher Lennox), den InfRgt Keith (Schotten), Griffin, Home, Kingsley (je 1 Btl, Engl), Malsburg und Bischhausen (je 2 Btl, He) sowie dem DragRgt Veltheim (4 Esk, Han).

[295] Wangenheims Division bestand aus den InfRgt Behr, Dreves, Hardenberg, La Chevallerie, Otto (früher Alt-Zastrow), Plessen, Scheither, Schulenburg, Wrede und Zastrow (je 1 Btl, Han) sowie dem DragRgt Prinz Friedrich (4 Esk, He).

[296] Luckners Korps bestand aus den GrenBtl Rieben, Walthausen und Wangenheim (Han), den KürRgt Veltheim und Jüngermann (je 2 Esk, Han), den Luckner-Husaren (4 Esk, Han) sowie der 1. und 3. hannoverschen Jägerbrigade unter Major Friedrichs und Kapitän v. Bülow.

[297] Angaben nach Sichart III.2, S. 249.

Göttingen durch weniger beanspruchte Verbände und bezog Winterquartiere in der Nähe des Mains[298].

Die Alliierte Armee, die Herzog Ferdinand über die Diemel zurückgeführt hatte, war eine geschlagene Armee. Nur noch knapp 30 000 Mann stark, schlecht ernährt und bekleidet, vielfach krank und zutiefst demoralisiert, kehrten die Truppen dorthin zurück, wo sie anderthalb Monate zuvor aufgebrochen waren. Das ließ für die Zukunft nichts Gutes erhoffen, wie es Herzog Ferdinand selbst deutlich ausdrückte: „Je n'ai donc qu'une perspective terrible, s'il faut continuer la guerre, et je ne vois aucun jour à résister aux armées de France, surtout depuis qu'il n'y a plus de doute, qu'une nouvelle armée arrive incessament de France sur le Bas-Rhin. Il me faut un puissant rentfort pour le moins de quinze à vingt-mille hommes; ou il ne faut s'attendre qu'à des grands malheurs, à moins que la fortune ne fasse à l'avenir de miracles pour moi."[299]

Diese Einschätzung berücksichtigte jedoch nur die eigene Lage. Auch bei den Franzosen hatte die Winteroffensive ihre Spuren hinterlassen. Sie hatten fast alle wichtigen Magazine in Nordhessen verloren und ihre Vorbereitungen für den kommenden Feldzug waren empfindlich gestört worden. Vor allem aber hatten sie einmal mehr Herzog Ferdinand als einen stets um die Initiative bemühten und kaum auszurechnenden Feldherrn erleben müssen, auf dessen Aktivität und Schnelligkeit sie kaum angemessen reagieren konnten. Gerade das sollte im Sommer 1761 seine Wirkung zeigen.

8. Betrachtungen über den Winterfeldzug 1761 in Hessen

Als die Alliierte Armee im Dezember 1760 in die Winterquartiere einrückte, wußte Herzog Ferdinand bereits, daß es sich nur um eine kurze Ruhepause handeln würde. Sobald Witterung und Versorgungslage es irgend zuließen, wollte er seinen bereits im Herbst konzipierten Plan verwirklichen, in einer großangelegten Offensive das nördliche Hessen wieder zurückzuerobern, um so vielleicht dem Krieg im Westen Deutschlands eine entscheidende Wende zu geben, zumindest aber die Ausgangslage für den Feldzug des kommenden Jahres wesentlich zu verbessern.

Neben die bereits mehrfach skizzierte schwierige militärische Lage, die durch das Zurückdrängen der Alliierten Armee hinter die Diemellinie entstanden war, trat nun, durch die Aussicht auf baldige Friedensverhandlungen, auch ein zunehmender politischer Druck, die englisch-hannoversche und damit mittelbar auch die preußische Position im Westen Deutschlands zu verbessern. Vor allem der preußische König forderte Herzog Ferdinand immer wieder zur Offensive

---

[298] Vgl. Sichart III. 2, S. 249 f. sowie Journal Heyne 1760/61 S. 122 f.

[299] Westphalen V, S. 253, Herzog Ferdinand an den König am 31. März 1761 (in deutscher Übers. bei Knesebeck 1761, Nr. 28, S. 278).

auf, war er doch in seiner eigenen bedrängten Lage an alliierten Erfolgen auf dem westlichen Kriegsschauplatz außerordentlich interessiert[300].

Doch zunächst war an die Verwirklichung des Winterfeldzugsplanes nicht zu denken. Angesichts katastrophaler Wetter- und Wegeverhältnisse war schon die tägliche Versorgung der Truppe mit Lebensmitteln und Fourage kaum sicherzustellen. Größere Magazine in Frontnähe, die für eine Angriffsoperation unbedingt notwendig waren, ließen sich unter solchen Umständen nicht anlegen. Zudem fehlte es an Transport- und geeignetem Lagerraum, und ohne einen Schutz vor der ständigen Nässe verdarben alle Vorräte innerhalb weniger Tage.

Die Franzosen demonstrierten dagegen ihre zeitweilige Überlegenheit durch eine Reihe von couragierten Vorstößen nach Duderstadt, Kindelbrück und dem sauerländischen Marsberg. Mitten durch die alliierten Linien hindurch gelang sogar die Verproviantierung des kurz zuvor noch blockierten Göttingens. Auch diese Unternehmungen hemmten natürlich die Vorbereitungen für die Winteroffensive, denn jede Alarmierung unterbrach die so notwendige Ruhepause der betroffenen Verbände, und jede zusätzliche Marschbewegung zehrte die so mühsam zusammengebrachten Lebensmittel- und Fouragevorräte wieder auf. Erst Ende Januar besserte sich die Versorgungslage, und nachdem einige Tage Frostwetter Anfang Februar auch die Marsch- und Transportmöglichkeiten entscheidend verbessert hatten, fühlte sich Herzog Ferdinand stark genug, sein Angriffsvorhaben in die Tat umzusetzen.

Wesentliches Ziel der nun folgenden Offensive war es, die Franzosen aus dem nördlichen Hessen zu vertreiben, wobei es vor allem darauf ankam, deren starke Stellungen in und bei Kassel in die Hand zu bekommen. Die Festung war zu diesem Zeitpunkt ohne jeden Zweifel die wichtigste Position innerhalb der vom Rhein bis nach Thüringen reichenden französischen Quartierlinie, Bindeglied zwischen Hessen, Westfalen und den Gebieten jenseits der Werra sowie unverzichtbarer Rückhalt für die weit exponierte Besatzung von Göttingen.

Der Angriff in Richtung auf diese Stadt sollte durch gleichzeitige Operationen gegen die rechten und linken Flügel der französischen Hauptkräfte bei Mühlhausen und Langensalza sowie bei Fritzlar und Marburg unterstützt werden. Frontaler Druck im Zusammenwirken mit einer starken Flankenbedrohung und dem Abschneiden wichtiger Versorgungslinien sollten Marschall Broglie zum Rückzug nötigen, wobei sich dann vielleicht sogar eine günstige Möglichkeit zur Schlacht ergeben konnte.

In den ersten Tagen der Offensive ging dieses Konzept fast über die Erwartungen gut auf. Vor allem der Angriff des Korps' Spörcken gegen die französischen Stellungen jenseits der Werra verlief dank des gelungenen

---

[300] Ähnlich wie im August 1759 die Niederlage der Franzosen bei Minden zumindest die politischen Folgen des preußischen Desasters bei Kunersdorf abmilderte.

Zusammenwirkens mit preußischen Truppen und schwerer Führungsfehler der Gegner außerordentlich erfolgreich. Der Sieg von Langensalza am 15. Februar und das energische Nachstoßen der Alliierten über Eisenach auf Vacha, die den fluchtartigen Rückzug des gesamten rechten Flügels der Franzosen erst auf Hersfeld und später auf Hünfeld zur Folge hatten, wogen dabei durchaus den Mißerfolg General Breidenbachs vor Marburg und den Zeitverlust des Erbprinzen bei der Einnahme von Fritzlar zunächst auf.

Tatsächlich war es vor allem die Bedrohung seiner Flanken und Rückzugswege, die Marschall Broglie nötigte, nacheinander die Stellungen bei Kassel, Melsungen, Hersfeld und schließlich auch Fulda aufzugeben. Doch schon vor Marburg und Fritzlar sowie bei der Verfolgung der französischen Hauptkräfte zeigten sich gleich in den ersten Tagen die entscheidenden Schwächen der alliierten Offensive: Zum einen erwiesen sich die abgesetzt auf den Flügeln kämpfenden Korps gegen eine entschlossene und gut geführte Verteidigung als zu schwach. Zum zweiten konnte gegen die festen Plätze in französischer Hand das unbedingt erforderliche hohe Angriffstempo nicht durchgehalten werden, weil das Nachziehen der unbeweglichen Artillerie wertvolle Zeit kostete. Und zum dritten ließ sich auch eine energische Verfolgung des weichenden Gegners nicht realisieren, da die Versorgung aus den Magazinen an der Diemel nur verhältnismäßig kurze Marschetappen zuließ. Zudem wurden die beiden letztgenannten Probleme durch einen Wetterumschwung wenige Tage nach Angriffsbeginn noch erheblich vergrößert, als erneuter Dauerregen die kurze Frostperiode ablöste und tiefer Schlamm bald wieder jede Bewegung hemmte.

Broglies Gegenmaßnahmen trafen somit Punkt für Punkt die Schwachstellen des alliierten Angriffs. Durch die Schnelligkeit seines Rückzuges entzog er sich einer ungewissen Schlachtentscheidung, solange er seine Kräfte noch nicht zusammengefaßt hatte, die rigorose Zerstörung aller großen Magazine hielt den Vormarsch der Alliierten Armee effektiv auf, und die Zurücklassung verteidigungsbereiter Besatzungen in Kassel, Ziegenhain, Waldeck und Marburg stellte sie vor Aufgaben, die sich mit einer dynamisch geführten Offensive kaum vereinbaren ließen.

Etwa ein Drittel der Alliierten Armee wurde allein durch die Belagerung von Kassel absorbiert. Doch obwohl der Graf zu Schaumburg-Lippe damit über ein beachtliches Korps verfügte, konnte er von Beginn an kaum darauf hoffen, gegen die Festung und ihre annähernd gleichstarke Besatzung einen Erfolg zu erringen. Für die dreifache Aufgabe der Einschließung, Belagerung und Eigensicherung waren seine Truppen nicht stark genug. Dazu kamen die untragbaren Verzögerungen in den ersten Tagen der Belagerung, als erst nach anderthalb Wochen die schwere Artillerie und Schanzzeug vor der Festung eintrafen, was letztlich auch auf die unzureichenden Transportkapazitäten der Alliierten Armee zurückzuführen war.

Graf Wilhelm forderte sich selbst und seine Soldaten bis an die Grenzen des Möglichen, doch die Kräfte und Mittel, die ihm zur Verfügung standen, reichten objektiv nicht aus, um den ihm erteilten Auftrag zu erfüllen. Vielleicht hätte er gegen einen weniger aktiven Platzkommandanten und Verteidiger, als es Graf Broglie war, die Belagerungsarbeiten weiter vorantreiben können, doch eine Einnahme der Stadt in der gegebenen kurzen Zeit erscheint auch dann kaum denkbar.

So blieb ihm nach über einem Monat ständiger Rückschläge nur das Verdienst, die Aufhebung der Belagerung mit größter Umsicht durchgeführt zu haben. Trotz starken gegnerischen Druckes gelang es ihm, sowohl die Truppen als auch die wertvollen schweren Waffen und das Belagerungsgerät wohlbehalten hinter die Diemel zurückzuführen. Die Leistungen des Grafen zu Schaumburg-Lippe verdienen deshalb keineswegs die scharfe und ungerechte Kritik, die ihnen Herzog Ferdinand zuteil werden ließ[301].

Weitere 10 Bataillone der Alliierten Armee waren durch die Blockade bzw. Beobachtung Ziegenhains und des Marburger Schlosses gebunden. Diese Truppen fehlten vor Kassel ebenso wie bei der Hauptarmee in der Ohmstellung. Die Zersplitterung der Kräfte führte schließlich dazu, daß die Alliierten an keiner Stelle mehr stark genug waren, ihre jeweiligen Aufträge erfolgreich auszuführen. Allein bei ausreichend langer Zeit hätten die Angreifer vielleicht doch den Fall von Ziegenhain und Kassel erzwingen können — gerade die aber hatten sie nicht.

Die Lage der Alliierten Armee in der Stellung an der Ohm war weit weniger günstig, als es der doch offensichtlich so erfolgreiche Vormarsch dorthin vermuten läßt. Die Gefechtsstärke der meisten Einheiten und Verbände war bedenklich weit abgesunken. Die Nachschublinien der Armee waren bis an die Grenzen des Möglichen gedehnt worden; ein großer Teil der Verpflegung und anderer Versorgungsgüter mußte noch immer aus den Magazinen an der Diemel herangefahren werden. Zudem hatte die Stellung gefährlich offene Flanken, zu deren Deckung die eigenen Kräfte nicht stark genug waren. Sie luden einen entschlossenen Gegner geradezu ein, die Verbindung zwischen der alliierten Hauptarmee und den weit zurück agierenden Belagerungskorps zu seinem Angriffsziel zu machen.

Die Zeit arbeitete für Marschall Broglie. Er hatte seine Truppen eng um die Nachschubbasen Frankfurt und Hanau gruppiert. Nachdem offenkundig geworden war, daß Herzog Ferdinand nicht wesentlich über Homberg an der Ohm hinaus vorrücken würde, konnte der französische Oberbefehlshaber in Ruhe die Ankunft der von ihm schon frühzeitig angeforderten Verstärkungen von der Armee des Niederrheins erwarten. Über die Abwehr kleinerer alliierter Angriffe hinaus brauchte er sich auf kein Gefecht mit dem Gegner einzulassen, solange er sich seiner zahlenmäßigen Überlegenheit nicht vollkommen sicher sein konnte.

---

[301] Vgl. Westphalen V, S. 252 f., Herzog Ferdinand an den König am 31. März 1761 (in deutscher Übers. bei Knesebeck 1761, Nr. 28, S. 277). Ähnlich auch bei Knesebeck 1761, Nr. 27, S. 274 f., Herzog Ferdinand an Lord Holdernesse am 30. März 1761.

Doch auch nach dem Eintreffen der Truppen du Muys erfüllte sich Herzog Ferdinands Wunsch nicht, daß ihn die Franzosen in der starken und gut ausgebauten Stellung zwischen Homberg und Maulbach angreifen würden. Marschall Broglie ging dem unnötigen Risiko einer Schlacht aus dem Wege und verstärkte statt dessen kontinuierlich den Druck auf die Front und die rechte Flanke der alliierten Stellung. Angesichts seiner erheblich überlegenen Kräfte konnte er sich sicher sein, daß diese Bewegungen Herzog Ferdinand innerhalb kürzester Frist zum Rückzug nötigten.

Tatsächlich beschränkten sich dessen Gegenmaßnahmen nur auf den wenig überzeugenden Plan eines Überraschungsangriffs auf das Zentrum der französischen Quartiere, wozu er das Korps des Erbprinzen zur Aufklärung noch einmal weit exponiert bis Grünberg vorschob. Dabei hatte er jedoch den Offensivgeist seines Gegners unterschätzt, der diesen Vorstoß bis in seine Linie hinein ja geradezu als eine Provokation empfinden mußte. Broglie ließ sich die günstige Gelegenheit zu einem empfindlichen Schlag nicht entgehen, und nur mit größter Mühe und unter erheblichen Verlusten konnte sich der Erbprinz dem gut angelegten Angriff der Generale Stainville, Diesbach und Closen entziehen.

Die Niederlage bei Grünberg markierte das endgültige Scheitern der alliierten Winteroffensive. Jetzt blieb nur noch ein rascher Rückzug und die Aufhebung der beiden erfolglosen Belagerungen von Ziegenhain und Kassel. Herzog Ferdinand leitete diese Rückwärtsbewegung rechtzeitig ein und führte seine Armee mit großer Umsicht wieder über die Diemel zurück, begünstigt durch die wenig energische Verfolgung der Franzosen, die nur mit Teilen ihrer Avantgarden Fühlung mit den abrückenden Alliierten hielten. Marschall Broglie brauchte sich nach wie vor auf kein Risiko einzulassen, denn für ihn war ja die Wiederherstellung des Status quo ante bereits ein erstrebenswertes Ziel, dessen Erreichung für den kommenden Feldzug eine hervorragende Ausgangslage versprach.

So endete die mit großen Hoffnungen begonnene Winteroffensive für die Alliierten ohne Glanz und ohne ein greifbares Ergebnis. Allgegenwärtiger Mangel und die katastrophale Witterung hatten den kühn geplanten Operationen Herzog Ferdinands enge Grenzen gesetzt. Zeitverzug und fehlende Stoßkraft ließen Marschall Broglie Gelegenheit, nach einer kurzen Phase der Überraschung eine gut abgestimmte Verteidigung aufzubauen, die es erlaubte, ohne nennenswerte Verluste den Kulminationspunkt des gegnerischen Angriffs abzuwarten. Dann trat er mit inzwischen überlegenen Kräften zum Gegenstoß an und trieb innerhalb weniger Tage die Alliierte Armee in ihre Ausgangsposition hinter die Diemel zurück.

Bis zum letzten Tag ließ sich Herzog Ferdinand die Initiative jedoch nicht vollständig aus der Hand nehmen. Seine Offensive hatte zwar die hochgesteckten Ziele nicht erreicht, aber sie war auch durchaus nicht ohne positive Ergebnisse für ihn geblieben: Die großen französischen Magazine in Kassel, Melsungen, Hersfeld, Fulda und Friedberg waren aufgezehrt oder zerstört und mußten erst wieder aufgebaut werden. Die Winterquartiere der Franzosen lagen im April und Mai deutlich weiter zurück, weil ihre Versorgung sonst nicht mehr sichergestellt werden konnte, und die Truppen brauchten ebenso wie ihre Gegner zunächst eine ausgedehnte Ruhepause. Dies alles schwächte die Position der französischen Armee vor dem Feldzug 1761 nicht unerheblich und trug seinen Teil zu den Erfolgen der Alliierten in diesem Jahr bei.

V. Grenzen und Grenzüberschreitungen — Schlußbetrachtung

Der Herbstfeldzug des Königs in Sachsen 1760 und der Winterfeldzug Herzog Ferdinands in Hessen 1761 zählen zu den entscheidenden Phasen des Siebenjährigen Krieges. Sowohl im Osten als auch im Westen Deutschlands hatte die Koalition der Gegner Friedrichs des Großen bis in den Herbst 1760 hinein hoffen dürfen, spätestens im kommenden Jahr ihr erklärtes Kriegsziel, „la destruction totale de la Prusse"[1] zu erreichen. Auf dem östlichen Schauplatz verloren die Preußen im Verlaufe des Sommers Position um Position in Sachsen, während der König im schlesischen Gebirge die Kräfte seiner Armee in einem Manöverkrieg gegen Feldmarschall Daun verschliß, den er nicht gewinnen konnte. Schließlich fühlten Russen und Österreicher sich Anfang Oktober sogar sicher genug, Berlin zu besetzen.

Auf dem westlichen Kriegsschauplatz hatte sich die Lage der Alliierten Armee im Spätsommer und Herbst ebenfalls nach und nach verschlechtert. Immer mehr feste Plätze fielen den Franzosen in die Hände, so daß sie schließlich über eine geschlossene Kette von Dillenburg über Marburg, Fritzlar und Kassel bis nach Göttingen verfügten, die ihrer Linie festen Halt gab. Demgegenüber fand sich die Armee Herzog Ferdinands in den engen Stellungsraum hinter der Diemel zurückgedrängt, schlecht versorgt und nach der Niederlage des Erbprinzen beim Kloster Kamp und vor Wesel schon jetzt auf beiden Flanken bedroht.

Aus dieser Krisenlage suchten beide Feldherrn auf gleiche Weise einen Ausweg: Ein entscheidender Schlag sollte die Verhältnisse in ihr Gegenteil verkehren, eine letzte große Kraftanstrengung nichts weniger leisten, als nach fünf Jahren den großen Krieg siegreich zu beenden. Solche Ziele konnten jedoch nur erreicht werden, wenn man die engen Grenzen absolutistischer Operationsführung und das System der ausgeklügelten Manöverschachzüge um Positionen und Nachschublinien verließ[2].

Und tatsächlich ist der Herbstfeldzug 1760 in Sachsen eine Folge derartiger Grenzüberschreitungen. Schon die Schnelligkeit der Verlagerung des Hauptkriegsschauplatzes von Schlesien nach Sachsen war außergewöhnlich und rief bei einigen Befehlshabern der antipreußischen Koalition beträchtliche Unruhe hervor, mit entsprechenden Folgen für ihre Operationsführung. Noch mehr

---

[1] Vgl. Kunisch, Mirakel S. 22.

[2] Johannes Kunisch spricht in diesem Zusammenhang von den „Axiomen absolutistischer Kriegführung" (Kunisch, Mirakel S. 71 ff.).

aber verließen Anlage und Verlauf der Schlacht bei Torgau die gewohnten Bahnen. Der König war in seiner bedrängten Lage entschlossen, um nahezu jeden Preis die große Entscheidung herbeizuführen.

Bei Süptitz bedeutete das den Angriff auf eine nach zeitgenössischen Kriterien kaum einnehmbare befestigte Höhenstellung. Für dieses gewagte Unternehmen wurde direkt vor dem Gegner die Armee in der Absicht geteilt, die österreichische Linie gleichzeitig in der Front und im Rücken zu attackieren. Von „starrer Lineartaktik" kann schon hier keine Rede mehr sein. Als das tatsächliche Gefecht später immer weniger dem gedachten Verlauf entsprach, bestimmten schließlich die kühnen Improvisationen der preußischen Führung das Geschehen, zunehmend getragen von der selbstbewußten Initiative einzelner Offiziere. Hartnäckig wurde die Schlacht bis in die Nacht durchgefochten, um den so dringend benötigten Sieg zu erkämpfen.

Vergrößert wurde dieser teuer erkaufte Erfolg durch die bewunderungswürdigen Operationen des Freiherrn v.d. Goltz in Schlesien sowie Bellings und Werners in Pommern. Eigenverantwortlich und mit großem Selbstbewußtsein sicherten sie die Lage auf den Nebenkriegsschauplätzen, und auch hinter ihren Erfolgen stehen Initiative, Entschlossenheit und Schnelligkeit als leitende Prinzipien.

Solche Gedanken waren auch damals durchaus nicht neu, sondern fanden schon geraume Zeit ihre praktische Anwendung im Kleinen Krieg der Streifparteien, Husaren, Panduren, Kroaten, Kosaken, Freitruppen und sonstigen leichten und beweglichen Verbände. Dem König gelang es, diese Art der Operationsführung in wesentlichen Ansätzen auch mit der preußischen Armee zu verwirklichen, und die Bewältigung der Krisenlage des Herbstes 1760 demonstriert eindrucksvoll die Durchsetzungsfähigkeit solcher „friderizianischen Kriegführung".

Auch Herzog Ferdinand wollte im Winter 1761 die große Entscheidung erzwingen. Ähnlich wie 1758, als es ihm in der gleichen unwirtlichen Jahreszeit gelungen war, die Franzosen in nur zwei Monaten aus der Gegend von Stade bis auf das westliche Rheinufer zurückzutreiben, sollte diesmal eine überraschende und druckvolle Offensive das nördliche Hessen wieder unter die Kontrolle der Alliierten Armee bringen. Nach nur wenigen Tagen vor allem logistischer Vorbereitung traten Anfang Februar die Truppen unmittelbar aus den Winterquartieren heraus zum Angriff an.

Der gut abgestimmte Vormarsch der Hauptarmee und zweier starker Flügelkorps überforderte die Reaktionsfähigkeit der Franzosen zu diesem Zeitpunkt erheblich. Ihre Verbände lagen weit auseinandergezogen in Quartieren, die Infanterie von der Kavallerie getrennt, und eine Reihe höherer Offiziere hielt sich in Paris oder zumindest in Köln oder Frankfurt auf. So gelang es Herzog Ferdinand tatsächlich, innerhalb von nur drei Wochen die gegnerische Armee bis an Main und Kinzig zurückzuwerfen.

Damit aber hatte er die Grenzen des Möglichen erreicht. Erschöpfung, Krankheiten und Überforderung zehrten die Alliierte Armee auf. Das völlig unzureichende Nachschub-, Versorgungs- und Transportwesen hemmte die so dringend notwendige Schnelligkeit aller operativen Bewegungen. Die Stoßkraft und bald auch der Kampfwert der alliierten Truppen sanken dadurch von Tag zu Tag, so daß weder ein entscheidender Schlag gegen den zurückweichenden Gegner, noch die Eroberung der von ihm gehaltenen festen Plätze gelang. Als dann die französischen Verstärkungen vom Niederrhein eingetroffen waren und sich das Stärkeverhältnis damit dramatisch zugunsten des Marschalls Broglie verschoben hatte, blieb Herzog Ferdinand keine andere Wahl, als das Unternehmen abzubrechen und den Rückzug hinter die Diemel anzutreten.

Weder das Gefecht bei Langensalza noch das bei Grünberg hatten wesentlichen Einfluß auf Verlauf und Ergebnis der Winteroffensive. Sie scheiterte vielmehr am Mißverhältnis zwischen einer kühnen Idee und der Begrenztheit der damals zur Verfügung stehenden kriegerischen Kräfte und Mittel. Feuerkraft und Beweglichkeit der Armeen reichten nur unter besonders günstigen Umständen zu wirklich entscheidenden Schlägen aus. Gut versorgte und aktiv verteidigte Festungen konnten nur mit großem Aufwand an Kräften, Material und vor allem Zeit genommen werden. Und schließlich war jede größere Operation — zumal im Winter — auf ausreichend gefüllte Magazine und entsprechende Transportkapazitäten angewiesen. Darüber hinaus galt es stets, die Bereiche Aufklärung und Sicherung, die Übermittlung von Befehlen und Meldungen sowie nicht zuletzt den schlechten Ausbildungsstand mancher Offiziere als Schwachpunkte in die eigenen Planungen einzubeziehen.

Die Nichtberücksichtigung solcher Grundgegebenheiten absolutistischer Kriegführung mußte mittel- und langfristig stets zum Scheitern führen. Der Erfolg des Königs im Herbst 1760 ist dabei kein Gegenbeispiel, denn zum einen spielten die Versorgung — die Armee zog ja auf ihre eigene Basis zu — oder gegnerische Festungen als Probleme hier keine Rolle, und zum anderen blieb auch ihm nach der Schlacht bei Torgau der entscheidende Sieg verwehrt, weil für eine energische Verfolgung oder gar Vernichtung der österreichischen Armee die Kräfte einfach nicht ausreichten. Diese strukturelle Schwäche der Stehenden Heere des Absolutismus, die Gebundenheit an relativ enge Grenzen des Möglichen, schützte gleichzeitig auch den jeweils unterlegenen Gegner. Das gilt für Herzog Ferdinand auf seinem Rückzug Ende März 1761 ebenso wie bei entsprechenden Gelegenheiten für Friedrich den Großen — selbst noch nach dem Desaster von Kunersdorf im August 1759.

Das Vorhaben, die große Entscheidung durch eine einzige Schlacht oder Offensive herbeizuführen, wie es zum Ende des Feldzugsjahres 1760 die Absicht des preußischen und des alliierten Oberbefehlshabers war, hatte von Beginn an kaum Aussicht auf Erfolg. Ihre friderizianische Operationsführung, der zeitlich begrenzte Verstoß gegen die starren Regeln absolutistischer Kriegskunst, war zunächst noch nur ein Mittel zur kurzfristigen Bewältigung militärischer

Krisenlagen, oder, abstrakter formuliert, die taktische und operative Überlegenheit des strategisch Unterlegenen.

Doch auch wenn nicht von einer wirklichen Wende gesprochen werden kann, sind die Tendenzen zur Modernisierung der Kriegführung sowohl beim König als auch bei Herzog Ferdinand unübersehbar, und ihre Gegner mußten ihnen auf diesem Weg notgedrungen folgen. Beide Oberbefehlshaber führten in aller Regel durch Aufträge, die es den unterstellten Offizieren ermöglichten, weitgehend eigenverantwortlich und stets lagebezogen zu handeln. Die Bedeutung dieses Prinzips für die Schlagkraft und Reaktionsfähigkeit einer Armee ist kaum zu überschätzen.

Besonders deutlich wird dies am Beispiel der Ereignisse auf dem schlesischen Kriegsschauplatz Ende 1760, wo sich die Generale v.d. Goltz und Laudon gegenüberstanden, beide außerordentlich befähigte Truppenführer. Hier gelang es dem Letzteren vor allem deshalb nicht, seine überlegene Stärke und Stellung entschieden auszunutzen, weil er im Gegensatz zu seinem selbständig agierenden preußischen Gegner eng an die operativen Weisungen des Hofkriegsrates in Wien gebunden war. Die positiven Auswirkungen des Führens mit Aufträgen, das die Eigeninitiative der unterstellten Offiziere zwingend fordert, zeigten sich auch bei Zieten, Hülsen, Gaudi, Lestwitz und Saldern in der Torgauer Schlacht oder bei Belling und Werner in Pommern. Herzog Ferdinand führte auf dem westlichen Kriegsschauplatz weitgehend nach den gleichen Grundsätzen. In der Alliierten Armee verfügte er allerdings nicht über ein ähnlich geschultes Offizierkorps, und vor allem unter der Generalität waren der Erbprinz, Lord Granby, Graf Wilhelm zu Schaumburg-Lippe und Luckner noch Ausnahmeerscheinungen.

Dieses Führungsprinzip, mit der Möglichkeit schneller lagebezogener Entscheidungen in eigener Verantwortung auch auf der mittleren und unteren Ebene, hatte eine erhebliche Dynamisierung des Kriegsgeschehens zur Folge. Schnelle Märsche und beweglich geführte Gefechte, beides immer häufiger auch bei Nacht und ohne Rücksicht auf die Witterung, kennzeichneten die Operationen. Die Anforderungen an Führer und Truppe stiegen dadurch erheblich, offenbar aber auch die Leistungsbereitschaft. Der Einsatz der preußischen Soldaten bei Torgau und bei den Winterkämpfen in Hinterpommern, die Bravour der Truppen bei den Angriffen auf Marburg und Ziegenhain, das Verhalten des hessischen Grenadierbataillons Schlotheim vor dem Rückzug über die Eder und nicht zuletzt die Leidensfähigkeit der Alliierten Armee angesichts der furchtbaren Witterung und völlig unzureichenden Versorgung während der gesamten Winteroffensive 1761 liefern dafür deutliche Beispiele.

Weder das angesprochene hohe Führungskönnen einer wachsenden Zahl von Offizieren noch die Leistungsbereitschaft der Truppe wollen dabei so recht zu dem gerade in der jüngeren Forschung beharrlich tradierten Bild von den Stehenden Heeren des Absolutismus passen, das häufig nur mit Begriffen wie sinnentleerter Drill, barbarische Strafen und starre Lineartaktik skizziert wird.

Hier erfordert die Vielfalt eben auch der militärhistorischen Wirklichkeit eine differenziertere Darstellung.

Am gleichen Maßstab der historischen Wirklichkeit muß schließlich auch die hergebrachte Auffassung vom Siebenjährigen Krieg im Westen Deutschlands als eines Nebenkriegsschauplatzes der großen Auseinandersetzung um Schlesien und die preußische Großmachtstellung überprüft werden. Tatsächlich kann von einer derartigen Unterordnung keine Rede sein. Spätestens seit der Jahreswende 1757/58 führte die von England finanzierte Alliierte Armee in Hessen, Hannover und Westfalen ihren eigenen Krieg gegen die Franzosen. Und Herzog Ferdinand — preußischer Feldmarschall im englischen Dienst — trat zunehmend selbstbewußt gegenüber seinem königlichen preußischen Schwager auf, wie es die Korrespondenz der beiden im Winter 1760/61 deutlich belegt.

Seine dreifache Leistung als Oberbefehlshaber der Alliierten Armee, die sich aus Kontingenten sieben souveräner Staaten zusammensetzte und in der mindestens drei verschiedene Sprachen gesprochen wurden, ist von kaum zu überschätzender historischer Bedeutung: Er schützte das hannoversche Territorium vor dem französischen Zugriff, neutralisierte Frankreich als militärischen Gegner Preußens und sicherte durch seinen erfolgreichen Einsatz als „Festlandsdegen" Englands den Besitz der überseeischen Erwerbungen des Inselreiches. Eine Biographie der auch menschlich ansprechenden Persönlichkeit Herzog Ferdinands von Braunschweig-Lüneburg ist bis heute ein wirkliches Desiderat der Forschung[3].

---

[3] Eine entsprechende Arbeit des hannoverschen Historikers Walther Mediger ist bereits seit längerem angekündigt, bislang jedoch noch nicht erschienen.

Quellen- und Literaturverzeichnis

Ungedruckte Quellen:

Geheimes Staatsarchiv Preußischer Kulturbesitz
Abteilung Merseburg

Rep. 96, Geheimes Zivilkabinett — Militaria-Abteilung
— Nr. 85-92, 104, 109, 112

Zit.: GStA Merseburg, Rep. 96, Geheimes Zivilkabinett, Nr. ...

Österreichisches Staatsarchiv — Kriegsarchiv, Wien

Alte Feldakten
— Hauptarmee
— Korps Laudon (und russische Armee)
— Kabinettsakten (CA)
— Hofkriegsrat (HKR)
— Reichsarmee
— Schwedische Armee
— Französische Armee
jeweils für den in der vorliegenden Arbeit behandelten Zeitraum

Zit.: KA Wien, AFA ...

Hauptstaatsarchiv Stuttgart — Württembergisches Hausarchiv

G 230 Herzog Karl Eugen
— Nr. 51-53

G 236 Herzog Friedrich Eugen
— Nr. 9, 9a, 15, 16, 21a, 21b, 22-29, 124, 125

Zit.: HStA Stuttgart, G ..., Nr. ...

Hessisches Staatsarchiv Marburg

Bestand 4h Kriegssachen 1529-1806/14
— Nr. 2994, 3085, 3086, 3094, 3095, 4101-4103, 4105

Zit.: StA Marburg, 4h, Nr. ...

Niedersächsisches Hauptstaatsarchiv Hannover

Bestand Hann. 9e
Akten der Geheimen Räte und des Herzogs Ferdinand von Braunschweig betr. den
     Siebenjährigen Krieg
— Nr. 1062, 1068, 1072, 1073, 1085, 1086, 1132, 1134

16*

Bestand Hann. 38 A
Akten des Generalkommandos und anderer Befehlshaber und Militärdienststellen betr.
Feldzüge und Kriegsereignisse 1755-1792
— Nr. 75I/II, 76, 77, 107I, 108, 109, 120, 138, 164-167, 273, 275, 324-328, 365, 385, 389
Zit.: StA Hannover, Hann. ..., Nr. ...

Niedersächsisches Staatsarchiv Wolfenbüttel
Ältere Landesakten, Bestand 1 Alt 22
Personalien, Haus- und Regierungssachen von Herzog Heinrich d.Ä. bis Friedrich
Wilhelm
— Nr. 567, 567/1, 1057, 1058, 1765a
— Kriegskarten des Herzogs Ferdinand für den in der Arbeit behandelten Zeitraum
Zit.: StA Wolfenbüttel, 1 Alt 22, Nr. ...

Hessisches Staatsarchiv Darmstadt
Bestand E 8 C Militärangelegenheiten
— Nr. 68, 69
Abschrift des Journals vom 7jährigen Kriege von von Gaudi
Zit.: Gaudi (Jahr/Band), S. ... (Wegen der häufigen Nennung in den Anmerkungen ohne
Angabe des Archivs zitiert.)

Hessische Landes- und Hochschulbibliothek Darmstadt
Süßenbachsche Handschriften zur Geschichte des Siebenjährigen Krieges
— HS 3167-3169, 3172
Zit.: Süßenbach, HS ..., Nr. ... (Wegen der häufigen Nennung ebenfalls ohne Angabe der
Bibliothek zitiert.)

Gedruckte Quellen und
zeitgenössische Darstellungen mit Quellencharakter

Archenholtz, Johann Wilhelm von: Geschichte des Siebenjährigen Krieges in Deutschland.
Nach den neuesten geschichtlichen Forschungsergebnissen umgearbeitet von Duvernoy. Leipzig 1910. Zit.: „Archenholtz".

Aster, Friedrich Ludwig: Ausführlicher Bericht, wie die merkwürdige Schlacht bey Siptitz,
ohnweit Torgau, am 3. November ao. 1760 geschehen ist, zur Erläuterung des
beygefügten davon sehr genau gefertigten Grundrisses. Leipzig 1776. Zit.: „Aster".

Backenberg, Franz Heinrich: Geschichte der Feldzüge der österreichischen und preußischen Armeen in den Jahren 1756 bis 62 mit Hinsicht auf die militairische
Situationskarte von einem Theile Sachsens, der Lausitz und Schlesiens, auf welcher
mehrere Stellungen, Affairen und Schlachten dieser Feldzüge verzeichnet sind. Leipzig
1805.

Barsewisch, Ernst Friedrich Rudolf von: Von Rossbach bis Freiberg 1757-1763.
Tagebuchblätter eines friderizianischen Fahnenjunkers und Offiziers. Nach dem
wortgetreuen Erstabdruck von 1863 neu herausgegeben, kommentiert und bearbeitet
von Jürgen Olmes. Krefeld 1959.

Berenhorst, Georg Heinrich von: Betrachtungen über die Kriegskunst, über ihre Fortschritte, ihre Widersprüche und ihre Zuverlässigkeit. Leipzig ³1827.

— Aus dem Nachlasse von Georg Heinrich von Berenhorst. Herausgegeben von Eduard von Bülow. 2 Bde.. Dessau 1845 und 1847. (Nachdruck Osnabrück 1978 — Bibliotheca Rerum Militarium. Quellen und Darstellungen zur Militärwissenschaft und Militärgeschichte. Bd. 38,2.) Zit.: „Berenhorst, Nachlaß".

Bourcet, Pierre Joseph de: Mémoires historiques sur la Guerre que les François ont soutenue en Allemagne depuis 1757 jusqu'en 1762. 3 Vol.. Paris 1792. Zit.: „Bourcet".

Broglie, Victor François Duc de: Correspondance inédite de Victor François Duc de Broglie Maréchal de France avec le Prince Xavier de Saxe, Comte de Lusace Lieutenantgénéral. Pour servir à l'histoire de la guerre de sept ans (Campagnes de 1759 à 1761). Ed. par le Duc de Broglie et Jules Vernier. 4 Vol.. Paris 1903. Zit.: „Correspondance inédite".

Castelnau, Louis-Joseph-Amable de Richard, Baron de: Lettres du Baron de Castelnau. Officier de Carabiniers 1728-1793. Ed. par le Baron de Blay de Gaix. Paris 1911.

Cogniazzo, Jacob de: Geständnisse eines oesterreichischen Veterans in politisch-militärischer Hinsicht auf die interessantesten Verhältnisse zwischen Oestreich und Preußen, während der Regierung des großen Königs der Preußen Friedrichs des Zweyten. Bd. 3. Breslau 1790. Zit.: „Cogniazzo".

Friedrich der Große: Geschichte des Siebenjährigen Krieges. 2 Bde.. Herausgegeben von Gustav Berthold Volz. Berlin 1913. (Die Werke Friedrichs des Großen in deutscher Übersetzung. Bde. 3 und 4.) Zit.: „Friedrich der Große, Geschichte des Siebenjährigen Krieges, Werke".

— Politische Correspondenz Friedrichs des Großen. Bde. 19 und 20: Januar 1760 bis September 1761. Redigiert von Albert Naudé, Kurt Treusch von Buttlar und Otto Herrmann. Berlin 1892/93. Zit.: „PC".

Haller, Franz Ludwig. Militärischer Charakter und merkwürdige Kriegsthaten Friedrichs des Einzigen, Königs von Preußen. Nebst einem Anhange über einige seiner berühmtesten Feldherren und verschiedene Preußische Regimenter. Berlin 1796.

Heyne, Johann Christian: Journal von dem Feldzuge Anno 1760 zwischen der königlich französischen und der Armee deren hohen Alliirten, besonders aber von der Reserve zur Rechten der erstern. Freyberg 1773. Zit. „Journal Heyne 1760/61".

Hotham, Charles: The Operations of the Allied Army under the command of his Serene Highness, Prince Ferdinand, Duke of Brunswick and Luneberg, during the greatest Part of Six Campaigns beginning in the year 1757, and ending in the year 1762. London 1764.

Knesebeck, Ernst von dem (Hrsg.): Ferdinand Herzog zu Braunschweig und Lüneburg während des siebenjährigen Krieges. Bd. 2. Hannover 1858. Zit.: „Knesebeck".

Mauvillon, Jacob: Geschichte Ferdinands, Herzogs von Braunschweig-Lüneburg. 2 Bde.. Leipzig 1794.

Mercoyrol (de Beaulieu), Jacques de: Campagnes de Jacques de Mercoyrol de Beaulieu, Capitaine au Régiment de Picardie 1743-1763. Ed. par. Melchior Marquis de Vogüé. Paris 1915.

M.L.R.D.B., Officier de Dragons, et Aide de Camp de M. le Marquis de Broglie: Journal de la Campagne de MDCCLX entre l'Armée du Roi aux ordres de Monseigneur le Maréchal Duc de Broglie et celle des Alliés, commandée par S.A.S. Msgr. le Prince Ferdinand de Brunswick, où l'on a joint les Operations de deux Armées aux mois de Février et Mars MDCCLXI. Frankfurt 1761.

Naumann, Gottlob (Hrsg.): Beytraege zur neueren Staats- und Krieges-Geschichte (Danziger Beiträge). Bde. 10-19. Danzig (=Berlin) 1760-64. Zit.: „Danziger Beiträge".

— (Hrsg.): Sammlung ungedruckter Nachrichten, so die Geschichte der Feldzüge der Preußen von 1740 bis 1779 erläutern. 5 Bde.. Dresden 1782-85. (Bde. 1-3: Nachdruck Bad Honnef 1983) Zit.: „Ungedruckte Nachrichten".

O'Cahill: Die Feldzüge Friedrichs II. oder des Großen, Königs von Preußen. 2 Bde.. Frankenthal 1788/89.

Osten, Wilhelm August von der: Die Feldzüge der alliirten Armee in den Jahren 1757 bis 1762 nach dem Tagebuche des Generaladjutanten, nachmaligen Feldmarschalls von Reden. 2 Theile. Hamburg 1805/06. Zit.: „Reden".

Retzow, Friedrich August von: Charakteristik der wichtigsten Ereignisse des Siebenjährigen Krieges, in Rücksicht auf Ursachen und Wirkungen. Bd. 2. Berlin ²1804. Zit: „Retzow".

Rochambeau, Jean Baptiste Donatien Comte de: Mémoires militaires, historiques et politiques de Rochambeau. Tome I. Paris 1809.

Schaumburg-Lippe, Wilhelm Graf zu: Schriften und Briefe. Bd. 2: Militärische Schriften. Herausgegeben von Curd Ochwadt. Frankfurt 1977. (Veröffentlichungen des Leibniz-Archivs. Bd. 7.) Zit.: „Wilhelm zu Schaumburg-Lippe, Militärische Schriften".

S.D.G.: Tagebuch des Feldpredigers des Kürassier-Regiments v. Seydlitz. — Materialien zur Geschichte des Siebenjährigen Krieges (1760). In: Zeitschrift für Kunst, Wissenschaft und Geschichte des Krieges 96. 1856. S. 17-45, S. 117-146, S. 191-221. Zit.: „Tagebuch eines Feldpredigers".

Seyfart, Johann Friedrich: Geschichte des seit 1756 in Deutschland und dessen angränzenden Ländern geführten Krieges. Bd. 4. Frankfurt/Leipzig 1761.

— Vollständige Geschichte aller königlichen preußischen Regimenter von ihrer Errichtung an bis auf die gegenwärtige Zeit. 6 Bde.. Halle 1767.

— Lebens- und Regierungsgeschichte Friedrichs des andern, Königs in Preußen. Bd. 2. Leipzig 1786.

Fortsetzung des zweiten Theils des *Tagebuchs von 1760* von der Schlacht bei Liegnitz bis zum Beschluß desselben. In: Militärische Monatsschrift 4. 1786. S. 149-177, S. 233-278. Zit.: „Hauptjournal von 1760".

Tempelhoff, Georg Friedrich von: Geschichte des Siebenjährigen Krieges in Deutschland zwischen dem Könige von Preußen und der Kaiserin Königin mit ihren Alliirten als eine Fortsetzung der Geschichte des Generals Lloyd. Bde. 4 und 5. Berlin 1789 und 1794 (Nachdruck Osnabrück 1977 — Bibliotheca Rerum Militarium. Quellen und Darstellungen zur Militärwissenschaft und Militärgeschichte. Bd. 29.). Zit.: „Tempelhoff".

Teutsche Kriegs-Canzley auf die Jahre 1760 bis 1763. Sammlungen von neuesten Staats-Schriften. 7 Bde.. Frankfurt/Leipzig 1760-63. Zit.: „Kriegs-Canzley".

Die preußischen *Verluste* in der Schlacht bei Torgau am 3. November 1760. In: Militär-Wochenblatt 1879. Nr. 82. Sp. 1439-1444. Zit.: „Verlustliste".

Warnery, Charles Emmanuel von: Feldzüge Friedrichs des Zweyten, Königs von Preußen seit 1756 bis 1762. Aus dem Französischen übersetzt. Bd. 2. Hannover 1789. (Warnery: Sämtliche Schriften. Bd. 8.) Zit.: „Warnery".

Westphalen, Christian Heinrich Philipp Edler von: Geschichte der Feldzüge des Herzogs Ferdinand von Braunschweig-Lüneburg. Herausgegeben von F.O.W.H. von Westphalen. Bde. 4 und 5. Berlin 1871/72. Zit.: „Westphalen".

Darstellungen, Untersuchungen und Hilfsmittel

Anon.: Herzog Ferdinand von Braunschweig und seine Gehülfen im Siebenjährigen Kriege. In: Militär-Wochenblatt 1901. Nr. 54, Sp. 1441-1447; Nr. 55, Sp. 1474-1479; Nr. 56, Sp. 1498-1503.

Anon.: Luckner und seine Husaren. Ein Blatt aus der Geschichte des Krieges im nordwestlichen Deutschland in den Jahren 1757 bis 1763. Verden 1863.

Albers, Detlef: Nordwestdeutschland als Kriegsschauplatz im Siebenjährigen Krieg. In: Niedersächsisches Jahrbuch für Landesgeschichte 15. 1938. S. 142-181. Zit.: „Albers".

Andreas, Willy: Friedrich der Große und der Siebenjährige Krieg. Leipzig 1940.

Arneth, Alfred von: Maria Theresia und der Siebenjährige Krieg 1756-1763. Bd. 2: 1759 1763. Wien 1875. (Geschichte Maria Theresias. Bd. 6.) Zit.: „Arneth".

Arnold: Schwedens Teilnahme am Siebenjährigen Krieg. In: Beiheft zum Militär-Wochenblatt 1908. S. 453-482.

Bangert, Dieter Ernst: Die russisch-österreichische militärische Zusammenarbeit im Siebenjährigen Kriege in den Jahren 1758-1759. Boppard 1971. (Militärgeschichtliche Studien. Bd. 13.)

Baumgart, Max: Die Literatur des In- und Auslandes über Friedrich den Großen. Berlin 1886.

Becker, Constantin: Die Erlebnisse der kurkölnischen Truppen im Verbande der Reichsarmee während des Siebenjährigen Krieges. In: Annalen des Historischen Vereins für den Niederrhein 91. 1911. S. 63-108.

Berckefeld, Karl von: Wesel im Siebenjährigen Kriege, insbesondere das Gefecht bei Mehr 1758 und die Belagerung Wesels 1760. In: Annalen des Historischen Vereins für den Niederrhein 90. 1911. S. 38-60.

Bernhardi, Theodor von: Friedrich der Große als Feldherr. 2 Bde.. Berlin 1881.

Bertling, Martin: Die Kroaten und Panduren in der Mitte des XVIII. Jahrhunderts und ihre Verwendung in den Friderizianischen Kriegen. Diss. Berlin 1912.

Bothmer, Frhr. von: Einiges aus der Geschichte der Kur-Hannoverschen leichten Truppen während des Siebenjährigen Krieges. In: Beiheft zum Militär-Wochenblatt 1893. S. 321-365.

Braubach, Max: Politik und Kriegführung am Niederrhein während des Siebenjährigen Krieges. In: Düsseldorfer Jahrbuch 48. 1956. S. 65-103.

Bücher-Verzeichnis der königlich Bayerischen Armee-Bibliothek. München 1913.

Bürger, Johann Christian August: Vorgänge in und um Torgau während des Siebenjährigen Krieges, namentlich die Schlacht bei Süptitz am 3. November 1760. Torgau 1860.

Bussche, v.d.: Gefechts-Kalender der hannoverschen Armee vom 30jährigen Kriege bis zur Schlacht bei Langensalza. Hannover 1877.

Carlyle, Thomas: Friedrich der Große. Ausgabe besorgt und eingeleitet von Karl Linnebach. Berlin ³1924.

Clausewitz, Carl von: Hinterlassene Werke über Krieg und Kriegführung. Bd. 10: Strategische Beleuchtung mehrerer Feldzüge von Sobiesky, Muenich, Friedrich dem Großen und dem Herzog Carl Wilhelm Ferdinand von Braunschweig und andere historische Materialien zur Strategie. Berlin 1837.

— Vom Kriege. Herausgegeben und eingeleitet von Werner Hahlweg. Bonn ¹⁹1980. Zit.: „Clausewitz, Vom Kriege".

Corbett, Julian S.: England in the Seven Years War. A study in combined strategy. 2 Bde.. London 1907.

Corvisier, André: Armées et sociétés en europe de 1494 à 1789. Paris 1976.

Daniels, Emil: Ferdinand von Braunschweig. In: Preußische Jahrbücher 77. 1894. S. 474-545; 78. 1894. S. 137-168, S. 478-506; 79. 1895. S. 283-311; 80. 1895. S. 485-512; 82. 1895. S. 120-148, S. 266-286.

— Zur Schlacht von Torgau am 3. November 1760. Diss. Greifswald. Berlin 1886. Zit.: „Daniels".

Decken, Georg Heinrich v.d.: Geschichte des Preußisch-Schwedischen Krieges in Pommern, der Mark und Mecklenburg 1757-1762. Zugleich als Beitrag zur Geschichte des siebenjährigen Krieges. Berlin 1858.

Decker, Karl von: Die Schlachten und Hauptgefechte des Siebenjährigen Krieges mit vorherrschender Bezugnahme auf den Gebrauch der Artillerie in Verbindung mit den beiden anderen Hauptwaffen der Armee. Berlin/Posen/Bromberg 1837.

Delbrück, Hans: Geschichte der Kriegskunst im Rahmen der politischen Geschichte. Bd. 4: Neuzeit. Berlin 1920.

Duffy, Christopher: The army of Maria Theresia. The Armed Forces of Imperial Austria, 1740-1780. Vancouver/London 1977. (Historic Armies and Navies.)

— Friedrich der Große. Ein Soldatenleben. Zürich/Köln 1986. (Engl. Originalausgabe: London/Melbourne/Henley 1985.)

— Friedrich der Große und seine Armee. Stuttgart ²1983. (Engl. Originalausgabe: London/Vancouver 1974.)

— Russia's Military Way to the West. Origins and Nature of Russian Military Power 1700-1800. London/Boston/Henley 1981.

Düring, G. W. von: Geschichte des Schaumburg-Lippe-Bückeburgischen Karabinier- und Jäger-Corps. Ein Beitrag zur Lehre des kleinen Krieges in Beispielen ausgezeichneter Waffenthaten dieses Korps, während des siebenjährigen Krieges. Berlin 1828.

Duvernoy, Max von: Das Generalstabswerk über die Kriege Friedrichs des Großen. In: Preußische Jahrbücher 104. 1901. S. 95-103.

— Vor hundertfünfzig Jahren. Teil 24: Torgau. In: Militär-Wochenblatt 1910. Nr. 136. Sp. 3162-3167; Nr. 137. Sp. 3189-3194; Nr. 138. Sp. 3209-3214. Zit.: „Duvernoy, Torgau".

Easum, Chester V.: Prinz Heinrich von Preußen. Bruder Friedrichs des Großen. Göttingen/Berlin/Frankfurt-M. 1958. (Göttinger Bausteine zur Geschichtswissenschaft. Bd. 24.) (Amerik. Originalausgabe Wisconsin 1942.)

Eelking, Max von: Leben und Wirken des Herzoglich Braunschweig'schen General-Lieutenants Friedrich Adolph Riedesel Freiherrn zu Eisenach. Nebst vielen Original-Correspondenzen und historischen Aktenstücken (aus dem siebenjährigen Kriege, dem nordamerikanischen Freiheits-Kampfe und dem französischen Revolutions-Kriege). 3 Bde.. Leipzig 1856.

Elster, Otto: Geschichte der stehenden Truppen im Herzogthum Braunschweig-Wolfenbüttel. Bd. 2: Von 1714-1806. Leipzig 1901. Zit.: „Elster".

Fechner, Helmuth: Die Tätigkeit des Obersten Belling im Siebenjährigen Kriege. Diss. Jena. Berlin 1930.

Fiedler, Siegfried: Grundriß der Militär- und Kriegsgeschichte. Bd. 1: Die stehenden Heere im Zeitalter des Absolutismus 1640-1789. München ²1981.

— Kriegswesen und Kriegführung im Zeitalter der Kabinettskriege. Koblenz 1986. (Heerwesen der Neuzeit. Abteilung II: Das Zeitalter der Kabinettskriege. Bd. 2.)

Fitzmaurice, Edmond: Charles William Ferdinand, Duke of Brunswick. An Hist. Study, 1735-1806. London 1901.

Fortescue, John W.: A History of the British Army. Vol. 2: To the close of the seven years war. London ²1910.

Franke, H. (Hrsg.): Handbuch der neuzeitlichen Wehrwissenschaften. Bd. 1: Wehrpolitik und Kriegsführung. Bd. 2: Das Heer. Berlin 1936/37.

Frantz, Gunther: Die Vernichtungsschlacht in kriegsgeschichtlichen Beispielen. Berlin 1928.

Frauenholz, Eugen von: Deutsche Kriegsgeschichte. Leipzig 1942.

— Das Heerwesen in der Zeit des Absolutismus. München 1940. (Entwicklungsgeschichte des deutschen Heerwesens. Bd. 4.)

Freytag-Loringhoven, Hugo von: Die Schlacht bei Torgau am 3. November 1760. In: Beiheft zum Militär-Wochenblatt 1897. S. 163-179. Zit.: „Freytag-Loringhoven".

Gembruch, Werner: Staat und Heer. Ausgewählte historische Studien zum ancien régime, zur französischen Revolution und zu den Befreiungskriegen. Herausgegeben von Johannes Kunisch. Berlin 1990. (Historische Forschungen. Bd. 40.)

Geschichte des siebenjährigen Krieges, in einer Reihe von Vorlesungen, mit Benutzung authentischer Quellen, bearbeitet von den Offizieren des großen Generalstabs. Bde. 4 und 5.1. Berlin 1834 und 1836. Zit.: „Altes Generalstabswerk".

250   Quellen- und Literaturverzeichnis

Gieraths, Günther: Die Kampfhandlungen der brandenburgisch-preußischen Armee 1626-1807. Ein Quellenhandbuch. Berlin 1964. (Veröffentlichungen der Historischen Kommission zu Berlin beim Friedrich-Meinecke-Institut der Freien Universität Berlin. Bd. 8. Quellenwerke. Bd. 3.)

Gottschalk, Ferdinand: Die Feldzüge Friedrichs des Großen im siebenjährigen Kriege. Leipzig ²1858.

Groehler, Olaf: Die Kriege Friedrichs II.. Berlin (Ost) ⁴1986. (Kleine Militärgeschichte. Kriege.)

— Probleme der preußischen Kriegskunst im Zeitalter der Schlesischen Kriege (1740-1763). In: Zeitschrift für Militärgeschichte 5. 1966. S. 286-301.

Große, Otto: Prinz Xaver von Sachsen und das sächsische Korps bei der französischen Armee 1758-1763. Diss. Leipzig 1907.

Großer Generalstab (Hrsg.): Das Gaudische Journal des Siebenjährigen Krieges. Feldzüge 1758-1763. Berlin 1912. (Urkundliche Beiträge und Forschungen zur Geschichte des Preußischen Heeres. Heft 20.) Zit.: „Großer Generalstab, Das Gaudische Journal".

— (Hrsg.): Die Kriege Friedrichs des Großen. Teil 3: Der Siebenjährige Krieg 1756-1763. Bd. 12: Landeshut und Liegnitz. Bd. 13: Torgau. Berlin 1913/14. Nachdruck Wiesbaden 1982. Zit.: „Großer Generalstab, Der Siebenjährige Krieg".

Hauser, Oswald (Hrsg.): Friedrich der Große in seiner Zeit. Köln/Wien 1987. (Neue Forschungen zur Brandenburg-Preußischen Geschichte. Bd. 8.)

Heilmann, M.: Friedrichs des Großen Feldherrntum von Leuthen bis zum Ende des Siebenjährigen Krieges. In: Beiheft zum Militär-Wochenblatt 1905. S. 1-44.

Hirsch, Paul: Bibliographie der deutschen Regiments- und Bataillonsgeschichten. Berlin 1905.

— Bibliographie der französischen Truppengeschichten. Nebst einem Anhang: Die Namen der Truppenteile. Berlin 1906.

Hoen, Ritter von/*Bremen*, Walter von: Die Kriege Friedrichs des Großen 1740-1763. Bd. 2: Der Siebenjährige Krieg. Berlin 1912. (Preußen-Deutschlands Kriege von der Zeit Friedrichs des Großen bis auf die Gegenwart. Militär-politische Geschichte in Einzeldarstellungen. Bd. 2.)

Jähns, Max: Geschichte der Kriegswissenschaften vornehmlich in Deutschland. Bd. 3: Das 18. Jahrhundert seit dem Auftreten Friedrichs des Großen, 1740-1800. München/Leipzig 1891. Nachdruck Hildesheim 1966. (Geschichte der Wissenschaften in Deutschland. Bd. 21.3.) Zit.: „Jähns".

Janko, Wilhelm Edler von: Laudon's Leben. Das Leben des kaiserlich königlichen Feldmarschalls Gideon Ernst Freiherrn von Laudon. Wien 1869. Zit.: „Janko".

Jany, Curt: Einige Bemerkungen zur Schlacht bei Torgau. In: Forschungen zur Brandenburgischen und Preußischen Geschichte 53. 1941. S. 155-162. Zit.: „Jany, Einige Bemerkungen zur Schlacht bei Torgau".

— Geschichte der preußischen Armee vom 15. Jahrhundert bis 1914. Bd. 2: Die Armee Friedrichs des Großen 1740-1763. Osnabrück ²1967. Zit.: „Jany, Preußische Armee".

— Nochmals Torgau. In: Forschungen zur Brandenburgischen und Preußischen Geschichte 54. 1943. S. 380-382.

Jihn, Friedrich: Der Feldzug 1760 in Sachsen und Schlesien mit besonderer Berücksichtigung der Schlacht bei Torgau. In: Mittheilungen des k.k. Kriegsarchivs 1882. S. 1-46, S. 99-152. Zit.: „Jihn".

Kennett, Lee: The French Armies in the Seven Years War. A study in military organization and administration. Durham 1967.

Kessel, Eberhard: Militärgeschichte und Kriegstheorie in neuerer Zeit. Ausgewählte Aufsätze. Herausgegeben und eingeleitet von Johannes Kunisch. Berlin 1987. (Historische Forschungen. Bd. 33.) Zit.: „Kessel, Ausgewählte Aufsätze".

— Quellen und Untersuchungen zur Geschichte der Schlacht bei Torgau. Berlin 1937. (Schriften der kriegsgeschichtlichen Abteilung im Historischen Seminar der Friedrich-Wilhelms-Universität Berlin. Heft 17.) Zit.: „Kessel, Quellen und Untersuchungen".

Klein, Hans H.: Wilhelm zu Schaumburg-Lippe. Klassiker der Abschreckungstheorie und Lehrer Scharnhorsts. Osnabrück 1982. (Studien zur Militärgeschichte, Militärwissenschaft und Konfliktforschung. Bd. 28.) Zit.: „Klein".

Klio-Arbeitsgruppe: Gefechtskalender der Alliierten Armee 1757-1762. Kiel 1980. Zit.: „Klio-Gefechtskalender".

Kloppert, Achim: Der Schlesische Feldzug von 1762. Diss. Bonn 1988.

Koch, Max: Der deutsche Reichstag während des Siebenjährigen Krieges 1756-1763. Diss. Bonn 1950.

Kolbe, Wilhelm: Marburg und der Siebenjährige Krieg. Marburg 1880.

Koser, Reinhold: Geschichte Friedrichs des Großen. 4 Bde.. Berlin 6/71921-25 (Bd. 4: 4/51914). Nachdruck Darmstadt 1963. Zit.: „Koser, Friedrich der Große".

— Zur Geschichte der Schlacht bei Torgau. In: Forschungen zur Brandenburgischen und Preußischen Geschichte 14. 1901. S. 272-291. Zit.: „Koser, Zur Geschichte der Schlacht bei Torgau".

Kotasek, Edith: Feldmarschall Graf Lacy. Ein Leben für Österreichs Heer. Horn NÖ. 1956 (Um den wiss. App. gekürzter Druck der Diss. Wien 1944: Feldmarschall Franz Moritz Graf von Lacy 1725-1801).

Kroener, Bernhard (Hrsg.): Europa im Zeitalter Friedrichs des Großen. Wirtschaft, Gesellschaft, Kriege. München 1989. (Beiträge zur Militärgeschichte. Bd. 26.) Zit.: „Kroener, Europa im Zeitalter Friedrichs des Großen".

Krohn, Gerhard: Friedrichs des Großen niederschlesischer Feldzug von 1762 und die Schlacht bei Burkersdorf und Leutmannsdorf am 21. Juli 1762. Diss. Marburg 1925.

Kunisch, Johannes: Feldmarschall Loudon. Jugend und erste Kriegsdienste. Wien 1972. (Archiv für österreichische Geschichte. Bd. 128.3.)

— Fürst, Gesellschaft, Krieg. Studien zur bellizistischen Disposition des absoluten Fürstenstaates. Köln/Weimar/Wien 1992.

— Der kleine Krieg. Studien zum Heerwesen des Absolutismus. Wiesbaden 1973. (Frankfurter Historische Abhandlungen. Bd. 4.)

— Das Mirakel des Hauses Brandenburg. Studien zum Verhältnis von Kabinettspolitik und Kriegführung im Zeitalter des Siebenjährigen Krieges. München/Wien 1978. Zit.: „Kunisch, Mirakel".

— /Stollberg-Rilinger, Barbara (Hrsg.): Staatsverfassung und Heeresverfassung in der europäischen Geschichte der frühen Neuzeit. Berlin 1986. (Historische Forschungen. Bd. 28.) Zit.: „Kunisch/Stollberg-Rilinger, Staatsverfassung und Heeresverfassung".

Kutsche, Eckhard: Die Bewegung. Drei kriegsgeschichtliche Beispiele. Teil 1: Die Schlacht bei Torgau (3. 11. 1760). In: Truppenpraxis 20. 1976. S. 317-324.

Laubert, Manfred: Kritik der Quellen zur Schlacht bei Kunersdorf (12. August 1759). Diss. Leipzig. Berlin 1900.

— Die Schlacht bei Kunersdorf nach dem Generalstabswerk. In: Forschungen zur Brandenburgischen und Preußischen Geschichte 25. 1912. S. 91-116.

Lotz, Wolfgang: Kriegsgerichtsprozesse des Siebenjährigen Krieges in Preußen. Untersuchungen zur Beurteilung militärischer Leistung durch Friedrich II.. Frankfurt/Main 1981.

Malinowsky, Louis von/Bonin, Robert von: Geschichte der brandenburgisch-preußischen Artillerie. 3 Bde.. Berlin 1840-42.

Manners, Walter Evelyn: Somme account of the military, political and social life of the Right Hon. John Manners, Marquis of Granby. London 1899. Zit.: „Manners".

Maria Theresia. Beiträge zur Geschichte des Heerwesens ihrer Zeit. Graz/Wien/Köln 1967. (Schriften des Heeresgeschichtlichen Museums in Wien — Militärwissenschaftliches Institut. Bd. 3.)

Masslowski, Dimitrij: Der Siebenjährige Krieg nach russischer Darstellung. Übersetzt und mit Anmerkungen versehen von A. v. Drygalski. Bd. 3: 1759-1762. Berlin 1893. Zit.: „Masslowski".

Militärgeschichtliches Forschungsamt (Hrsg.): Friedrich der Große und das Militärwesen seiner Zeit. Herford/Bonn 1987. (Vorträge zur Militärgeschichte. Bd. 8.)

— (Hrsg.): Handbuch zur deutschen Militärgeschichte 1648-1939. Bd. 1, Abschnitt 1: Von der Miliz zum Stehenden Heer. Wehrwesen im Absolutismus. Von Gerhard Papke. München 1979.

Müller, Michael G.: Rußland und der Siebenjährige Krieg. Beitrag zu einer Kontroverse. In: Jahrbücher für Geschichte Osteuropas. Neue Folge 28. 1980. S. 198-219.

Napoleon I.: Darstellung der Kriege Caesars, Turennes, Friedrichs des Großen. Mit einem Anhang: Der Angriffskrieg in weltgeschichtlichen Beispielen. Übersetzt, erläutert und herausgegeben von Hans E. Friedrich. Darmstadt/Berlin ³1943. Zit.: „Napoleon".

Niemeyer, Joachim/Ortenburg, Georg (Hrsg.): Die Chur-braunschweig-lüneburgische Armee im Siebenjährigen Kriege. Das „Gmundener Prachtwerk". Beckum 1976.

Ortenburg, Georg: Waffe und Waffengebrauch im Zeitalter der Kabinettskriege. Koblenz 1986. (Heerwesen der Neuzeit. Abteilung II: Das Zeitalter der Kabinettskriege. Bd. 1.) Zit.: „Ortenburg, Waffe und Waffengebrauch".

Pajol, C.: Les guerres sous Louis XV. Tome V: Guerre de sept ans (1759-1763). De la paix de Paris à la mort du Roi. Paris 1886. Zit.: „Pajol".

Pelet-Narbonne, Gerhard von: Geschichte der brandenburg-preußischen Reiterei von den Zeiten des Großen Kurfürsten bis zur Gegenwart. Bd. 1: Die alte Armee. Vom Großen Kurfürsten bis zum Frieden von Tilsit. Berlin ³1908.

Pohler, Johann: Bibliotheca historico-militaris. Systematische Übersicht der Erscheinungen aller Sprachen auf dem Gebiete der Geschichte der Kriege und Kriegswissenschaft seit Erfindung der Buchdruckerkunst bis zum Schluss des Jahres 1880. 4 Bde.. Cassel 1887-1897.

Poten, B. (Hrsg.): Handwörterbuch der gesamten Militärwissenschaften. 9 Bde.. Bielefeld / Leipzig 1877-1880.

Priesdorff, Kurt von (Hrsg.): Soldatisches Führertum. 10 Bde. und Registerband. Hamburg o. J..

Quellenkunde zur deutschen Geschichte der Neuzeit von 1500 bis zur Gegenwart. Herausgegeben von Winfried Baumgart. Bd. 3: Absolutismus und Zeitalter der französischen Revolution (1715-1815). Bearbeitet von Klaus Müller. Darmstadt 1982.

Raschke, Martin: Der politisierende Generalstab. Die Friderizianischen Kriege in der amtlichen deutschen Militärgeschichtsschreibung 1890-1914. Freiburg 1993. (Einzelschriften zur Militärgeschichte. Bd. 36.) Zit.: „Raschke".

Regele, Oskar: Generalstabschefs aus vier Jahrhunderten. Das Amt des Chefs des Generalstabes in der Donaumonarchie. Seine Träger und Organe von 1529 bis 1918. Wien / München 1966.

— Der österreichische Hofkriegsrat 1556-1848. Wien 1949. (Mitteilungen des österreichischen Staatsarchivs. Ergänzungsband 1. 1. Heft.)

Renouard, Carl: Geschichte des Krieges in Hannover, Hessen und Westfalen von 1757 bis 1763. 3 Bde.. Cassel 1863-64. Zit.: „Renouard".

Riemann, Horst: Die Schlacht bei Torgau. Lehre und Beispiel. In: Wehrkunde 9. 1960. S. 545-550.

Rothfels, Hans: Friedrich der Große in den Krisen des Siebenjährigen Krieges. In: Historische Zeitschrift 134. 1926. S. 14-30.

Ruffmann, Karl-Heinz: Der Ostseeraum im Siebenjährigen Krieg. In: Zeitschrift für Ostforschung 5. 1956. S. 500-511.

Runge, Fritz: Bibliographie der Geschichten deutscher Regimenter oder selbständiger Einheiten sowie der Rang-, Quartier-, und Offizier-Stamm-Listen. In: Schrifttumsberichte zur Genealogie und zu ihren Nachbargebieten. Bd. 1: 1.-12. Literaturbericht, 1951-59. Neustadt a.d. Aisch 1959. S. 169-196.

H.v.S.: Das sächsisch-polnische Cavalleriekorps im österreichischen Solde von 1756-1763. In: Jahrbücher für die deutsche Armee und Marine 28. 1878. S. 36-59, S. 129-160, S. 237-278.

Savory, Reginald: His Britannic Majesty's Army in Germany during the Seven Years War. Oxford 1966. Zit.: „Savory".

Schäfer, Arnold: Geschichte des Siebenjährigen Krieges. 3 Bde. Berlin 1867-74.

Scharfenort, Louis von (Hrsg.): Quellenkunde der Kriegswissenschaften für den Zeitraum 1740-1910. Berlin 1910.

Schieder, Theodor: Friedrich der Große. Ein Königtum der Widersprüche. Frankfurt-Main / Berlin / Wien ²1986.

Schlenke, Manfred: England und das friderizianische Preußen 1740-1763. Ein Beitrag zum Verhältnis von Politik und öffentlicher Meinung im England des 18. Jahrhunderts. Freiburg/München 1963. (Orbis Academicus. Geschichte der politischen Ideen in Dokumenten und Darstellungen.)

Schlieffen, Alfred Graf von: Friedrich der Große. Berlin ²1927.

Schmitt, Richard: Prinz Heinrich von Preußen als Feldherr im siebenjährigen Kriege. 2 Bde.. Greifswald 1885 und 1897. Zit.: „Schmitt".

Schnakenburg: Die Freikorps Friedrichs des Großen. Ein Beitrag zur preußischen Heeresgeschichte. In: Beiheft zum Militär-Wochenblatt 1883. S. 311-341.

Schnitter, Helmut: Die Schlacht bei Torgau 1760. In: Militärgeschichte 18. 1979. S. 216-224.

Schöning, Kurd Wolfgang von: Der Siebenjährige Krieg. Nach der Original-Korrespondenz Friedrichs des Großen mit dem Prinzen Heinrich und seinen Generalen bearbeitet. 3 Bde.. Potsdam 1851/52.

Schütz von Brandis: Übersicht der Geschichte der Hannoverschen Armee von 1617 bis 1866. Bearbeitet von J. Freiherr von Reitzenstein. Hannover/Leipzig 1903. (Quellen und Darstellungen zur Geschichte Niedersachsens. Bd. 14.)

Schultz, W. von: Mecklenburg und der Siebenjährige Krieg. In: Jahrbücher des Vereins für mecklenburgische Geschichte und Altertumskunde. 53. 1888. S. 205-316; 54. 1889. S. 1-84.

Sichart, L. von: Geschichte der Königlich-Hannoverschen Armee. Bde. 3.1 und 3.2: 1756-1789. Hannover 1870. Zit.: „Sichart".

Sporschil, Johann: Kurzgefaßte Geschichte des Siebenjährigen Krieges. Leipzig 1845.

Stuhr, Peter Feddersen: Der Siebenjährige Krieg in seinen geschichtlichen, politischen und allgemeineren militärischen Beziehungen dargestellt. Lemgo 1834.

— Forschungen und Erläuterungen über Hauptpunkte der Geschichte des siebenjährigen Krieges. 2 Teile. Hamburg 1842.

Sulicki, Karl von: Der Siebenjährige Krieg in Pommern und in den benachbarten Marken. Studie des Detaschements- und des kleinen Krieges. Berlin 1867. Zit.: „Sulicki".

Thadden, Franz Lorenz von: Feldmarschall Daun. Maria Theresias größter Feldherr. Wien/München 1967. Zit.: „Thadden".

Thielen, Maximilian Franz von: Die Kriege der Österreicher und ihrer Verbündeten vom Jahre 1756 bis zur gegenwärtigen Zeit. Teil 1: Der Siebenjährige Krieg vom Jahre 1756 bis 1762. Wien 1836.

Waddington, Richard: La Guerre de Sept Ans. Histoire diplomatique et militaire. 5 Bde.. Paris 1899-1914. Zit.: „Waddington".

Waldersee, Georg Graf von: Die Schlacht bei Torgau am 3. November 1760. Beiheft zum Militär-Wochenblatt 1860. Zit.: „Waldersee".

Wengen, Friedrich von der: Karl Graf zu Wied. Königlich Preußischer Generallieutenant. Ein Lebensbild zur Geschichte der Kriege von 1734 bis 1763. Gotha 1890. Zit.: „Wengen".

Wersebe, Wilhelm von: Geschichte der hannoverschen Armee. Hannover 1928. (Niedersächsische Hausbücherei. Bd.2.)

Winter, Georg: Die kriegsgeschichtliche Überlieferung über Friedrich den Großen, kritisch überprüft an dem Beispiel der Kapitulation von Maxen. Berlin 1888. (Historische Untersuchungen. Heft 7.)

— Hans-Joachim von Zieten. Eine Biographie. 2 Bde.. Leipzig 1886. Zit.: „Winter".

Wrede, Alphons von: Geschichte der K. und K. Wehrmacht. Die Regimenter, Corps, Branchen und Anstalten von 1618 bis Ende des XIX. Jahrhunderts. 6 Bde.. Wien 1898-1903. (Supplement zu den Mitteilungen des K. und K. Kriegsarchivs.)

Zeigert, Dieter: Das münstersche Heer im Siebenjährigen Krieg 1756-1763. In: Westfälische Zeitschrift 137. 1987. S. 25-87.

Anhang

Verzeichnis der Karten und Beilagen